O Libertador

O Desejado de Todas as Nações na Linguagem de Hoje

Ellen G. White

Tradução
Delmar F. Freire

Casa Publicadora Brasileira
Tatuí, SP

Título original em inglês:
Humble Hero

Copyright © da edição em inglês: Pacific Press Publishing Association, Nampa, EUA. Direitos internacionais reservados.

Direitos de tradução e publicação em língua portuguesa reservados à
Casa Publicadora Brasileira
Rodovia SP 127 – km 106
Caixa Postal 34 – 18270-000 – Tatuí, SP
Tel.: (15) 3205-8800 – Fax: (15) 3205-8900
Atendimento ao cliente: (15) 3205-8888
www.cpb.com.br

1ª edição
2ª impressão: 32,3 mil exemplares
Tiragem acumulada: 36,3 milheiros
2017

Coordenação Editorial: Diogo Cavalcanti
Editoração: Neila D. Oliveira
Revisão: Jéssica Manfrin e Adriana Seratto
Projeto Gráfico: Levi Gruber
Capa: Marisa Ferreira e Levi Gruber
Imagem da Capa/contracapa: Thiago Lobo/ Vandir Dorta Jr.
Imagem interna (escudo): © Andrey Kuzmin / Fotolia
(espada): © Paul Fleet / Fotolia

IMPRESSO NO BRASIL / *Printed in Brazil*

Dados Internacionais de Catalogação na Publicação (CIP)
(Câmara Brasileira do Livro, SP, Brasil)

White, Ellen G., 1827-1915.
O libertador : o desejado de todas as nações na linguagem de hoje / Ellen G. White ; tradução Delmar F. Freire. – Tatuí, SP : Casa Publicadora Brasileira, 2016.

Título original: Humble hero.
ISBN 978-85-345-2338-7

1. Jesus Cristo - Biografia 2. Jesus Cristo - Ensinamentos I. Título.

16-06704 CDD-232.901

Índices para catálogo sistemático:

1. Jesus Cristo : Vida : Doutrina cristã
232.901
2. Vida de Jesus : Doutrina cristã
232.901

Os textos bíblicos citados neste livro foram extraídos da Nova Versão Internacional, salvo outra indicação.

Tipologia: Chaparral Pro Light Display, 12,5/14,8 – 15646/35898

Índice

Prefácio

O *Libertador* é a história de um audacioso resgate. Ela nos conta como um Ser altruísta – Jesus Cristo – arriscou tudo para vir à Terra reconquistar este planeta renegado. Ele não poderia ter feito isso se ficasse no conforto e segurança do Céu, onde, como Deus, era reverenciado. Ele precisou deixar tudo aquilo para trás e nascer neste mundo como um bebê, em uma família que lutava pelo pão de cada dia. Em grande parte por causa disso, durante toda a Sua vida o mundo não O recebeu nem O compreendeu. As pessoas se opuseram a Ele e conspiraram para matá-Lo. Depois, bateram e cuspiram nEle. Chegaram a crucificá-Lo, mas não puderam fazer com que Se desviasse de Seu propósito. Ele morreu como vencedor e ressuscitou para completar o resgate de todos os que vêm a Deus por intermédio dEle. Não existe narrativa mais grandiosa na história do mundo ou mesmo do Universo.

Este volume é uma adaptação do livro "*From Heaven With Love*" [Do Céu com Amor], uma edição condensada do clássico livro de Ellen G. White, *O Desejado de Todas as Nações*, publicada em 1984. O volume condensado incluía todos os capítulos da obra original, usando somente as próprias palavras da Sra. White, mas com a narrativa abreviada.

Esta adaptação vai um passo além, usando algumas palavras, expressões e construções de frases mais familiares ao leitor do século 21. Ocasionalmente, ela resgata alguma frase ou oração deletadas na versão condensada original. A maioria das citações bíblicas é da Nova Versão Internacional (NVI). Espera-se que os leitores que são novos quanto aos escritos da Sra. White gostem desta adaptação e que ela sirva de motivação para que eles leiam as edições originais de suas obras.

O Libertador apresenta a inspiradora e transformadora história de Jesus Cristo como o único que pode satisfazer os mais profundos anseios do coração. Não é propósito deste livro, no entanto, prover uma harmonia dos Evangelhos ou dispor os importantes eventos e maravilhosas lições da vida de Cristo em uma ordem estritamente cronológica. Seu propósito é apresentar o amor de Deus como revelado em Seu Filho, mostrar a divina beleza da vida de Cristo.

Nas páginas seguintes, a autora abre para o leitor as grandes riquezas da vida de Jesus. Novas ideias brilham em muitas passagens conhecidas das Escrituras. O livro apresenta Jesus Cristo como a Plenitude da Divindade, o infinitamente misericordioso Salvador, o Substituto do pecador, o Sol da Justiça, o fiel Sumo Sacerdote, o Exemplo convincente, Aquele que cura todas as doenças e enfermidades, o Amigo meigo e compassivo, o Príncipe da Paz, o Rei Vindouro, o foco e o cumprimento dos desejos e esperanças de todas as eras.

São cinco poderosos volumes na série *Conflito*. Este livro foi condensado e adaptado a partir do terceiro volume. Que muitos leitores possam ser atraídos para Deus por meio desses livros e de sua apresentação de temas bíblicos. Essa é a esperança e oração dos

Depositários do Patrimônio
Literário de Ellen G. White

Cristo Antes de Vir à Terra

Desde os dias da eternidade o Senhor Jesus Cristo era Um com o Pai; Ele era a imagem de Deus, a expressão de Sua glória. Para mostrar essa glória e para revelar a luz do amor de Deus, Jesus veio à Terra obscurecida pelo pecado. Sobre Ele, Isaías profetizou: "E Lhe chamarão Emanuel, [...] 'Deus conosco'" (Mt 1:23; cf. Is 7:14).

Jesus era "a Palavra de Deus" – o pensamento de Deus audível. Deus concedeu essa revelação não apenas para os Seus filhos nascidos na Terra. Nosso pequeno mundo é o livro de estudo do Universo. Tanto os redimidos como os seres não caídos encontrarão o verdadeiro conhecimento e a verdadeira alegria na cruz de Cristo. Eles verão que a brilhante glória no rosto de Jesus é a glória do amor de quem sacrifica a Si mesmo. Eles verão que, para a Terra e o Céu, a lei da vida é a lei do amor de quem renuncia a si mesmo. O amor que "não procura seus interesses" tem sua origem no coração de Deus e é demonstrado no manso e humilde Jesus.

No princípio, Cristo assentou os alicerces da Terra. Sua mão sustentava os mundos no espaço e moldava as flores do campo. Ele encheu a Terra com beleza e o ar com canções (ver Sl 65:6; 95:5). Ele escreveu a mensagem do amor do Pai em todas as coisas.

Embora o pecado tenha estragado a perfeita obra de Deus, Sua caligrafia ainda permanece. Com exceção do coração egoísta do ser humano, não há nada que viva apenas para si mesmo. Cada árvore, cada arbusto e cada folha exala oxigênio, sem o qual nem as pessoas nem os animais poderiam viver. As pessoas e os animais, por sua vez, apoiam a vida da árvore, do arbusto e da folha. O oceano recebe cursos de água de todas as partes, somente para devolvê-los.

O vapor que dele sobe cai em forma de chuva para regar a terra, de modo que as plantas possam crescer e florescer. Os anjos de glória se alegram em doar. Eles trazem luz do alto, movendo-se sobre o espírito humano a fim de conduzir o que está perdido à comunhão com Cristo.

Deixando de lado todos os exemplos secundários, vemos Deus em Jesus. Descobrimos que a glória de Deus está em *dar*. "Não estou buscando glória para Mim mesmo", disse Cristo, mas a glória dAquele que Me enviou (Jo 8:50; 7:18). Cristo recebeu de Deus, mas recebeu para dar. Por meio do Filho, a vida do Pai flui para todos. Por meio do Filho, ela retorna em alegre serviço, uma corrente de amor, para a grande Fonte de tudo. Dessa maneira, por meio de Cristo, o círculo de bênção se completa.

Essa Lei Foi Quebrada no Céu!

O pecado começou com o egocentrismo. Lúcifer, o querubim cobridor, queria ser o primeiro no Céu. Ele tentou afastar os seres celestiais de seu Criador para conseguir a honra toda para si. Revestindo o Criador com suas próprias características, ele levou os anjos a duvidar da palavra de Deus e a desconfiar de Sua bondade. Satanás fez com que eles vissem Deus como exigente e incapaz de perdoar. Assim, ele enganou os anjos. Da mesma forma, ele enganou a raça humana, e a noite de miséria desceu sobre o mundo.

A Terra ficou na escuridão pela falta de compreensão sobre Deus. Para trazer o mundo de volta para Deus, o poder enganador de Satanás tinha que ser quebrado. Deus não podia fazer isso pela força. Ele queria somente o serviço movido pelo amor, e o amor não pode ser conquistado pela força ou autoridade. Somente amor desperta amor. Conhecer Deus é amá-Lo. Devemos ver Seu caráter em contraste com o caráter de Satanás. Somente um Ser podia fazer essa obra. Somente Aquele que conhecia a altura e profundidade do amor de Deus poderia revelar isso.

O plano da nossa redenção não foi formulado depois da queda de Adão. Ele foi uma revelação "do mistério oculto nos tempos passados" (Rm 16:25). Foi uma revelação dos princípios que têm sido o fundamento do trono de Deus desde a eternidade. Deus previu a existência do pecado e fez provisões para enfrentar a terrível emergência. Ele Se comprometeu a dar Seu Filho unigênito "para que todo o que nEle crer não pereça, mas tenha a vida eterna" (Jo 3:16).

Lúcifer tinha dito: "Erguerei o meu trono acima das estrelas de Deus; [...] serei como o Altíssimo". Mas Cristo, "embora sendo Deus, [...]

esvaziou-se a Si mesmo, vindo a ser servo, tornando-Se semelhante aos homens" (Is 14:13, 14; Fp 2:6, 7).

Um Sacrifício Voluntário

Jesus poderia ter ficado com a glória do Céu, mas escolheu descer do trono do Universo a fim de trazer vida ao que estava morrendo.

Cerca de dois mil anos atrás, uma voz foi ouvida no Céu:

"Um corpo Me preparaste; [...]
Aqui estou, no livro está escrito a
Meu respeito;
Vim para fazer a Tua vontade, ó Deus"
(Hb 10:5-7).

Cristo estava prestes a visitar nosso mundo e Se tornar carne e sangue. Se Ele tivesse vindo com a glória que tinha antes do mundo ser criado, nós não poderíamos suportar a luz de Sua presença. Para que pudéssemos contemplá-la e não ser destruídos, Ele ocultou Sua glória e encobriu Sua divindade com a humanidade.

Tipos e símbolos têm prefigurado esse grande propósito. A sarça ardente em que Cristo apareceu para Moisés revelou a Deus. Esse humilde arbusto, que parecia não ter nenhum atrativo, abrigou o Infinito. Deus encobriu Sua glória para que Moisés a pudesse contemplar e não morrer. De igual maneira, na coluna de nuvem durante o dia e na coluna de fogo durante a noite, a glória de Deus estava encoberta, de modo que seres humanos finitos pudessem olhar para ela. Por isso Cristo teve que vir "à semelhança de homem". Ele era o Deus encarnado, mas Sua glória estava encoberta para que Ele pudesse Se aproximar de homens e mulheres cheios de tristezas e tentações.

Durante a longa peregrinação do povo de Israel pelo deserto, o santuário esteve com eles como o símbolo da presença de Deus (ver Êx 25:8). Da mesma forma, Cristo armou Sua tenda ao lado das nossas tendas para que pudéssemos nos familiarizar com Seu caráter e vida divinos. "Aquele que é a Palavra tornou-Se carne e viveu entre nós. Vimos a Sua glória, glória como do Unigênito vindo do Pai, cheio de graça e de verdade" (Jo 1:14).

Desde que Jesus veio morar entre nós, cada filho e filha de Adão pôde entender que nosso Criador é o Amigo dos pecadores. Em cada ato divino da vida do Salvador na Terra, vemos "Deus conosco".

Satanás apresenta a lei de amor de Deus como uma lei de egoísmo. Ele declara que é impossível obedecer às suas exigências. Ele culpa o Criador pela queda de nossos primeiros pais, levando as pessoas a olharem para Deus como se Ele fosse o autor do pecado, do sofrimento e da morte. Jesus veio desmascarar esse engano. Sendo como qualquer um de nós, Ele devia dar um exemplo de obediência. Para isso, tomou sobre Si nossa natureza e passou por nossas experiências, para "que Ele Se tornasse semelhante a Seus irmãos em todos os aspectos" (Hb 2:17). Se tivéssemos que passar por alguma coisa que Jesus não passou, Satanás, nesse ponto, afirmaria que o poder de Deus não era suficiente para nós. Portanto, Jesus, "como nós, passou por todo tipo de tentação" (Hb 4:15). Ele enfrentou cada provação que podemos passar. E Ele não usou em Seu próprio favor nenhum poder que não seja gratuitamente oferecido a todos nós. Como ser humano, Ele enfrentou tentações e as venceu pelo poder que Deus Lhe dava. Ele deixou claro o caráter da lei de Deus, e Sua vida testifica que é possível, também para nós, obedecer à lei de Deus.

Por Sua humanidade, Cristo tocou a humanidade; por Sua divindade, Ele firma-se no trono de Deus. Como Filho do homem, Ele nos dá um exemplo de obediência; como Filho de Deus, Ele nos dá poder para obedecer. Ele nos diz: "Toda a autoridade me foi dada no Céu e na Terra" (Mt 28:18, ARA). "Deus conosco" é a garantia de nosso livramento do pecado, a certeza de poder para obedecer à lei do Céu.

Cristo revelou um caráter oposto ao de Satanás. "Sendo encontrado em forma humana, humilhou-Se a Si mesmo e foi obediente até a morte, e morte de cruz!" (Fp 2:8). Cristo tomou a forma de servo e ofereceu o sacrifício, sendo Ele mesmo o sacerdote e a vítima. "Ele foi transpassado por causa das nossas transgressões, foi esmagado por causa de nossas iniquidades; o castigo que nos trouxe paz estava sobre Ele, e pelas Suas feridas fomos curados" (Is 53:5).

Tratado como Nós Merecemos

Cristo foi tratado como nós merecemos para que pudéssemos ser tratados como Ele merece. Ele foi condenado por nossos pecados, nos quais Ele não teve parte, para que pudéssemos ser justificados por Sua justiça, na qual não temos parte. Ele sofreu a morte que era nossa para que pudéssemos receber a vida que era dEle. "Pelas Suas feridas fomos curados" (Is 53:5).

Satanás decidiu causar eterna separação entre Deus e o homem; mas ao assumir nossa natureza, o Salvador Se uniu à humanidade por um laço que nunca será desfeito. "Porque Deus tanto amou o mundo que deu o Seu Filho unigênito, para que todo o que nEle crer não pereça, mas tenha a vida eterna" (Jo 3:16). Ele Se deu não apenas para morrer como nosso sacrifício; Ele Se deu para tornar-Se um da família humana, para manter Sua natureza humana para sempre.

"Porque um menino *nos* nasceu, um filho *nos* foi dado, e o governo está sobre os Seus ombros". Deus adotou a natureza humana na pessoa de Seu Filho e a levou para o mais alto Céu. O "Filho do homem" "será chamado Maravilhoso Conselheiro, Deus Poderoso, Pai Eterno, Príncipe da Paz" (Is 9:6, itálicos acrescentados). Aquele que é "santo, inculpável, puro, separado dos pecadores" não Se envergonha de nos chamar de Seus irmãos e irmãs (Hb 7:26; 2:11). O Céu se acha abrigado na humanidade e a humanidade está envolvida no abraço do Amor Infinito.

A exaltação do povo remido de Deus será um testemunho eterno de Sua misericórdia. "Nas eras que hão de vir", Ele mostrará "a incomparável riqueza de Sua graça, demonstrada em Sua bondade para conosco em Cristo Jesus" a fim de que "a multiforme sabedoria de Deus se tornasse conhecida dos poderes e autoridades nas regiões celestiais" (Ef 2:7; 3:10).

Por meio da obra de Cristo, o governo de Deus permanece justificado. O Todo-Poderoso é revelado como um Deus de amor. Cristo refutou as acusações de Satanás e desmascarou seu caráter. Nunca mais o pecado poderá entrar no Universo. Através da eternidade, todos estaremos garantidos contra a apostasia. Mediante o sacrifício de amor, Jesus ligou a Terra e o Céu ao Criador em uma união indissolúvel.

Onde o pecado aumentou, a graça de Deus aumentou ainda mais. A Terra, campo que Satanás afirma ser seu, será honrada acima de todos os outros mundos do Universo. Aqui, onde o Rei da Glória viveu, sofreu e morreu, será o lugar onde Deus habitará com a humanidade, e "o próprio Deus estará com eles e será o seu Deus" (Ap 21:3). Por toda a eternidade os remidos O louvarão por Seu indescritível dom – Emanuel, "Deus Conosco".

O Povo que Deveria Dar-Lhe as Boas-Vindas

Por mais de mil anos, o povo judeu tinha esperado pela vinda do Salvador. Mas quando Ele veio, eles não O conheceram. Não viram nEle qualquer beleza que os pudesse atrair (ver Is 53:2). "[Ele] veio para o que era Seu, mas os Seus não O receberam" (Jo 1:11).

Deus tinha escolhido Israel para preservar os símbolos e profecias que apontavam para o Salvador, e para ser como uma fonte de salvação para o mundo. O povo hebreu deveria revelar Deus entre as nações. No chamado de Abraão, o Senhor tinha dito: "Por meio de você todos os povos da terra serão abençoados" (Gn 12:3). O Senhor declarou por meio de Isaías: "A Minha casa será chamada casa de oração para todos os povos" (Is 56:7).

No entanto, Israel depositou suas esperanças nas grandezas mundanas e seguiu os caminhos dos ímpios. Eles não mudaram quando Deus lhes enviou advertências pelos Seus profetas. Tampouco mudaram quando sofreram o castigo de serem conquistados e ocupados por nações pagãs. Cada reforma era seguida de apostasia mais profunda.

Se Israel tivesse sido leal a Deus, Ele o colocaria em "uma posição de glória, fama e honra muito acima de todas as nações que Ele fez". "Quando [os povos] ouvirem todos estes decretos dirão: 'De fato esta grande nação é um povo sábio e inteligente'" (Dt 26:19; 4:6).

Mas porque eles foram desleais, Deus só pôde realizar Seus planos por meio de dificuldades e aflições. Eles foram levados para Babilônia e espalhados pelas terras dos pagãos. Enquanto lamentavam a destruição do santo templo, espalhavam o conhecimento de Deus entre as nações.

Os sistemas pagãos de sacrifício eram uma perversão do sistema apontado por Deus. Muitos aprenderam com os hebreus o significado dos sacrifícios do jeito que Deus os havia idealizado e, pela fé, compreenderam a promessa de um Redentor.

Muitos dos exilados perderam a vida por se recusarem a violar o sábado e a observar festividades pagãs. Quando idólatras se levantaram para esmagar a verdade, o Senhor colocou Seus servos frente a frente com reis e governadores para que eles e sua gente pudessem receber a luz. Os maiores monarcas foram levados a proclamar que o Deus a quem os cativos hebreus adoravam era supremo.

Durante os séculos posteriores ao cativeiro em Babilônia, os israelitas foram curados de sua idolatria e se convenceram de que sua prosperidade dependia da obediência à lei de Deus. Mas, para muitos deles, o motivo era egoísta. Eles serviam a Deus como uma maneira de atingir grandeza nacional. Eles não se tornaram a luz do mundo, mas se fecharam para fugir da tentação. Deus havia restringido sua associação com idólatras para evitar que eles adotassem práticas pagãs. Entretanto, eles entenderam mal esses ensinamentos. Os judeus, na verdade, estavam com ciúme por Deus ter mostrado misericórdia para com os gentios!

Como Eles Perverteram o Serviço do Santuário

Depois que voltaram de Babilônia, por todo o país, os judeus construíram sinagogas, onde sacerdotes e escribas expunham a lei. As escolas afirmavam ensinar os princípios da justiça. Mas durante o cativeiro, muitos tinham recebido ideias pagãs, e acabaram introduzindo essas ideias em seus serviços religiosos.

O próprio Cristo havia instituído o serviço ritual, que era um símbolo dEle, repleto de vitalidade e de beleza espiritual. No entanto, os judeus perderam a vida espiritual de suas cerimônias, passando a confiar nos próprios sacrifícios e ordenanças em vez de confiarem nAquele para quem eles apontavam. Para substituir o que haviam perdido, os sacerdotes e rabinos fizeram muitas exigências originadas deles mesmos. Quanto mais rígidos ficavam, menos eles mostravam o amor de Deus.

Aqueles que tentavam observar os minuciosos e cansativos requerimentos dos rabinos não conseguiam ficar com a consciência tranquila. Desse jeito, Satanás trabalhava para desanimar o povo, para rebaixar suas ideias sobre o caráter de Deus e para gerar desprezo pela fé manifestada por Israel. Ele esperava confirmar sua afirmação de que ninguém podia obedecer aos requerimentos de

Deus. Nem mesmo Israel, ele declarou, podia guardar a lei.

À Espera de um Falso Messias

Os judeus não tinham um conceito verdadeiro da missão do Messias. Eles não buscavam ser redimidos do pecado. O que queriam era ser libertos dos romanos. Eles estavam em busca do Messias que exaltaria Israel para que governasse o mundo. Isso preparou o caminho para que rejeitassem o Salvador.

Quando Cristo nasceu, a nação estava agitada sob o domínio de governadores estrangeiros e dilacerada por lutas internas. Os romanos indicavam e destituíam o sumo sacerdote e, com frequência, homens maus garantiam o cargo mediante suborno e até assassinato. Assim, o sacerdócio ficava cada vez mais corrompido. As pessoas viviam sob impiedosas exigências, e os romanos, além de tudo, lhes cobravam pesados impostos. Insatisfação geral, cobiça, violência, desconfiança e apatia espiritual estavam consumindo o coração da nação. Em sua escuridão e opressão, o povo anelava por Aquele que restauraria o reino a Israel. Eles haviam estudado as profecias, mas sem percepção espiritual. Eles interpretavam a profecia de acordo com seus desejos egoístas.

3

O Pecado do Homem e a "Plenitude do Tempo"

Quando, no Éden, Adão e Eva ouviram pela primeira vez a promessa da vinda do Salvador, eles esperavam que ela se cumprisse muito em breve. Eles receberam seu primogênito, esperando que fosse o Libertador. Mas aqueles que primeiro receberam a promessa morreram sem ver seu cumprimento. A promessa foi repetida por meio dos patriarcas e profetas, mantendo viva a esperança do Seu aparecimento; mas Ele não veio. A profecia de Daniel revelou o tempo de Sua vinda, mas nem todos interpretaram a mensagem corretamente. Passaram-se os séculos. As nações invasoras oprimiam Israel, e muitos estavam prontos para exclamar: "Os dias passam e todas as visões dão em nada?" (Ez 12:22).

Como as estrelas que cruzam o céu em seu caminho determinado, os planos de Deus não conhecem adiantamento nem tardança. No concílio do Céu, a hora da vinda de Cristo tinha sido determinada. Quando o grande relógio do tempo indicou aquela hora, Jesus nasceu em Belém.

"Quando chegou a plenitude do tempo, Deus enviou Seu Filho" (Gl 4:4). O mundo estava maduro para a vinda do Libertador. As nações estavam unidas sob um só governo. Uma língua era vastamente falada. De todas as terras, os judeus que tinham sido espalhados foram a Jerusalém para as festividades anuais. Ao voltar para suas casas no estrangeiro, essas pessoas espalharam as notícias sobre a vinda do Messias por todo o mundo.

Os sistemas pagãos estavam perdendo seu domínio sobre o povo. As pessoas anelavam uma religião que pudesse satisfazer o coração. Os que buscavam a luz desejavam muito conhecer o Deus vivo – para alguns, a certeza de vida após a sepultura.

Muitos Ansiavam por um Libertador

A fé dos judeus tinha enfraquecido e a esperança quase tinha cessado de abrilhantar o futuro. Para as multidões, a morte era um mistério que lhes dava medo; para além dela, o que havia eram incertezas e sombras. Na "terra da sombra da morte", enlutados se encontravam desconsolados. Com ansiedade, aguardavam a vinda do Libertador, quando o mistério do futuro seria revelado.

Fora da nação judaica, havia pessoas que buscavam a verdade, e Deus lhes deu o Espírito de inspiração. Suas palavras de profecia despertaram esperança no coração de milhares no mundo gentio.

Por centenas de anos, as Escrituras estiveram disponíveis na língua grega, nessa época vastamente falada por todo o império romano. Os judeus estavam espalhados por todas as partes e, de certa forma, os gentios compartilhavam de sua expectativa pela vinda do Messias. Entre aqueles chamados de pagãos pelos judeus havia homens que possuíam uma melhor compreensão sobre as profecias encontradas nas Escrituras relacionadas ao Messias do que a que tinham os mestres de Israel.

Alguns que esperavam Sua vinda como Libertador do pecado tentaram decifrar o mistério do sistema hebraico. No entanto, os judeus estavam determinados a manter a separação que havia entre eles e outras nações, não estando dispostos a compartilhar o conhecimento que tinham sobre o serviço simbólico. O verdadeiro Intérprete, Aquele para quem todos os símbolos apontavam, deveria vir e explicar seu significado. Deus precisava ensinar a humanidade na linguagem da humanidade. Cristo viria para falar palavras que eles pudessem entender claramente e para separar a verdade da palha que a tornara sem poder.

Entre os judeus, havia alguns de sólida crença, os quais preservaram o conhecimento de Deus. Eles fortaleceram a fé lembrando-se da certeza dada por meio de Moisés: "O Senhor Deus lhes levantará dentre seus irmãos um profeta como eu; ouçam-no em tudo o que Ele lhes disser" (At 3:22). Eles leram como o Senhor ungiria Alguém "para levar boas notícias aos pobres", "para cuidar dos que estão com o coração quebrantado, anunciar liberdade aos cativos" e para "proclamar o ano da bondade do Senhor" (Is 61:1, 2). Ele estabeleceria "justiça na terra" e "em Sua lei as ilhas [poriam] sua esperança" (Is 42:4). Os gentios viriam para Sua luz e os reis, para o brilho de Seu alvorecer (ver Is 60:3).

As palavras do moribundo Jacó os encheu de esperança: "O cetro não se apartará de Judá, nem o bastão de comando de seus descendentes, até que venha Aquele a quem ele pertence" (Gn 49:10). O enfraquecido poder de Israel era um testemunho de que a vinda do Messias estava próxima. Muitos esperavam um príncipe poderoso que estabelecesse seu reino em Israel, vindo como libertador para as nações.

Como Satanás Quase Teve Sucesso

"A plenitude do tempo" tinha chegado. Degradada por séculos de transgressão, a humanidade pedia pela vinda do Redentor. Satanás estivera trabalhando para tornar intransponível o abismo entre a Terra e o Céu. Ele queria esgotar a paciência de Deus para que Ele abandonasse o mundo e o deixasse sob o controle de Satanás.

Parecia que a batalha de Satanás pela supremacia teria êxito. É verdade que em cada geração, mesmo entre os pagãos, havia aqueles por meio de quem Cristo estava trabalhando para separar as pessoas do pecado. Mas esses reformadores eram detestados. Muitos sofreram morte violenta. A escura sombra que Satanás estendeu sobre o mundo ficava cada vez mais profunda.

A grande vitória de Satanás estava em perverter a fé do povo de Israel. Os pagãos tinham perdido o conhecimento de Deus e se tornavam cada vez mais corrompidos. O mesmo aconteceu com Israel. O princípio de que podemos nos salvar por meio de nossas próprias obras está no fundamento de cada religião pagã. Isso se tornara o princípio da religião judaica.

Os judeus prejudicaram o mundo com uma falsificação do evangelho. Eles se recusaram a se entregar a Deus para a salvação do mundo e se tornaram agentes de Satanás para destruí-lo. O povo chamado por Deus para ser coluna e base da verdade estava fazendo a obra que Satanás queria que ele fizesse, vivendo de um jeito que representava mal o caráter de Deus e fazia com que o mundo O visse como um tirano. Os sacerdotes do templo perderam de vista o significado do serviço que realizavam. Eram como atores em um palco. As leis e cerimônias que o próprio Deus tinha estabelecido eram usadas como um meio de cegar a mente e endurecer o coração. Deus já não podia fazer mais nada pela humanidade por intermédio desses canais.

Deus Se Compadece pelo Mundo Perdido

Todos os meios para corromper os corações humanos tinham sido postos em operação. O Filho de Deus olhou para o mundo com compaixão e viu como homens e mulheres tinham se tornado vítimas da crueldade satânica. Confundidos e enganados, eles seguiam em frente, numa marcha sombria em direção à morte, sem qualquer esperança de vida, rumando para uma noite depois da qual não existe manhã.

Os corpos dos seres humanos tinham se tornado a morada de demônios. Os sentidos, os nervos, as paixões e os órgãos das pessoas eram manipulados por seres sobrenaturais, levando-as a condescender com as luxúrias mais vergonhosas. O selo dos demônios se encontrava impresso nos rostos humanos. Que triste espetáculo para o Redentor do mundo contemplar!

O pecado se tornara uma ciência, e o vício, parte da religião. A rebelião e a hostilidade contra o Céu eram violentas. Os mundos não caídos esperavam ver Deus destruir os habitantes da Terra. E se Ele tivesse feito isso, Satanás estava pronto para pôr em prática seu plano de conquistar a lealdade dos seres celestiais. Ele afirmara que os princípios do governo de Deus tornavam o perdão impossível. Se o mundo tivesse sido destruído, ele teria colocado a culpa em Deus e espalharia sua rebelião para os outros mundos.

Mas, em vez de destruir o mundo, Deus enviou Seu Filho para o salvar, provendo um meio de resgate. Ao chegar "a plenitude do tempo", Deus derramou sobre o mundo um dilúvio de graça restauradora que nunca seria obstruído ou removido até que o plano de salvação fosse cumprido. Jesus veio para restaurar em nós a imagem de nosso Criador, para expulsar os demônios que têm controlado nossa vontade, para nos erguer do pó e para reformar o caráter manchado, deixando-o semelhante ao Seu divino caráter.

Nascido em um Estábulo*

Para Se revestir da humanidade, o Rei da Glória Se humilhou muito. Ele ocultou Sua glória, evitando qualquer ostentação. Jesus não queria que nenhuma atração de natureza terrestre trouxesse as pessoas para o Seu lado. Unicamente a beleza da verdade celestial devia atrair os que O seguissem. Ele queria que eles O aceitassem por aquilo que a Palavra de Deus dizia sobre Ele.

Os anjos observavam para ver como o povo de Deus receberia Seu Filho, revestido da humanidade. Os anjos vieram à terra onde a luz da profecia tinha brilhado. Invisíveis, vieram a Jerusalém e aos ministros da casa de Deus.

Um anjo já havia anunciado a proximidade da vinda de Cristo para o sacerdote Zacarias enquanto ele ministrava diante do altar. João Batista, o precursor de Jesus, já havia nascido, e as notícias do seu nascimento e do significado de sua missão haviam chegado longe. No entanto, Jerusalém não estava se preparando para receber seu Redentor. Deus tinha designado a nação judaica para que ela comunicasse ao mundo que Cristo nasceria da linhagem de Davi, mas eles não sabiam que Sua vinda estava próxima.

No templo, os sacrifícios da manhã e da tarde apontavam para o Cordeiro de Deus, embora não tivesse ninguém ali se preparando para recebê-Lo. Sacerdotes e mestres recitavam suas orações sem significado e realizavam os ritos de adoração, mas não estavam preparados para o aparecimento do Messias. A mesma indiferença se espalhava por toda a terra de Israel. Corações egoístas e focalizados nas coisas do mundo não haviam sido tocados pela alegria que fazia vibrar todo o Céu. Somente uns poucos ansiavam ver o Invisível.

Anjos acompanharam José e Maria ao viajarem de Nazaré para a

* Este capítulo é baseado em Lucas 2:1-20.

Cidade de Davi. O decreto de Roma para registrar as pessoas desse vasto território era extensivo às colinas da Galileia. César Augusto se tornou um agente de Deus para levar a mãe de Jesus a Belém. Ela era da linhagem de Davi, e o Filho de Davi devia nascer na cidade de Davi. "Mas [de ti], Belém-Efrata, [...] virá para mim Aquele que será o governante sobre Israel. Suas origens estão no passado distante, em tempos antigos" (Mq 5:2).

No entanto, na cidade dessa linhagem real, José e Maria eram estrangeiros e não receberam qualquer honra. Cansados e sem um teto para os abrigar, eles caminharam pela estreita rua até a extremidade leste da cidade, em uma busca inútil por um lugar para repousar durante a noite. Não havia lugar na lotada hospedagem. Finalmente, encontraram abrigo em um rancho simples, no lugar onde os animais eram guardados. E foi ali que o Redentor do mundo nasceu.

A notícia encheu o Céu de júbilo. Seres santos vindos do mundo de luz foram atraídos para a Terra. Sobre as colinas de Belém, uma multidão de anjos esperava pelo sinal para declarar as boas-novas para o mundo. Os líderes de Israel poderiam ter compartilhado da alegria de anunciar o nascimento de Jesus, mas foram passados por alto. Os raios brilhantes vindos do trono de Deus brilharão sobre aqueles que buscam luz e a aceitam de bom grado.

Somente os Pastores se Importaram

Nos mesmos campos onde o menino Davi apascentou seu rebanho, pastores que vigiavam durante a noite conversavam sobre o Salvador prometido e oravam por Sua vinda. E "o anjo lhes disse: 'Não tenham medo. Estou lhes trazendo boas-novas de grande alegria, que são para todo o povo: Hoje, na cidade de Davi, lhes nasceu o Salvador que é Cristo, o Senhor.'"

Quando eles ouviram essas palavras, sonhos de glória encheram a mente dos atentos pastores. O Libertador havia chegado! Eles associaram poder, exaltação e triunfo com Sua vinda. Mas o anjo os preparou para reconhecer seu Salvador na pobreza e na humilhação: Vocês "encontrarão o Bebê envolto em panos e deitado numa manjedoura" (Lc 2:12).

O mensageiro celestial acalmou seus temores dizendo como encontrariam Jesus. Ele lhes deu tempo para que se acostumassem com o resplendor divino. Então, toda a planície se iluminou com o brilho fulgurante dos anjos de Deus. A Terra fez silêncio e o Céu se inclinou para ouvir o cântico: "Glória a Deus nas alturas, e paz na Terra aos homens aos quais Ele concede o Seu favor" (Lc 2:14).

Que bom seria se a família humana de hoje pudesse reconhecer esse cântico! O cântico que os anjos cantaram soará cada vez mais alto até que termine o tempo, ecoando pelos confins da Terra.

Ao desaparecerem os anjos, as sombras da noite outra vez caíram sobre as colinas de Belém. Contudo, o quadro mais brilhante que olhos humanos já viram permaneceu na memória dos pastores. Eles "disseram uns aos outros: 'Vamos a Belém, e vejamos isso que aconteceu, e que o Senhor nos deu a conhecer'. Então correram para lá e encontraram Maria e José, e o bebê deitado na manjedoura" (Lc 2:15, 16).

Eles saíram com muita alegria e contaram para todos os que encontraram as coisas que tinham visto e ouvido. "E todos os que ouviram o que os pastores diziam ficaram admirados" (Lc 2:18).

O Céu e a Terra não estão mais distanciados hoje do que quando os pastores ouviram o canto angelical. Anjos das cortes celestes acompanharão aqueles que, em suas ocupações corriqueiras, respondem à orientação de Deus.

Na história de Belém está oculta a "profundidade da riqueza da sabedoria e do conhecimento de Deus" (Rm 11:33). Ficamos maravilhados com o sacrifício do Salvador ao trocar o trono do Céu pela manjedoura. O orgulho humano é repreendido em Sua presença.

Esse foi só o começo de Sua condescendência! Teria sido humilhação quase infinita para o Filho de Deus assumir a natureza humana mesmo quando Adão estava em seu estado de inocência no Éden. Mas Jesus aceitou a humanidade quando a raça humana tinha sido enfraquecida por quatro mil anos de pecado. Assim como cada filho de Adão, Ele aceitou os resultados da hereditariedade. Podemos ver quais foram esses resultados na história de Seus ancestrais terrestres. Ele veio com essa hereditariedade para partilhar de nossas tentações e nos dar o exemplo de uma vida sem pecado.

Satanás odiava Cristo. Ele odiava Aquele que assumiu o compromisso de remir os pecadores. No mundo onde Satanás reclamou o direito de governar, Deus permitiu que Seu Filho viesse como um impotente bebê, sujeito às fraquezas da humanidade, para enfrentar os perigos da vida como qualquer outro e para lutar a batalha como qualquer filho de seres humanos tem de fazer – com o risco de fracassar e de se perder eternamente.

O coração do pai humano olha para o rosto de seu filhinho e treme ao pensar nos perigos da vida. Ele deseja protegê-lo da tentação e do conflito. Para enfrentar um conflito mais feroz e riscos mais atemorizantes, Deus deu Seu único Filho.

"Nisto consiste o amor". Maravilhe-se, ó Céu! Fique assombrada, ó Terra!

5

José e Maria Dedicam Jesus*

Cerca de 40 dias após o nascimento de Cristo, José e Maria O levaram a Jerusalém para apresentá-Lo ao Senhor e para oferecer sacrifício. Como nosso Substituto, Cristo devia cumprir a lei em cada ponto. Ele já havia sido circuncidado como sinal de Sua obediência à lei.

Como oferta da parte da mãe, a lei requeria um cordeiro para a oferta queimada e uma pomba ou uma rolinha para a oferta pelo pecado. Essas ofertas tinham que ser sem defeito, pois representavam a Cristo. Ele era o "Cordeiro sem mancha e sem defeito" (1Pe 1:19). Ele era um exemplo do que Deus queria que a humanidade fosse, por meio da obediência às Suas leis.

A dedicação do primogênito tinha sua origem nos tempos mais antigos. Deus prometera dar Seu Primogênito do Céu para salvar o pecador. Cada família reconhecia esse dom consagrando o filho primogênito. Ele devia ser consagrado ao sacerdócio, como representante de Cristo entre nós.

Que significado estava ligado à dedicação de Cristo no templo! Mas o sacerdote não via além das aparências externas. Dia após dia, ele conduzia a cerimônia de apresentação de crianças, dando pouca atenção aos pais e aos filhos, a não ser que existisse alguma indicação de riqueza ou posição social elevada. José e Maria eram pobres, e o sacerdote viu apenas um homem e uma mulher galileus vestidos com as mais humildes roupas.

O sacerdote tomou a criança nos braços e a ergueu diante do altar. Depois de devolvê-la para a mãe, ele escreveu o nome "Jesus" na lista. Segurando o bebê nos braços, ele mal podia imaginar que estava registrando o nome da Majestade do

* Este capítulo é baseado em Lucas 2:21-38.

Céu, o Rei da Glória, Aquele que era a fundação do sistema judaico.

Esse bebê era Aquele que Se apresentou a Moisés como o EU SOU. Foi Ele que, na coluna de nuvem e de fogo, serviu de guia para Israel. Ele era o Desejado de Todas as Nações, a raiz e a geração de Davi, a resplandecente Estrela da Manhã (ver Ap 22:16). Aquele frágil bebê era a esperança da humanidade caída. Ele devia pagar o resgate pelos pecados de todo o mundo.

Embora o sacerdote não visse nem sentisse nada anormal, aquela ocasião não passou sem que tivesse algum reconhecimento de Cristo. "Havia em Jerusalém um homem chamado Simeão, [...] e o Espírito Santo estava sobre ele. Fora-lhe revelado pelo Espírito Santo que ele não morreria antes de ver o Cristo do Senhor" (Lc 2:25, 26).

Simeão e Ana Reconhecem Jesus

Quando entrou no templo, Simeão ficou muito impressionado ao ver que a criança que estava sendo apresentada ao Senhor era Aquele que ele tanto desejava ver. Para o atônito sacerdote, Simeão parecia um homem enlevado por um santo temor. Ele tomou a criança nos braços enquanto uma alegria nunca antes experimentada lhe invadia o ser. Levantando a criança para o Céu, ele disse:

"Ó Soberano, como prometeste, agora
podes despedir em paz o Teu servo.
Pois os meus olhos já viram a Tua salvação, que preparaste à vista de todos os povos: luz para revelação aos gentios e para a glória de Israel, Teu povo" (Lc 2:29-32).

Enquanto José e Maria ainda estavam por ali, ambos maravilhados com as palavras de Simeão, ele disse para Maria: "Este menino está destinado a causar a queda e o soerguimento de muitos em Israel, e a ser um sinal de contradição, de modo que o pensamento de muitos corações será revelado. Quanto a você, uma espada atravessará a sua alma" (Lc 2:34, 35).

Ana, uma profetisa, também veio e confirmou o testemunho de Simeão. Com o rosto resplandecente de glória, ela expressou sua sincera gratidão porque lhe fora permitido ver Cristo, o Senhor.

Esses humildes adoradores haviam estudado as profecias. Embora os governadores e sacerdotes também tivessem as preciosas profecias, eles não estavam andando pelos caminhos do Senhor; seus olhos não estavam abertos para ver a Luz da vida.

Ainda é assim. O Céu todo focaliza sua atenção em eventos que líderes religiosos não reconhecem. As pessoas reconhecem a Cristo na história, mas não estão mais dispostas, hoje, a receber a Cristo no pobre, no sofredor que suplica alívio e nas causas justas que envolvem pobreza e escárnio, do que estavam dois mil anos atrás.

Ao Maria olhar para a criança em seus braços e se lembrar das palavras que os pastores disseram, ela se encheu de brilhante esperança. As palavras de Simeão lhe trouxeram à mente a mensagem profética de Isaías:

"O povo que caminhava em trevas viu uma grande luz; sobre os que viviam na terra da sombra da morte raiou uma luz. [...]
Porque um menino nos nasceu, um filho nos foi dado, e o governo está sobre os Seus ombros. E Ele será chamado Maravilhoso Conselheiro, Deus Poderoso, Pai Eterno, Príncipe da Paz" (Is 9:2-6).

A Angústia que a Mãe de Cristo Conheceria

Maria, no entanto, não compreendia a missão de Cristo. Simeão havia profetizado que Ele seria uma luz a iluminar os gentios e os anjos tinham anunciado o nascimento do Salvador como boas-novas de alegria para todos os povos. Deus queria que todos vissem nEle o Redentor do mundo. Muitos anos tinham que passar antes que a mãe de Jesus pudesse entender.

Maria não enxergava o batismo de sofrimento que era necessário para instaurar o reino do Messias no trono de Davi. Com as palavras de Simeão a Maria, "uma espada atravessará a sua alma", Deus, em Sua terna misericórdia, deu à mãe de Jesus uma indicação da angústia que ela já começara a suportar por amor a Ele.

"Este menino", dissera Simeão, "está destinado a causar a queda e o soerguimento de muitos em Israel". Os que novamente se levantassem primeiro deviam cair. Devemos cair sobre a Rocha e nos despedaçar antes que Cristo possa nos levantar. O eu precisa ser destronado. Os judeus não aceitavam a honra que vem por meio da humilhação. Essa é a razão pela qual eles não receberam seu Redentor.

"De modo que o pensamento de muitos corações será revelado." Os corações de todos, desde o Criador até o príncipe das trevas, são revelados com a luz da vida do Salvador. Satanás tinha representado a Deus como egoísta, mas o dom de Cristo testifica que, embora o ódio que Deus tem pelo pecado seja tão forte como a morte, Seu amor pelo pecador é ainda mais forte. Determinado a nos redimir, Deus não reterá nada que seja necessário para completar Sua obra. Tendo colhido as riquezas do Universo, Ele dá todas elas nas mãos de Cristo e diz: "Use essas dádivas para convencer a raça humana de que não há amor maior do que o Meu. Eles vão encontrar sua maior felicidade ao Me amarem".

Como Cada um Julgará a Si Mesmo

Na cruz do Calvário, o amor e o egoísmo ficaram frente a frente. Cristo tinha vivido somente para confortar e abençoar, e ao levá-Lo à morte, Satanás mostrou seu ódio contra Deus. O verdadeiro propósito de sua rebelião era destronar Deus e destruir Jesus, por meio de quem Deus estava mostrando Seu amor.

A vida e a morte de Cristo também revelam os pensamentos dos homens e das mulheres. A vida de Jesus foi um convite à entrega e à participação no sofrimento. Todos os que escutavam o Espírito Santo eram atraídos para Ele. Os que adoravam o próprio eu pertenciam ao reino de Satanás. Em sua atitude em relação a Cristo, todos mostravam de que lado estavam. Dessa maneira, cada um emite um julgamento sobre si mesmo.

No dia do juízo final, a cruz será apresentada, e cada mente compreenderá o seu verdadeiro significado. Os pecadores se acharão condenados diante da visão do Calvário com sua misteriosa vítima. Todos verão qual foi sua escolha. Cada questão da controvérsia será esclarecida. Deus não poderá ser culpado pela existência ou pela continuidade do mal. Ficará provado que não havia falhas no governo de Deus. Tanto os leais como os rebeldes declararão:

"Justos e verdadeiros são os Teus caminhos, ó Rei das nações. [...]
Os Teus atos de justiça se tornaram manifestos" (Ap 15:3, 4).

6

"Vimos a Sua Estrela"*

"Depois que Jesus nasceu em Belém da Judeia, nos dias do rei Herodes, magos vindos do Oriente chegaram a Jerusalém e perguntaram: 'Onde está o recém-nascido Rei dos judeus? Vimos a Sua estrela no Oriente e viemos adorá-Lo'" (Mt 2:1).

Os magos do Oriente pertenciam a uma classe que representava pessoas ricas e instruídas. Entre esse grupo, estavam homens corretos que estudaram as indicações de Deus na natureza, e foram honrados por sua integridade e sabedoria. Os sábios que vieram a Jesus eram assim.

Ao estudarem os céus estrelados, esses homens devotos e instruídos viram a glória do Criador. À procura de um conhecimento mais claro, eles pesquisaram as Escrituras dos hebreus. Existiam escritos proféticos em sua própria terra que prediziam a vinda de um divino mestre. As profecias de Balaão tinham sido repassadas de século em século, por meio da tradição. No Antigo Testamento, os magos, com alegria, aprenderam que a vinda do Salvador estava próxima. O mundo inteiro deveria se encher com o conhecimento da glória do Senhor.

Os sábios tinham visto uma misteriosa luz nos céus na noite em que a glória de Deus inundou as colinas de Belém. Uma estrela brilhante apareceu, permanecendo no céu por algum tempo – um evento que despertou imenso interesse. Aquela estrela era um grupo de anjos resplandecentes, mas os magos não sabiam disso. Eles ficaram, entretanto, com a impressão de que a estrela tinha especial importância para eles.

Poderia aquela estranha estrela ter sido enviada como um sinal do Prometido? (ver Nm 24:17). Os magos tinham recebido de bom grado a luz da verdade enviada pelo Céu. Agora, ela estava brilhando sobre eles com raios ainda mais resplandecentes.

* Este capítulo é baseado em Mateus 2.

Por meio de sonhos, Deus os instruiu para saírem à procura do Príncipe recém-nascido.

A região do Oriente era rica em artigos preciosos, e os magos não saíram de mãos vazias. Eles trouxeram os presentes mais caros de sua terra como oferta Àquele em quem todas as famílias da terra seriam abençoadas.

Viagem Noturna

Eles tiveram que viajar durante a noite para que pudessem manter a estrela à vista. Em cada parada que faziam para descansar, os viajantes examinavam as profecias. A convicção de que Deus os estava guiando se aprofundava. Embora longa, aquela foi uma viagem feliz.

Eles tinham chegado à terra de Israel e já podiam ver Jerusalém quando, de repente, a estrela parou em cima do templo. Ansiosos, eles prosseguiram com a confiante expectativa de que o nascimento do Messias era o assunto comentado alegremente por todos. Para sua surpresa, descobriram que suas perguntas não causaram alegria, e sim espanto, temor e até desprezo.

Os sacerdotes se gabavam de sua religião e piedade ao mesmo tempo em que denunciavam os gregos e romanos como pecadores. Os magos não eram idólatras e, aos olhos de Deus, ocupavam um lugar muito acima de Seus professos seguidores. Mesmo assim, os judeus os viam como pagãos. Suas ansiosas perguntas não geravam nenhuma simpatia.

Herodes Fica Enciumado

A estranha mensagem dos magos causou comoção entre as pessoas de Jerusalém e chegou ao palácio do rei Herodes. O esperto edomita ficou preocupado com a sugestão de que havia um possível rival. Por ter sangue estrangeiro, ele era detestado pelo povo. Sua única garantia era manter os favores de Roma. Mas esse novo Príncipe tinha um título mais elevado – Ele nascera para o reino.

Herodes desconfiava que os sacerdotes estavam conspirando com os estrangeiros para levantar uma rebelião com a intenção de tirá-lo do trono. Ele estava determinado a frustrar o esquema sendo mais esperto do que eles. Chamou os sacerdotes e lhes perguntou a respeito do lugar do nascimento do Messias.

A indagação, vinda de alguém que não era rei por direito, e feita por solicitação de estrangeiros, feriu o orgulho dos mestres judeus. Eles se voltaram para os rolos da profecia com indiferença, e isso enfureceu o ciumento tirano. Ele achava que os mestres judeus estavam tentando esconder o que sabiam. Com autoridade que eles não se atreveriam a desconsiderar, ele ordenou que pesquisassem com mais atenção e que lhe dissessem qual era o lugar de nascimento de seu esperado Rei. "Em Belém da Judéia; pois assim escreveu o profeta:

'Mas tu, Belém, da terra de Judá, de forma alguma és a menor entre as principais cidades de Judá; pois de ti virá o líder que, como pastor, conduzirá Israel, o Meu povo'" (Mt 2:5, 6).

Herodes, então, convidou os magos para uma entrevista particular. Raiva e medo rugiam em seu coração, mas, com o exterior sereno, ele afirmou que recebia com alegria o nascimento de Cristo, e insistiu com os visitantes: "Vão informar-se com exatidão sobre o menino. Logo que O encontrarem, avisem-me, para que eu também vá adorá-Lo" (Mt 2:8).

Os sacerdotes não eram tão ignorantes como fingiam ser. A notícia da visita dos anjos aos pastores tinha chegado a Jerusalém, mas os rabinos consideraram que ela não merecia atenção. Eles mesmos poderiam ter conduzido os visitantes ao local do nascimento de Jesus, mas, em vez disso, os magos é que vieram lhes chamar a atenção para o nascimento do Messias.

Se fossem aceitas, as notícias trazidas pelos magos e pelos pastores refutariam a alegação dos sacerdotes de serem porta-vozes da verdade de Deus. Esses mestres orgulhosos e instruídos não se rebaixariam recebendo instrução do povo pagão. Não poderia ser que Deus os tivesse passado por alto para comunicar-Se com alguns pastores ignorantes ou com gentios pagãos. Eles sequer iriam a Belém para ver se aquilo era mesmo verdade. Eles levaram o povo a considerar o interesse em Jesus como apenas um fanatismo exaltado. Foi aí que os sacerdotes e rabinos começaram a rejeitar a Cristo. Seu orgulho e teimosia aumentaram a ponto de se transformar em decidido ódio contra o Salvador.

Ao caírem as sombras da noite, os magos saíram, sozinhos, de Jerusalém. Para sua grande alegria, eles viram novamente a estrela, e foram guiados por ela até Belém. Desapontados pela indiferença dos líderes judeus, eles saíram de Jerusalém menos confiantes do que quando ali entraram.

Nenhuma Guarda Real

Em Belém, eles não encontraram nenhuma guarda real a proteger o Rei recém-nascido. Também não viram ali nenhuma autoridade. Jesus estava deitado em uma manjedoura, tendo como guardas apenas Seus pais. Poderia ser esse bebê Aquele que iria "restaurar as tribos de Jacó" e ser "uma luz para os gentios" para levar a "salvação até aos confins da Terra"? (Is 49:6).

"Ao entrarem na casa, viram o menino com Maria, sua mãe, e, prostrando-se, O adoraram" (Mt 2:11). Então, eles abriram seus presentes – "ouro, incenso e mirra". Que fé a desses estrangeiros!

Os magos não haviam percebido a trama de Herodes e se prepararam para voltar a Jerusalém para lhe contar sobre o sucesso de sua missão. Mas, em sonho, receberam uma mensagem dizendo que não se comunicassem mais com ele. Evitando Jerusalém, eles tomaram o rumo de seu país por outra rota.

José também recebeu um sonho advertindo-o a fugir para o Egito com Maria e o Bebê. Ele obedeceu sem demora, saindo de noite, para maior segurança.

As indagações dos magos em Jerusalém, o consequente interesse das pessoas e até o ciúme de Herodes chamaram a atenção dos sacerdotes e rabinos. A mente deles se voltou para as profecias relacionadas ao Messias e para o grande evento que havia ocorrido.

Decidido a impedir que a divina luz brilhasse no mundo, Satanás usou ao máximo suas habilidades malignas para destruir o Salvador. Mas Aquele que nunca cochila nem dorme providenciou refúgio para Maria e o bebê Jesus em uma terra pagã. Por meio dos presentes dos magos que vieram de um país pagão, o Senhor supriu os recursos para a viagem ao Egito e sua permanência em uma terra de estrangeiros.

O Terrível Massacre

Em Jerusalém, Herodes esperava impacientemente pela volta dos magos. Ao passar o tempo sem que eles voltassem, ele ficou desconfiado. Teriam os rabinos percebido sua trama? Teriam os magos o evitado propositadamente? Esse pensamento o deixou furioso. Por meio do uso da força, ele faria dessa Criança-Rei um exemplo.

Herodes enviou soldados a Belém com a ordem de matar todas as crianças menores de dois anos. Os tranquilos lares da Cidade de Davi testemunharam cenas que já tinham sido reveladas ao profeta 600 anos antes:

> "Ouviu-se uma voz em Ramá, choro e grande lamentação; é Raquel que chora por seus filhos e recusa ser consolada, porque já não existem" (Mt 2:18).

Os judeus trouxeram sobre si mesmos essa calamidade ao rejeitarem o Espírito Santo, seu único protetor.

Eles buscaram as profecias que podiam ser interpretadas para sua própria exaltação e para mostrar como Deus desprezava as outras nações. Gabavam-se de que o Messias viria como um rei para, em Sua ira, esmagar os pagãos. Dessa maneira, eles despertaram o ódio de seus governantes. Por meio dessa falsa representação da missão de Cristo, Satanás tentara tramar a destruição do Salvador, mas, ao invés disso, ela caiu sobre suas próprias cabeças.

Pouco tempo depois da matança das crianças, Herodes morreu de maneira terrível. José ainda estava no Egito quando um anjo lhe disse para voltar para Israel. Pensando em Jesus como o herdeiro do trono de Davi, José queria estabelecer seu lar em Belém. No entanto, quando soube que Arquelau tinha sido coroado rei da Judeia no lugar de seu pai, ele temeu que o filho pudesse pôr em prática as intenções perversas do pai.

Deus guiou José para um lugar seguro, Nazaré, onde tinha morado antes. Por quase 30 anos, Jesus viveu ali para que se cumprisse "o que fora dito pelos profetas: 'Ele será chamado Nazareno'" (Mt 2:23). A Galileia tinha uma mistura muito maior de habitantes estrangeiros do que a Judeia, havendo menor interesse em assuntos relacionados aos judeus, especialmente.

Essa foi a recepção do Salvador quando Ele veio à Terra. Deus não pôde confiar Seu Filho amado aos seres humanos nem mesmo enquanto levava adiante Sua obra pela salvação deles! Ele encarregou os anjos de acompanhar Jesus e protegê-Lo até que Ele pudesse cumprir Sua missão e morrer pelas mãos daqueles a quem veio salvar.

O Menino Jesus*

Jesus passou Sua infância e juventude em uma pequena vila nas montanhas. Ele não Se estabeleceu em casas ricas e famosos centros de aprendizagem; constituiu Seu lar na desprezada Nazaré.

"O menino crescia e Se fortalecia, enchendo-Se de sabedoria; e a graça de Deus estava sobre Ele" (Lc 2:40). Banhado pela luz brilhante que vinha do rosto de Seu Pai, "Jesus ia crescendo em sabedoria, estatura e graça diante de Deus e dos homens" (Lc 2:52). Sua mente era ativa e incisiva, mostrando capacidade reflexiva e sabedoria que estavam além de sua idade. Sua força mental e física se desenvolvia gradualmente com a observância das leis da infância.

Como criança, Jesus demonstrava atitude amável, paciência imperturbável e uma veracidade que jamais sacrificaria a integridade. Era firme como a rocha em Seus princípios, mas Sua vida revelava a graça de uma cortesia desinteressada.

A mãe de Jesus observava o desenvolvimento de Suas capacidades enquanto ela se empenhava em incentivar aquela mente brilhante e receptiva. Por intermédio do Espírito Santo, ela recebia sabedoria para cooperar com o Céu no desenvolvimento daquele menino que só tinha a Deus como Pai.

Nos dias de Cristo, a educação religiosa para os jovens tinha se tornado formal. Em grande medida, a tradição havia substituído as Escrituras. A mente era povoada de matérias que a mais alta escola das cortes celestiais não reconheceria. Os estudantes não tinham horas tranquilas para passar com Deus, para ouvir Sua voz falando ao coração, e acabavam se afastando da Fonte da Sabedoria. Aquilo que as pessoas consideravam como educação "superior" não passava de obstáculo para o verdadeiro

* Este capítulo é baseado em Lucas 2:39, 40.

desenvolvimento do jovem. A mente se tornava limitada e estreita.

O menino Jesus não recebeu instrução nas escolas das sinagogas. Com Sua mãe e com os rolos escritos pelos profetas, Ele aprendeu sobre as coisas celestiais. Ao entrar na juventude, não procurou as escolas dos rabinos. Ele não precisava da educação obtida nessas escolas. Sua familiaridade com as Escrituras era uma demonstração da maneira diligente com que Ele estudava a Palavra de Deus quando era jovem.

A Natureza como Suplemento para a Bíblia

A grande biblioteca da obra criada por Deus se estendia diante dEle. Havia feito todas as coisas e, agora, estudava as lições que Sua própria mão tinha escrito na terra, no mar e no céu. Ele reuniu muitos conhecimentos científicos vindos da natureza – das plantas, dos animais e do homem. As parábolas, por meio das quais Ele gostava de ensinar lições sobre a verdade, mostravam como Ele tinha acumulado ensinamentos espirituais vindos da natureza e do que estava ao Seu redor na vida diária.

Enquanto Jesus tentava compreender a razão das coisas, anjos celestiais O ajudavam. Desde o primeiro despertar da inteligência, Ele crescia em graça espiritual e conhecimento da verdade.

Assim como Jesus, todas as crianças também podem obter conhecimento. Quando tentamos conhecer nosso Pai celestial, os anjos se aproximam de nós, a mente fica fortalecida e o caráter é elevado e refinado. Ficamos mais parecidos com nosso Salvador. E ao contemplarmos as grandes e belas coisas da natureza, o coração é atraído para Deus. O espírito se enche de respeito e adoração, e a alma se revigora ao entrarmos em contato com o Infinito por meio de Suas obras. A comunhão com Deus, por intermédio da oração, desenvolve o poder mental e moral.

Enquanto era criança, Jesus pensava e falava como criança, mas nenhum vestígio de pecado manchava a imagem de Deus nEle. Ele não estava livre de tentações. O povo de Nazaré era bem conhecido por sua perversidade (ver Jo 1:46). Jesus precisava estar constantemente em guarda para preservar Sua pureza. Estava sujeito a todos os conflitos que temos de enfrentar para que Ele pudesse ser nosso exemplo na infância, juventude e fase adulta.

Desde os Seus primeiros anos, os anjos celestiais guardaram Jesus. No entanto, Sua vida foi uma longa luta contra os poderes das trevas. O príncipe das trevas tentou de todas as maneiras envolver Jesus com tentações.

Jesus estava familiarizado com a pobreza, o sacrifício e a necessidade. Essa experiência Lhe serviu de proteção. Por estar sempre ocupado, não tinha tempo para amizades que pudessem levá-Lo por maus caminhos. Nada – ganho ou prazer, aplauso ou críticas – podia fazer com que Ele consentisse com o erro. Cristo, o único Ser livre de pecado que habitou a Terra, viveu entre os ímpios habitantes de Nazaré por quase 30 anos. Esse fato é uma censura aos que pensam que, para viver uma vida irrepreensível, dependem do lugar, fortuna ou prosperidade.

Como Carpinteiro, Cristo Honrou o Trabalho

Jesus havia sido o Comandante do Céu, e os anjos Lhe obedeciam com prazer. Agora, Ele era um servidor sempre disposto e um filho amoroso e obediente. Com Suas próprias mãos, Ele trabalhava na carpintaria com José. Não Se valia do poder divino para facilitar Suas tarefas ou aliviar Sua carga de trabalho.

Jesus usava Suas forças físicas cuidadosamente para manter-Se saudável e, assim, fazer Seu trabalho da melhor maneira possível.

Até na utilização das ferramentas de trabalho, Ele queria ser o mais eficiente possível. Como trabalhador, era perfeito, assim como era perfeito em caráter. Com Seu exemplo, nos ensinou a fazer nosso trabalho com exatidão e esmero, e que existe honra no trabalho. Deus nos deu o trabalho como uma bênção; somente o trabalhador diligente encontra a verdadeira glória e alegria na vida. Deus dá Sua aprovação às crianças e jovens que participam nas tarefas da casa, compartilhando as responsabilidades do pai e da mãe.

Jesus era um trabalhador aplicado e constante. Como Suas expectativas eram sempre elevadas, sempre Se esforçava muito. Ele disse: "Enquanto é dia, precisamos realizar a obra dAquele que Me enviou. A noite se aproxima, quando ninguém pode trabalhar" (Jo 9:4). Jesus não Se esquivava de cuidados e responsabilidades como fazem muitos dos que alegam ser Seus seguidores. Por procurarem escapar dessa disciplina, muitos são fracos, ineficientes, sem energia e quase inúteis quando chegam as dificuldades. Devemos desenvolver a atitude positiva e a força de caráter que Cristo revelou mediante a mesma disciplina que Ele enfrentou. A graça que Ele recebeu está disponível para nós.

Nosso Salvador compartilhou a condição do pobre. Os que têm uma verdadeira compreensão de Sua vida nunca vão achar que os ricos deveriam ter honras superiores aos pobres dignos.

Um Alegre Cantor

Com frequência, Jesus expressava a alegria de Seu coração cantando salmos e cânticos celestiais. Muitas vezes os moradores de Nazaré ouviam Sua voz se elevando em louvor e canção. Quando os amigos se queixavam de cansaço, a suave melodia de Seus lábios os animava.

Durante todos aqueles anos em Nazaré, Sua vida era como um rio de compaixão e ternura. Os idosos, os abatidos pela tristeza, os oprimidos pelo pecado, as crianças em suas brincadeiras, as criaturas do bosque, os animais de carga – todos ficavam mais felizes com Sua presença. Aquele cuja palavra sustentava os mundos Se detinha para ajudar um passarinho ferido. Não havia nada que não merecesse Sua atenção, nada a que Se recusasse prestar ajuda.

E assim Ele crescia em sabedoria e estatura, tendo o favor de Deus e do homem. Ele demonstrou compaixão para com todos. Um clima de esperança e coragem O rodeava, fazendo dEle uma bênção para cada lar. Aos sábados, Ele era muitas vezes convidado a ler as lições dos profetas, e os ouvintes se emocionavam toda vez que uma luz nova brilhava do texto sagrado.

Durante todos os anos em Nazaré, Ele jamais exibiu Seu poder de fazer milagres, nem ambicionou nenhum título. Sua vida simples e tranquila nos ensina uma importante lição: quanto mais livre estiver uma criança do entusiasmo artificial, e quanto mais ela estiver em harmonia com a natureza, mais favorecida ela estará para desenvolver não somente o vigor físico e mental, mas também a força espiritual.

Jesus é nosso exemplo. Em Sua vida familiar, Ele é o padrão para todas as crianças e jovens. O Salvador Se dispôs a aceitar a pobreza para nos ensinar como podemos andar bem próximos de Deus em situações simples da vida. Sua obra começou com a dedicação a Deus do trabalho humilde do operário que se esforça para ganhar o pão de cada dia.

Tanto ao trabalhar na banca de carpinteiro como ao fazer milagres para a multidão, Ele estava a serviço de Deus. Cada jovem que segue o exemplo de Cristo na fidelidade e obediência mostrada em Seu humilde lar também pode reclamar essas palavras ditas pelo Pai: "Eis o Meu servo, a quem sustento, o Meu escolhido, em quem tenho prazer" (Is 42:1).

8

A Visita Pascoal*

Entre os judeus, os 12 anos de idade eram a linha divisória entre a infância e a juventude. Mantendo o costume, Jesus fez a visita pascoal a Jerusalém com José e Maria, quando chegou a essa idade.

A viagem desde a Galileia levou vários dias. Os viajantes se reuniam em grandes grupos para terem companhia e proteção. As mulheres e os homens de idade iam montados em bois ou jumentos, trilhando os caminhos montanhosos e rochosos. Os homens mais fortes e os jovens iam a pé. Toda a terra estava enfeitada com flores e alegre com o canto dos pássaros. Ao longo do caminho, pais e mães repetiam para os filhos as maravilhas que Deus tinha feito por Seu povo em épocas passadas e abrilhantavam a viagem com canções e música.

A observância da Páscoa começou com o nascimento da nação hebraica. Na última noite de sua escravidão no Egito, Deus orientou os hebreus a reunir suas famílias dentro de suas próprias casas. Depois de aspergir o umbral da porta com o sangue do cordeiro que tinham sacrificado, eles deviam comer o cordeiro, assado, junto com pão sem fermento e ervas amargas. "Esta é a Páscoa do Senhor" (Êx 12:11). À meia-noite, todos os primogênitos dos egípcios foram mortos. Foi então que os hebreus saíram do Egito como uma nação independente. De geração em geração, eles deviam repetir a história dessa maravilhosa libertação.

Depois da Páscoa, vinha a Festa dos Pães Sem Fermento, que durava sete dias. Todas as cerimônias da festa eram símbolos da obra de Cristo. O cordeiro imolado, o pão sem fermento, os primeiros frutos representavam o Salvador. Para a maioria das pessoas no tempo de Cristo, essa festa tinha se tornado apenas

* Este capítulo é baseado em Lucas 2:41-51.

formalismo. Mas quão significativa devia ser para o Filho de Deus!

Pela primeira vez, o menino Jesus contemplou o templo. Ele viu os sacerdotes em suas vestes brancas realizando seu solene ministério e a vítima ensanguentada sobre o altar do sacrifício. Testemunhou os impressionantes ritos do serviço da Páscoa. Dia após dia, Ele enxergava mais claramente o significado de tudo aquilo. Cada ato parecia estar envolvido diretamente com Sua própria vida. Novos impulsos eram despertados em Seu interior. Em profundo silêncio, Ele parecia analisar um grande problema. O mistério de Sua missão se abria diante do Salvador.

Profundamente impressionado pela contemplação daquelas cenas, Jesus Se demorou pelos pátios do templo depois que terminaram os serviços pascoais. Quando os adoradores deixaram Jerusalém, Ele ficou para trás.

Nessa visita, os pais de Jesus queriam colocá-Lo em contato com os grandes mestres de Israel. Esperavam que Ele pudesse Se impressionar com a erudição dos rabinos e passasse a prestar mais atenção a seus requerimentos. Entretanto, ali no templo, Jesus tinha sido ensinado por Deus. O que havia recebido ali, Ele passou imediatamente a compartilhar.

Um compartimento anexado ao templo tinha sido transformado em uma escola sagrada. Foi ali que o menino Jesus sentou-Se aos pés dos eruditos rabinos. Como uma pessoa em busca do saber, Ele questionava aqueles mestres sobre as profecias e os eventos que estavam ocorrendo, os quais apontavam para a vinda do Messias.

Suas perguntas sugeriam profundas verdades que haviam sido escondidas por muito tempo, mas que eram vitais para a salvação. Embora mostrasse como a sabedoria daqueles homens tão instruídos era estreita e superficial, cada pergunta acrescentava luz nova à verdade. Os rabinos falaram da maravilhosa exaltação que a vinda do Messias traria aos judeus, mas Jesus apresentou a profecia de Isaías e perguntou sobre o significado daquelas passagens que apontavam para o sofrimento e a morte do Cordeiro de Deus (ver Is 53).

Os doutores da lei passaram a Lhe fazer perguntas e ficaram impressionados com Suas respostas. Com a humildade de criança, Ele dava às palavras das Escrituras um significado profundo nunca imaginado por aqueles eruditos. Se os traços da verdade por Ele apontados fossem seguidos, eles teriam feito uma reforma na religião daqueles dias, e quando Jesus começasse Seu ministério, muitos estariam preparados para recebê-Lo.

Naquele esperto garoto galileu, os rabinos viram uma grande promessa, e quiseram se encarregar de Sua educação. Uma mente tão original, achavam eles, devia ser educada dentro de seus moldes.

As palavras de Jesus moveram seus corações de um jeito como nunca antes acontecera com palavras vindas de lábios humanos. Deus buscava iluminar aqueles líderes. Se Jesus tivesse passado a ideia de estar tentando lhes ensinar, eles teriam se recusado a escutar. No entanto, eles disseram a si mesmos que eram eles quem Lhe estavam ensinando – ou, pelo menos, testando Seu conhecimento das Escrituras. A modéstia e a graça típicas de um juvenil desarmaram seus preconceitos. A mente deles se abriu para a Palavra de Deus e o Espírito Santo lhes falou ao coração.

Eles puderam ver que a profecia não dava sustentação à expectativa que tinham quanto ao Messias, mas não admitiam haver entendido mal as Escrituras que afirmavam ensinar.

A Preocupação dos Pais

Enquanto isso, José e Maria, ao saírem de Jerusalém, perderam Jesus de vista. O prazer de viajar com amigos absorveu sua atenção e eles não notaram a ausência do Menino até a noite cair. Foi então que sentiram falta da mão ajudadora de seu filho. Supondo que ele estivesse no mesmo grupo que eles, não ficaram preocupados. Mas agora, começaram a ficar receosos. Com tremor, se lembraram de como Herodes tentara destruí-Lo quando pequeno. Um medo tenebroso lhes encheu o coração.

Voltando para Jerusalém, começaram a procura. No dia seguinte, no templo, escutaram uma voz familiar. Não a podiam confundir; nenhuma outra voz era como a Sua – tão séria e confiante, e, no entanto, tão cheia de melodia. E foi ali, no interior da escola dos rabinos, que eles encontraram Jesus.

Tendo a Jesus novamente consigo, Sua mãe disse, em tom de reprovação: "Filho, por que Você nos fez isto? Seu pai e eu estávamos aflitos, à Sua procura" (Lc 2:48).

"Por que vocês estavam Me procurando?", Jesus respondeu. "Não sabiam que Eu devia estar na casa de Meu Pai?" (Lc 2:49). Ao ver que eles pareciam não entender, Ele apontou para cima. Em Seu rosto havia luz. A divindade brilhava através da humanidade. Eles haviam escutado o que tinha acontecido entre Jesus e os rabinos, e ficaram muito admirados com Suas perguntas e respostas.

Jesus estava ocupado no trabalho que Ele veio fazer no mundo, mas José e Maria haviam se descuidado de seu próprio trabalho. Deus lhes havia concedido grande honra ao confiar-lhes

Seu Filho. Mas, por um dia inteiro, eles O perderam de vista. E quando sua aflição foi aliviada, eles preferiram culpá-Lo a reconhecer que falharam.

Era natural que os pais de Jesus olhassem para Ele como seu próprio filho. Em muitos aspectos, a vida dEle era como a das demais crianças, e era difícil compreender que Ele era o Filho de Deus. A gentil censura contida em Suas palavras tinha a intenção de impressioná-los quanto à santidade do que lhes havia sido confiado.

Na resposta que deu a Sua mãe, Jesus mostrou, pela primeira vez, entender Sua relação com Deus. Maria não entendeu Suas palavras, mas sabia que Ele negara ser filho de José e declarara ser Filho de Deus.

De Jerusalém, Jesus voltou com Seus pais terrestres para casa, onde os ajudaria em suas atividades do dia a dia. Por mais dezoito anos, Ele reconheceu o laço que O ligava àquele lar de Nazaré e cumpriu Seus deveres de filho, irmão, amigo e cidadão.

Jesus queria voltar de Jerusalém em silêncio com aqueles que conheciam o segredo de Sua vida. Por meio do serviço da Páscoa, Deus estava tentando fazer Seu povo se lembrar de Sua maravilhosa obra ao libertá-los do Egito. Nessa obra, Ele queria que o povo enxergasse uma promessa de libertação do pecado. O sangue de Cristo devia salvá-los. Deus queria que, com oração, eles estudassem a missão de Cristo. No entanto, quando as multidões saíram de Jerusalém, o entusiasmo pela viagem e a interação social passaram a absorver sua atenção, as pessoas se esqueceram de tudo o que haviam testemunhado. O Salvador não foi atraído para a companhia deles.

Jesus Ajuda Sua Mãe

Voltando de Jerusalém, Jesus esperava guiar José e Maria no estudo das profecias sobre o sofrimento do Salvador. No Calvário, Ele tentou aliviar a dor de Sua mãe; Ele pensou nela naquele momento. Maria tinha de testemunhar o último sofrimento de seu filho, e Jesus queria que ela entendesse Sua missão para que pudesse resistir quando a espada transpassasse sua alma. Quão melhor teria Maria aceitado a angústia da morte de seu filho se tivesse entendido as passagens das Escrituras para as quais Ele agora tentava dirigir os pensamentos dela!

Por causa da negligência de um dia, José e Maria perderam o Salvador; mas foram precisos três dias de ansiosa procura para que pudessem encontrá-Lo. Conosco também é assim. Por causa de conversas fúteis, calúnias, ou por negligenciarmos a oração, podemos, em um dia, perder a presença do Salvador, e pode levar muitos dias até que O encontremos. Só então recuperaremos a paz perdida.

Devemos cuidar para não nos esquecermos de Jesus e, assim, seguir nosso caminho sem sequer notar que Ele não está conosco. Quando nos distraímos com as coisas do mundo, nos separamos dEle e dos anjos celestiais. Esses seres santos não podem estar em lugares onde as pessoas não querem a presença do Salvador e nem reparam que Ele está ausente.

Muitos assistem aos cultos e são revigorados pela Palavra de Deus, mas, por negligenciarem a meditação e a oração, perdem as bênçãos. Ao se separarem de Jesus, eles afastam a luz de Sua presença.

Seria bom, e nos faria bem, se, diariamente, passássemos uma hora a refletir sobre a vida de Cristo. Devemos estudá-la detalhadamente e deixar que a imaginação compreenda cada cena, especialmente as cenas finais. Se fizermos isso, nossa confiança nEle será mais constante, nosso amor será despertado e nos encheremos com Seu espírito. Ao contemplarmos a beleza de Seu caráter, seremos transformados "segundo a Sua imagem [...] com glória cada vez maior" (2Co 3:18).

9

Enfrentando Dias Difíceis

Sob os olhares dos mestres da sinagoga, os jovens judeus eram instruídos dentro dos incontáveis regulamentos que, como israelitas ortodoxos, era de se esperar que observassem. Mas essas coisas não interessavam a Jesus. Desde a infância, Ele agia sem depender das leis rabínicas. Estudava constantemente as Escrituras, e as palavras "Assim diz o Senhor" estavam sempre em Seus lábios.

Ele via que as pessoas se afastavam da Palavra de Deus e insistiam em ritos sem nenhum valor. Seus cultos desprovidos de fé não lhes traziam paz. Eles não conheciam a liberdade de espírito que vem de servir plenamente a Deus. Embora Jesus não pudesse aprovar a mistura de exigências humanas com instruções divinas, Ele não atacava os ensinamentos ou práticas daqueles mestres altamente instruídos. Quando era criticado por Seus hábitos simples, Ele apresentava a Palavra de Deus para justificar Sua conduta.

Jesus tentava agradar a todos com quem entrava em contato. Por Ele ser tão gentil e discreto, os escribas e anciãos imaginaram que seria fácil influenciá-Lo com seus ensinamentos. Mas Ele lhes pedia que mostrassem a autorização das Escrituras. Ele escutava cada palavra procedente da boca de Deus, mas não podia obedecer a invenções humanas. Jesus parecia conhecer as Escrituras do começo ao fim e as apresentava com seu verdadeiro significado. Os rabinos afirmavam que era deles a responsabilidade de explicar as Escrituras; a Jesus competia apenas aceitar sua interpretação.

Eles sabiam que não era possível encontrar nenhuma autorização para suas tradições nas Escrituras. Mesmo assim se irritavam porque Jesus não obedecia às suas ordens. Não conseguindo convencê-Lo, eles procuraram José e Maria e expuseram Sua atitude insubmissa, a qual Lhe custou repreensão e censura.

Desde pequeno, Jesus começou a agir por Si mesmo na formação de Seu caráter. Nem mesmo o amor que sentia pelos pais podia desviá-Lo de obedecer à Palavra de Deus. A influência dos rabinos trouxe amargura para Sua vida. Ele teve de aprender a difícil lição do silêncio e da paciência no sofrimento.

Seus irmãos, como eram chamados os filhos de José, tomavam o partido dos rabinos. Eles davam mais valor à instrução humana do que à Palavra de Deus, e condenavam a estrita obediência de Jesus à lei de Deus, taxando-a de teimosia. No entanto, o conhecimento que Ele demonstrou ao responder aos rabinos os surpreendeu, e eles não puderam fazer nada senão ver que era Ele quem instruía os rabinos. Reconheceram, então, que a educação de Jesus era de um tipo superior à deles, sem perceber que Ele tinha acesso à fonte de conhecimento sobre a qual eles eram ignorantes.

Jesus Respeitava a Todos

Cristo encontrou a religião cercada pelas altas muralhas do exclusivismo, como se ela fosse um assunto sagrado demais para o dia a dia. Jesus derrubou essas muralhas. Em vez de Se isolar em uma caverna de eremita a fim de mostrar Seu caráter celestial, passou a trabalhar ardorosamente pela humanidade. Ensinou que a religião não deve se manifestar apenas em determinados tempos e lugares. Era uma repreensão aos fariseus, por mostrar que sua devoção egocêntrica a seus interesses pessoais estava longe da verdadeira piedade. Isso os deixou com raiva e decididos a fazer com que Ele Se sujeitasse a seus regulamentos.

Jesus tinha pouco dinheiro para dar, mas muitas vezes Se privou de comer para dar alívio aos que eram mais necessitados que Ele. Quando Seus irmãos falavam de maneira áspera aos pobres e degradados, Jesus, por Sua vez, lhes dirigia palavras de ânimo. Aos que estavam em necessidade, Ele oferecia um copo com água e, sem fazer alarde, lhes entregava Sua própria comida.

Tudo isso desagradava a Seus irmãos. Por serem mais velhos, achavam que Jesus devia obedecer às ordens deles. Acusavam-nO de achar que era superior a eles e de Se colocar acima dos mestres, sacerdotes e governadores. Com frequência, tentavam intimidá-Lo, mas Ele seguia em frente, fazendo das Escrituras o Seu guia.

Os Problemas de Jesus com Sua Família

Os irmãos de Jesus tinham ciúmes dEle, e o demonstravam mediante incredulidade e desprezo. Eles não conseguiam entender Sua conduta.

Sua vida apresentava grandes contradições. Ele era o divino Filho de Deus, mas também era uma criança impotente. Como Criador, a Terra era Sua propriedade, mas a pobreza marcava Sua experiência de vida. Ele não buscava grandeza mundana e Se contentava com as posições mais humildes. Tudo isso irritava Seus irmãos. Eles não conseguiam explicar como Ele podia manter paz constante em meio às provações e dificuldades.

Jesus não era compreendido por Seus irmãos porque não Se assemelhava a eles. Ao olharem para os outros, se afastaram de Deus, deixando de ter Seu poder na vida deles. As formas de religião que eles observavam não podiam transformar o caráter. Para eles, o exemplo de Jesus era motivo de contínua irritação. Ele odiava o pecado e não podia testemunhar um ato errado sem conseguir disfarçar a dor que aquilo Lhe causava. Como a vida de Jesus condenava o pecado, as pessoas se opunham a Ele. Elas faziam comentários irônicos sobre Sua generosidade e integridade. Chamavam de covardia Sua paciência e bondade.

Da amargura que os seres humanos experimentam, não há nada que Cristo não tenha provado. Algumas pessoas faziam comentários cruéis sobre Ele por causa do Seu nascimento. Até em Sua infância, Ele teve de enfrentar olhares zombeteiros e cochichos maldosos. Se tivesse respondido com uma palavra ou um olhar impaciente, ou mesmo com um ato errado, Ele teria fracassado em ser um exemplo perfeito. Se assim fizesse, teria fracassado em levar adiante o plano para a nossa redenção. Se Ele tivesse admitido haver uma desculpa para o pecado, Satanás teria vencido e o mundo estaria perdido. Muitas vezes Ele foi chamado de covarde por Se recusar a participar, com Seus irmãos, de algum ato proibido, mas Sua resposta era: Está escrito: "No temor do Senhor está a sabedoria, e evitar o mal é ter entendimento" (Jó 28:28).

Algumas pessoas sentiam-se em paz com Sua presença, mas muitos O evitavam por sentirem que Sua vida sem qualquer mancha era uma repreensão para eles. Os jovens gostavam de Sua presença, mas ficavam impacientes com Sua determinação de fazer as coisas de maneira correta. Para esses, Jesus era estrito e rígido. Sua resposta era: Está escrito: "Como pode o jovem manter pura a sua conduta? Vivendo de acordo com a Tua palavra. [...] Guardei no coração a Tua palavra para não pecar contra Ti" (Sl 119:9, 11).

Muitas vezes Lhe perguntaram: Por que Você é tão diferente de todos nós? Ao que Ele respondia: Está escrito: "Como são felizes os que obedecem aos Seus estatutos e [...] não praticam o mal e andam nos caminhos do Senhor" (Sl 119:2, 3).

Quando questionado sobre a razão de não participar da diversão dos jovens de Nazaré, Ele dizia: Está escrito: "Tenho prazer nos Teus decretos; não Me esqueço da Tua palavra" (Sl 119:16).

Jesus não lutava por Seus direitos. Ele não revidava quando as pessoas O tratavam com grosseria, mas suportava insultos com paciência. Repetidas vezes Lhe perguntavam: Por que Você Se submete a um tratamento tão odioso, até mesmo de Seus irmãos? Ele respondia: Está escrito:

"Meu filho, não se esqueça da minha lei, mas guarde no coração os meus mandamentos. [...]
Que o amor e a fidelidade jamais o abandonem; prenda-os ao redor do seu pescoço, escreva-os na tábua do seu coração.
Então você terá o favor de Deus e dos homens, e boa reputação" (Pv 3:1-4).

Por Que Ele Tinha Que Ser Diferente

O modo de agir de Jesus era um mistério para Seus pais. Ele parecia ser uma pessoa separada. Encontrava Seus momentos de felicidade ao estar a sós com a natureza e com Deus. Muitas vezes o nascer do dia O encontrava meditando, estudando as Escrituras ou orando em algum lugar retirado. Dessas horas tranquilas, Ele voltava para casa a fim de retomar Suas tarefas.

Maria acreditava que o santo Menino que ela dera à luz era o Messias, mas não ousava expressar sua fé. Durante toda a vida de Jesus, ela participou de Seus sofrimentos. Com tristeza, testemunhava as provações que Lhe sobrevinham durante a infância e juventude. Quando se colocou ao lado do que sabia ser correto em Sua conduta, ela mesma teve de enfrentar dificuldades. Considerava as relações familiares e o cuidado maternal dos filhos vitais para a formação do caráter. Os filhos e filhas de José sabiam disso e, para conter sua ansiedade, tentavam ajudá-la a corrigir os modos de Jesus de acordo com suas próprias normas.

Com frequência, Maria argumentava severamente com Jesus, insistindo que Ele se adequasse às normas dos rabinos. Mas nem mesmo ela podia convencê-Lo a mudar Sua maneira de pensar nas obras de Deus e de tentar aliviar o sofrimento. Quando os sacerdotes e mestres a procuraram para que os ajudasse a controlar Jesus, ela ficou bastante preocupada, e só se tranquilizou quando Ele demonstrou que as Escrituras apoiavam Suas ações.

Às vezes ela hesitava entre Jesus e Seus irmãos, os quais não acreditavam que Ele era o enviado de Deus, mas ela tinha muitas evidências de que Ele possuía um caráter divino. Sua vida era como o fermento agindo no meio dos elementos da sociedade. Sem que tivesse qualquer mancha, Ele andava entre os ignorantes, os grosseiros, os descorteses. Misturava-Se com cobradores de impostos injustos, esbanjadores, samaritanos iníquos, soldados pagãos, camponeses rústicos e com a multidão em geral. Ele sempre tinha uma palavra de simpatia ao ver pessoas exaustas sendo forçadas a carregar fardos pesados. Para elas, repetia lições aprendidas na natureza sobre o amor e a bondade de Deus.

Ele ensinava a todos a se considerarem abençoados com preciosos talentos. Com Seu exemplo, nos ensinou a valorizar cada momento de nosso tempo como se fosse um tesouro, e a usá-lo para propósitos santificados. Não considerava ninguém indigno, mas tentava dar esperança às pessoas mais rudes e menos promissoras, lhes garantindo que poderiam desenvolver seu caráter de maneira a deixar claro para todos que eram filhos de Deus. Era frequente encontrar os que não tinham forças para se libertar da armadilha de Satanás. Para essas pessoas desanimadas, adoentadas, tentadas e decaídas, Jesus pronunciava palavras da mais terna compaixão.

Outros que Ele encontrava estavam em luta ferrenha com o inimigo das almas. Estes eram animados a prosseguir, pois os anjos de Deus estavam a seu lado e lhes daria a vitória. Os que recebiam Sua ajuda ficavam convencidos de que ali estava alguém em quem podiam confiar plenamente.

Jesus estava interessado em cada fase do sofrimento e trazia alívio para cada sofredor. Suas palavras bondosas eram como bálsamo suavizante. Ninguém podia dizer que Ele havia realizado algum milagre, mas virtude – o poder curador do amor – saía dEle. E assim, de maneira discreta, foi que Ele trabalhou pelas pessoas desde Sua infância.

Jesus atravessou sozinho Sua infância, juventude e fase adulta. Nunca houve ninguém tão puro e fiel como Ele (ver Is 63:3). Ele sabia que, a menos que houvesse uma mudança decidida nos princípios e propósitos da raça humana, tudo estaria perdido. Com intensidade de propósito, Ele cumpriu o plano traçado para Sua vida, que era o de ser a Luz para toda a humanidade.

A Voz no Deserto*

O precursor de Cristo veio do meio dos fiéis de Israel. Zacarias, um sacerdote já idoso, e sua esposa, Isabel, eram ambos "justos aos olhos de Deus", e em sua vida tranquila, a luz da fé brilhava como estrela no meio da escuridão. Esse casal piedoso recebeu a promessa de um filho que iria "adiante do Senhor, para Lhe preparar o caminho".

Zacarias tinha ido a Jerusalém para, por uma semana, exercer suas atividades no templo. De repente, enquanto estava diante do altar de ouro no lugar santo do santuário, ele notou a presença de um anjo do Senhor "à direita do altar de incenso". Por anos, ele tinha orado pela vinda do Redentor. Agora, suas orações estavam para ser respondidas.

O anjo o cumprimentou com a alegre promessa: "'Não tenha medo, Zacarias; sua oração foi ouvida. Isabel, sua mulher, lhe dará um filho, e você lhe dará o nome de João. Ele [...] será grande aos olhos do Senhor. Ele nunca tomará vinho nem bebida fermentada, e será cheio do Espírito Santo. [...] E irá adiante do Senhor, no espírito e no poder de Elias, para fazer voltar o coração dos pais a seus filhos e os desobedientes à sabedoria dos justos, para deixar um povo preparado para o Senhor'. Zacarias perguntou ao anjo: 'Como posso ter certeza disso? Sou velho, e minha mulher é de idade avançada'" (Lc 1:13-18).

Por um momento, o idoso sacerdote se esqueceu de que aquilo que o Senhor promete Ele é capaz de cumprir. Que contraste entre sua descrença e a fé manifestada por Maria! A resposta dela ao anúncio do anjo foi: "Sou serva do Senhor; que aconteça comigo conforme a tua palavra" (Lc 1:38).

Assim como no nascimento do filho de Abraão e do Filho de Maria, também o nascimento do filho de Zacarias ocorreu para ensinar uma grande verdade: Deus fará pela

* Este capítulo é baseado em Lucas 1:5-23, 57-80; 3:1-18; Mateus 3:1-12; Marcos 1:1-8

pessoa que crê aquilo que o poder humano não pode fazer. Foi por meio da fé que o filho da promessa foi dado. Da mesma maneira, é por meio da fé que a vida espiritual nasce, e que Deus nos capacita para fazer as obras da justiça.

Quinhentos anos antes, o anjo Gabriel havia revelado a Daniel o período profético que se estenderia até a vinda de Cristo. Zacarias sabia que o fim daquele período estava próximo, e isso foi um incentivo para que ele orasse pela vinda do Messias. Agora, o mesmo anjo por meio de quem Deus tinha dado a profecia veio anunciar seu cumprimento.

Zacarias Duvidou

Zacarias duvidou das palavras do anjo. Por isso, ficaria sem falar até que elas fossem cumpridas. "Agora você ficará mudo. Não poderá falar até o dia em que isso acontecer, porque não acreditou em minhas palavras, que se cumprirão no tempo oportuno" (Lc 1:20). O dever do sacerdote no serviço religioso era orar pelo perdão dos pecados e pela vinda do Messias. Quando Zacarias tentou fazê-lo, não pôde pronunciar uma palavra sequer. Quando saiu do lugar santo, seu rosto brilhava com a glória de Deus, e "o povo percebeu então que ele tivera uma visão no santuário". Zacarias "permanecia mudo", mas comunicou para o povo o que tinha visto e ouvido (Lc 1:22).

Logo que nasceu o filho da promessa, a fala do pai voltou. "E por toda a região montanhosa da Judeia se falava sobre essas coisas. Todos os que ouviam falar disso se perguntavam: 'O que vai ser este menino?'" (Lc 1:65, 66). Tudo isso chamava a atenção para a vinda do Messias.

O Espírito Santo repousou sobre Zacarias e ele profetizou sobre o ministério de seu filho:

> "E você, menino, será chamado profeta do Altíssimo, pois irá adiante do Senhor, para Lhe preparar o caminho, para dar ao Seu povo o conhecimento da salvação, mediante o perdão dos seus pecados" (Lc 1:76, 77).

"E o menino crescia e se fortalecia em espírito; e viveu no deserto, até aparecer publicamente a Israel" (v. 80). Deus havia chamado o filho de Zacarias para a maior obra já confiada aos seres humanos. O Espírito de Deus estaria com ele se obedecesse às instruções do anjo.

João Batista devia trazer a luz de Deus às pessoas e convencê-las de sua necessidade da justiça de Deus. Um mensageiro assim precisava ser santo, um templo onde o Espírito de Deus pudesse habitar. Ele devia ter boa saúde e força mental e espiritual. Por essa razão, era preciso que controlasse seus apetites e paixões.

No tempo de João Batista, havia demonstrações de ganância por riquezas e apego ao luxo por toda parte. Os prazeres sensuais, as festas e as bebedeiras estavam prejudicando o físico das pessoas, adormecendo a sensibilidade espiritual e diminuindo a consciência sobre o pecado. João devia se levantar como um reformador. Com sua vida de sacrifícios e a simplicidade de suas roupas, ele se constituía em repreensão para os excessos de seu tempo. Essa foi a razão para um anjo vindo do trono do Céu ter dado lições sobre temperança para os pais de João.

A infância e a juventude são o tempo apropriado para desenvolver o poder do domínio próprio. Hábitos estabelecidos nos primeiros anos da vida são decisivos para determinar se seremos vitoriosos ou fracassados na batalha da vida. A juventude – o tempo de plantar – determina o tipo de colheita para esta vida e a vida futura.

Ao preparar o caminho para o primeiro advento de Cristo, João era um representante dos que preparam um povo para a segunda vinda de nosso Senhor. O mundo está entregue à autocondescendência. Há erros e mitos por todos os lugares. Todos os que querem aperfeiçoar a santidade no temor de Deus devem aprender a colocar em prática a temperança e o domínio próprio (ver 2Co 7:1). Eles devem manter seus apetites e paixões sob o controle dos poderes mais elevados da mente. Essa autodisciplina é essencial se quisermos desenvolver o poder mental e a percepção espiritual que nos permitem entender e praticar as verdades da Palavra de Deus.

Educação Não Convencional

Pela ordem natural das coisas, o filho de Zacarias teria sido educado nas escolas dos rabinos. Mas como essas escolas não o preparariam para a obra que devia realizar, Deus o chamou para o deserto a fim de aprender sobre a natureza e sobre o Deus da natureza.

João fez das colinas áridas, dos barrancos acidentados e das cavernas rochosas o seu lar. Ali, os arredores o ajudaram a formar hábitos de simplicidade e abnegação. Ali ele pôde estudar as lições da natureza, da revelação e da direção de Deus. Desde sua infância, seus pais, tementes a Deus, tinham mantido sua missão diante dele, e ele aceitou o santo dever. A solidão do deserto foi um convidativo escape da sociedade, onde a incredulidade e a impureza tinham se tornado universais. Ele evitava o contato constante com o pecado para não perder o senso de sua excessiva pecaminosidade.

No entanto, João não passou sua vida em austera melancolia religiosa ou em isolamento egoísta. De vez em quando ele saía para se misturar à sociedade, sempre como um interessado observador do que estava acontecendo no mundo. Iluminado pelo divino Espírito, ele estudava a natureza humana para entender como alcançar o coração das pessoas com sua mensagem celestial. Pesava sobre ele a responsabilidade de sua missão. Meditando e orando, ele se preparou para o trabalho de sua vida, o qual estava diante dele.

Embora estivesse no deserto, João não estava livre das tentações. Satanás tentou derrubá-lo, mas suas percepções espirituais eram claras e, por intermédio do Espírito Santo, ele conseguiu detectar e resistir aos ataques do tentador.

Como Moisés nas montanhas de Midiã, João também se viu envolto pela presença de Deus. O aspecto sombrio e terrível da natureza em sua casa do deserto retratava de maneira vívida a condição de Israel. A vinha do Senhor tinha se tornado uma ruína desolada, mas lá no alto, por cima das nuvens escuras, brilhava o arco-íris da promessa.

Sozinho no meio da noite silenciosa, João lia sobre a promessa de Deus para Abraão de lhe dar descendentes tão numerosos quanto as estrelas. A luz do alvorecer falava dAquele que seria como "a luz da manhã ao nascer do sol, numa manhã sem nuvens" (2Sm 23:4). E no brilho do meio-dia, ele via o esplendor do dia em que "a glória do Senhor será revelada, e, juntos, todos a verão" (Is 40:5).

Com uma mescla de respeito e alegria, ele examinava os rolos proféticos em busca de revelações sobre a vinda do Messias. Siló devia aparecer antes que um rei deixasse de reinar sobre o trono de Davi. O tempo havia chegado. Um governador romano sentou-se no palácio do Monte Sião. Segundo a confiável palavra do Senhor, Cristo já havia nascido.

As Descrições Feitas por Isaías

Dia e noite, João estudava as grandiosas descrições da glória do Messias feitas por Isaías (ver Is 11:4; 32:2; 62:4). Essa gloriosa visão enchia o coração daquele homem solitário em seu exílio. Ao contemplar o Rei em Sua formosura, o próprio eu era esquecido. Ao ver a majestade da santidade, se achava ineficiente e indigno. Estava pronto para ir em frente como mensageiro celestial, inabalável por qualquer coisa da esfera humana, pois havia contemplado o Divino. Ele podia se apresentar sem medo na presença de monarcas terrestres, pois havia se prostrado diante do Rei dos reis.

João não entendia plenamente a natureza do reino do Messias, mas sua esperança estava centralizada na vinda de um Rei justo e no estabelecimento de Israel como nação santa.

Ele via que seu povo estava acomodado e adormecido em seus pecados. Era preciso que a mensagem que Deus tinha lhe dado os despertasse de sua insensibilidade e apatia. Para que a semente do evangelho crie raiz é necessário que, antes, o solo do coração seja revolvido. Antes de buscarem cura em Jesus, eles precisavam ser despertados para o perigo das feridas do pecado.

Deus não manda mensageiros para embalar os não santificados em uma segurança fatal. Ele coloca fardos pesados sobre a consciência do transgressor e atinge a alma com setas de convicção. Anjos ministradores apresentam o temido juízo de Deus para aprofundar o senso de necessidade. Então a mão que humilhou até o pó ergue o ser arrependido.

À Beira da Revolução

Quando o ministério de João começou, a nação estava à beira de uma revolução. Com a deposição de Arquelau, a Judeia ficou sob o controle direto de Roma. A tirania e extorsão dos governadores romanos, bem como seus esforços para introduzir símbolos e costumes pagãos, suscitaram uma revolta que só foi extinta com o sangue de milhares dos mais valentes de Israel.

Naquela situação de discórdia e muita discussão, uma voz se levantou no deserto falando de maneira chocante e severa, mas cheia de esperança: "Arrependam-se, pois o Reino dos Céus está próximo" (Mt 3:2). Com um poder novo e estranho, ela sacudiu as pessoas. Ali estava um anúncio de que a vinda de Cristo estava para acontecer. Com o espírito e o poder de Elias, João denunciou a corrupção nacional e repreendeu os pecados que prevaleciam entre o povo. Suas palavras eram incisivas e convincentes. A nação estava em comoção. Multidões afluíam para o deserto.

João chamava as pessoas ao arrependimento. Como símbolo da purificação do pecado, ele as batizava nas águas do rio Jordão. Ao fazer isso, estava declarando que os que afirmavam ser filhos de Deus estavam contaminados pelo pecado. Sem a purificação do coração, eles não poderiam fazer parte do reino do Messias.

Príncipes, rabinos, soldados, cobradores de impostos e camponeses foram escutar o profeta. Muitos se arrependeram e foram batizados para que pudessem fazer parte do reino que ele anunciava.

Muitos escribas e fariseus confessaram seus pecados e pediram para ser batizados. Eles tinham levado o povo a ter uma elevada opinião sobre sua piedade, mas agora os segredos de sua vida pecaminosa foram revelados. Entretanto, João viu que muitos daqueles homens e mulheres não sentiam convicção real do pecado. Eles estavam seguindo seus próprios interesses. Por serem amigos do profeta, esperavam obter favores quando o Príncipe chegasse. Eles achavam que, recebendo o batismo, sua influência sobre o povo seria fortalecida.

Forte Repreensão aos Hipócritas

João os enfrentou com a fulminante pergunta: "Raça de víboras! Quem lhes deu a ideia de fugir da ira que se aproxima? Deem fruto que mostre o arrependimento" (Mt 3:7, 8). Por terem se afastado de Deus, os judeus estavam sofrendo sob Seus juízos. Essa era a razão de estarem escravizados a uma nação pagã. Em tempos passados, o Senhor lhes havia mostrado grande favor; por isso eles estavam sempre apresentando desculpas para seus pecados. Enganavam-se ao pensar que eram melhores que os outros e que tinham direito às bênçãos de Deus.

João declarou aos mestres de Israel que seu orgulho, egoísmo e crueldade demonstravam que eles eram uma maldição mortal para o povo. Tendo em vista a luz que tinham recebido de Deus, eles eram ainda piores que os pagãos. Deus não dependia deles para realizar Seus planos. Ele podia chamar outros para Seu serviço.

"O machado já está posto à raiz das árvores", disse o profeta, "e toda árvore que não der bom fruto será cortada e lançada ao fogo" (Mt 3:10). Se o fruto não vale nada, o nome não pode salvar a árvore da destruição. João disse claramente aos judeus que se a vida e o caráter deles não estivessem em harmonia com a lei de Deus, eles não eram Seu povo.

Todos os que se tornam cidadãos do reino de Cristo, ele disse, devem dar demonstrações de fé e arrependimento. Sua vida deve mostrar bondade e devoção. Devem dar assistência aos necessitados, proteger os indefesos e ser exemplos de virtude e compaixão.

"Eu os batizo com água para arrependimento. Mas depois de mim vem Alguém mais poderoso do que eu, tanto que não sou digno nem de levar as Suas sandálias. Ele os batizará com o Espírito Santo e com fogo" (v. 11). Isaías havia declarado que o Senhor purificaria Seu povo "por meio de um espírito de julgamento e de um espírito de fogo" (Is 4:4).

O Espírito de Deus consumirá o pecado de todos os que se submeterem ao Seu poder (ver Hb 12:29). Mas se alguém se apegar ao pecado, então a glória de Deus, que destrói o pecado, o destruirá. Na segunda vinda de Cristo, o perverso será consumido "com o sopro de Sua boca" e destruído "pela manifestação de Sua vinda" (2Ts 2:8). A glória de Deus que dá vida ao justo destruirá o perverso.

No tempo de João Batista, Cristo estava prestes a aparecer como o revelador do caráter de Deus. Sua própria presença conscientizava as pessoas de seus pecados. Somente se estivessem dispostas a ser purificadas de seus pecados é que elas poderiam entrar em comunhão com Ele.

Foi dessa maneira que João Batista declarou a mensagem de Deus para Israel. Muitos a aceitaram e sacrificaram tudo para obedecer. Não foram poucos os que nutriram a esperança de que ele pudesse ser o Messias. Ao ver que o povo estava lhe dando atenção, João aproveitou a oportunidade para direcionar a fé daquela gente para Aquele que estava para chegar.

O Batismo de Jesus*

A mensagem de João Batista chegou aos pobres dos remotos povoados das colinas e aos pescadores da praia. Foi nesses corações simples e sinceros que ela encontrou a maior resposta. Em Nazaré, ela foi mencionada na carpintaria que tinha sido de José, e Alguém reconheceu o chamado. O Seu tempo havia chegado. Ele disse adeus para Sua mãe e seguiu os passos das multidões que se dirigiam ao Jordão.

Embora fossem primos, Jesus e João Batista não tiveram contato um com o outro. Isso era parte do plano de Deus. Ninguém poderia dizer que eles haviam conspirado para um apoiar as afirmações do outro.

João tinha conhecimento dos eventos que marcaram o nascimento de Jesus como também da visita que fizera a Jerusalém em Sua infância e de Sua vida sem pecado. Ele acreditava que Jesus era o Messias, mas o fato de Ele ter permanecido nas sombras, sem dar mostras especiais de Sua missão, deu oportunidade para que João duvidasse. Contudo, ele esperava com fé. Deus lhe havia revelado que o Messias o procuraria para ser batizado e que ele receberia um sinal de Seu caráter divino.

Quando Jesus veio para ser batizado, João reconheceu nEle uma pureza de caráter nunca antes vista em alguém. Sua própria presença inspirava reverência. Isso estava em harmonia com o que fora revelado a João sobre o Messias. No entanto, como poderia ele, um pecador, batizar Aquele que nunca tinha pecado? E por que Aquele que não precisava de arrependimento deveria se submeter a um rito que era uma confissão de uma culpa que precisava ser lavada?

Quando Jesus pediu para ser batizado, João hesitou. Ele disse: "'Eu preciso ser batizado por Ti, e Tu vens a mim?' Respondeu Jesus: 'Deixe assim por enquanto; convém

* Este capítulo é baseado em Mateus 3:13-17; Marcos 1:9-11; Lucas 3:21, 22.

que assim façamos, para cumprir toda a justiça'. E João concordou. [...] Naquele momento o céu se abriu, e ele viu o Espírito de Deus descendo como pomba e pousando sobre Ele" (Mt 3:13-16).

Cristo é Batizado

Jesus não recebeu o batismo como confissão de Sua própria culpa. Ele Se identificou com pecadores, dando os passos que devemos dar e fazendo a obra que devemos fazer. Sua vida de sofrimento e paciente perseverança depois de Seu batismo também foi um exemplo para nós.

Depois de sair da água, Jesus Se prostrou em oração na beirada do rio. Ele agora entrava no conflito de Sua vida. Embora fosse o Príncipe da Paz, Sua vinda era como uma espada fora da bainha. O reino que Ele veio estabelecer se opunha àquele que os judeus desejavam. Eles O considerariam inimigo e destruidor dos rituais e dos sistemas de Israel, O condenariam como transgressor e O denunciariam como o maligno. Na Terra, ninguém O compreendeu e Ele teve de andar sozinho. Sua mãe e Seus irmãos não compreenderam Sua missão. Nem mesmo Seus discípulos O entenderam.

Sendo um conosco, Ele teve que suportar nossa culpa e aflição. Aquele que nunca pecou teve que sentir a vergonha trazida pelo pecado. O Amigo da Paz teve que viver em luta – a verdade contra a falsidade, a pureza contra a depravação. Todo pecado, toda discórdia, toda sensualidade contaminadora eram uma tortura para Seu espírito.

Ele teve que trilhar o caminho sozinho. A redenção do mundo teve que ficar nos ombros dAquele que aceitou a fraqueza da humanidade. Ele viu e sentiu tudo isso, mas manteve firme Sua determinação.

O Salvador abriu Sua alma em oração. Ele sabia como o pecado havia endurecido o coração de homens e mulheres, e como seria difícil para eles compreender Sua missão e aceitar a salvação. Suplicou ao Pai poder para vencer a incredulidade deles, para quebrar as cadeias com as quais Satanás os prendia e para vencer o destruidor.

Nunca antes os anjos tinham ouvido uma oração como essa. O próprio Pai responderia ao pedido de Seu Filho. Os céus se abriram e uma luz puríssima em forma de pomba desceu sobre a cabeça do Salvador.

Com exceção de João, poucas pessoas reconheceram a visão celestial ali no Jordão. No entanto, a sensação solene da presença de Deus repousou sobre aquela reunião. Voltado para cima, o rosto de Cristo se encheu de glória nunca antes vista em qualquer rosto humano. Dos céus abertos, ouviu-se uma voz: "Este é o Meu Filho amado, em quem Me agrado" (Mt 3:17).

Aprovado pelo Céu

Deus falou essas palavras para inspirar a fé nos que testemunharam a cena e para fortalecer o Salvador para Sua missão. Embora os pecados de um mundo culpado fossem depositados em Cristo, e apesar da humilhação que Ele aceitou ao tomar sobre Si nossa natureza caída, a voz do Céu declarou que Ele era o Filho do Eterno.

João ficou profundamente emocionado. Quando a glória de Deus rodeou Jesus e a voz do Céu foi ouvida, João soube que acabara de batizar o Redentor do mundo. Apontando para Jesus, ele exclamou: "Vejam! É o Cordeiro de Deus, que tira o pecado do mundo!" (Jo 1:29).

Ninguém entre os ouvintes, nem sequer o próprio João, compreendeu o significado das palavras "o Cordeiro de Deus". Muita gente em Israel enxergava as ofertas sacrificais da mesma maneira como os pagãos enxergavam seus sacrifícios – presentes para aplacar a ira da divindade. Deus queria lhes ensinar que é de Seu próprio amor que vem o presente que os reconcilia com Ele.

A mensagem pronunciada para Jesus, "Este é o Meu Filho amado, em quem Me agrado", abrange a humanidade. Com todos os nossos pecados e fraquezas, Deus não nos rejeita como indignos. "Ele nos concedeu [Sua graça] gratuitamente no Amado" (Ef 1:6, ARA). A glória que repousou sobre Cristo é a garantia do amor de Deus por nós. É uma indicação do poder da oração, de como a voz humana pode chegar ao ouvido de Deus e de como nossos pedidos podem encontrar aceitação nas cortes do Céu. Por causa do pecado, a Terra foi separada do Céu, mas Jesus a ligou novamente à esfera de glória. A luz que desceu sobre a cabeça do Salvador também descerá sobre nós ao orarmos pedindo ajuda para resistir à tentação. A voz que falou a Jesus diz para todo aquele que crê: "Este é Meu Filho amado, em quem Me agrado."

Nosso Redentor abriu o caminho para que as pessoas mais pecadoras, necessitadas e desprezadas possam encontrar acesso ao Pai. Todos podem ter um lar nas mansões que Jesus foi preparar.

A Tentação no Deserto*

"Então Jesus foi levado pelo Espírito ao deserto, para ser tentado pelo diabo. Depois de jejuar quarenta dias e quarenta noites, teve fome" (Mt 4:1).

Jesus não convidou a tentação. Ele foi para o deserto a fim de ficar sozinho para pensar sobre Sua missão. Por meio de jejum e oração, Ele devia Se fortalecer para o caminho sangrento que precisava percorrer. E Satanás pensou ser esse o melhor momento para se aproximar dEle.

Questões da maior importância estavam em jogo. Satanás alegou que a Terra era sua propriedade e se apresentou como "o príncipe deste mundo". Declarou que a humanidade o escolhera como seu governador e que, por meio dos seres humanos, ele manteria o governo do mundo. Cristo veio para desmascarar a alegação de Satanás. Como Filho do homem, Cristo permaneceria leal a Deus. Isso mostraria que Satanás não havia ganhado total controle da raça humana e que sua alegação para o mundo era falsa. Todos os que quisessem ser libertados de seu poder seriam postos em liberdade.

Satanás já sabia que não tinha controle absoluto sobre o mundo. Entre os seres humanos, havia um poder que se oporia ao seu reinado (ver Gn 3:15). Nos sacrifícios oferecidos por Adão e seus filhos, ele viu um símbolo de comunhão entre a Terra e o Céu, e decidiu interceptá-lo. Desfigurou a Deus e deu uma interpretação falsa aos ritos que apontavam para o Salvador. Levou as pessoas a terem medo de Deus como se Ele Se alegrasse com sua destruição. Os sacrifícios que tinham por finalidade revelar Seu amor passaram a ser oferecidos apenas para aplacar Sua ira.

Quando Deus deu Sua Palavra escrita, Satanás estudou as profecias. De geração em geração, ele trabalhou

* Este capítulo é baseado em Mateus 4:1-11; Marcos 1:12, 13; Lucas 4:1-13.

para cegar as pessoas para que elas rejeitassem a Cristo quando Ele viesse.

Quando Jesus nasceu, Satanás sabia que Ele viera para disputar seu domínio. O Filho de Deus tinha vindo à Terra como homem e isso deixou Satanás alarmado. Seu coração egoísta não podia entender um amor como esse. Uma vez que tinha perdido o Céu, ele agora estava decidido a fazer com que outros participassem de sua queda. Faria com que eles subestimassem as coisas celestiais e colocassem o coração nas coisas da Terra.

Determinado a Vencer

Desde o tempo em que o Comandante do Céu era um bebê em Belém, o maligno O atacou continuamente. Nas reuniões de Satanás com seus anjos, ficou determinado que Ele devia ser vencido.

As forças do mal O seguiam de perto para guerrear contra Ele e derrotá-Lo, se possível.

No batismo do Salvador, Satanás ouviu a voz de Jeová dando testemunho da divindade de Jesus. Agora que Jesus tinha vindo "à semelhança do homem pecador" (Rm 8:3), o próprio Pai falou. Antes disso, Ele havia Se comunicado com a humanidade *por meio* de Cristo; agora, passou a Se comunicar com a humanidade *em* Cristo. Agora estava claro que a ligação entre Deus e a humanidade tinha sido restaurada.

Satanás viu que agora ele teria de vencer, ou seria vencido, e reuniu todas as forças da apostasia contra Cristo.

Muitos não enxergam nesse conflito entre Cristo e Satanás algum efeito em particular sobre sua própria vida. Mas no interior de cada coração humano, o conflito se repete. As tentações a que Cristo resistiu foram as mesmas que achamos tão difícil vencer. Com o peso dos pecados do mundo sobre Ele, Cristo passou no teste do apetite, do amor ao mundo e no teste do amor ao exibicionismo que leva à presunção. Essas foram as tentações que venceram Adão e Eva, e que também nos vencem tão facilmente.

Satanás apontou o pecado de Adão como prova de que ninguém poderia obedecer à lei de Deus. Cristo, em nossa humanidade, devia ter sucesso onde Adão falhou. Quando foi atacado pelo tentador, Adão não tinha sobre si nenhum dos efeitos do pecado. Encontrava-se na robustez da perfeita varonilidade, possuindo pleno vigor mental e físico. Rodeado das glórias do Éden, ele tinha comunhão diária com seres celestiais.

Não foi assim com Jesus quando Ele entrou no deserto para lidar com Satanás. Por quatro mil anos a raça humana vinha perdendo força física, poder mental e valor moral. Cristo tomou sobre Si a fraqueza da humanidade degenerada. Somente dessa maneira é que Ele poderia nos resgatar da nossa mais profunda degradação.

Ele Assumiu a Natureza do Homem

Muitos afirmam que era impossível Cristo ser vencido pela tentação. Se fosse assim, Ele não poderia ser colocado na posição de Adão nem ter obtido a vitória que Adão não conseguiu obter. Se tivéssemos um conflito de qualquer tipo que fosse mais severo que o de Cristo, então Ele não poderia nos ajudar. Mas nosso Salvador assumiu a humanidade com todas as suas deficiências. Ele assumiu a natureza do homem, com a possibilidade de ceder à tentação. Não temos que suportar nada que Ele não tenha sofrido.

Com Cristo, assim como foi com Adão e Eva no Éden, o apetite foi o alvo da primeira tentação. "Depois de jejuar quarenta dias e quarenta noites, teve fome. O tentador aproximou-se dEle e disse: 'Se és o Filho de Deus, manda que estas pedras se transformem em pães'" (Mt 4:2, 3).

Essas primeiras palavras traíram o caráter do tentador. "Se és o Filho de Deus". Aqui, Satanás insinuou desconfiança. Se Jesus fizesse o que Satanás sugeriu, teria aceitado a dúvida. Satanás tentara implantar na mente de Eva o pensamento de que impedir o acesso a uma fruta tão bela era uma contradição ao amor de Deus por eles. De maneira semelhante, o tentador agora tentava implantar seus próprios sentimentos em Cristo. "*Se* és o Filho de Deus". Havia em sua voz a expressão da mais profunda descrença. Como poderia Deus tratar Seu próprio Filho dessa maneira, deixando-O no deserto com animais selvagens, sem comida, sem companhia e sem conforto? Ele insinuava a ideia de que Deus nunca quis que Seu Filho estivesse em condições como aquelas. "*Se* és o Filho de Deus, mostra Teu poder. Manda que estas pedras se transformem em pães."

A Tentação de Duvidar

As palavras vindas do Céu – "Este é o Meu Filho amado" – ainda soavam nos ouvidos de Satanás. No entanto, ele estava determinado a fazer com que Cristo deixasse de acreditar naquele testemunho. A Palavra de Deus era a garantia que Cristo tinha de Sua divina missão, e era essa Palavra que declarava Sua ligação com o Céu. A intenção de Satanás era fazer com que Cristo duvidasse da Palavra. Satanás sabia que poderia derrotar Jesus se pudesse abalar Sua confiança em Deus. Esperava que, sob a pressão do desespero e da fome, Cristo perdesse a fé em Seu Pai e fizesse um milagre em Seu próprio benefício. Se Ele tivesse feito isso, o plano de salvação teria sido frustrado.

Satanás procurou se aproveitar ao máximo de sua suposta vantagem. Um dos anjos mais poderosos, ele disse, tinha sido expulso do Céu. A aparência de Jesus indicava que Ele mesmo era esse anjo caído, abandonado por Deus e desamparado por todos. Um ser divino deveria ser capaz de comprovar sua pretensão fazendo um milagre: "Se és o Filho de Deus, manda que estas pedras se transformem em pães." Tal ato de poder criador, insistiu o tentador, seria uma evidência absoluta de divindade capaz de pôr fim à discussão.

Mas o Filho de Deus não tinha que provar Sua divindade para Satanás. Se Cristo tivesse seguido a sugestão do inimigo, Satanás ainda teria dito: "Mostre-me um sinal para que eu possa acreditar que Você é o Filho de Deus". E Cristo não devia exercer poder divino em Seu próprio benefício. Ele tinha vindo para sofrer provações como nós e, assim, nos dar o exemplo. Suas maravilhosas obras foram todas para o bem dos outros. Fortalecido com a lembrança da voz do Céu, Jesus descansou no amor de Seu Pai.

Jesus enfrentou Satanás com as Escrituras. "Está escrito", Ele disse. Sua arma de guerra era a Palavra de Deus. Satanás exigiu que Cristo fizesse um milagre. Entretanto, maior que todos os milagres é a firme confiança em um "Assim diz o Senhor". Aquele foi um sinal que não pôde ser contestado. Enquanto Cristo mantivesse firme Sua posição, o tentador não podia obter nenhuma vantagem.

No momento da maior fraqueza de Cristo, Satanás O atacou com as mais cruéis tentações. É assim que ele tem se aproveitado da fraqueza humana (ver Nm 20:1-2; 1Rs 19:1-14). Quando ficamos confusos ou aflitos pela necessidade ou pelo estresse, Satanás está ali para tentar, para atacar os pontos fracos de nosso caráter e para abalar nossa confiança em Deus. Muitas vezes o tentador se aproxima de nós da mesma maneira como se aproximou de Cristo – apontando para nossas fraquezas. Com isso, espera nos desanimar e nos afastar de Deus, mas se lhe respondêssemos da maneira que Cristo respondeu, escaparíamos de muitas derrotas.

Cristo disse para o tentador: "Nem só de pão viverá o homem, mas de toda palavra que procede da boca de Deus" (Mt 4:4). No deserto, mais de 1.400 anos antes, Deus mandou para Seu povo um suprimento constante de maná do Céu. Isso aconteceu para lhes ensinar que, enquanto eles confiassem em Deus e andassem em Seus caminhos, Ele não os abandonaria. Os hebreus foram ajudados pela Palavra de Deus, e pela mesma Palavra Jesus também foi ajudado. Ele esperou o tempo designado por Deus para Seu socorro. Ele não obteria comida seguindo as sugestões de Satanás. É melhor sofrer o que for preciso do que, de alguma maneira, deixar de fazer a vontade de Deus.

Muitas vezes parecerá ao seguidor de Cristo que a obediência a algum claro requerimento de Deus o privará dos meios de subsistência. Satanás o fará acreditar que deve sacrificar suas sinceras convicções, mas a única coisa em que podemos confiar é a Palavra de Deus (ver Mt 6:33). Quando conhecermos o poder de Sua Palavra, não seguiremos as sugestões de Satanás para conseguir alimento ou salvar nossa vida. Obedeceremos às ordens de Deus e confiaremos em Sua promessa.

No último grande conflito com Satanás, os que são leais a Deus serão privados de todo apoio terreno. Por se recusarem a quebrar Sua lei, eles serão proibidos de vender ou comprar (ver Ap 13:11-17). Ao obediente, Deus prometeu que "habitará nas alturas; [...] terá suprimento de pão, e água não lhe faltará" (Is 33:16). Quando a Terra for assolada pela fome, ele será alimentado (ver Sl 37:19).

A Intemperança Corrompe a Moral

Em todas as épocas, as tentações que apelam para a natureza física têm obtido muito sucesso em corromper o ser humano. Por meio da intemperança, Satanás trabalha para destruir os poderes mentais e morais. Dessa maneira, se torna impossível que as pessoas apreciem as coisas de valor eterno. Por meio da condescendência com a sensualidade, Satanás procura apagar da alma todo traço de semelhança com Deus.

Cristo declara que, antes de Sua vinda, a condição do mundo será igual à dos dias de Sodoma e Gomorra. É preciso que entendamos a lição do jejum do Salvador. Somente se víssemos a inexprimível angústia que Cristo sofreu é que poderíamos avaliar os males da satisfação própria sem limites. Nossa única esperança de vida eterna é sujeitarmos nossos apetites e paixões à vontade de Deus.

Mediante nossa própria força é impossível dizer não aos impulsos da nossa natureza caída. Mas por ter passado pelo terreno que temos de percorrer, nosso Senhor nos preparou o caminho para a vitória. Ele não quer que fiquemos intimidados e desanimados. "Tenham ânimo!" Ele diz. "Eu venci o mundo" (Jo 16:33).

Todo aquele que está lutando contra o poder do apetite deve olhar para o Salvador no deserto da tentação. Veja Sua agonia na cruz ao clamar: "Tenho sede". Sua vitória é nossa vitória.

"O príncipe deste mundo está vindo", disse Jesus. "Ele não tem nenhum direito sobre Mim" (Jo 14:30). Não havia nada nEle que correspondesse aos raciocínios enganadores de Satanás. Ele não consentia com o pecado. Nem sequer por pensamento Ele cedeu à tentação. Também pode ser assim conosco. A humanidade de Cristo estava unida à divindade. A presença do Espírito Santo O capacitava para o conflito. Ele veio para nos fazer coparticipantes da natureza divina. Deus nos toma pela mão da fé para que ela se agarre firmemente à divindade de Cristo, de modo que possamos alcançar a perfeição de caráter.

Cristo nos mostrou como conseguir isso. Que recurso Cristo usou para vencer Satanás? A Palavra de Deus. "Está escrito", Ele disse. Toda promessa da Palavra de Deus é nossa (ver 2Pe 1:4). Quando a tentação o atingir, olhe para o poder da Palavra. Todo esse poder é seu (ver Sl 119:11; 17:4).

A Vitória*

"Então o diabo O levou à cidade santa, colocou-O na parte mais alta do templo e Lhe disse: 'Se és o Filho de Deus, joga-Te daqui para baixo. Pois está escrito: Ele dará ordens a Seus anjos a Seu respeito, e com as mãos eles O segurarão, para que Você não tropece em alguma pedra'" (Mt 4:5, 6).

Ainda com a aparência de anjo de luz, Satanás deixou evidente que tinha familiaridade com as Escrituras. Jesus usou a Palavra para sustentar Sua fé, e o tentador agora a usou para fazer seu engano parecer aceitável. Satanás insistiu que o Salvador desse mais uma evidência de Sua fé.

Outra vez, a tentação é introduzida com insinuação de desconfiança: "Se és o Filho de Deus". Cristo foi tentado a dar resposta àquele "se", mas recusou-Se a fazer qualquer coisa que envolvesse a mais leve aceitação de dúvida.

O tentador pensou em se aproveitar da humanidade de Cristo e O incitar a ir além do que Deus permitia. Embora Satanás possa instigar, ele não pode forçar alguém a pecar. Ele disse: "Joga-Te daqui para baixo", sabendo que ele mesmo não poderia jogá-Lo para baixo, tampouco forçá-Lo a fazer isso. A menos que Cristo consentisse na tentação, Ele não poderia ser vencido.

O tentador nunca pode nos forçar a fazer o mal. A vontade deve consentir, e a fé se desvencilhar de Cristo, antes de Satanás exercer seu poder sobre nós. Todo desejo pecaminoso que abrigamos é uma porta aberta por onde ele pode entrar para nos tentar e nos destruir. E cada fracasso de nossa parte é uma oportunidade que lhe damos para menosprezar a Cristo.

Quando Satanás citou a promessa "Ele dará ordens a Seus anjos a Seu respeito", ele omitiu as palavras "para

* Este capítulo é baseado em Mateus 4:5-11; Marcos 1:12, 13; Lucas 4:5-13.

que o protejam em todos os Seus caminhos", isto é, em todos os caminhos que Deus escolher. Jesus Se recusou a sair do caminho da obediência. Ele não forçaria Deus a vir socorrê-Lo, pois, dessa maneira, fracassaria em nos deixar um exemplo de confiança e submissão.

Jesus declarou a Satanás: "Também está escrito: 'Não ponha à prova o Senhor, o seu Deus'" (Mt 4:7). Deus já havia demonstrado que Jesus era Seu Filho. A essa altura, pedir um sinal disso seria pôr à prova a Palavra de Deus – tentando-O. Não devemos apresentar nossos pedidos a Deus para *provar* se Ele cumprirá Sua palavra, mas *porque* Ele a cumprirá; não para provar que Ele nos ama, mas porque Ele nos ama (ver Hb 11:6). A presunção é a falsificação da fé, criada por Satanás. A fé reclama as promessas de Deus e produz frutos de obediência. A presunção também reclama as promessas, mas as usa como desculpa para a transgressão. A fé teria levado nossos primeiros pais a confiar no amor de Deus e a obedecer Seus mandamentos. A presunção os levou a desobedecer Sua lei, acreditando que Seu grande amor os salvaria das consequências de seu pecado. Reclamar o favor do Céu sem cumprir as condições sob as quais Deus concede Sua misericórdia não é sinal de fé.

Aventurando-se no Terreno de Satanás

Se Satanás puder fazer com que nos coloquemos desnecessariamente no caminho da tentação, ele sabe que triunfará. Deus preservará todo aquele que andar na trilha da obediência. Sair dessa trilha é pisar no terreno de Satanás. O Salvador nos instruiu: "Vigiem e orem para que não caiam em tentação" (Mc 14:38).

Muitas vezes, quando somos colocados em situação difícil, duvidamos que o Espírito de Deus nos tem guiado. No entanto, foi a orientação do Espírito que levou Jesus ao deserto. Quando Deus nos traz provações, Ele tem um propósito a ser alcançado, para nosso bem. Jesus não escolheu deliberadamente ir ao encontro da tentação confiado nas promessas de Deus, nem Se entregou a sentimentos de desespero quando Lhe veio a tentação. Nós, tampouco, devemos fazer isso (ver 1Co 10:13; Sl 50:14, 15).

Jesus foi o vencedor na segunda tentação. Somente então, Satanás mostrou seu verdadeiro caráter – como um anjo poderoso, embora caído. Ele se proclamou líder da rebelião e deus deste mundo. Levando Jesus para o alto de uma montanha, fez com que os reinos do mundo fossem exibidos diante dEle em visão panorâmica. A luz do sol banhava as cidades com seus templos, palácios de mármore, campos férteis e pomares repletos de frutos. As marcas do pecado estavam escondidas. Os olhos de Jesus estavam fixos naquela cena de incrível beleza e prosperidade. Nesse momento, Ele ouviu a voz do tentador: "Tudo isto Te darei, se Te prostrares e me adorares" (Mt 4:9).

Diante de Cristo estava uma vida de tristezas, dificuldades, conflitos e vergonhosa morte. Cristo poderia Se livrar desse terrível futuro reconhecendo a supremacia de Satanás, mas fazer isso seria ceder a vitória no grande conflito. Se Satanás vencesse agora, a rebelião triunfaria.

Cristo Não Podia Ser Comprado

Quando o tentador ofereceu a Cristo o reinado e a glória do mundo, ele estava propondo que Cristo governasse em sujeição a Satanás. Esse era o mesmo tipo de governo no qual os judeus tinham colocado suas esperanças. Eles desejavam um reino deste mundo. Cristo declarou para o tentador: "Retire-se, Satanás! Pois está escrito: 'Adore o Senhor, o seu Deus, e só a Ele preste culto'" (Mt 4:10). Cristo não seria comprado. Ele veio para estabelecer um reino de justiça e não abandonaria Seu plano.

Satanás aborda as pessoas com a mesma tentação, e nisso ele tem alcançado mais sucesso do que Cristo. Ele oferece para elas o reino deste mundo, sob a condição de que sacrifiquem a integridade, não atendam à consciência, condescendam com o egoísmo e reconheçam sua supremacia. "Seja qual for a verdade sobre a vida eterna, para que tenha sucesso neste mundo, você tem que me servir. Posso lhe dar riquezas, prazeres, honra e felicidade. Não se deixe levar por ideias de honestidade ou abnegação."

Assim, muitas pessoas concordam em viver para o próprio eu, deixando Satanás satisfeito. Contudo, ele oferece o que não tem para dar; mas isso, muito em breve, lhe será tirado. Em troca, ele as engana para tirar delas o título de filhos herdeiros de Deus.

Inimigo Derrotado

Quando Jesus o dispensou com grande autoridade, Satanás já tinha a prova de que Ele era o Filho de Deus. A divindade brilhou através da humanidade sofredora. Contorcendo-se de humilhação e raiva, Satanás foi forçado a se retirar da presença do Redentor do mundo. A vitória de Cristo foi tão completa quanto havia sido o fracasso de Adão.

Portanto, podemos resistir à tentação, forçando Satanás a fugir de nós. Jesus obteve vitória por meio de submissão e fé em Deus. Por intermédio do apóstolo, Ele nos diz: "Submetam-se a Deus. Resistam ao diabo, e ele fugirá de vocês. Aproximem-se de Deus, e Ele se aproximará de vocês!" (Tg 4:7, 8). "O nome do Senhor é uma torre forte; os justos correm para ela e estão seguros" (Pv 18:10). Satanás estremece diante da mais fraca pessoa que encontra refúgio nesse poderoso nome.

Depois que o inimigo se retirou, Jesus caiu por terra, exausto, com a palidez da morte estampada em Seu rosto. Anjos estiveram observando seu amado Comandante enquanto Ele passava pelo teste – maior que qualquer um que sejamos chamados a enfrentar. Eles agora davam assistência ao Filho de Deus ali prostrado qual um moribundo. Eles O fortaleceram dando-Lhe comida e O confortaram com a certeza de que o Céu triunfara com Sua vitória. Reanimado, Seu enorme coração pulsou forte em simpatia pela humanidade e Ele seguiu Seu caminho para completar a obra que tinha iniciado. Não descansaria até que o inimigo estivesse completamente derrotado e a raça humana, redimida.

Nunca poderemos compreender o custo da redenção até que o remido compareça, com o Redentor, diante do trono de Deus. Somente então, quando as glórias do lar eterno transbordarem de nossos sentidos deleitados, nos lembraremos de que Jesus deixou tudo aquilo por nós e que Ele assumiu o risco de fracassar e de Se perder eternamente.

"Digno é o Cordeiro que foi morto de receber poder, riqueza, sabedoria, força, honra, glória e louvor!" (Ap 5:12).

"Achamos o Messias!"*

João Batista estava pregando em Betânia, do outro lado do rio Jordão, onde, diariamente, as pessoas se aglomeravam na beirada do rio. A pregação de João tinha deixado a nação muito impressionada. Ele mostrou não reconhecer a autoridade do Sinédrio ao não procurar sua aprovação. No entanto, o interesse em suas atividades continuava a crescer.

O Sinédrio era constituído de sacerdotes, líderes religiosos e mestres. Nos tempos da independência dos judeus, o Sinédrio era a corte mais alta da nação. Embora os governadores romanos tivessem reduzido seu poder, ele ainda tinha uma grande influência sobre questões civis e religiosas. O Sinédrio já não podia mais adiar uma investigação das atividades de João. Algumas pessoas ainda se lembravam da revelação do anjo para Zacarias no templo, que indicara seu filho como o arauto do Messias. O entusiasmo a respeito do ministério de João fez com que os líderes se lembrassem dessas coisas.

Muito tempo havia passado desde que Israel tivera um profeta. A exigência de João quanto à confissão do pecado parecia algo novo e surpreendente. Muitos líderes não iam ouvir João por temerem que ele pudesse revelar os segredos da vida deles. No entanto, sua pregação era um anúncio direto sobre o Messias.

Era bem conhecido que as 70 semanas da profecia de Daniel abrangendo a chegada do Messias estavam para terminar, e todos estavam prontos para participar da glória nacional que viria em seguida. O entusiasmo popular era tão grande que o Sinédrio logo seria forçado a aprovar ou a rejeitar o trabalho de João. Manter o poder deles sobre o povo já estava se mostrando um problema. Na esperança de chegar a alguma conclusão, eles mandaram uma delegação de sacerdotes e levitas ao Jordão para conversar com o novo mestre.

* Este capítulo é baseado em João 1:19-51.

Uma grande multidão escutava as palavras de João quando os representantes do Sinédrio se aproximaram. Os arrogantes rabinos chegaram com ar de autoridade para impressionar as pessoas e ganhar a simpatia do profeta. Com respeito, quase medo, a multidão abriu caminho para que eles passassem. Os grandes homens, com suas ricas vestes e sem esconder o orgulho por sua posição e poder, se puseram diante do profeta do deserto.

"Quem é você?", perguntaram.

Sabendo o que estavam pensando, João respondeu: "Eu não sou o Cristo".

"Quem é você, então? É Elias?"

"Não sou Elias".

"Você é o Profeta?"

"Não".

"Quem é você? 'Dê-nos uma resposta, para que a levemos àqueles que nos enviaram. Que diz você acerca de si próprio?'"

"Eu sou a voz do que clama no deserto: 'Façam um caminho reto para o Senhor', como disse o profeta Isaías" (Jo 1:19-23).

Antigamente, quando um rei viajava pelo seu reino, alguns homens eram enviados à frente para endireitar as passagens e tapar os buracos para que ele pudesse viajar em segurança. O profeta Isaías usou esse costume para ilustrar a obra do evangelho. "Todos os vales serão levantados, todos os montes e colinas serão aplanados" (Is 40:4). Quando o Espírito de Deus toca o coração, o orgulho humano é abatido. A pessoa vê que o prazer mundano, posição e poder não valem nada. Somente a humildade e o amor abnegado são exaltados como coisas de valor. Essa é a obra do evangelho da qual a mensagem de João faz parte.

Os rabinos continuaram com suas perguntas: "Então, por que você batiza, se não é o Cristo, nem Elias, nem o Profeta?" (Jo 1:25). As palavras "o Profeta" se referiam a Moisés. Quando João Batista começou seu ministério, muitos pensaram que ele fosse Moisés, que teria ressuscitado dos mortos.

Muitos também achavam que, antes de vir o Messias, Elias apareceria em pessoa. João frustrou essa expectativa. Mas depois, Jesus disse, referindo-Se a João: "E se vocês quiserem aceitar, este é o Elias que havia de vir" (Mt 11:14). João veio no mesmo espírito e poder de Elias para fazer uma obra igual à que Elias fez. No entanto, os judeus não receberam sua mensagem. Para eles, João não era Elias.

Muitos Hoje Não "Veem" Cristo

Muitos dos que se reuniram no Jordão estiveram presentes no batismo de Jesus, mas poucos desses sabiam do sinal que tinha sido dado naquela ocasião. Durante os meses que antecederam o ministério de João, muitos haviam se recusado a atender ao chamado para o arrependimento. Por isso, quando o Céu deu testemunho de Jesus por ocasião de Seu batismo, eles sequer perceberam. Os olhos que, pela fé, nunca haviam se voltado para Ele não viram a manifestação da glória de Deus. Os ouvidos que nunca tinham ouvido Sua voz não escutaram as palavras do testemunho. Ainda é assim hoje. Com frequência Cristo e os anjos ministradores fazem sentir Sua presença nas reuniões públicas e, no entanto, muitos nem sequer ficam sabendo disso. Não detectam nada de anormal. Mas, para alguns, a presença do Salvador é revelada. Estes são confortados, animados e abençoados.

Os representantes de Jerusalém tinham perguntado para João: "Então, por que você batiza?", e estavam esperando que ele respondesse. De repente, ao contemplar a multidão, seu rosto se iluminou e ele ficou profundamente emocionado. Com as mãos estendidas, clamou: "Eu batizo com água, mas entre vocês está Alguém que vocês não conhecem. Ele é Aquele que vem depois de mim, e não sou digno de desamarrar as correias das Suas sandálias" (Jo 1:26).

A mensagem a ser levada de volta ao Sinédrio era distinta e inequívoca. O Messias estava entre eles! Surpreendidos, os sacerdotes e líderes religiosos olharam ao redor, mas não puderam distinguir entre a multidão Aquele de quem João havia falado.

No batismo de Jesus, a mente de João foi conduzida às palavras de Isaías, "como um cordeiro foi levado para o matadouro" (Is 53:7). Durante as semanas seguintes, João estudou as profecias e o serviço sacrifical com novo interesse. Viu que a vinda de Cristo tinha um significado mais profundo do que o reconhecido pelos sacerdotes e pelas pessoas. Quando viu Jesus entre a multidão, depois que Ele voltou do deserto, João, quase impaciente, esperou ouvir o Salvador declarar Sua missão; mas Ele não disse nada nem deu nenhum sinal. Jesus não respondeu ao anúncio que João Batista tinha dado sobre Ele. Misturou-Se aos discípulos de João sem tomar nenhuma medida visando chamar a atenção para Si mesmo.

No dia seguinte, João viu Jesus vindo em sua direção. Com a luz da glória de Deus repousando sobre ele, o profeta estendeu as mãos e declarou: "Vejam! É o Cordeiro de Deus, que tira o pecado do mundo! Este é Aquele a quem eu me referi, quando disse: 'Vem depois de mim um homem que é superior a mim [...]. Eu vi o Espírito descer do Céu como pomba e permanecer sobre Ele. [...]

Esse é o que batiza com o Espírito Santo'. Eu vi e testifico que este é o Filho de Deus'" (Jo 1:29-34).

A Aparência Comum de Cristo

Era esse o Cristo? Com respeito e admiração as pessoas olhavam para Aquele que João havia acabado de declarar ser o Filho de Deus. As palavras de João os havia deixado profundamente emocionados. Ele tinha falado em nome de Deus. Por vários dias, eles o haviam escutado a condenar seus pecados, e isso fortaleceu neles a convicção de que Deus o enviara. Mas quem seria esse maior que João? Nem Suas roupas nem Sua fisionomia demonstravam que Ele tivesse elevada posição. Aparentemente, era uma pessoa simples, vestida com trajes humildes de gente pobre.

Algumas pessoas entre a multidão estiveram no batismo de Cristo e tinham ouvido a voz de Deus. Mas a aparência do Salvador mudara muito. Em Seu batismo, eles tinham visto Seu rosto transformado com a luz vinda do Céu. Agora Ele parecia abatido e magro. Somente João O reconhecera.

Entretanto, as pessoas viram um rosto onde a divina compaixão se mesclava com poder consciente. Cada olhar, cada traço de Seu rosto estava marcado com humildade e expressava um amor incomparável. Ele impressionava os que O observavam pelo senso de poder que, embora oculto, não podia ser completamente encoberto. Seria esse Aquele por quem Israel havia esperado por tanto tempo?

Jesus veio em pobreza e humildade para que pudesse ser nosso exemplo e também nosso Redentor. Se Ele tivesse aparecido com a pompa de um rei, como poderia ter ensinado a humildade? Onde os humildes poderiam encontrar esperança se Jesus tivesse vindo para viver como um rei entre nós?

Para a multidão parecia impossível encontrar alguma ligação entre Aquele indicado por João e as expectativas que nutriam. Muitos ficaram desapontados e perplexos.

As palavras que eles tanto queriam ouvir – que Jesus agora restauraria o reino de Israel –, Ele não havia pronunciado. Os sacerdotes e rabinos estavam prontos para receber um rei como esse; mas não aceitaram Aquele que tentou estabelecer um reino de justiça no coração deles.

João Conduz Seus Seguidores a Jesus

No dia seguinte, enquanto dois de seus discípulos estavam por perto, João viu Jesus outra vez. De novo, a fisionomia do profeta se iluminou ao ele clamar: "Vejam! É o Cordeiro de Deus!" Os discípulos não entenderam nada. O que significava o nome que João Lhe dera – "o Cordeiro de Deus"?

Deixando João, eles saíram à procura de Jesus. Um deles era André, irmão de Simão; o outro era João, o evangelista. Esses foram os dois primeiros discípulos de Cristo. Eles seguiram a Jesus – ansiosos para falar com Ele. No entanto, em respeitoso silêncio, não paravam de pensar: "Esse é o Messias?"

Jesus sabia que os dois O estavam seguindo. Eles eram os primeiros frutos de Seu ministério. O coração do divino Mestre se encheu de alegria quando os dois responderam à Sua graça. Contudo, ao voltar-Se para eles, apenas perguntou: "O que vocês querem?"

Eles exclamaram: "Rabi", que significa Mestre, "onde estás hospedado?" (Jo 1:38). Aquela rápida conversa à beira do caminho não bastou para que eles recebessem o que tanto desejavam. Eles queriam estar a sós com Jesus e ouvir Suas palavras.

"Respondeu ele: 'Venham e verão'. Então foram, [...] viram onde Ele estava hospedado e passaram com Ele aquele dia" (v. 39).

Se João e André tivessem o espírito incrédulo dos sacerdotes e líderes religiosos, não teriam se comportado como aprendizes, mas como críticos a julgar as palavras de Jesus. No entanto, eles haviam respondido ao chamado do Espírito Santo na pregação de João Batista e, agora, reconheciam o Mestre celestial. As palavras de Jesus eram cheias de novidade e beleza para eles. Uma iluminação divina brilhava sobre os escritos do Antigo Testamento. A verdade se destacava sob nova luz.

O discípulo João era um homem de sincera e profunda afeição, fervoroso, mas contemplativo. Ele tinha começado a discernir a "glória como do Unigênito vindo do Pai, cheio de graça e de verdade" (Jo 1:14).

André saiu para partilhar a alegria que enchia seu coração. Indo em busca de seu irmão Simão, ele exclamou: "Achamos o Messias". Simão também tinha ouvido a pregação de João Batista e, depressa, foi se encontrar com o Salvador. Os olhos de Cristo leram o seu caráter e a história de sua vida. Sua natureza impulsiva, seu coração amoroso e compassivo, suas ambições e autoconfiança, sua queda, seu arrependimento, seu trabalho e sua morte de mártir – tudo isso o Salvador pôde ler. E disse: "Você é Simão, filho de João. Será chamado Cefas (que traduzido é 'Pedro')" (Jo 1:42).

"No dia seguinte Jesus [...] encontrou Filipe, [e] disse-lhe: 'Siga-Me'" (v. 43). Filipe obedeceu à ordem e também se tornou um obreiro de Cristo.

Filipe chamou Natanael, que estivera entre a multidão quando o Batista apontou para Jesus como o Cordeiro de Deus. Quando Natanael olhou para Jesus, ficou desapontado. Seria possível que aquele homem que portava as marcas do trabalho duro e da pobreza fosse o Messias? No entanto, a mensagem de João trouxe convicção ao coração de Natanael.

Orações Ouvidas

Quando Filipe o chamou, Natanael havia ido sozinho para um bosque tranquilo a fim de meditar nas profecias relacionadas ao Messias. Ele orou pedindo que Deus o ajudasse a saber se Aquele que João apresentou como o Messias era, mesmo, o Libertador. O Espírito Santo lhe deu a certeza de que Deus viera até o Seu povo. Filipe sabia que seu amigo estava estudando as profecias e encontrou seu esconderijo enquanto ele orava debaixo de uma figueira. Muitas vezes, eles tinham orado juntos naquele local isolado, escondidos pela folhagem.

A mensagem de Filipe: "Achamos Aquele sobre quem Moisés escreveu na Lei, e a respeito de quem os profetas também escreveram", pareceu, para Natanael, uma resposta direta à sua oração. Mas Filipe acrescentou: "Jesus de Nazaré, filho de José". O preconceito surgiu no coração de Natanael, e ele exclamou: "Nazaré? Pode vir alguma coisa boa de lá?" (Jo 1:45, 46).

Filipe disse: "Venha e veja". Jesus viu Natanael se aproximando e disse a respeito dele: "Aí está um verdadeiro israelita, em quem não há falsidade". Surpreso, Natanael exclamou: "De onde me conheces?" Jesus respondeu: "Eu o vi quando você ainda estava debaixo da figueira, antes de Filipe o chamar" (v. 47, 48).

Foi o suficiente. O divino Espírito que trouxera certeza a Natanael em sua oração a sós, debaixo da figueira, lhe falou por meio das palavras de Jesus. Natanael tinha ido a Cristo com um desejo sincero de conhecer a verdade e, agora, seu desejo foi atendido. Ele disse: "Mestre, Tu és o Filho de Deus, Tu és o Rei de Israel!" (v. 49).

Se Natanael tivesse confiado na orientação dos rabinos, nunca teria encontrado a Jesus. Foi por ver e julgar por si mesmo que ele se tornou um discípulo. Hoje, muitos confiam na autoridade humana. Como Natanael, precisamos estudar, por nós mesmos, a Palavra de Deus e orar pedindo que o Espírito Santo nos ilumine. Aquele que viu Natanael debaixo da figueira também nos verá em nosso lugar secreto de oração. Os anjos estão perto dos que, com humildade, buscam a direção divina.

A fundação da igreja cristã começou com o chamado de João, André,

Simão, Filipe e Natanael. João Batista guiou dois dos seus discípulos para Cristo. Depois, um desses, André, achou seu irmão. Filipe, então, foi chamado e saiu em busca de Natanael. Esses exemplos demonstram a importância de fazer apelos diretos aos nossos familiares, amigos e vizinhos. Há pessoas que nunca fizeram nenhum esforço pessoal para levar sequer um indivíduo para o Salvador.

Muitos cairam na desgraça. São pessoas que poderiam ter se salvado caso seus vizinhos – homens e mulheres comuns – tivessem dedicado esforço pessoal em favor deles. Na família, no bairro, na cidade onde vivemos há trabalho para fazer. Logo que alguém se converte, nasce nesse indivíduo o desejo de contar aos outros que amigo precioso encontrou em Jesus.

O Mais Forte Argumento

Filipe não pediu para Natanael aceitar o testemunho de outra pessoa, mas que visse Cristo por si mesmo. Uma das maneiras mais eficazes de conduzir pessoas a Jesus é mostrar Seu caráter em nossa vida diária. As pessoas podem rejeitar nossa lógica ou resistir aos nossos apelos, mas uma vida de amor, totalmente isenta de motivos egoístas, é um argumento que elas não podem refutar.

A Palavra de Deus, quando transmitida por alguém santificado por meio dela, tem um poder comunicador de vida que atrai os que a ouvem. Quando recebemos a verdade e passamos a amá-la, manifestamos o que nós mesmos ouvimos, vimos e experimentamos da Palavra de Vida. Um testemunho como esse soa verdadeiro para corações receptivos e levam à santificação do caráter.

Aqueles que procuram levar a luz aos outros serão, eles mesmos, abençoados. "Quem dá alívio aos outros, alívio receberá" (Pv 11:25). Se quisermos experimentar a alegria de Cristo – a alegria de ver pessoas redimidas por Seu sacrifício – devemos participar em Sua obra para redimi-los.

A primeira expressão de fé de Natanael foi como música aos ouvidos de Jesus: "Você crê porque eu disse que o vi debaixo da figueira. Você verá coisas maiores do que essa!" Com alegria, o Salvador antecipava Seu trabalho de pregar as boas-novas aos mansos, de restaurar os abatidos e de proclamar liberdade aos cativos de Satanás. Ele acrescentou: "Digo-lhes a verdade: Vocês verão o Céu aberto e os anjos de Deus subindo e descendo sobre o Filho do homem" (Jo 1:50, 51).

Com isso, Cristo virtualmente está dizendo: "Na beirada do rio Jordão, os Céus se abriram e o Espírito desceu. Se vocês crerem em Mim, sua fé aumentará e ficará mais forte.

Vocês verão que os Céus foram abertos para nunca mais se fecharem. Eu os abri para vocês." Os anjos de Deus estão subindo, levando as orações dos necessitados e aflitos para o Pai, lá no alto. Ao descerem, trazem esperança, coragem e vida aos filhos dos homens.

Constantemente os anjos estão indo da Terra para o Céu e do Céu para a Terra. Por meio de Cristo, pelo ministério de Seus mensageiros celestiais, é que toda bênção vem de Deus para nós. Tomando a humanidade sobre Si mesmo, nosso Salvador une Seus interesses com os interesses dos caídos filhos e filhas de Adão, ao mesmo tempo em que, por meio de Sua divindade, Se apega ao trono de Deus.

15

Jesus Vai a um Casamento*

Em uma reunião familiar ocorrida num pequeno povoado da Galileia, Jesus usou Seu poder para trazer mais alegria a uma festa de casamento. Dessa maneira, Ele mostrou Sua empatia para conosco e o desejo de fazer algo pela nossa felicidade. No deserto, Ele próprio bebeu da taça de sofrimento, mas veio de lá para nos dar a taça de bênçãos.

Estava para acontecer um casamento em Caná. A noiva e o noivo eram parentes de José e Maria, e Jesus e Seus discípulos foram convidados.

Maria, mãe de Jesus, tinha ouvido falar do sinal que Deus havia dado no Jordão, quando Ele foi batizado. A notícia trouxe, de novo, à sua mente as cenas que, por muitos anos, ela havia escondido em seu coração. Maria ficou profundamente comovida com a missão de João Batista. Agora, sua ligação com Jesus reavivou novamente suas esperanças. Ela havia conservado na memória cada evidência de que Jesus era o Messias, almejando que logo chegasse o momento em que Sua glória seria revelada.

A morte havia separado Maria de José, que partilhara de seu conhecimento sobre o mistério do nascimento de Jesus. Agora não havia mais ninguém com quem pudesse conversar sobre suas esperanças e seus medos. Ela refletia profundamente sobre as palavras de Simeão: "Uma espada atravessará a sua alma" (Lc 2:35). Com o coração ansioso, ela esperava que Jesus voltasse.

Na festa do casamento, ela O encontrou – o mesmo Filho, meigo e pronto para servir. No entanto, Ele já não era o mesmo. Seu rosto mostrava traços de Seu conflito no deserto; uma nova expressão de dignidade e poder davam mostras de Sua missão celestial. Com Ele estava um grupo de rapazes que O chamavam de Mestre. Aqueles acompanhantes contaram

* Este capítulo é baseado em João 2:1-11.

para Maria o que tinham visto e ouvido no batismo e em outros lugares.

Quando os convidados se reuniram, havia um clima de contida emoção. Ao ver muitos olhares se dirigirem para Jesus, Maria teve o desejo de que Ele provasse ser o Honrado de Deus.

Era costume que as festividades de um casamento continuassem por vários dias. Nessa ocasião, antes que a festa terminasse, o estoque de vinho chegou ao fim. Sendo parente dos noivos, Maria ajudava na festa. Assim, ela disse para Jesus: "Eles não têm mais vinho". Essas palavras eram uma sugestão para que Ele suprisse as necessidades dos anfitriões. Mas Jesus respondeu: "Que temos nós em comum, mulher? A Minha hora ainda não chegou" (Jo 2:4).

Essa forma de Se dirigir a ela não exprimia frieza ou descortesia. Dentro dos costumes orientais, era empregada para com quem o indivíduo queria mostrar respeito. O próprio Cristo tinha dado o mandamento: "Honra teu pai e tua mãe" (Êx 20:12). Tanto na festa do casamento como na cruz, em Seu último ato de ternura para com Sua mãe, o amor expressado em Seu tom de voz, olhar e gestos era intérprete de Suas palavras.

Em Sua visita ao templo, quando menino, Cristo havia dito a Maria: "Por que vocês estavam Me procurando? Não sabiam que eu devia estar na casa de Meu Pai?" (Lc 2:49). Agora, Ele repetia a lição. Havia o perigo de que Maria pensasse que sua relação com Jesus lhe dava o direito, em certa medida, de guiá-Lo em Sua missão. Por 30 anos, Ele havia sido um filho amoroso e obediente, mas agora Ele tinha que cuidar da obra de Seu Pai. Como Salvador do mundo, nenhum laço terrestre deveria separá-Lo de Sua missão. Essa lição também é para nós. Nenhuma atração terrestre, nenhum laço de relacionamento humano, deve desviar nossos pés do caminho por onde Deus quer que caminhemos.

Somente por intermédio do Cordeiro de Deus é que Maria podia obter salvação. Sua ligação com Jesus não lhe proporcionava um relacionamento espiritual diferente de qualquer outro ser humano. As palavras do Salvador deixam clara a distinção entre Seu relacionamento com ela como o Filho do homem e como o Filho de Deus. Os laços familiares entre eles de maneira nenhuma a colocavam em pé de igualdade com Ele.

"A Minha hora ainda não chegou". Quando Cristo andou entre nós, Ele foi guiado a cada passo pela vontade do Pai. Ao dizer para Maria que Sua hora ainda não havia chegado, Ele estava respondendo ao pensamento dela não expresso em palavras

– a expectativa que ela nutria de que Ele Se manifestaria como o Messias e tomaria o trono de Israel. Mas o momento não havia chegado. Jesus aceitara a condição normal de humanidade não como um Rei, mas como um homem de tristeza e familiarizado com o sofrimento (ver Is 53:3).

Fé Recompensada

Embora Maria não tivesse um conceito correto da missão de Cristo, ela confiava inteiramente nEle. E Ele respondeu a essa fé. Jesus realizou Seu primeiro milagre para honrar a confiança dela e para fortalecer a fé necessária a Seus discípulos. Pelas profecias, os discípulos entenderam, sem qualquer dúvida, que Jesus era o Messias, mas ficaram amargamente desapontados pela incredulidade, pelo preconceito profundamente arraigado e pelo ódio demonstrados pelos sacerdotes e rabinos com relação a Jesus. Os primeiros milagres fortaleceram os discípulos para enfrentar a oposição.

Maria disse para os que estavam servindo as mesas: "Façam tudo o que Ele lhes mandar".

Ao lado da entrada da casa estavam seis grandes jarras de pedra. Jesus falou para os servos encherem as jarras com água. Então, disse: "Levem um pouco [do vinho] ao encarregado da festa." Em vez de água, saiu vinho das jarras.

Quando provou o vinho trazido pelos servos, o encarregado da festa achou aquele vinho superior a qualquer outro que ele já bebera. Voltando-se para o noivo, ele disse: "Todos servem primeiro o melhor vinho e, depois que os convidados já beberam bastante, o vinho inferior é servido; mas você guardou o melhor até agora" (Jo 2:10).

Aquilo que o mundo oferece pode agradar aos olhos e fascinar os sentidos, mas se mostra insatisfatório. O "vinho" se torna amargo e as diversões se transformam em tristezas. O que começou com cânticos e euforia termina em cansaço e desgosto. O que Cristo oferece, entretanto, é sempre novo e revigorante. A festa que Ele dá nunca deixa de trazer satisfação e alegria. As provisões nunca serão limitadas. Se você permanece nEle, o presente que Ele lhe dá hoje é garantia de que o de amanhã será ainda mais precioso.

O dom de Cristo para a festa de casamento foi um símbolo. Mãos humanas trouxeram a água para encher as jarras, mas somente a palavra de Cristo podia conferir àquela água o poder de dar vida. A palavra de Cristo forneceu amplo suprimento para a festa. Sua graça é, semelhantemente, abundante para limpar a iniquidade e para renovar e sustentar a vida espiritual. O vinho que Cristo proveu para a festa, o qual Ele deu para os discípulos como símbolo do Seu próprio sangue, era o puro suco da uva. Isaías se refere a isso quando fala do vinho novo que há no "cacho de uvas": "Não o destruam, pois ainda há algo bom [nele]" (Is 65:8).

No Antigo Testamento, Cristo advertiu: "O vinho é zombador e a bebida fermentada provoca brigas; não é sábio deixar-se dominar por eles" (Pv 20:1). Ele nunca forneceu essa bebida a ninguém. Satanás tenta homens e mulheres a condescender com coisas que obscurecem seu raciocínio e entorpecem suas percepções espirituais. Cristo, porém, nos ensina a sujeitar a natureza inferior. Foi Cristo quem disse a João Batista que ele não devia beber nem vinho nem bebida forte. Ele ordenou a mesma abstinência para a mãe de Samuel. E Ele proferiu uma maldição sobre todos os que derem bebida ao seu próximo (ver Hc 2:15). Cristo não contradisse Seu próprio ensinamento. O vinho não fermentado que Ele forneceu para os convidados da festa de casamento era uma bebida integral e refrescante.

Quando os convidados comentaram sobre o vinho, alguns fizeram perguntas que levaram os servos a relatar o milagre. Quando, finalmente, os convidados ali reunidos procuraram por Jesus, Ele já havia ido embora, com toda discrição.

A atenção, então, se voltou para os discípulos, o que lhes deu a oportunidade de reconhecer sua fé em Jesus. Eles contaram o que haviam visto e ouvido no Jordão. A notícia do milagre se espalhou, chegando a Jerusalém. Com novo interesse, os sacerdotes e anciãos pesquisaram as profecias que apontavam para a vinda de Cristo.

Derrubando Barreiras

Jesus começou Sua obra de maneira empática e íntima com a humanidade. Embora mostrasse a maior reverência pela lei de Deus, Ele censurava a falsa piedade dos fariseus e tentava libertar o povo das regras sem sentido que os aprisionava. Com isso, tentava derrubar as barreiras que separavam as diferentes classes sociais e, dessa maneira, unir as pessoas como filhos de uma mesma família.

Jesus reprovava a condescendência própria. Contudo, era uma pessoa sociável por natureza. Ele aceitava a hospitalidade de todas as classes, visitando as casas de ricos e pobres, instruídos e ignorantes, tentando elevar seus pensamentos das coisas corriqueiras da vida para as que são eternas. Sequer uma sombra de frivolidade manchava Sua conduta, mas encontrava prazer nas cenas de inocente felicidade. O Filho do homem não achou desagradável a alegria da festa do casamento judaico. Com Sua presença, Ele honrou o casamento como uma instituição divina.

Tanto no Antigo como no Novo Testamento, o casamento representa a terna e sagrada união que existe entre Cristo e Seu povo. Na mente de Jesus, as alegrias do casamento apontavam para o regozijo daquele dia quando Ele trouxer Sua esposa – os redimidos – para a casa do Pai. "Assim como o noivo se regozija por sua noiva, assim o seu Deus se regozija por você". "Ele Se regozijará em você, [...] Ele Se regozijará em você com brados de alegria" (Is 62:5; Sf 3:17). O apóstolo João escreveu: "Então ouvi algo semelhante ao som de uma grande multidão [...] que bradava: 'Regozijemo-nos! Vamos alegrar-nos e dar-Lhe glória! Pois chegou a hora do casamento do Cordeiro, e a Sua noiva já se aprontou'" (Ap 19:6, 7).

Jesus alcançou o coração das pessoas por ficar entre elas como Alguém que lhes desejava o bem. Ele as encontrava nas ruas, em suas casas, em barcos, sinagogas, na beira do lago e em uma festa de casamento. Mostrava interesse em seu dia a dia. Sua intensa simpatia pessoal ajudava a conquistar o coração delas. Ele Se preparou, para Sua obra entre o povo, orando a sós nas montanhas. Dessas sessões de oração, saía para aliviar os doentes e romper as correntes dos que estavam presos por Satanás.

Jesus treinou Seus discípulos por meio do contato e da interação pessoal. Às vezes sentado na encosta de uma montanha, às vezes em uma praia, ou andando com eles pelos caminhos, Ele ensinava os mistérios do reino de Deus. Não lhes fazia sermões. Tampouco ordenava que os discípulos fizessem isso ou aquilo; Ele apenas dizia: "Sigam-Me". Nessas jornadas, levava-os consigo para que pudessem ver como Ele ensinava ao povo.

Todos os que pregam a Palavra de Deus devem seguir Seu exemplo. Não devemos nos excluir da sociedade, mas interagir com toda classe de pessoas onde elas estão. Não é apenas a pregação no púlpito que toca o coração das pessoas com a verdade divina. Outros lugares bastante promissores para trabalhar são o lar do pobre, a mansão do abastado e as reuniões sociais de entretenimento inocente.

Não nos misturemos com o mundo para nos unir a eles em suas tolices. Nunca devemos dar aprovação ao pecado por nossas palavras, nossos atos, nosso silêncio ou nossa presença. Seja onde estivermos, devemos ter Jesus conosco. Devemos todos nos tornar testemunhas por Jesus. Devemos fazer bom uso do poder social, santificado pela graça de Cristo, para conquistar outros. Que o mundo veja que desejamos que outros participem de nossas bênçãos e privilégios, e que a religião não faz de nós pessoas antipáticas ou exigentes. Todo aquele que encontrou a Cristo deve servir como Ele serviu, para o benefício de outros.

Nunca deveríamos passar para o mundo a falsa impressão de que os cristãos são pessoas tristes e infelizes. Os seguidores de Cristo não são estátuas, mas homens e mulheres vivos, que são coparticipantes da natureza divina. A luz que incide sobre eles é refletida para outros por meio de obras que brilham com o amor de Cristo.

16

A Corrupção no Templo*

"Quando já estava chegando a Páscoa judaica, Jesus subiu a Jerusalém" (Jo 2:13). Jesus ainda não havia anunciado Sua missão publicamente. Sem Se fazer notar, juntou-Se à multidão. Em ocasiões como essa, a vinda do Messias era, muitas vezes, o tema das conversas. Jesus sabia que a esperança que tinham quanto à grandeza da nação seria frustrada, pois estava fundamentada em uma interpretação errada das Escrituras. Com profundo zelo, Ele explicava as profecias e tentava incentivar as pessoas a estudarem a Palavra de Deus com maior atenção.

Durante a Páscoa, um grande número de pessoas vindas de todas as regiões da Palestina e até de outras terras distantes se reunia em Jerusalém. Os pátios do templo ficavam repletos de uma grande variedade de pessoas. Muitos não conseguiam trazer consigo os sacrifícios que deviam ser oferecidos como representação do grande Sacrifício. Para conveniência destes, animais eram comprados e vendidos no pátio externo.

Todo judeu tinha que pagar, anualmente, um "resgate por sua vida", e o dinheiro arrecadado ajudava na manutenção do templo (ver Êx 30:12-16). Além disso, as pessoas traziam grandes somas de dinheiro como ofertas de boa vontade para serem depositadas na tesouraria do templo. Todas as moedas estrangeiras tinham de ser trocadas por uma moeda chamada "shekel", a única que era aceita no serviço do santuário. Essas operações de câmbio criavam oportunidades para fraude e extorsão e se tornaram um negócio vergonhoso, fonte de renda para os sacerdotes.

Os adoradores foram ensinados a crer que a bênção de Deus não repousaria sobre seus filhos e suas terras caso eles não oferecessem sacrifícios. Os negociantes cobravam preços exorbitantes pelos animais que

* Este capítulo é baseado em João 2:12-22.

estavam à venda e dividiam os lucros com os sacerdotes e líderes religiosos, os quais enriqueciam à custa do povo.

Negociações Ilícitas na Obra de Deus

Ouviam-se ali as ásperas negociações de preço, o mugido do gado, o balido das ovelhas, o arrulho das pombas e o tinir das moedas misturados com exaltadas discussões.

A confusão era tão grande que o barulho impedia que se ouvissem as palavras dirigidas ao Altíssimo. Os judeus se regozijavam por seu templo e consideravam blasfêmia qualquer palavra que o criticasse, mas o amor ao dinheiro prevalecia sobre suas preocupações quanto a honrar o templo. Eles haviam se afastado muito do propósito do serviço que o próprio Deus havia estabelecido. Qualquer que seja o lugar onde Deus revela Sua presença, esse lugar é santo (ver Êx 19:12, 13). As dependências do templo de Deus deviam ser consideradas sagradas, mas em sua ânsia por ficarem ricos, tudo isso foi esquecido.

Os sacerdotes e os líderes religiosos deviam ter corrigido os abusos que ocorriam no pátio do templo, dando um exemplo de integridade. Em vez de se preocupar com seus próprios lucros, eles deviam estar prontos a ajudar os que não tinham condições de comprar o sacrifício requerido, mas a avareza havia endurecido seu coração.

Vinham para essa festa pessoas necessitadas e aflitas. Ali se achavam cegos, aleijados, surdos. Alguns eram levados em macas. Muitos eram pobres demais para comprar a mais humilde oferta para o Senhor ou mesmo comida para satisfazer sua própria fome. As declarações dos sacerdotes os deixavam muito angustiados. Os sacerdotes se gabavam de sua santidade, mas não tinham nem simpatia nem compaixão. O pobre, o enfermo, o moribundo não despertavam piedade no coração deles.

Ao entrar no templo, Jesus viu as transações desonestas. Viu a aflição do pobre, que achava que não haveria perdão para os seus pecados se não houvesse derramamento de sangue. Viu que o pátio exterior do Seu templo havia se convertido em lugar de comércio profano.

Algo tinha de ser feito. Os adoradores ofereciam sacrifícios sem compreender que eles representavam o Sacrifício único e perfeito. E no meio deles, sem ser reconhecido nem honrado, estava Aquele de quem todos os serviços eram símbolos. Ele viu que as ofertas estavam pervertidas e eram mal interpretadas. Não havia qualquer ligação dos sacerdotes e líderes religiosos com Deus. A obra de Cristo era estabelecer um culto totalmente diferente.

Com olhar perspicaz, Cristo absorve a cena diante dEle. Com olhar profético, contempla os anos, os séculos e as eras do futuro. Vê como sacerdotes e líderes religiosos proibiriam que o evangelho fosse pregado para o pobre; vê como o amor de Deus seria escondido dos pecadores e como as pessoas colocariam Sua graça à venda. Seu rosto mostra indignação, autoridade e poder. A atenção do povo é atraída para Ele. Os olhos dos que estavam envolvidos em negócios profanos estão cravados em Seu rosto. Sentem que aquele Homem leu seus pensamentos mais íntimos e descobriu seus motivos ocultos. Alguns tentam esconder o rosto.

Cessa o ruído das vendas e das barganhas. O silêncio chega a ser doloroso. É como se a assembleia tivesse sido convocada a comparecer diante do tribunal de justiça de Deus. Olhando para Cristo, as pessoas veem a divindade brilhar através da humanidade. A Majestade do Céu Se posiciona do mesmo modo como o Juiz Se posicionará no último dia – não circundado com a glória que Ele terá então, mas com o mesmo poder de ler a alma. Seus olhos se fixam em cada indivíduo. Seu vulto parece se erguer acima deles em imponente dignidade. Uma luz divina ilumina Sua fisionomia. Clara e sonora, Sua voz – a mesma que proclamou a lei no monte Sinai – ecoa pelo templo: "Tirem estas coisas daqui! Parem de fazer da casa de Meu Pai um mercado!"

Erguendo o chicote de cordas que havia apanhado ao entrar nas dependências do templo, Jesus ordena que os negociantes saiam do templo. Com zelo e severidade nunca antes demonstrados, Ele derruba as mesas dos cambistas. As moedas caem ruidosamente no chão de mármore. Ninguém questiona Sua autoridade. Não há quem ouse parar para ajuntar seus lucros desonestos. Jesus não chega a atingi-los com o chicote, mas, em Sua mão, aquele açoite era como uma espada flamejante. Oficiais do templo, sacerdotes, comerciantes e vendedores de gado com suas ovelhas e bois saem a toda pressa daquele lugar com apenas um pensamento: escapar da condenação de Sua presença.

Purificado pela Presença do Senhor

O pânico se instalou na multidão, que agora sentia a imponente presença da divindade de Cristo. Até os discípulos tremiam, abalados pelas palavras e maneiras de Jesus, tão diferentes do Seu comportamento usual. Lembraram-se do que estava escrito sobre Ele: "O zelo pela Tua casa me consome" (Sl 69:9). Não demorou para que os pátios do templo ficassem livres do comércio profano. Um silêncio profundo e uma atmosfera solene reinaram no cenário da confusão. A presença do Senhor tornara sagrado o templo construído em Sua honra.

Com a purificação do templo, Jesus anunciava Sua missão como o Messias e começava Sua obra. A finalidade do templo era ser uma lição objetiva para Israel e para o mundo. Era intenção de Deus que todo ser criado fosse um templo onde o Criador pudesse morar. Obscurecido e contaminado pelo pecado, o coração humano já não revelava mais a glória da Divindade, mas pela encarnação do Filho de Deus, Deus habita na humanidade, e, por meio da graça salvadora, o coração se torna, outra vez, Seu templo.

Deus planejou que o templo de Jerusalém fosse uma constante testemunha do elevado destino aberto a todas as pessoas. No entanto, os judeus não se entregaram como templos santos ao Espírito Divino. Os pátios do templo, ao se encherem com o comércio profano, representavam com exatidão o templo do coração, contaminado pela paixão sensual e por pensamentos impuros.Com a purificação do templo, Jesus anunciava Sua missão de purificar o coração do pecado – dos desejos terrenos, da sensualidade egoísta e dos maus hábitos que corrompem a alma.

"De repente, o Senhor que vocês
buscam virá para o Seu templo;
o mensageiro da aliança, aquele
que vocês desejam, virá [...].
Mas quem suportará o dia da Sua
vinda? Quem ficará de pé quando
Ele aparecer? Porque Ele será
como o fogo do ourives [...].
Ele Se assentará como um refinador
e purificador de prata; purificará
os levitas e os refinará como ouro
e prata" (Ml 3:1-3).

"Vocês não sabem que são santuário de Deus e que o Espírito de Deus habita em vocês? Se alguém destruir o santuário de Deus, Deus o destruirá; pois o santuário de Deus, que são vocês, é sagrado" (1Co 3:16, 17).

Por si mesmo, ninguém consegue expulsar os agentes do mal que tomaram posse do coração. Somente Cristo pode purificar o templo da alma. Contudo, Ele nunca forçará a entrada. Ele diz: "Eis que estou à porta e bato. Se alguém ouvir a Minha voz e abrir a porta, entrarei e cearei com ele, e ele comigo" (Ap 3:20). Sua presença purificará e santificará a alma para que ela possa ser um templo santo para o Senhor, "morada de Deus por Seu Espírito" (Ef 2:22).

Uma Visão Prévia do Juízo Final

Aterrorizados, os sacerdotes e líderes religiosos fugiram do pátio do templo e do olhar perspicaz que leu o coração deles. Neste cenário, Cristo viu um símbolo da dispersão da nação judaica inteira por causa de sua impiedade e impenitente rebelião.

Por que os sacerdotes fugiram? Por que não permaneceram em seu território? Aquele que ordenou que saíssem dali era filho de um carpinteiro, um pobre galileu. Por que não Lhe ofereceram resistência? Por que deixaram para trás os lucros obtidos desonestamente e saíram às pressas ao comando de Alguém de aparência tão humilde?

Cristo falou com a autoridade de um rei. Em Sua fisionomia e no tom de Sua voz havia algo a que não tiveram poder para resistir. À voz de Seu comando, eles perceberam sua verdadeira posição de hipócritas e ladrões. Ao resplandecer a Divindade através da humanidade, eles sentiram como se estivessem perante o trono do Juiz eterno, tendo sobre si uma sentença com efeitos eternos. Por alguns momentos, muitos creram que Ele era o Messias. O Espírito Santo fez brilhar na mente deles as palavras dos profetas a respeito de Cristo. Será que eles se convenceriam disso?

Eles não se arrependeram. Sabiam que eram culpados de extorsão. Por Cristo conhecer seus pensamentos, eles O odiavam. Sua repreensão pública foi humilhante para o orgulho deles. Eles tinham inveja de Sua crescente influência entre o povo. Decidiram desafiá-Lo com relação ao poder pelo qual os expulsara.

De maneira lenta e consciente, mas com ódio no coração, voltaram para o templo. Que transformação havia ocorrido! Quando eles fugiram, os pobres ficaram para trás, e estes, agora, estavam olhando para Jesus, cujo rosto expressava Seu amor e simpatia.

O povo se amontoava na presença de Cristo trazendo seus apelos urgentes: "Mestre, me abençoa!" Seus ouvidos escutavam cada clamor. Todos recebiam atenção. Cada um era curado de sua enfermidade, não importava qual fosse.

Quando os sacerdotes e os oficiais do templo testemunharam essa grande obra, os sons que lhes chegaram aos ouvidos foram uma revelação para eles. As pessoas falavam sobre a dor que sofriam, sobre as esperanças frustradas, dos dias difíceis e das noites em claro. Quando a esperança parecia estar morta, Cristo os curava. "Minha carga era tão pesada", dizia um, "mas encontrei um Ajudador. Ele é o Cristo de Deus e dedicarei minha vida ao Seu serviço". Pais diziam aos filhos: "Ele salvou sua vida. Erga a voz e louve o Seu nome!" Esperança e alegria enchiam o coração de crianças, jovens, pais e mães, amigos e espectadores. Eles eram restaurados na alma e no corpo e voltavam para casa proclamando o amor de Jesus.

Na crucifixão de Jesus, os que tinham sido curados não se juntaram aos gritos de "Crucifica-O, crucifica-O!" Eles tinham simpatia para com Jesus, pois haviam sentido Seu maravilhoso poder. Sabiam que Ele era seu Salvador. Escutaram os apóstolos e se tornaram agentes da misericórdia de Deus e instrumentos de Sua salvação.

Passado algum tempo, a multidão que tinha fugido do pátio do templo foi lentamente voltando, mas sua fisionomia demostrava insegurança e timidez. Eles estavam convencidos de que Jesus era o cumprimento das profecias relacionadas ao Messias. O pecado de profanar o templo era, principalmente, dos sacerdotes. Suas decisões haviam transformado o pátio em um mercado. As pessoas eram, relativamente, inocentes. Os sacerdotes e líderes religiosos, entretanto, consideravam a missão de Cristo como uma inovação e questionaram Seu direito de interferir no que era permitido pelas autoridades do templo. Ficaram ofendidos por Ele ter interrompido seus negócios e sufocaram a voz convincente do Espírito Santo.

O Começo da Rejeição Final de Cristo

Os sacerdotes e líderes religiosos devem ter visto que Jesus era o Ungido do Senhor, pois tinham os rolos sagrados que descreviam Sua missão. Sabiam que a purificação do templo mostrou mais do que poder humano. No entanto, por odiarem a Jesus, não podiam se desvencilhar do pensamento de que Ele poderia ser um profeta enviado por Deus para restaurar a santidade do templo. Com um respeito originado nesse medo, foram a Ele e perguntaram: "Que sinal miraculoso o Senhor pode mostrar-nos como prova da Sua autoridade para fazer tudo isso?"

Jesus já havia lhes mostrado um sinal. Ao fazer a obra que era para o Messias fazer, Ele tinha dado evidências convincentes de Seu caráter. Dessa vez, Ele respondeu utilizando uma parábola, demonstrando ter lido sua má intenção e que tinha notado aonde isso podia chegar. "Destruam este templo, e Eu o levantarei em três dias".

Com essas palavras, Ele não Se referia somente à destruição do templo judeu, mas à Sua própria morte – a destruição do templo do Seu corpo. Os judeus já estavam conspirando para matá-Lo. Quando voltaram para o templo, os sacerdotes e líderes religiosos propuseram matar Jesus e, assim, livrarem-se do perturbador. Eles, no entanto, acharam que as palavras de Jesus se aplicavam somente ao templo de Jerusalém. Com indignação, exclamaram: "Este templo levou 46 anos para ser edificado, e o Senhor vai levantá-lo em três dias?" Agora, achavam que Jesus tinha justificado a incredulidade deles e, portanto, tinham razão em rejeitá-Lo.

Cristo sabia que Seus adversários distorceriam Suas palavras e as usariam contra Ele. Em Seu julgamento, como também no Calvário, eles lançariam em Seu rosto essas palavras. Explicá-las agora, porém, daria aos Seus discípulos conhecimento de Seus sofrimentos, o que lhes causaria uma tristeza que ainda não estavam aptos para suportar. E uma explicação revelaria prematuramente aos judeus o resultado de seu preconceito e incredulidade. Eles já haviam ingressado em um caminho no qual permaneceriam firmes até que Ele fosse levado como ovelha ao matadouro.

Cristo sabia que aquelas palavras seriam repetidas. Enunciadas na Páscoa, elas chegariam aos ouvidos de milhares de pessoas, as quais, por sua vez, as levariam para todo o mundo. Depois de Sua ressurreição dos mortos, o sentido delas ficaria claro. Para muitos, elas seriam a evidência final de Sua divindade.

As palavras do Salvador: "Destruam este templo, e Eu o levantarei em três dias", tinham um significado mais profundo do que entendiam os que as escutaram. Os serviços do templo tipificavam o sacrifício do Filho de Deus. Todo o plano do culto sacrifical simbolizava a morte do Salvador para redimir o mundo. Desassociado dEle, o sistema de rituais não tinha nenhum valor. Entregando-O para morrer, os judeus selaram sua rejeição a Cristo e a tudo aquilo que dava sentido ao templo e seus serviços. A santidade do templo tinha acabado. Ele estava fadado à destruição. Daquele dia em diante, as ofertas sacrificais já não tinham significado algum. Condenando Cristo à morte, os judeus virtualmente destruíram seu templo. Quando Cristo foi crucificado, o véu interior do templo foi rasgado em dois, de cima para baixo, significando que o grande e derradeiro sacrifício fora feito. O sistema de ofertas sacrificais tinha acabado para sempre.

"Eu o levantarei em três dias". Jesus saiu da tumba de José de Arimateia como vencedor. Por Sua morte e ressurreição, tornou-Se o Ministro do "verdadeiro tabernáculo que o Senhor erigiu, e não o homem" (Hb 8:2). Homens construíram o templo judeu, mas o santuário de cima não foi construído por arquitetos humanos.

"'Aqui está o homem cujo nome é
Renovo [...].
Ele construirá o templo do Senhor,
será revestido de majestade e
Se assentará em Seu trono para
governar.
Ele será sacerdote no trono" (Zc 6:12, 13).

O serviço sacrifical que apontava para Jesus havia acabado, mas os olhos de homens e mulheres se voltaram para o verdadeiro sacrifício pelos pecados do mundo. O sacerdócio terrestre cessou, mas agora olhamos para Jesus, o Ministro do novo concerto. "Dessa forma, o Espírito Santo estava mostrando que ainda não havia sido manifestado o caminho para o Santo dos Santos enquanto ainda permanecia o primeiro tabernáculo. [...] Quando Cristo veio como Sumo Sacerdote dos benefícios agora presentes, Ele adentrou o maior e mais perfeito tabernáculo, não feito pelo homem, [...] Ele entrou no Santo dos Santos, uma vez por todas, e obteve eterna redenção" (Hb 9:8-12).

"Portanto, Ele é capaz de salvar definitivamente aqueles que, por meio dEle, aproximam-se de Deus, pois vive sempre para interceder por eles" (Hb 7:25). Embora o santuário celestial e nosso grande Sumo Sacerdote sejam invisíveis aos olhos humanos, mesmo assim os discípulos não passariam por uma interrupção em sua comunhão, nem por qualquer diminuição de poder em virtude da ausência do Salvador. Enquanto Jesus ministra no santuário acima, Ele, por meio do Seu Espírito, ainda é o Ministro da igreja na Terra. Cumpre-se a promessa que fez ao partir: "Eu estarei sempre com vocês, até o fim dos tempos" (Mt 28:20). Sua presença vitalizadora ainda está com Sua igreja.

"Pois não temos um Sumo Sacerdote que não possa compadecer-Se das nossas fraquezas, mas sim Alguém que, como nós, passou por todo tipo de tentação, porém, sem pecado. Assim sendo, aproximemo-nos do trono da graça com toda a confiança, a fim de recebermos misericórdia e encontrarmos graça que nos ajude no momento da necessidade" (Hb 4:15, 16).

Nicodemos Procura Jesus à Noite*

Nicodemos, membro honorável e altamente instruído do concílio nacional, ficara impressionado com os ensinamentos de Jesus. Embora rico e versado, tinha se sentido estranhamente atraído pelo humilde Nazareno. As lições que vinham dos lábios do Salvador haviam lhe impressionado muito, e ele queria aprender mais.

O uso que Cristo fez de Sua autoridade ao purificar o templo havia acendido o ódio dos sacerdotes e líderes religiosos. Eles acharam que não deviam tolerar tamanho atrevimento de um desconhecido Galileu, mas nem todos concordaram em pôr fim à Sua obra. Alguns temeram se opor a Alguém tão claramente movido pelo Espírito de Deus. Sabiam que os judeus se tornaram súditos de uma nação pagã por terem rejeitado teimosamente as reprovações de Deus. Temiam que, conspirando contra Jesus, os sacerdotes e líderes religiosos estariam seguindo os passos de seus antepassados e trariam novos desastres sobre a nação. Nicodemos partilhava dessas opiniões. No Sinédrio, ele aconselhou cuidado e moderação. Insistiu que, se Jesus fosse realmente um portador da autoridade de Deus, seria perigoso rejeitar Suas advertências. Os sacerdotes não ousaram ignorar aquele conselho.

Com ansiedade, Nicodemos tinha estudado as profecias relativas ao Messias. Quanto mais pesquisava, mais forte se tornava sua convicção de que Jesus era Aquele que havia de vir. Ele tinha ficado angustiado pela maneira como os sacerdotes profanaram o templo. Foi testemunha da maneira com que Jesus expulsou dali os compradores e vendedores.

* Este capítulo é baseado em João 3:1-17.

Viu o Salvador curando os enfermos, como também viu seus olhares de alegria e ouviu suas palavras de louvor. Não podia duvidar de que Jesus de Nazaré fosse o enviado de Deus.

Cada vez aumentava mais seu desejo de conversar com Jesus, mas não estava disposto a ir até Ele abertamente. Se o Sinédrio soubesse de sua visita, seus membros o menosprezariam e o denunciariam. Decidiu, então, tentar um encontro secreto. Por meio de investigação específica, ficou sabendo qual era o lugar onde o Salvador costumava ir, à noite, no Monte das Oliveiras. Ele aguardou até que a cidade caísse no sono e então saiu à procura de Jesus.

Na presença de Cristo, Nicodemos sentiu-se estranhamente tímido, mas tentou disfarçar o sentimento. "Mestre, sabemos que ensinas da parte de Deus, pois ninguém pode realizar os sinais miraculosos que estás fazendo, se Deus não estiver com ele" (Jo 3:2). Ele escolheu essas palavras para expressar e para gerar confiança, porém, na verdade, elas expressaram incredulidade. Ele não reconhecia que Jesus era o Messias, mas apenas um mestre enviado de Deus.

Jesus fixou o olhar em seu interlocutor como se lesse sua própria alma. Viu ali, à Sua frente, alguém que buscava a verdade. Querendo aprofundar a convicção já existente na mente de Seu ouvinte, Ele foi direto ao ponto, dizendo bondosamente: "Digo-lhe a verdade: Ninguém pode ver o Reino de Deus, se não nascer de novo" (v. 3).

Nicodemos tinha ido disposto a entrar em uma discussão, mas Jesus lhe expôs os princípios fundamentais da verdade. Ele disse: "Você não precisa ter sua curiosidade satisfeita; o que você precisa é de um novo coração. Precisa receber uma nova vida, vinda do alto, antes de poder apreciar as coisas celestiais. Até que essa mudança ocorra, discutir Minha autoridade ou Minha missão não vai resultar em nada que lhe possa salvar."

Nicodemos tinha ouvido João Batista pregar sobre arrependimento, mas sua perscrutadora mensagem não havia lhe trazido convicção do pecado. Fariseu estrito, se orgulhava de suas boas obras. As pessoas o tinham em alta estima por causa de seus atos de bondade, e ele tinha certeza de ter o favor de Deus. A ideia de um reino puro demais para seu estado atual o surpreendeu.

A figura do novo nascimento não era totalmente nova para Nicodemos. Os conversos do paganismo eram, muitas vezes, comparados com recém-nascidos. Portanto, ele deve ter entendido que as palavras de Cristo não eram literais. No entanto, como israelita, ele achava que não precisava mudar. Foi por isso que ele se irritou com as palavras do Salvador. O orgulho do fariseu estava em luta contra o desejo sincero do interessado pela verdade.

Surpreendido por sua própria compostura, ele respondeu com palavras carregadas de ironia: "Como alguém pode nascer, sendo velho?" Como muitos outros, ele revelou que nada do que há no coração natural responde a coisas espirituais. As coisas espirituais são discernidas espiritualmente.

Levantando a mão com serena dignidade, o Salvador fez uma aplicação ainda mais próxima da verdade e com maior firmeza: "Digo-lhe a verdade: Ninguém pode entrar no Reino de Deus, se não nascer da água e do Espírito" (v. 5). Nicodemos sabia que Cristo estava Se referindo ao batismo da água e à renovação do coração pelo Espírito de Deus. Ele estava convencido de que estava na presença dAquele que tinha sido predito por João Batista.

O Mistério do Novo Nascimento

Jesus continuou: "O que nasce da carne é carne, mas o que nasce do Espírito é espírito". O coração é mau por natureza (ver Jó 14:4). Nenhuma invenção humana pode achar remédio para a alma pecadora. "A mentalidade da carne é inimiga de Deus. [...]" "Pois do coração saem os maus pensamentos, os homicídios, os adultérios, as imoralidades sexuais, os roubos, os falsos testemunhos e as calúnias" (Rm 8:7; Mt 15:19).

A fonte do coração deve ser purificada para que a corrente possa se tornar pura. Os que tentam alcançar o Céu por suas próprias obras, guardando a lei, estão tentando algo impossível. A vida cristã não é uma modificação da antiga, mas uma transformação da natureza, a morte para o "eu" e para o pecado, e uma vida totalmente nova. Somente por meio do Espírito Santo é que uma mudança dessas pode ocorrer.

Nicodemos ainda estava perplexo, e Jesus usou o vento para ilustrar o que queria dizer: "O vento sopra onde quer. Você o escuta, mas não pode dizer de onde vem nem para onde vai. Assim acontece com todos os nascidos do Espírito" (Jo 3:8).

Nós ouvimos o vento sussurrando nas folhas e flores; no entanto, ele é invisível. Assim também é a obra do Espírito Santo no coração. Uma pessoa pode não ser capaz de dizer o momento ou o lugar exato da conversão, nem de definir o processo da mesma, mas isso não prova que ela não está convertida. Por meio de um agente tão invisível quanto o vento, Cristo está constantemente trabalhando no coração. Pouco a pouco, o Espírito produz impressões que tendem a atrair o coração para Cristo.

Isso pode vir a ocorrer por meio da leitura das Escrituras ou de ouvir a palavra que vem do pregador, ao vivo. De repente, quando o Espírito Se apresenta com um chamado mais direto, o coração se entrega com alegria a Jesus. Muitos chamam isso de "conversão repentina", mas ela é o resultado de um longo processo de persuasão do Espírito de Deus – um processo paciente e prolongado.

O vento produz efeitos que podemos ver e sentir. Do mesmo modo, a obra do Espírito será revelada em cada ato da pessoa que sentiu seu poder salvador. O Espírito de Deus transforma a vida. Pensamentos pecaminosos são afastados e as ações más, renunciadas. O amor, a humildade e a paz substituem a raiva, a inveja e as discussões. A alegria substitui a tristeza. Quando, por meio da fé, nos entregamos a Deus, o poder que nenhum olho humano pode ver cria um novo ser à imagem de Deus. Podemos conhecer o começo da redenção aqui, por meio da experiência pessoal. Seu resultado se estende por toda a eternidade.

Nicodemos Começa a Ver a Luz

Enquanto Jesus falava, alguns raios da verdade entraram na mente do líder religioso. Contudo, ele não entendeu plenamente as palavras do Salvador. Admirado, perguntou: "Como pode ser isso?"

"Você é mestre em Israel e não entende essas coisas?", Jesus perguntou. Em vez de ficar irritado com as claras e verdadeiras palavras de Jesus, Nicodemos deve ter sentido uma opinião humilde de si mesmo por causa de sua ignorância espiritual. Jesus falou com dignidade tão solene e amor tão sincero que Nicodemos não ficou ofendido.

Contudo, ao Jesus explicar que Sua missão era estabelecer um reino espiritual ao invés de um reino temporal, Nicodemos ficou perturbado. Jesus notou isso e acrescentou: "Eu lhes falei de coisas terrenas e vocês não creram; como crerão se lhes falar de coisas celestiais?" Por não entender a natureza do trabalho de Cristo na Terra, Nicodemos não conseguia entender o trabalho dEle no Céu.

Os judeus a quem Jesus tinha expulsado do templo estavam dispostos a manter uma aparência de santidade, mas negligenciavam a santidade do coração. Embora insistissem na letra da lei, estavam constantemente violando seu espírito. Sua grande necessidade era a mudança que Cristo explicou para Nicodemos – um novo nascimento moral, uma purificação do pecado e uma renovação da santidade.

Não havia desculpa para a cegueira de Israel quanto à obra de regeneração. Davi orou: "Cria em mim um coração puro, ó Deus, e renova dentro de mim um espírito estável." Por meio de Ezequiel, Deus havia prometido: "Darei a vocês um coração novo e porei um espírito novo em vocês; tirarei de vocês o coração de pedra e lhes darei um coração de carne. Porei o Meu Espírito em vocês e os levarei a agirem segundo os Meus decretos e a obedecerem fielmente às Minhas leis" (Sl 51:10; Ez 36:26, 27).

Agora Nicodemos começava a compreender o significado dessas passagens. Via que a mais rígida obediência exterior somente à letra da lei não dá a ninguém o direito de entrar no reino dos Céus.

Nicodemos estava sendo atraído para Cristo. Quando o Senhor lhe explicou o novo nascimento, ele chegou a desejar aquilo para si mesmo. Como pode ser isso? Jesus respondeu à sua silenciosa pergunta: "Da mesma forma como Moisés levantou a serpente no deserto, assim também é necessário que o Filho do homem seja levantado, para que todo o que nEle crer tenha a vida eterna" (Jo 3:14, 15).

O símbolo da serpente levantada deixou a missão do Salvador clara para Nicodemos. Quando o povo de Israel estava morrendo por causa das picadas das venenosas serpentes, Deus orientou Moisés a fazer uma serpente de bronze e a levantá-la no meio da congregação. Todos os que olhassem para ela viveriam. A serpente era um símbolo de Cristo. Assim como a imagem feita à semelhança de serpentes destruidoras foi levantada para que eles fossem curados, também Aquele feito "à semelhança do homem pecador" devia ser seu Redentor (Rm 8:3). Deus queria levar os israelitas ao Salvador. Fosse para a cura de suas feridas, fosse para o perdão de seus pecados, eles não podiam fazer nada por si mesmos, a não ser mostrar sua fé no Dom de Deus. Eles só precisavam olhar para viver.

Os que tinham sido picados pelas serpentes poderiam ter exigido explicação científica de como um olhar poderia curá-los, mas não foi dada nenhuma explicação. Recusar-se a olhar era morrer. Nicodemos ouviu a lição e a levou consigo. Passou a examinar as Escrituras de um jeito novo, não para a discussão, mas para receber vida para a alma. Ele se submeteu à direção do Espírito Santo.

Hoje, milhares de pessoas precisam aprender a mesma verdade que Nicodemos aprendeu da serpente levantada. "Não há salvação em nenhum outro, pois, debaixo do céu não há nenhum outro nome dado aos homens pelo qual devamos ser salvos" (At 4:12). Por meio da fé, recebemos a graça de Deus, mas a fé não é nosso Salvador. Ela não obtém nada. Ela é a mão pela qual nos apegamos a

Cristo, que é o remédio para o pecado. Não podemos sequer nos arrepender sem a ajuda do Espírito de Deus. As Escrituras dizem de Cristo: "Deus O exaltou, colocando-O à Sua direita como Príncipe e Salvador, para dar a Israel arrependimento e perdão de pecados" (At 5:31). O arrependimento vem de Cristo, tão verdadeiramente como vem o perdão.

Como, então, devemos ser salvos? "Vejam! É o Cordeiro de Deus, que tira o pecado do mundo!" (Jo 1:29). A luz que brilha da cruz revela o amor de Deus. Seu amor nos atrai para Ele. Se não resistirmos a essa atração, seremos levados ao pé da cruz em arrependimento pelos pecados que crucificaram o Salvador. Então, por meio da fé, o Espírito de Deus produz uma nova vida na alma. Ele é quem faz com que os pensamentos e desejos sejam postos em obediência a Cristo. Ele é quem cria novamente o coração e a mente à imagem de Jesus e trabalha dentro de nós para que subjuguemos todas as coisas a Ele. É o Espírito de Deus quem escreve a lei de Deus na mente e no coração para que possamos dizer com Cristo: "Tenho grande alegria em fazer a Tua vontade, ó meu Deus" (Sl 40:8).

Na conversa com Nicodemos, Jesus revelou o plano da salvação. Em nenhuma de Suas últimas instruções Ele explicou de maneira tão completa, passo a passo, a obra que, necessariamente, deve ser feita no coração de todos os que desejam herdar o reino dos Céus. No começo do Seu ministério, Jesus abriu a verdade para um membro do Sinédrio, um renomado mestre do povo, mas os líderes de Israel não receberam bem a luz. Nicodemos escondeu a verdade em seu coração e, por três anos, aparentemente produziu poucos frutos.

Contudo, as palavras que Jesus falou à noite, naquela montanha solitária, não se perderam. No concílio do Sinédrio, por várias vezes, Nicodemos derrubou planos para destruir Jesus. Quando, finalmente, Ele foi levantado na cruz, Nicodemos se lembrou: "Da mesma forma como Moisés levantou a serpente no deserto, assim também é necessário que o Filho do homem seja levantado, para que todo o que nEle crer tenha a vida eterna". A luz daquele sagrado encontro iluminou a cruz do Calvário, e Nicodemos viu, em Jesus, o Redentor do mundo.

Depois que o Senhor ascendeu aos Céus, quando a perseguição espalhou os discípulos, Nicodemos, corajosamente, tomou a dianteira. Ele usou suas riquezas para sustentar a igreja, ainda em seu início, a qual os judeus esperavam que desaparecesse com a morte de Cristo. Em tempos de perigo, ele, que tinha sido tão cuidadoso e questionador, agora se mostrou firme como a rocha, animando a fé dos discípulos e fornecendo os meios financeiros necessários para levar adiante a obra do evangelho. Tornou-se pobre de bens deste mundo, mas nunca vacilou na fé que teve seu começo naquela conversa noturna com Jesus.

Nicodemos contou para João a história dessa conversa, e João a registrou para que milhões aprendessem dela. As verdades ali ensinadas são tão importantes hoje quanto naquela solene noite, na sombria montanha, quando o líder religioso veio aprender com o humilde Mestre da Galileia qual era o caminho para a vida.

"Que Ele Cresça e Eu Diminua"*

Se João Batista tivesse se apresentado como o Messias e liderado uma revolta contra Roma, os sacerdotes e o povo teriam se reunido para lhe dar apoio. Satanás havia se apressado em lhe acenar com tudo aquilo que apela à ambição dos conquistadores do mundo. No entanto, ele recusou firmemente o deslumbrante suborno. Dirigiu, para Outro, as atenções de que era alvo.

Agora ele via que a onda de popularidade se desviava dele para o Salvador. A cada dia que passava, as multidões ao seu redor diminuíam à medida que as pessoas se aglomeravam para ouvir Jesus. O número de discípulos de Cristo crescia diariamente.

Os discípulos de João olhavam com inveja para a crescente popularidade de Jesus. Eles estavam prestes a criticar Seu trabalho, e não demorou muito para que encontrassem uma oportunidade. Surgiu uma questão entre os discípulos de João e os judeus quanto ao batismo, se este purificava a pessoa do pecado. Eles argumentavam que o batismo de Jesus tinha uma diferença essencial do batismo de João. Logo eles estavam discutindo com os discípulos de Cristo sobre que forma de palavras era apropriada usar no batismo e, finalmente, sobre seu direito de batizar. Os discípulos de João foram a ele com suas queixas, dizendo: "Mestre, aquele homem que estava contigo no outro lado do Jordão, do qual testemunhaste, está batizando, e todos estão se dirigindo a Ele" (Jo 3:26).

Satanás usou essas palavras para tentar João. Se João tivesse expressado desapontamento por ser superado, teria plantado as sementes da contenda, incentivado a inveja e

* Este capítulo é baseado em João 3:22-36.

o ciúme e prejudicado seriamente o progresso do evangelho.

Por natureza, João tinha as falhas e debilidades comuns à humanidade, mas o toque do amor divino o havia transformado. Ele vivia em uma atmosfera livre da contaminação do egoísmo e da ambição. Não demonstrou qualquer simpatia para com a insatisfação dos discípulos, mas mostrou que, com alegria, daria as boas-vindas Àquele para quem havia preparado o caminho.

Ele disse: "Uma pessoa só pode receber o que lhe é dado dos Céus. Vocês mesmos são testemunhas de que eu disse: Eu não sou o Cristo, mas sou aquele que foi enviado adiante dEle. A noiva pertence ao noivo. O amigo que presta serviço ao noivo e que o atende e o ouve, enche-se de alegria quando ouve a voz do noivo" (v. 27, 28). João se apresentou como o amigo que serviu de mensageiro entre os noivos, preparando o caminho para o casamento. Quando o noivo tivesse recebido a noiva, a missão do amigo estaria cumprida. Ele se alegraria pela felicidade do casal, cuja união promovera. Da mesma maneira, João se alegrou por ter testemunhado o êxito da obra do Salvador. Ele disse: "Esta é a minha alegria, que agora se completa. É necessário que Ele cresça e que eu diminua" (v. 29, 30).

A alma de João se esvaziou do eu, mas se encheu da luz de Deus. João Batista disse: "Aquele que vem do alto está acima de todos; aquele que é da terra pertence à terra e fala como quem é da terra. [...] Pois Aquele que Deus enviou fala as palavras de Deus, porque Ele dá o Espírito sem limitações" (v. 31-34). Cristo pôde dizer: "Não procuro agradar a Mim mesmo, mas Àquele que Me enviou" (Jo 5:30).

O mesmo acontece com os seguidores de Cristo. Nós podemos receber a luz do Céu à medida que estivermos dispostos a nos esvaziar do próprio eu e consentir em levar cativo todo pensamento à obediência de Cristo. Deus dá o Espírito Santo sem limitações a todos que assim fizerem.

O êxito da obra de Cristo, recebido com alegria por João Batista, foi relatado também às autoridades de Jerusalém. Os sacerdotes e rabinos haviam ficado enciumados por causa da influência de João, ao verem que as pessoas estavam deixando as sinagogas e se aglomerando no deserto. Mas ali estava Alguém com poder ainda maior de atrair as multidões. Aqueles líderes de Israel não estavam dispostos a dizerem com João: "Que Ele cresça e eu diminua."

Evitando Mal-Entendidos

Jesus sabia que se levantava uma tormenta que arrebataria um dos maiores profetas que o mundo já tinha visto. Por querer evitar conflitos,

Ele Se retirou calmamente para a Galileia. Nós, de igual maneira, embora permanecendo leais à verdade, devemos tentar evitar qualquer coisa que possa levar a mal-entendidos. Sempre que alguma circunstância ameace causar divisões, devemos seguir o exemplo de Jesus e o de João Batista.

Deus havia chamado João para liderar uma obra como reformador, mas sua obra não foi suficiente para assentar o alicerce da igreja cristã. Outra obra tinha que ser feita, a qual o seu testemunho não pôde realizar. Seus discípulos não entenderam isso. Ao verem Cristo chegar para tomar conta da obra, ficaram enciumados.

Os mesmos perigos ainda existem. Deus chama alguém para fazer certo trabalho, e quando essa pessoa realiza a obra até onde está qualificado, o Senhor traz outros para levá-la adiante. Muitos acham que o sucesso do trabalho depende dos primeiros trabalhadores. Começa, então, a haver ciúmes, e a obra de Deus é prejudicada. Aquele que recebe honras indevidamente fica tentado a cultivar a autoconfiança. As pessoas que confiam no instrumento humano para ser seu guia são levadas a se afastarem de Deus.

Felizes são os que se dispõem a humilhar o próprio eu. Estes podem dizer com João Batista: "Que Ele cresça e eu diminua."

19

Jesus e a Mulher Junto ao Poço*

A caminho da Galileia, Jesus passou por Samaria. Era meio-dia quando Ele chegou ao poço de Jacó. Cansado pela viagem, Ele sentou-Se para descansar enquanto Seus discípulos iam comprar comida.

Judeus e samaritanos eram inimigos ferrenhos. Os rabinos diziam que era lícito negociar com samaritanos em caso de necessidade, mas um judeu nunca tomaria nada emprestado de um samaritano, nem aceitaria sequer um pedaço de pão ou um copo de água. Ao comprar os alimentos, os discípulos estavam agindo em harmonia com o costume de sua nação, mas nem os discípulos de Cristo poderiam sequer pensar em pedir algum favor dos samaritanos.

Ao sentar-Se na beirada do poço, Jesus estava debilitado pela fome e sede. A viagem tinha sido longa e o sol do meio-dia O estava castigando duramente. Sua sede só aumentava ao pensar na água fria e refrescante ali, tão perto. No entanto, Ele não tinha corda nem jarro, e o poço era fundo.

Uma mulher de Samaria se aproximou. Aparentemente sem notar a presença de Jesus, ela encheu seu próprio jarro com água. Ao voltar-se para ir embora, Jesus lhe pediu água para beber. Nenhum oriental recusaria um favor desses. Oferecer uma bebida para o viajante sedento era um dever tão sagrado que os árabes chegavam até a sair de seu caminho para cumpri-lo.

O Salvador procurava encontrar a chave do coração da mulher e, com o tato que procede do amor divino, Ele pediu um favor. Confiança gera confiança. O Rei do Céu Se aproximou daquela mulher desprezada e lhe pediu um serviço. Aquele que fez o oceano, que controla a profundeza das águas, que abre as fontes e

* Este capítulo é baseado em João 4:1-42.

os canais da Terra agora dependia da bondade de uma estranha até para um copo de água.

A mulher viu que Jesus era judeu. De tão surpresa, ela até se esqueceu de atender Seu pedido, mas tentou saber a razão do mesmo. "Como o Senhor, sendo judeu", disse ela, "pede a mim, uma samaritana, água para beber?"

Jesus respondeu: "Se você conhecesse o dom de Deus e quem lhe está pedindo água, você Lhe teria pedido e Ele lhe teria dado água viva" (v. 9, 10).

"Se você tivesse Me pedido, Eu lhe teria dado a água da vida eterna".

Interesse Despertado

A atitude casual e zombeteira da mulher começou a mudar. "O Senhor não tem com que tirar a água, e o poço é fundo. Onde pode conseguir essa água viva? Acaso o Senhor é maior do que o nosso pai Jacó, que nos deu o poço, do qual ele mesmo bebeu?" (v. 11, 12). Ela via diante de si apenas um viajante sedento. Em sua mente, O comparou a Jacó. Ela olhava para o passado e via os pais; olhava para o futuro e aguardava o Messias. Enquanto isso, o próprio Messias estava ali, ao seu lado, e ela não O reconheceu. Quantas pessoas sedentas, hoje, estão bem perto da Fonte Viva, mas estão olhando para longe, à procura da Água da Vida!

De maneira solene e sincera, Jesus disse: "Quem beber desta água terá sede outra vez, mas quem beber da água que Eu lhe der nunca mais terá sede. Ao contrário, a água que Eu lhe der se tornará nele uma fonte de água a jorrar para a vida eterna" (v. 13, 14).

Por toda parte há pessoas que desejam algo para preencher a necessidade insatisfeita de sua alma. Existe apenas Um que pode preencher esse vazio – Cristo, "o Desejado de todas as nações". A graça divina que Ele dá é como a água da vida, que purifica e revigora o ser inteiro.

Jesus não passou a ideia de que apenas um gole da água da vida seria suficiente. Todos os que provam o amor de Cristo continuarão desejando mais e não procurarão outra coisa. As riquezas, honras e prazeres do mundo não os atraem. O clamor constante de seu coração é "Mais de Ti". Nosso Redentor é uma fonte inesgotável. Podemos beber repetidas vezes, e sempre vamos achar mais.

Jesus tinha provocado o interesse da mulher, despertando nela um desejo pelo dom por Ele mencionado. "Senhor, dê-me dessa água, para que eu não tenha mais sede, nem precise voltar aqui para tirar água" (v. 15).

Segredos Obscuros do Passado

Agora, Jesus muda, repentinamente, o rumo da conversa. Antes que a mulher pudesse receber o dom que Ele desejava lhe dar, ela deveria reconhecer seu pecado e também seu Salvador. Jesus lhe disse: "Vá, chame o seu marido e volte" (v. 16). Ela respondeu: "Não tenho marido." Mas o Salvador continuou: "Você falou corretamente, dizendo que não tem marido. O fato é que você já teve cinco; e o homem com quem agora vive não é seu marido. O que você acabou de dizer é verdade" (v. 17, 18).

A mulher estremeceu. Uma mão misteriosa estava virando as páginas da história de sua vida. Quem era esse que podia ler os segredos de sua vida? Vieram-lhe à mente pensamentos sobre a eternidade e sobre o julgamento futuro, quando tudo o que agora está oculto será revelado.

Ela tentou desviar o assunto daquele rumo indesejado. "Senhor, vejo que é profeta!" (v. 19). Então, com a esperança de fazer silenciar seu sentimento de culpa, ela procurou falar sobre alguns pontos de controvérsia religiosa.

Pacientemente, Jesus esperava pela oportunidade de fazer com que a verdade entrasse em seu coração. Ela disse: "Nossos antepassados adoraram neste monte, mas vocês, judeus, dizem que Jerusalém é o lugar onde se deve adorar" (v. 20). Dali, se podia ver o monte Gerizim, local disputado entre judeus e samaritanos. Por muitas gerações, os samaritanos haviam se misturado com idólatras, cuja religião foi, gradualmente, contaminando a religião deles.

Quando, nos dias de Esdras, o templo de Jerusalém foi reconstruído, os samaritanos quiseram se juntar aos judeus na construção. Os judeus recusaram, e sentimentos amargos se levantaram entre os dois povos. Os samaritanos construíram um templo rival no monte Gerizim, mas inimigos destruíram seu templo, e eles pareciam estar sob uma maldição. Não reconheceriam o templo de Jerusalém como a casa de Deus, nem admitiriam que a religião dos judeus era superior.

Em resposta à mulher, Jesus disse: "Creia em Mim, mulher: está próxima a hora em que vocês não adorarão o Pai nem neste monte, nem em Jerusalém. Vocês, samaritanos, adoram o que não conhecem; nós adoramos o que conhecemos, pois a salvação vem dos judeus" (v. 21, 22). Agora, Jesus procurava derrubar os preconceitos daquela samaritana contra os judeus. Deus havia confiado grandes verdades sobre a redenção para os judeus, e era do meio deles que apareceria o Messias.

Jesus queria erguer os pensamentos de Sua interlocutora, passando por cima da controvérsia. "Está chegando a hora, e de fato já chegou, em que os verdadeiros adoradores adorarão o Pai em espírito e em verdade.

São estes os adoradores que o Pai procura. Deus é espírito, e é necessário que os Seus adoradores O adorem em espírito e em verdade" (v. 23, 24).

Não é por buscarmos um monte santo ou um templo sagrado que nos colocamos em comunhão com o Céu. Temos que nascer do divino Espírito se quisermos servir a Deus de maneira correta. Isso purificará o coração e renovará a mente, o que nos fará obedecer com disposição a todos os Seus requerimentos. Essa é a verdadeira adoração. É o fruto do Espírito Santo em ação. Aonde quer que alguém vá em busca de Deus, ali poderemos ver o Espírito em ação, e Deus Se revelará para aquela pessoa.

Conversando com Jesus, a mulher ficou impressionada com Suas palavras. Ao Jesus lhe expor os fatos de sua vida passada, ela percebeu a sede que tinha sua alma – uma sede que as águas do poço de Sicar nunca poderiam satisfazer. Nada, antes, havia despertado nela uma necessidade tão elevada. Jesus leu os segredos de sua vida, mas ela sentiu que Ele era seu Amigo – um Amigo misericordioso e amoroso. Embora a pureza de Sua presença condenasse seu pecado, Ele não tinha falado nenhuma palavra que a denunciasse. Falou-lhe, porém, de Sua graça, a qual podia renovar a vida dela. Uma pergunta surgiu em sua mente: *Poderia esse ser o esperado Messias?* E ela Lhe disse: "Eu sei que o Messias (chamado Cristo) está para vir. Quando Ele vier, explicará tudo para nós". Jesus respondeu: "Eu sou o Messias! Eu, que estou falando com você" (v. 25, 26).

Ao ouvir essas palavras, a fé brotou no coração da mulher. Ela aceitou o maravilhoso anúncio vindo dos lábios do divino Mestre.

Aquela mulher estava com a mente receptiva. Ela estava interessada nas Escrituras, e o Espírito Santo estava preparando-a para receber mais luz. Uma maior compreensão sobre as profecias do Antigo Testamento já cintilava em sua mente. A água da vida que Cristo dá a todos os que têm sede tinha começado a jorrar em seu coração.

A afirmação clara que Cristo fez para aquela mulher não podia ser feita para os judeus, cheios de justiça própria. Aquilo que tinha sido retido dos judeus e que tinha sido recomendado aos discípulos manter em segredo foi revelado a ela. Jesus viu que a samaritana poderia usar seu conhecimento a fim de trazer outros para partilharem de Sua graça.

Quando voltaram de suas atividades na cidade, os discípulos ficaram surpresos ao encontrarem seu Mestre conversando com uma mulher. Ele não havia tomado a água refrescante que pedira, nem fez uma pausa para comer os alimentos que os discípulos haviam trazido. Quando a mulher foi embora, os discípulos insistiram que Ele comesse. Viram que Ele estava calado e que Seu rosto brilhava, e tiveram medo de interrompê-Lo, embora achassem que era dever deles fazê-Lo lembrar-Se de Suas necessidades físicas. Jesus reconheceu o amável interesse deles e disse: "Tenho algo para comer que vocês não conhecem" (v. 32).

Os discípulos não podiam imaginar quem Lhe havia trazido comida. Ele explicou: "A minha comida é fazer a vontade dAquele que Me enviou e concluir a Sua obra" (v. 34). Ajudar alguém que tinha fome e sede da verdade era, para Ele, mais confortador e restaurador do que comer e beber.

Nosso Redentor tem fome da simpatia e do amor daqueles que comprou com Seu sangue. Como uma mãe espera por um sorriso de reconhecimento de seu bebê, sinal do alvorecer da inteligência, assim também Cristo espera pela expressão de amor agradecido, que mostra haver começado vida espiritual no coração.

A mulher ficou muito feliz ao escutar as palavras de Cristo. Deixando seu jarro, voltou à cidade para levar a mensagem a outros. Esqueceu-se do que fora fazer no poço, como também de sua intenção de aliviar a sede do Salvador. Com o coração transbordando de alegria, saiu depressa para compartilhar com outros a luz que havia recebido.

"Venham ver um homem que me disse tudo o que tenho feito", ela disse para todos os moradores da cidade. "Será que ele não é o Cristo?" Havia uma nova expressão em seu rosto, uma mudança em toda a sua aparência. "Então saíram da cidade e foram para onde Ele estava" (v. 29, 30).

Ainda sentado ao lado do poço, Jesus contemplava os campos de trigo que se estendiam diante dEle, com seu suave verdor banhado pela luz dourada do sol. Chamando a atenção dos discípulos para a cena, Ele a usou como símbolo: "Vocês não dizem: 'Daqui a quatro meses haverá a colheita'? Eu lhes digo: Abram os olhos e vejam os campos! Eles estão maduros para a colheita" (v. 35). Enquanto falava, Ele observava os grupos se aproximando do poço. Ali estava uma colheita pronta para o Ceifeiro.

O Ciclo da Colheita do Evangelho

"Aquele que colhe já recebe o seu salário e colhe fruto para a vida eterna, de forma que se alegram juntos o que semeia e o que colhe. Assim é verdadeiro o ditado: 'Um semeia, e outro colhe'" (v. 36, 37). Os que recebem o evangelho devem ser Seus instrumentos vivos. Um espalha a semente, outro junta a colheita e ambos se alegram juntos com o resultado de seu trabalho.

Jesus disse aos discípulos: "Eu os enviei para colherem o que vocês não cultivaram. Outros realizaram o trabalho árduo, e vocês vieram a usufruir do trabalho deles" (v. 38). Os discípulos estavam entrando no trabalho de outras pessoas. Uma influência invisível havia trabalhado em silêncio, mas eficazmente, para produzir a colheita. Cristo estava prestes a regar a semente com Seu próprio sangue. Seus discípulos eram colaboradores de Cristo e de homens santos da antiguidade. Com o derramamento do Espírito, por ocasião do Pentecostes, milhares seriam convertidos em um só dia. Esse era o resultado da semente lançada por Cristo – a colheita do Seu trabalho.

Os samaritanos vieram ouvir Jesus e creram nEle. Aglomerados à Sua volta, na beirada do poço, fizeram-Lhe muitas perguntas e, com avidez, receberam Suas explicações sobre muitas coisas que tinham sido obscuras para eles. Suas dificuldades começaram a se desvanecer. Ansiosos por ouvir mais, O convidaram para que fosse a sua cidade, implorando que permanecesse com eles. Por dois dias, Ele ficou em Samaria, e muitos mais creram.

Jesus não fez nenhum milagre entre eles, exceto revelar à mulher, no poço, os segredos de sua vida. No entanto, muitos O receberam. Em sua nova alegria, eles disseram para a mulher: "Agora cremos não somente por causa do que você disse, pois nós mesmos O ouvimos e sabemos que este é realmente o Salvador do mundo" (v. 42).

Derrubando as Muralhas do Preconceito

Jesus havia começado a derrubar a parede divisória existente entre judeus e gentios e a pregar salvação para o mundo. Ele Se misturou voluntariamente com os samaritanos, aceitando a hospitalidade daquele povo desprezado. Dormiu debaixo do teto deles, comeu com eles em volta de suas mesas, ensinou nas ruas e os tratou com a maior bondade e cortesia.

No templo, em Jerusalém, um muro baixo separava o pátio externo das demais dependências do edifício sagrado. Nesse muro, havia inscrições declarando que somente judeus podiam ultrapassar aquele limite. Se um gentio ousasse entrar no recinto interior, teria que pagar com a vida aquela infração, mas Jesus, o originador do templo, trouxe para os gentios a salvação que os judeus rejeitaram.

Os discípulos ficaram maravilhados com a conduta de Jesus. Durante os dois dias em Samaria, a lealdade que dedicavam a Ele manteve seus preconceitos sob controle, mas o coração deles não havia mudado. Eles demoraram para aprender a abandonar seu desprezo e ódio e a dar lugar à piedade e simpatia. Depois da ascensão do Senhor, Suas lições voltaram para eles com novo significado. Eles se lembraram do olhar do Salvador, de Suas palavras, de Sua atitude respeitosa e meiga para com aqueles estrangeiros desprezados. Quando Pedro foi pregar em Samaria, ele usou o mesmo espírito em seu trabalho. Quando João foi chamado para Éfeso e Esmirna, ele se lembrou da experiência de Siquém e do próprio exemplo do divino Mestre.

Os que alegam ser seguidores do Salvador podem desprezar e evitar os rejeitados pela sociedade, mas nenhuma circunstância relacionada ao nascimento ou nacionalidade, nenhuma condição de vida, pode afastar Seu amor de qualquer pessoa, não importa quão pecadora seja. Devemos estender o convite do evangelho para todos. No poço de Jacó, Jesus não deixou passar a oportunidade de falar com aquela mulher, uma estrangeira vivendo abertamente em pecado.

Muitas vezes Ele começava Suas lições com apenas umas poucas pessoas reunidas em torno dEle, mas, um por um, os que passavam paravam para escutar, até que uma multidão de pessoas maravilhadas e respeitosas estava ouvindo as palavras de Deus por meio do Mestre enviado do Céu. Pode ocorrer que somente uma pessoa ouça a mensagem de um obreiro de Cristo hoje, mas quem pode imaginar até onde chegará sua influência?

A mulher samaritana provou ser uma missionária mais eficiente que os próprios discípulos de Jesus. Por meio dela, a população inteira de uma cidade foi ouvir o Salvador. Todo verdadeiro discípulo nasce no reino de Deus como missionário. Aquele que bebe da água viva se torna uma fonte de vida. O recebedor se torna um doador. A graça de Cristo no coração é como uma fonte no deserto, revigorando a todos e deixando ansiosos por beber a água da vida os que estão prestes a perecer.

20

"Se Não Virem Sinais e Maravilhas"*

Ao voltarem da festa da Páscoa, os galileus trouxeram notícias do maravilhoso trabalho que Jesus estava fazendo. Muitos se entristeceram ao ver os abusos ocorridos no templo e a ambição e arrogância dos sacerdotes. Esperavam que aquele Homem que havia expulsado os líderes religiosos do templo fosse o tão esperado Libertador. Tinham ouvido falar que o Profeta havia declarado ser Ele mesmo o Messias.

Em pouco tempo, a notícia de que Cristo voltara para Caná se espalhou por toda a Galileia. Em Cafarnaum, isso chamou a atenção de um nobre judeu, oficial a serviço do rei. O filho do oficial estava sofrendo de uma doença aparentemente incurável. Quando o pai ouviu falar de Jesus, decidiu Lhe pedir ajuda. Esperava que a súplica de um pai pudesse despertar a simpatia do grande Médico.

Chegando a Caná, procurou abrir caminho entre a multidão até chegar perto do Salvador. Quando viu apenas um homem com roupas simples, coberto de poeira e cansado da viagem, sua fé fraquejou. Mesmo assim, resolveu falar com Jesus. Contou-Lhe qual era o motivo de ter vindo e insistiu que o Salvador o acompanhasse até sua casa.

Jesus sabia que aquele pai havia imposto condições em sua própria mente para crer nEle. A menos que sua petição fosse atendida, ele não receberia Jesus como o Messias. Enquanto o oficial esperava em angustiado suspense, Jesus disse: "Se vocês não virem sinais e maravilhas, nunca crerão" (Jo 4:48).

O Salvador comparou a descrença questionadora do pai com a fé simples dos samaritanos, que não pediram nenhum milagre ou sinal. Sua palavra

* Este capítulo é baseado em João 4:43-54.

tinha um poder convincente que tocara o coração deles. Cristo ficou penalizado ao ver que Seu próprio povo não era capaz de ouvir a voz de Deus lhes falando por meio de Seu Filho.

O nobre, entretanto, possuía certo grau de fé, pois tinha ido até ali para pedir por aquilo que lhe parecia ser a bênção mais preciosa. Jesus desejava não somente curar a criança, mas também levar o oficial e sua família a participar das bênçãos da salvação e, assim, acender uma luz em Cafarnaum. No entanto, o nobre precisava perceber sua própria necessidade antes de querer a graça de Cristo. Muitos judeus estavam interessados em Jesus por motivos egoístas. Sua fé dependia de favores temporários que Jesus lhes pudesse conceder, e não enxergavam a necessidade que tinham da graça divina.

Como um raio de luz, as palavras do Salvador dirigidas ao nobre revelaram o que ocorria em seu coração. Ele viu que seus motivos eram egoístas. Sua fé hesitante mostrou sua verdadeira face. Em profunda aflição, compreendeu que sua dúvida poderia custar a vida de seu filho. Angustiado, suplicou: "Senhor, vem, antes que o meu filho morra!" (v. 49). Sua fé se apoderou de Cristo como a de Jacó, quando ele clamou ao lutar com o Anjo: "Não te deixarei ir, a não ser que me abençoes" (Gn 32:26).

Como Jacó, ele também prevaleceu. "Pode ir. O seu filho continuará vivo", Jesus disse (v. 50). O nobre saiu da presença do Salvador com uma paz e alegria que nunca havia sentido antes.

Na mesma hora, os que cuidavam da criança à beira da morte em Cafarnaum viram uma mudança súbita e misteriosa. O estado febril deu lugar a um suave brilho que indicava o restabelecimento da saúde. A força retornou ao corpo debilitado. Já não havia mais qualquer sinal de doença na criança. Sua pele, que estivera ardendo de febre, agora estava fresca e úmida, e ele caiu em um sono profundo. Maravilhados, os familiares ficaram muito felizes.

O oficial poderia ter voltado para Cafarnaum naquela mesma tarde, depois de seu encontro com Jesus, mas não teve pressa. Ele só voltou para casa na manhã seguinte. Que maravilhoso deve ter sido aquele reencontro!

Quando ele saiu à procura de Jesus, seu coração estava carregado de tristeza. Como eram diferentes seus sentimentos agora! Em seu caminho de volta, na tranquilidade das primeiras horas da manhã, toda a natureza parecia estar louvando a Deus junto com ele. Ele ainda estava a certa distância de sua casa quando alguns servos saíram para aliviar o suspense que seguramente, pensavam eles, o oficial estaria sentindo. Ele não mostrou nenhuma surpresa com a notícia trazida; só perguntou a que horas a criança começara a melhorar. Os servos responderam: "A febre o deixou ontem, à uma hora da tarde". Na mesma hora em que a fé se agarrou à certeza dada por Jesus – "O seu filho continuará vivo" – o amor divino tocou a criança.

O pai saiu correndo para saudar o filho. Sabendo que ele havia sido salvo da morte, o abraçou contra o peito e, repetidas vezes, agradeceu a Deus por aquela cura tão maravilhosa.

Mais tarde, quando aquele nobre aprendeu mais de Cristo, ele e sua família se tornaram discípulos. A notícia do milagre se espalhou, preparando o caminho para o ministério pessoal de Cristo em Cafarnaum.

Como o angustiado pai, nós somos, muitas vezes, levados a procurar Jesus só pelo desejo de obter algum benefício terrestre, e nossa confiança em Seu amor passa a depender da resposta positiva ao nosso pedido. O Salvador deseja dar uma bênção superior àquela que pedimos, e Ele demora a responder para que possa nos mostrar o mal que existe em nosso coração e a necessidade que temos de Sua graça. Ele quer que nos afastemos do sentimento egoísta que nos leva a procurá-Lo.

O nobre queria *ver* a resposta à sua oração antes de crer, mas teve que aceitar a palavra de Jesus de que seu pedido tinha sido ouvido e a bênção, concedida. Devemos crer não porque vemos ou achamos que Deus nos ouve. Devemos crer em Suas promessas. Quando orarmos pedindo Sua bênção, devemos crer que a receberemos e já agradecer por tê-la recebido. Então, podemos ir cuidar de nossos deveres, sabendo que experimentaremos a bênção da qual mais precisamos.

21

Betesda e o Sinédrio*

"Há em Jerusalém, perto da porta das Ovelhas, um tanque que, em aramaico, é chamado Betesda, tendo cinco entradas em volta. Ali costumava ficar grande número de pessoas doentes e inválidas: cegos, mancos e paralíticos" (Jo 5:2, 3).

A certas horas, as águas desse tanque eram agitadas. Muitos acreditavam que isso era algo sobrenatural e que o primeiro que entrasse no tanque seria curado de qualquer doença que tivesse. Centenas de sofredores visitavam o lugar, mas era tão grande a aglomeração de pessoas quando a água era agitada que homens, mulheres e crianças mais fracas eram pisoteados pela multidão. Muitos dos que conseguiam alcançar o tanque morriam à beira do mesmo. Algumas pessoas haviam levantado abrigos em volta do lugar. Alguns dos doentes passavam a noite nessas varandas. Na esperança de serem curados, dia após dia se arrastavam para a beirada do tanque.

Jesus estava outra vez em Jerusalém. Sozinho, em aparente meditação e oração, Ele caminhou até o tanque. Ao ver os pobres sofredores, desejou exercer Seu poder curador, restabelecendo a saúde de cada um deles. Mas era sábado, e Ele sabia que um ato de cura podia despertar de tal maneira o preconceito dos judeus que isso poderia abreviar Sua obra.

O Salvador, contudo, viu um caso de extrema miséria – um homem paralítico havia 38 anos. As pessoas consideravam essa doença um juízo de Deus. Sozinho, sem amigos e achando-se indigno da misericórdia de Deus, aquele homem sofredor tinha passado longos anos na mais completa infelicidade. Quando se esperava que as águas se agitassem, os que se apiedavam do seu estado o carregavam até as varandas, mas no momento crucial, ele não tinha ninguém para ajudá-lo. Ele chegava a ver o ondular da água, mas o máximo que conseguia era se

* Este capítulo é baseado em João 5.

aproximar da beirada do tanque. Seus esforços constantes e contínuo desapontamento estavam rapidamente esgotando suas forças.

O homem doente estava deitado em sua esteira quando um rosto cheio de compaixão se inclinou sobre ele e disse: "Você quer ser curado?" Essas palavras cheias de esperança despertaram sua atenção. Ele achou que, de alguma forma, estava para receber ajuda. Mas o brilho da animação momentânea logo desapareceu ao lembrar-se de quantas vezes já havia tentado alcançar o tanque. "Senhor, não tenho ninguém que me ajude a entrar no tanque quando a água é agitada. Enquanto estou tentando entrar, outro chega antes de mim" (v. 7).

Jesus não pediu para aquele homem sofredor exercitar sua fé nEle. Disse simplesmente: "Levante-se! Pegue a sua maca e ande." A fé do homem se apoderou daquelas palavras. Cada nervo e cada músculo de seu corpo aleijado vibraram ao receber vida nova. Ele reuniu sua vontade para obedecer a Cristo, e seus músculos responderam. De imediato, ficou de pé, descobrindo que podia se movimentar livremente e com facilidade.

O Segredo da Cura Espiritual

O homem poderia ter parado para duvidar, perdendo sua única chance de ser curado. No entanto, ele acreditou na palavra de Cristo e, agindo de acordo com ela, recebeu força. Por meio da mesma fé, podemos receber a cura espiritual. O pecado nos separou da vida de Deus, nos deixando paralíticos. Por nós mesmos não somos mais capazes de viver uma vida santa do que aquele homem doente era capaz de andar. Muitos que percebem sua própria incapacidade e desejam ter vida espiritual estão tentando, em vão, obtê-la. O Salvador está Se inclinando sobre esses que estão desanimados e em luta. Ele diz: "Você quer ser curado?"

Não espere se sentir com saúde. Acredite em Sua palavra e coloque sua vontade bem junto a Cristo. Agindo de acordo com Sua palavra, você receberá força. Cristo pode libertar você, não importa o mal que esteja aprisionando sua alma e seu corpo. Ele dará vida à pessoa que estiver morta em sua transgressão (ver Ef 2:1).

O restabelecido paralítico se abaixou para pegar sua esteira e seu cobertor. Ao se colocar de pé, olhou ao redor à procura de seu Libertador, mas Jesus já tinha desaparecido no meio da multidão. Com passos voluntários e firmes, ele saiu depressa dali e, com sua recém-adquirida força, falou para vários fariseus sobre sua cura. Ele ficou surpreso pela frieza com que o ouviram.

Eles o interromperam para perguntar por que estava carregando sua cama no dia do Senhor. De tão alegre, o homem havia se esquecido de que era sábado. Ele respondeu ousadamente: "O homem que me curou me disse: 'Pegue a sua maca e ande'" (v. 11). Eles perguntaram quem tinha feito isso, mas ele não soube dizer. Aqueles líderes religiosos queriam uma prova direta para que pudessem condenar Jesus como violador do sábado. Ele não somente havia quebrado a lei curando o homem doente no sábado, como também havia cometido um erro gravíssimo ao falar para ele levar sua cama dali.

Exigências sem Sentido

Com suas exigências sem sentido, os judeus tinham de tal maneira pervertido a lei que acabaram colocando um jugo pesado demais sobre ela, tornando sua observância um fardo insuportável. Não era permitido que um judeu acendesse o fogo sequer de uma vela no sábado. Como resultado, as pessoas dependiam dos gentios para muitos serviços que seus líderes diziam que elas não podiam fazer para si mesmas. Eles consideravam que a salvação era restrita aos judeus e que, por não haver esperança para os demais, fazer esses serviços não piorariam as coisas para eles. Mas Deus nunca deu um mandamento que não pudesse ser obedecido por todos.

No templo, Jesus encontrou o homem que tinha sido curado. Ele havia ido ao templo levar uma oferta pelo pecado e outra de gratidão pela grande misericórdia recebida. Jesus Se apresentou para ele. O homem, agora saudável, ficou muito feliz por encontrar seu Libertador. Sem saber o quanto os fariseus detestavam Jesus, ele lhes contou que tinha sido Ele mesmo quem realizara a cura. "Então os judeus passaram a perseguir Jesus, porque Ele estava fazendo essas coisas no sábado" (v. 16).

Jesus foi levado diante do Sinédrio para responder à acusação de transgredir o sábado. Se os judeus fossem uma nação independente, essa acusação serviria para seu propósito de matá-Lo. Entretanto, suas acusações contra Cristo não teriam nenhum peso em um tribunal romano. Eles esperavam, contudo, atingir outros objetivos. Cristo estava exercendo uma influência maior do que a deles, e muitos dos que não estavam interessados nos discursos inflamados dos rabinos estavam sendo atraídos pelos ensinamentos de Jesus. Ele falava de Deus não como um juiz vingativo, mas como um Pai amável. Com Suas palavras e obras de misericórdia, Ele estava quebrando o poder opressor dos mandamentos humanos e apresentando o amor de Deus.

O Povo se Reúne em Torno de Jesus

Uma das mais antigas profecias sobre Cristo diz:

"O cetro não se apartará de Judá, nem o bastão de comando de seus descendentes, até que venha Aquele a quem ele pertence, e a Ele as nações obedecerão" (Gn 49:10).

As pessoas estavam se reunindo em torno de Cristo. Se os sacerdotes e rabinos não tivessem se colocado no caminho, Seus ensinos teriam trazido uma reforma nunca antes vista no mundo. Contudo, aqueles líderes estavam decididos a acabar com a influência de Jesus. Seria útil para eles se pudessem acusá-Lo diante do Sinédrio, condenando-O abertamente. Qualquer um que ousasse falar contra as exigências rabínicas era considerado culpado de traição. Com base nisso, os rabis esperavam criar a suspeita de que Cristo era alguém que estava tentando derrubar os costumes estabelecidos, causando, dessa maneira, divisão entre o povo e preparando o caminho para os romanos humilharem os judeus totalmente.

Depois que Satanás fracassou em derrotar Jesus no deserto, ele combinou suas forças para se opor a Cristo e atrapalhar Sua obra. Amadureceu seus planos de cegar a mente do povo judeu para que eles não reconhecessem seu Redentor, enchendo os líderes com o ódio que ele mesmo nutria contra o Defensor da Verdade. Faria com que rejeitassem a Cristo, deixando Sua vida tão amarga quanto possível, esperando, com isso, desanimá-Lo de Sua missão.

Jesus tinha vindo para "tornar grande e gloriosa a Sua lei" (Is 42:21). Tinha vindo para livrar o sábado das pesadas exigências que haviam feito desse dia uma maldição em vez de uma bênção. Foi por essa razão que Ele tinha escolhido o sábado para realizar a cura em Betesda. Ele poderia ter curado o homem doente em outro dia qualquer, ou simplesmente poderia tê-lo curado sem lhe dizer para carregar sua cama pela cidade a fim de chamar a atenção para a grande obra feita em seu favor. Isso abriria caminho para que Ele denunciasse as restrições dos judeus quanto ao dia do Senhor, declarando inválidas suas tradições.

Jesus afirmou que o trabalho de aliviar os aflitos estava em harmonia com a lei do sábado. Os anjos de Deus estão sempre trabalhando pela humanidade em sofrimento. "Meu Pai continua trabalhando até hoje, e Eu também estou trabalhando" (Jo 5:17). Todos os dias são de Deus, para neles se cumprirem Seus planos para a raça humana. Se a interpretação dos judeus sobre a lei fosse correta, então Aquele que instituiu o sábado deveria parar Seu trabalho e interromper a incessante rotina do Universo.

Deveria Deus proibir o Sol de desempenhar sua função no sábado? Deveria ordenar que os riachos parem de regar os campos e florestas? Deveriam o trigo e o milho parar de crescer? Deveriam as árvores parar de florescer e as flores, de desabrochar no sábado?

Deus não pode remover Sua mão sequer por um momento, ou a humanidade desfaleceria e morreria. Também nós temos trabalho para fazer nesse dia. Os doentes devem receber cuidados, os necessitados precisam ser atendidos. O santo dia de descanso de Deus foi feito para nós. Deus não quer que Suas criaturas sofram uma hora de dor que possa ser aliviada no sábado.

A lei do sábado proíbe o trabalho secular no dia de descanso do Senhor. O trabalho que nos garante o pão de cada dia deve parar. Nenhuma atividade que vise prazeres humanos ou lucros é lícita nesse dia. Assim como Deus terminou Sua obra de criar e descansou no sábado, também nós devemos deixar as ocupações da vida diária e dedicar essas horas separadas a um sagrado descanso, adoração e atividades santificadas. Ao curar o enfermo nesse dia, Cristo estava honrando o sábado.

No entanto, os fariseus ficaram ainda mais zangados. De acordo com seu modo de ver, Jesus não somente havia transgredido a lei, mas, ao chamar Deus de Pai, havia Se declarado igual a Deus. Eles O acusaram de blasfêmia. Esses adversários de Cristo tinham como referência nada mais do que seus costumes e tradições, e esses pareciam fracos e bolorentos quando comparados aos argumentos que Jesus extraía da Palavra de Deus e do infindável ciclo da natureza. Os rabinos evitavam os pontos que Ele apresentava e tentavam incitar a raiva contra Ele, por afirmar ser igual a Deus. Se não tivessem medo do povo, os sacerdotes e rabinos teriam matado Jesus ali mesmo. O sentimento popular em Seu favor era forte. Muitos aprovaram a cura do aleijado de Betesda.

Dependência do Poder do Pai

Jesus rejeitou a acusação de blasfêmia. "Minha autoridade", Ele disse, "vem do fato de Eu ser o Filho de Deus, um com Ele em natureza, vontade e propósito. E coopero com Deus".

"O Filho não pode fazer nada de si mesmo; só pode fazer o que vê o Pai fazer" (v. 19). Os sacerdotes e rabinos estavam repreendendo o Filho de Deus por fazer o trabalho para o qual tinha sido enviado ao mundo. Achavam-se autossuficientes e não sentiam necessidade de uma sabedoria superior. O Filho de Deus estava entregue à vontade do Pai e dependia do Seu poder. Cristo não fazia nenhum plano para Si mesmo. A cada dia, o Pai revelava quais eram Seus planos. É assim que devemos depender de Deus, para que nossa vida seja a simples realização da Sua vontade.

As palavras de Cristo nos ensinam que devemos nos considerar inseparáveis do nosso Pai celestial. Seja qual for o nosso *status* na vida, somos dependentes de Deus. Ele indicou qual é o nosso trabalho e nos deu os recursos para fazê-lo. Enquanto submetermos nossa vontade a Deus e confiarmos em Seu poder e sabedoria, Ele nos guiará em caminhos seguros para que possamos cumprir a parte que nos toca em Seu plano. Mas os que dependem de sua própria sabedoria e poder estão se separando de Deus e cumprindo o propósito do inimigo de Deus e da humanidade.

Os saduceus acreditavam que não haveria ressurreição do corpo, mas Jesus disse para eles que uma das maiores obras do Seu Pai é ressuscitar os mortos e que Ele próprio tinha poder para fazer a mesma obra. "Da mesma forma que o Pai ressuscita os mortos e lhes dá vida, o Filho também dá vida a quem Ele quer". "Está chegando a hora, e já chegou, em que os mortos ouvirão a voz do Filho de Deus, e aqueles que a ouvirem, viverão" (v. 21, 25). Cristo declarou que o poder que dá vida aos mortos estava entre eles e que eles veriam esse poder sendo revelado. Esse mesmo poder ressuscitador dá vida à alma e nos "[liberta] da lei do pecado e da morte" (Rm 8:2). É por meio da fé que nos apartamos do pecado. Os que abrem o coração a Cristo se tornam coparticipantes do grande poder que fará seus corpos ressurgirem da sepultura.

O humilde Nazareno Se ergueu acima da humanidade, Se desfez da aparência do pecado e da vergonha e Se revelou como o Filho de Deus, um com o Criador do Universo. Seus ouvintes ficaram fascinados. Ninguém jamais tinha falado palavras como as dEle nem se portado com tal majestade real. Suas palavras eram claras e positivas, declarando Sua missão de maneira plena. "O Pai a ninguém julga, mas confiou todo julgamento ao Filho". "[O Pai] deu-Lhe autoridade para julgar, porque é o Filho do homem" (v. 22, 27).

Os sacerdotes e líderes religiosos se colocaram na posição de juízes para condenar o trabalho de Cristo, mas Ele Se declarou como Juiz deles próprios e de toda a Terra. Toda bênção que vem de Deus para a raça caída vem por meio dEle. Assim que existiu pecado, também houve um Salvador. Aquele que a todos ilumina e que nos acompanha com as mais ternas súplicas, procurando nos atrair do pecado para a santidade, é nosso Advogado e Juiz. Aquele que, ao longo de todas as épocas, tem procurado livrar os cativos das garras do enganador é quem vai julgar a todos.

Por Ele ter provado as últimas gotas de aflição e tentação humanas, e entender nossas fraquezas; por Ele ter resistido vitoriosamente às tentações de Satanás, lidará com justiça e bondade com aqueles por quem Ele derramou Seu sangue para que fossem salvos – por tudo isso, Deus apontou o Filho do homem para executar o juízo.

"Deus enviou o Seu Filho ao mundo, não para condenar o mundo, mas para que este fosse salvo por meio dEle" (Jo 3:17). E Jesus declarou ao Sinédrio: "Quem ouve a Minha palavra e crê nAquele que Me enviou, tem a vida eterna e não será condenado, mas já passou da morte para a vida" (Jo 5:24).

Ressurreição da Vida

"Está chegando a hora em que todos os que estiverem nos túmulos ouvirão a Sua voz e sairão; os que fizeram o bem ressuscitarão para a vida, e os que fizeram o mal ressuscitarão para serem condenados" (v. 28, 29).

A única luz que pode iluminar a escuridão da sepultura estava brilhando sobre Israel. Mas a vontade própria é cega. Jesus tinha violado as tradições dos rabinos, e eles se recusavam a crer.

O tempo, o local e a intensidade do sentimento que encheu a assembleia se combinaram para tornar as palavras de Jesus ainda mais marcantes. As mais altas autoridades religiosas da nação estavam procurando tirar a vida dAquele que tinha Se declarado o Restaurador de Israel. O Senhor do sábado foi por eles chamado perante o tribunal para responder à acusação de ter transgredido o sábado. Seus juízes olharam para Ele espantados e enfurecidos, mas Suas palavras eram incontestáveis. Ele não deu aos sacerdotes e rabinos o direito de interferir em Seu trabalho. Recusou reconhecer-Se culpado daquelas acusações, como também Se recusou a ser ensinado por eles.

Em vez de Se desculpar, Jesus repreendeu os líderes religiosos por sua ignorância sobre as Escrituras. Declarou que, ao rejeitarem Aquele a quem Deus tinha enviado, eles haviam rejeitado a Palavra de Deus. "Vocês estudam cuidadosamente as Escrituras, porque pensam que nelas vocês têm a vida eterna. E são as Escrituras que testemunham a Meu respeito" (v. 39).

As Escrituras do Antigo Testamento irradiam o brilho da glória do Filho de Deus. Todo o sistema divino do judaísmo era uma profecia compacta do evangelho. Por meio da linha patriarcal e do sistema legal, a gloriosa luz do Céu deixou claras as pegadas do Redentor. Cada sacrifício mostrava a morte de Cristo. Em cada nuvem de incenso ascendia Sua justiça. No tremendo mistério do lugar santíssimo habitava Sua glória.

Não Conseguiram Intimidar Jesus

Os judeus supunham que seu conhecimento meramente aparente das Escrituras lhes garantiria a vida eterna. Mas depois de rejeitarem a Cristo em Sua Palavra, eles O rejeitaram em pessoa. Jesus lhes disse: "Vocês não querem vir a Mim para terem vida" (v. 40).

Os líderes judeus haviam estudado os ensinamentos dos profetas, não para ter um desejo sincero de conhecer a verdade, mas porque queriam encontrar provas para apoiar suas ambiciosas esperanças. Quando Cristo veio de uma maneira diferente da que esperavam, eles não O aceitaram e tentaram provar que Ele era um enganador. Quanto mais diretamente o Salvador falava com Eles mediante Suas obras de misericórdia, mais determinados eles ficavam em resistir à luz.

Jesus disse: "Eu não aceito glória dos homens" (v. 41). Não era a aprovação do Sinédrio que Ele desejava. Jesus estava revestido com a honra e autoridade do Céu e, se quisesse, anjos viriam adorá-Lo. Por amor a eles mesmos e por amor da nação da qual eram líderes, Ele queria que aqueles líderes judeus distinguissem Seu caráter.

"Eu vim em nome de Meu Pai, e vocês não Me aceitaram; mas, se outro vier em seu próprio nome, vocês o aceitarão" (v. 43). Se viessem outros fingindo ter o caráter de Cristo, mas buscando sua própria glória, esses seriam aceitos. Por quê? Porque os que buscam a própria glória apelam para o desejo que os outros têm de ser exaltados. Os judeus teriam recebido o falso mestre porque ele inflaria o orgulho deles. O ensinamento de Cristo era espiritual e exigia o sacrifício do eu, e isso eles não aceitariam. Para eles, a voz do Salvador era a voz de um estranho.

Não há, hoje em dia, muitos líderes religiosos que estão rejeitando a Palavra de Deus a fim de manter suas próprias tradições?

"Se vocês cressem em Moisés, creriam em Mim, pois ele escreveu a Meu respeito. Visto, porém, que não creem no que ele escreveu, como crerão no que Eu digo?" (v. 46, 47). Se tivessem escutado a voz divina que falou por meio de seu grande líder, Moisés, eles a teriam reconhecido nos ensinamentos de Cristo.

Os sacerdotes e rabinos viram que não havia desculpa para sua oposição a Jesus, mas isso não aplacou seu ódio homicida. O medo se apoderou deles ao verem o poder convincente que acompanhava o ministério de Cristo, mas eles se trancaram na escuridão.

Eles não conseguiram minar a autoridade de Jesus, nem alienar as pessoas, muitas das quais se convenceram de Suas palavras. Os próprios líderes religiosos se sentiam sob profunda condenação, mas estavam decididos a tirar a vida do Salvador. Eles enviaram mensageiros para que advertissem o povo de que Jesus era um impostor. Também enviaram espiões para que relatassem o que Ele fazia e dizia. Agora, o precioso Salvador estava, definitivamente, debaixo da sombra da cruz.

22

Prisão e Morte de João Batista*

João Batista havia sido o primeiro a anunciar o reino de Cristo; também foi o primeiro a sofrer. Acostumado a estar ao ar livre, no deserto, agora se encontrava encarcerado na cela de uma masmorra, prisioneiro da fortaleza de Herodes Antipas. O próprio Herodes tinha ouvido a mensagem de João Batista; seu apelo por arrependimento o fez estremecer. "Herodes temia João e o protegia, sabendo que ele era um homem justo e santo" (Mc 6:20). João condenou sua relação pecaminosa com Herodias, mulher do seu irmão. Embora sem muito empenho, Herodes, por algum tempo, procurou se desvencilhar da cadeia lasciva que o amarrava, mas Herodias o prendeu com maior firmeza em suas redes e se vingou de João Batista, convencendo Herodes a lançá-lo na prisão.

As sombras e a inatividade de sua vida na prisão afetaram João profundamente. Com o passar de semana após semana sem que houvesse qualquer mudança, a depressão e a dúvida foram, aos poucos, se apoderando dele. Seus discípulos trouxeram notícias sobre o trabalho de Jesus e de como as pessoas O estavam seguindo. Mas se esse novo Mestre era o Messias, por que Ele não providenciava a libertação de João? Isso trouxe dúvidas à mente de João, as quais, de outra forma, nunca teriam surgido. Satanás se alegrou ao ver como as palavras desses discípulos machucaram o coração do mensageiro do Senhor. Com que frequência os amigos de uma boa pessoa dão provas de serem seus mais perigosos inimigos!

João Batista esperava que Jesus assumisse o trono de Davi. Mas o tempo passava sem que o Salvador reivindicasse Sua autoridade real, e João ficou perplexo. Ele esperava que Jesus derrubasse o orgulho e poder humanos.

* Este capítulo é baseado em Mateus 11:1-11; 14:1-11; Marcos 6:17-28; Lucas 7:19-28.

O Messias limparia totalmente o terreno, juntaria o trigo em Seu celeiro e queimaria a palha com fogo que nunca se apaga (ver Is 40; Mt 3). Como Elias, João Batista esperava que o Senhor Se revelasse como um Deus que respondesse com fogo.

João Batista tinha assumido a postura de alguém que fala destemidamente contra a iniquidade, tanto nos lugares elevados como nos humildes. Ele ousou enfrentar o rei Herodes com repreensões claras e diretas quanto ao seu pecado. Agora, em sua cela na masmorra, ele esperava que o Leão da tribo de Judá abatesse o orgulho do opressor e libertasse o pobre. Mas Jesus parecia Se satisfazer com curar e ensinar. Enquanto a opressão romana pesava cada dia mais sobre Israel, enquanto o rei Herodes fazia as vontades de sua amante, e os clamores dos pobres e sofredores subiam ao Céu, Ele comia à mesa com cobradores de impostos.

Uma Terrível Decepção

Tudo isso parecia um mistério. Os sussurros dos demônios torturavam o espírito de João e a sombra de um medo terrível pairava sobre ele. Seria possível que o tão esperado Libertador ainda não tivesse aparecido? João ficou amargamente decepcionado com o resultado de sua missão. Esperava que a mensagem de Deus apresentasse o mesmo efeito de quando a lei foi lida nos dias de Josias e Esdras (2Cr 34; Nm 8) e levantasse uma grande obra de arrependimento. Será que toda sua vida tinha sido sacrificada em vão? Teria sido infrutífero seu trabalho por seus próprios discípulos? Teria ele sido infiel em sua missão e, por isso, afastado de suas atividades? Se o Libertador prometido tivesse aparecido e João fosse achado fiel ao seu chamado, não é certo que Jesus derrotaria o poder opressor e livraria aquele que tinha anunciado Sua chegada?

Contudo, o Batista não abandonou sua fé em Cristo. A voz do Céu, a pomba que tinha descido, a pureza imaculada de Jesus, o poder do Espírito Santo que havia repousado sobre João quando ele esteve na presença do Salvador – tudo isso dava testemunho de que Jesus era o Prometido.

João decidiu mandar uma mensagem para Jesus. Ele confiou esse recado a dois de seus discípulos, esperando que uma conversa com o Salvador confirmaria a fé dos dois. E ele esperava por alguma palavra vinda de Cristo, diretamente para ele.

Os dois discípulos foram a Jesus com a mensagem: "És Tu aquele que haveria de vir ou devemos esperar algum outro?" A pergunta foi extremamente amarga e desapontadora para a natureza humana de Jesus. Se João, o fiel precursor, não conseguia entender a missão de Cristo, o que Ele poderia esperar da multidão interesseira?

O Salvador não respondeu à pergunta dos discípulos imediatamente. Enquanto estavam ali, intrigados pelo silêncio de Jesus, os doentes e aflitos chegavam para ser curados. Os cegos, os enfermos abriam caminho para chegar até Jesus. A voz do poderoso Médico entrava no ouvido surdo. Uma palavra, um toque de Sua mão, abria os olhos cegos. Jesus repreendia a doença e expulsava a febre. Sua voz chegava aos ouvidos de moribundos, e eles se levantavam saudáveis e cheios de energia. Ao mesmo tempo em que Ele curava suas doenças, os pobres camponeses e trabalhadores, que eram evitados pelos rabinos como imundos, se reuniam ao Seu redor, e Ele lhes falava as palavras de vida eterna.

Jesus Apresenta Provas

Assim, os discípulos de João passaram o dia vendo e ouvindo tudo aquilo. Finalmente, Jesus os chamou e lhes disse para irem contar a João o que haviam testemunhado, acrescentando: "Feliz é aquele que não se escandaliza por Minha causa" (Mt 11:6). A prova de Sua divindade era clara. Sua glória ficava evidente em Sua condescendência com nossa baixa condição.

Os discípulos levaram a mensagem e ela foi suficiente. João se lembrou da profecia sobre o Messias:

"O Senhor ungiu-Me para levar boas notícias aos pobres.
Enviou-Me para cuidar dos que estão com o coração quebrantado, anunciar liberdade aos cativos e libertação das trevas aos prisioneiros" (Is 61:1).

As obras de Cristo declaravam que Ele era o Messias. Jesus devia fazer Seu trabalho não com o choque de armas e a derrubada de tronos e reinos, mas falando ao coração de homens e mulheres, mediante uma vida de misericórdia e sacrifício próprio.

O princípio da própria vida de João Batista era o princípio do reino do Messias. Mas aquilo que, para ele, era evidência convincente da divindade de Cristo, não era evidência nenhuma para os líderes de Israel. João viu que a missão do Salvador somente poderia ganhar ódio e condenação da parte deles. Ele, o precursor, estava bebendo da taça que o próprio Cristo deveria sorver até a última gota.

A gentil censura do Salvador não passou despercebida para João. Agora, ao entender mais claramente a natureza da missão de Cristo, ele se entregou a Deus para a vida ou para a morte, segundo o que fosse melhor para a causa que ele amava.

O coração do Salvador se encheu de simpatia pela fiel testemunha encarcerada na masmorra de Herodes.

Não deixaria que o povo concluísse que Deus tinha Se esquecido de João ou que sua fé havia falhado no dia da provação. "O que vocês foram ver no deserto?", Ele perguntou. "Um caniço agitado pelo vento?" (Mt 11:7).

Como os altos juncos da beirada do Jordão, os rabinos, que haviam se constituído críticos da missão de João Batista, balançavam de um lado para o outro, ao sabor dos ventos da opinião popular. No entanto, por temerem o povo, não se atreviam a se opor abertamente ao seu trabalho. Mas o mensageiro de Deus não tinha esse espírito de covardia. João tinha falado com igual clareza aos fariseus, saduceus, ao rei Herodes e sua corte, príncipes e soldados, publicanos e camponeses. Ele não era um caniço trêmulo. Na prisão, manteve a mesma lealdade a Deus. Em sua fidelidade aos princípios, era firme como a rocha.

Ninguém Maior

Jesus continuou: "O que foram ver? Um homem vestido de roupas finas? Ora, os que usam roupas finas estão nos palácios reais" (v. 8). Não é por vestuários ricos e luxos da vida que os servos de Deus devem esperar. Os sacerdotes e líderes religiosos se arrumavam com ricas vestes. Eles estavam mais ansiosos por conquistar a admiração dos outros do que por obter a aprovação de Deus. O compromisso deles não era com Deus, mas com o reino deste mundo.

Jesus continuou: "Afinal, o que foram ver?", perguntou Jesus. "Um profeta? [...] Este é aquele a respeito de quem está escrito: 'Enviarei o Meu mensageiro à Tua frente; ele preparará o Teu caminho diante de Ti'. Digo-lhes a verdade: Entre os nascidos de mulher não surgiu ninguém maior do que João Batista". E disse ainda: "O menor no Reino dos Céus é maior do que ele" (v. 9-11). No anúncio feito a Zacarias antes do nascimento de João, o anjo havia declarado: "[Ele] será grande aos olhos do Senhor" (Lc 1:15). Na estimativa do Céu, o que constitui grandeza? Não é aquilo que o mundo considera como tal. É o valor moral que Deus tem em alta estima. Amor e pureza são os atributos que Ele mais aprecia. João cresceu aos olhos do Senhor quando se recusou a procurar honra para si mesmo, apontando Jesus para todos como o Prometido. Sua alegria desinteressada pelo ministério de Cristo representa a mais alta espécie de nobreza já revelada na humanidade.

Mais que Profeta

João foi "mais que profeta". Profetas tinham visto o advento de Cristo de longe, ao passo que João teve o privilégio de vê-Lo e apresentá-Lo a Israel como o Enviado de Deus. O profeta João foi a luz menor, que seria seguida por outra maior. Nenhuma outra luz jamais brilhará tão claramente sobre homens e mulheres caídos como os ensinamentos e o exemplo de Jesus.

Com exceção da alegria que João encontrava em sua missão, sua vida tinha sido pontuada pela dor. Era solitária a sua tarefa. E não foi permitido que visse o resultado do seu próprio trabalho. Ele não teve o privilégio de estar com Cristo e contemplar a luz que brilhava em cada uma de Suas palavras, derramando glória sobre as promessas da profecia.

Herodes acreditava que João era um profeta de Deus e sua intenção era libertá-lo, mas ele tinha medo de Herodias. Ela estava ciente de que, por meios diretos, nunca conseguiria o consentimento de Herodes na morte de João. Assim, resolveu cumprir seu propósito por meio de estratagemas. No dia do aniversário do rei, ele traria convidados para a celebração. Haveria festa e bebedeiras. Ela daria um jeito de influenciar Herodes de acordo com a vontade dela.

No grande dia, enquanto o rei se banqueteava e bebia com seus nobres, Herodias enviou sua filha para o salão de banquetes a fim de que dançasse para os convidados. Salomé estava no vigor da feminilidade, e sua beleza sensual cativou os foliões do banquete. Herodes se sentiu grandemente lisonjeado quando essa filha de sacerdotes e príncipes de Israel dançou diante de seus convidados.

O rei estava perturbado pelo vinho. A paixão passou a controlá-lo e a razão foi destronada. Ele enxergava somente os convidados se divertindo, o banquete, o vinho, o brilho das luzes e a moça dançando diante dele. Em um descuidado impulso do momento, quis fazer alguma exibição que o exaltasse aos olhos dos grandes homens do seu reino. Com um juramento, prometeu à filha de Herodias qualquer coisa que ela quisesse pedir, até mesmo a metade do seu reino.

Salomé correu para o lado da mãe. O que deveria pedir? A resposta já estava pronta – a cabeça de João Batista. Salomé recuou diante da ideia de apresentar aquele pedido, mas a determinação de Herodias acabou prevalecendo. A moça voltou com a terrível exigência: "Desejo que me dês agora mesmo a cabeça de João Batista num prato".

Atônito e confuso, Herodes ficou aterrorizado com o pensamento de tirar a vida de João, mas não estava disposto a parecer inconstante ou precipitado. Ele havia feito o juramento pela honra de seus convidados, e se um deles tivesse oferecido uma só palavra contra o cumprimento da promessa, ele teria, com alegria, poupado a vida do profeta. O rei lhes deu a oportunidade de falar em favor do prisioneiro. Eles sabiam que João era um servo de Deus, mas, embora chocados com a exigência da moça, estavam bêbados demais para protestar. Nenhuma voz se levantou para salvar o mensageiro do Céu. Esses homens de altas posições tinham grandes responsabilidades e, no entanto, se entregaram à embriaguez. A cabeça estava transtornada com a estonteante cena de música e dança; a consciência adormeceu. Ao não falarem nada, pronunciaram a sentença de morte do profeta de Deus para satisfazer a vingança de uma mulher sem moral.

Relutante, Herodes deu a ordem para executar o profeta. Não demorou muito, e a cabeça de João foi trazida. Nunca mais aquela voz seria ouvida a clamar por arrependimento. As farras de uma noite custaram a vida de um dos maiores profetas.

Quantas vezes o inocente tem sido sacrificado como resultado da intemperança daqueles que deveriam ser defensores da justiça! Todos os que colocam bebidas inebriantes em seus lábios se responsabilizam por toda injustiça que venham a cometer sob seu poder intoxicante. Os que têm poder de decisão sobre a vida de outros devem ser tidos como culpados de crime quando cedem à intemperança. Eles precisam manter pleno controle de seus poderes físicos, mentais e morais a fim de ter força intelectual e alto senso de justiça.

Herodias exultou por sua vingança e se convenceu de que a consciência de Herodes estaria sempre tranquila, mas o desfecho não foi feliz. As pessoas passaram a detestar o seu nome, enquanto Herodes sofria os tormentos do remorso. Ele tentava constantemente encontrar alívio para sua consciência culpada. Ao lembrar-se da abnegação de João, de seus apelos sinceros e solenes, de seu conselho sempre fundamentado em julgamentos corretos e, depois, de como veio a morrer, Herodes não encontrava sossego. Ao cuidar dos negócios do Estado e ao receber honras dos outros, ele exibia um rosto sorridente ao mesmo tempo em que ocultava um coração ansioso, oprimido pelo medo. Estava convencido de que Deus havia testemunhado a orgia do salão de banquetes e de que Ele tinha visto a exultação de Herodias e o insulto que ela fez à cabeça decepada daquele que havia condenado seu comportamento.

Quando Herodes ouviu acerca das obras de Cristo, achou que Deus havia ressuscitado João Batista. Ele sentia um medo constante de que João vingasse sua morte condenando o rei e sua casa. Herodes estava colhendo o resultado do pecado – "coração desesperado, olhos exaustos de tanto esperar, e alma ansiosa [...]. De manhã dirão: 'Quem me dera fosse noite!' E de noite: 'Ah, quem me dera fosse dia!', por causa do terror que lhes encherá o coração" (Dt 28:65-67). Não existe tortura pior do que uma consciência culpada que não dá descanso nem de dia nem de noite.

A Razão Para Cristo Não Ter Livrado João

Muitas pessoas questionam o fato de João Batista ter sido deixado a definhar e a perecer na prisão. No entanto, esse tenebroso desenlace nunca poderá abalar nossa confiança em Deus se nos lembrarmos de que João foi nada mais do que um participante dos sofrimentos de Cristo. Todos os que seguem a Cristo usarão a coroa do sacrifício. Satanás fará guerra contra os princípios do sacrifício próprio onde quer que este ocorra.

Satanás não se cansava de tentar afastar João Batista de uma vida de incondicional entrega a Deus, mas fracassou. Na tentação de Jesus no deserto, Satanás tinha sido derrotado. Agora, estava decidido a causar sofrimento a Cristo atacando João. Traria dor Àquele a quem não conseguira fazer pecar.

Jesus não interferiu para livrar Seu servo. Ele sabia que João suportaria a prova. De boa vontade o Salvador teria iluminado a escuridão da cela de João com Sua presença, mas não podia colocar em perigo Sua própria missão. Por amor aos milhares que, em anos futuros, deviam passar da prisão para a morte, João precisou beber do cálice do martírio. Os seguidores de Jesus, ao terem que definhar em celas solitárias ou morrer pela espada, pela tortura, ou pelas chamas, aparentemente abandonados por Deus e pelo homem, seriam confortados ao pensar que João Batista teve que passar pela mesma experiência!

João não foi desamparado. Ele teve a companha de anjos celestiais, que lhe abriram as profecias referentes a Cristo e as preciosas promessas das Escrituras. Para João, como também a todos os que vieram depois dele, foi dada a promessa: "Eu estarei sempre com vocês, até o fim dos tempos" (Mt 28:20).

Deus nunca dirige Seus filhos de maneira diferente daquela pela qual eles escolheriam ser guiados, se pudessem ver o fim desde o começo e discernir o propósito que estão cumprindo como Seus colaboradores. Nem Enoque, que foi trasladado ao Céu, nem Elias, que ascendeu em uma carruagem de fogo, foi maior ou mais honrado do que João Batista, que pereceu sozinho na prisão. "A vocês foi dado o privilégio de não apenas crer em Cristo, mas também de sofrer por Ele" (Fp 1:29). De todos os dons que o Céu pode nos conceder, participar com Cristo em Seus sofrimentos é a mais importante responsabilidade e a mais elevada honra.

23

Daniel Identificou Jesus como o Cristo

A vinda do Messias tinha sido anunciada primeiramente na Judeia. Nas colinas de Belém, os anjos proclamaram o nascimento de Jesus. Os magos vieram a Jerusalém a fim de procurá-Lo.

Se os líderes de Israel tivessem recebido a Cristo, Ele lhes teria dado a honra de levar o evangelho ao mundo, mas Israel desconhecia o momento em que seria visitado por Deus. O ciúme e a desconfiança dos líderes judeus viraram ódio aberto, e as pessoas se desviaram de Jesus. A intenção do Sinédrio era matá-Lo. Por isso, Jesus deixou Jerusalém e o povo instruído na lei, passando a dar atenção a outra classe de pessoas para que estas proclamassem Sua mensagem.

Em cada geração subsequente, a história da retirada de Cristo da Judeia tem sido repetida. Quando os reformadores pregaram a Palavra de Deus, eles não pensavam em se separar da igreja estabelecida. Contudo, os líderes religiosos não suportaram a luz, e os que a levavam foram forçados a procurar outra classe de pessoas que estivesse esperando pela verdade. Em nossos dias, poucos dos que alegam seguir os reformadores estão buscando ouvir a voz de Deus, prontos para aceitar a verdade, seja qual for a maneira com que ela lhes seja comunicada. Muitas vezes os que seguem os passos dos reformadores são forçados a se retirar das igrejas que amam a fim de manifestar de maneira clara a Palavra de Deus. Muitos têm de deixar a igreja de seus pais a fim de se manterem obedientes a Deus.

O povo da Galileia representava um campo mais promissor para o trabalho do Salvador. Por não estarem tanto sob a influência da intolerância, a mente deles estava mais aberta para receber a verdade. A mistura de pessoas de outras nações era muito maior entre os moradores da Galileia do que da Judeia.

Quando Jesus viajou pela Galileia ensinando e curando, multidões iam ao Seu encontro, inclusive pessoas vindas da Judeia. Era tão grande o entusiasmo que foi preciso tomar certos cuidados para que as autoridades romanas não passassem a temer uma revolta. Corações famintos e sedentos se deleitavam na graça do misericordioso Salvador.

O Profeta Daniel Prediz o Ministério de Cristo

O tema central da pregação de Cristo era: "O tempo é chegado [...]. O Reino de Deus está próximo. Arrependam-se e creiam nas boas-novas!" (Mc 1:15). A mensagem do evangelho anunciada pelo Salvador estava fundamentada nas profecias. O "tempo" que declarava estar cumprido era o período informado a Daniel. "Setenta semanas", disse o anjo Gabriel, "estão decretadas para o seu povo e sua santa cidade a fim de acabar com a transgressão, dar fim ao pecado, expiar as culpas, trazer justiça eterna, cumprir a visão e a profecia, e ungir o Santíssimo" (Dn 9:24).

Na profecia, um dia corresponde a um ano (ver Ez 4:6, 7). As 70 semanas, ou 490 dias, representam 490 anos. A Bíblia dá o ponto de partida para esse período:

"Saiba e entenda que a partir da promulgação do decreto que manda restaurar e reconstruir Jerusalém até que o Ungido, o líder, venha, haverá sete semanas, e sessenta e duas semanas", [ou seja, 69 semanas, ou 483 anos] (Dn 9:25).

A ordem para restaurar e construir Jerusalém, confirmada pelo decreto de Artaxerxes Longímano (ver Ed 6:14; 7:1, 9) entrou em vigor no outono de 457 a.C. A partir dessa data, os 483 anos se estendem até o outono de 27 d.C. De acordo com a profecia, esse período chegaria até o Messias, o Ungido. Em 27 d.C., em Seu batismo, Jesus recebeu a unção do Espírito Santo e, logo depois, começou Seu ministério. Então, foi proclamada a mensagem: "O tempo está cumprido".

Então, o anjo disse: "Com muitos Ele fará uma aliança que durará uma semana [sete dias]". Por sete anos, depois que o Salvador deu início ao Seu ministério, o evangelho devia ser pregado especialmente para os judeus – três anos e meio pelo próprio Cristo e, depois, pelos apóstolos. "No meio da semana Ele dará fim ao sacrifício e à oferta" (Dn 9:27). Na primavera de 31 d.C., Cristo, o Sacrifício Verdadeiro, foi oferecido no Calvário. O véu do templo foi rasgado em dois, demonstrando que a cerimônia sacrifical havia perdido sua santidade e significado. Chegara o tempo de cessar o sacrifício terrestre e as ofertas.

A referida semana – sete anos – terminou em 34 d.C. Com o apedrejamento de Estêvão, os judeus finalmente selaram sua rejeição do evangelho. A perseguição dispersou os discípulos, que agora "pregavam a palavra por onde quer que fossem" (At 8:4). Pouco depois, Saulo, o perseguidor, se converteu, tornando-se Paulo, o apóstolo dos gentios.

O anjo tinha apontado de forma bem definida o tempo da vinda de Cristo, de Sua morte e da proclamação do evangelho para os gentios. Era privilégio dos judeus entender essas profecias e reconhecer seu cumprimento na missão de Jesus. Referindo-se à profecia dada para Daniel sobre o tempo, Cristo disse: "quem lê, entenda" (Mt 24:15). Depois de Sua ressureição, Ele explicou para os discípulos, começando por "todos os profetas", as coisas "que [constavam] a respeito dEle em todas as Escrituras" (Lc 24:27). O Salvador havia falado por meio de profetas e "lhes predisse os sofrimentos de Cristo e as glórias que se seguiriam àqueles sofrimentos" (1Pe 1:11).

Foi Gabriel, o anjo que ocupa a posição logo abaixo do Filho de Deus, que veio a Daniel com a mensagem divina. Também foi Gabriel o anjo enviado para revelar o futuro a João – e uma bênção é pronunciada sobre os que leem e ouvem as palavras da profecia e guardam as coisas que ali estão escritas (ver Ap 1:3). Deus abençoará o estudo reverente, acompanhado de oração, dos Escritos proféticos.

A mensagem do primeiro advento de Cristo anunciava o reino de Sua graça. Da mesma maneira, a mensagem do Seu segundo advento anuncia o reino de Sua glória. E a segunda mensagem, como a primeira, está fundamentada nas profecias. O próprio Salvador dera sinais de Sua vinda. Ele diz: "Tenham cuidado, para não sobrecarregar o coração de vocês de libertinagem, bebedeira e ansiedades da vida, e aquele dia venha sobre vocês inesperadamente". "Estejam sempre atentos e orem para que vocês possam escapar de tudo o que está para acontecer, e estar em pé diante do Filho do homem" (Lc 21:34, 36).

Os judeus interpretaram mal a Palavra de Deus e não reconheceram o tempo em que foram visitados por Deus. Desperdiçaram os anos do ministério de Cristo e de Seus apóstolos conspirando para destruir os mensageiros do Senhor. As ambições mundanas os absorviam. Hoje em dia, igualmente, o reino deste mundo absorve os pensamentos das pessoas, e elas não notam o rápido cumprimento das profecias nem os sinais da breve chegada do reino de Deus. Embora não saibamos a hora da volta do Senhor, podemos conhecer quando está bem perto. "Portanto, não durmamos como os demais, mas estejamos atentos e sejamos sóbrios" (1Ts 5:6).

24

"Não é Este o Filho do Carpinteiro?"*

Uma sombra se intrometeu nos brilhantes dias do ministério de Cristo na Galileia – o povo de Nazaré O rejeitou. "Não é este o filho do carpinteiro?", disseram eles (Mt 13:55). Durante Sua juventude Jesus havia adorado entre Seus amigos e familiares na sinagoga de Nazaré. Desde o começo de Seu ministério estivera longe deles, mas quando apareceu novamente, suas expectativas subiram ao mais alto grau. Ali estavam rostos familiares que Ele conhecia desde a infância. Ali estava Sua mãe, Seus irmãos e irmãs, e todos os olhos se voltaram para Ele quando entrou na sinagoga, num dia de sábado, e ocupou Seu lugar entre os adoradores.

No serviço religioso regular, o ancião exortava o povo a continuar esperando por Aquele que havia de vir, o qual reinaria em glória e acabaria com a opressão. Tentava animar seus ouvintes repassando as evidências de que a vinda do Messias estava próxima. Enfatizava o pensamento de que Ele estaria à frente de exércitos para libertar Israel.

Quando um rabino estava presente, esperava-se que ele apresentasse o sermão, e qualquer israelita podia fazer a leitura dos profetas. Nesse sábado, pediram que Jesus participasse do culto. Ele "levantou-Se para ler. Foi-Lhe entregue o livro do profeta Isaías". A passagem que Ele leu era entendida como uma referência ao Messias:

"O Espírito do Senhor está sobre Mim, porque Ele Me ungiu para pregar boas-novas aos pobres.
Ele Me enviou para proclamar liberdade aos presos e recuperação da vista aos cegos, para libertar os oprimidos e proclamar o ano da graça do Senhor".

* Este capítulo é baseado em Lucas 4:16-30.

"Então Ele fechou o livro, devolveu-o ao assistente e assentou-Se. Na sinagoga todos tinham os olhos fitos nEle [...]. Todos falavam bem dEle, e estavam admirados com as palavras de graça que saíam de Seus lábios" (Lc 4:16-22).

Explicando as palavras que tinha acabado de ler, Jesus falou do Messias como Aquele que libertaria o oprimido, curaria o aflito, restauraria a visão ao cego e revelaria a luz da verdade. O maravilhoso significado de Suas palavras encheu os ouvintes com emoção nunca antes sentida. A onda da influência divina derrubava todas as barreiras. À medida que o Espírito Santo tocava os corações, eles respondiam com fervoroso amém e com louvores ao Senhor.

No entanto, quando Jesus anunciou: "Hoje se cumpriu a Escritura que vocês acabaram de ouvir", eles foram, de repente, levados a pensar nas afirmações dAquele que lhes dirigia a palavra. Eles, filhos de Abraão, haviam sido representados por Jesus como presos que precisavam ser libertados do poder do mal, da escuridão e que careciam da luz da verdade. Isso ofendeu o orgulho deles. As palavras de Jesus indicavam que Sua obra seria totalmente diferente daquilo que esperavam. Ele poderia investigar seus atos bem de perto. Eles se encolheram com a inspeção daqueles olhos puros e perspicazes.

"Quem é este Jesus?", perguntavam. Aquele que havia reclamado para Si a glória do Messias era Filho de um carpinteiro. Eles O tinham visto subindo e descendo aquelas colinas, cumprindo Seus deveres. Conheciam bem Seus irmãos e irmãs, como também Sua vida e Suas atividades. Eles haviam acompanhado Seu desenvolvimento desde a infância até a juventude. Embora Sua vida não tivesse nenhuma mancha, eles não acreditavam que Ele era o Prometido. Abriram a porta para a dúvida, e seus corações, que por pouco tempo foram enternecidos, agora estavam mais duros. Com intensa energia, Satanás trabalhou para prendê-los na incredulidade.

Eles tinham se comovido pela convicção de que era o seu Redentor quem lhes falava. Jesus lhes forneceu evidências de Sua divindade ao revelar seus pensamentos secretos. "Nenhum profeta é aceito em sua terra. Asseguro-lhes que havia muitas viúvas em Israel no tempo de Elias, quando o céu foi fechado por três anos e meio, e houve uma grande fome em toda a terra. Contudo, Elias não foi enviado a nenhuma delas, senão a uma viúva de Sarepta, na região de Sidom. Também havia muitos leprosos em Israel no tempo de Eliseu, o profeta; todavia, nenhum deles foi purificado: somente Naamã, o sírio" (v. 24-27).

Não permitiram que os profetas que Deus havia escolhido trabalhassem por um povo de coração duro e descrente. Nos dias de Elias, Israel havia rejeitado os mensageiros do Senhor, de modo que Deus encontrou refúgio para o Seu servo em uma terra pagã, com uma mulher que não pertencia ao povo escolhido. O coração daquela mulher foi aberto para a luz maior que Deus enviou por meio do Seu profeta.

Foi pela mesma razão que, no tempo de Eliseu, os leprosos de Israel foram passados por alto. Mas Naamã, um nobre pagão, estava disposto a receber os dons da graça de Deus. Ele não somente foi curado da lepra, como também foi abençoado com o conhecimento do Deus verdadeiro. Os pagãos que, na medida de sua percepção, preferem o que é direito estão em melhor condição do que os que alegam servir a Deus, mas desprezam a luz, e daqueles cuja vida diária contradiz o que alegam ser.

Jesus Declara a Real Condição

As palavras de Jesus para Seus ouvintes foram um golpe na raiz de sua justiça própria. Cada palavra cortava como uma faca enquanto Ele expunha a real condição deles. Agora, eles zombavam da fé que, a princípio, Jesus havia inspirado neles. Não admitiam que Aquele que tinha vindo da pobreza e da humildade fosse qualquer coisa a mais que um homem comum. A incredulidade deles virou ódio. Irados, gritaram contra o Salvador. Despertou-se, entre eles, um feroz orgulho nacionalista e um tumulto sufocou as palavras de Jesus. Ele havia ofendido seus preconceitos e, agora, estavam prontos para cometer assassinato.

A reunião foi interrompida. Agarrando Jesus, eles O expulsaram da sinagoga e O levaram para fora da cidade. Ansiosos por destruir o Salvador, O conduziram até o topo de um penhasco, com a intenção de lançá-Lo dali para baixo. Gritos enchiam o ar. Alguns Lhe atiravam pedras quando, de repente, Ele desapareceu. Mensageiros celestiais que estavam com Ele em meio à multidão enlouquecida O levaram dali em segurança.

Em todas as épocas, as forças do mal têm se organizado contra os fiéis seguidores de Cristo, mas exércitos do Céu cercam todos os que amam a Deus a fim de livrá-los. Na eternidade saberemos que mensageiros de Deus diariamente acompanharam nossos passos.

Jesus não podia abandonar Seus ouvintes sem que lhes fizesse um último apelo ao arrependimento. Perto de terminar Seu ministério na Galileia, outra vez visitou a terra onde havia passado Sua infância. A fama de Sua pregação e de Seus milagres tinha enchido aquele local. Em Nazaré, ninguém podia negar que Ele possuía algo mais que poder humano. Existiam aldeias inteiras por ali nas quais Ele havia curado todos os doentes.

Enquanto escutavam Suas palavras, outra vez os nazarenos foram movidos pelo Espírito Divino. Nem assim, admitiram que o Homem que estava ali era maior que eles. Ainda se ressentiam do fato de que, embora afirmasse ser o Prometido, Ele lhes havia negado um lugar em Israel ao demonstrar que eles eram menos merecedores do favor de Deus do que um homem e uma mulher pagãos. Embora perguntassem: "De onde Lhe vêm esta sabedoria e estes poderes miraculosos?" (Mt 13:54), eles não O receberam como o Cristo de Deus. Por causa da incredulidade deles, o Salvador não pôde realizar muitos milagres ali e, relutante, foi embora para nunca mais voltar.

Por ter sido uma vez abrigada, a descrença continuou a controlar o povo de Nazaré, o Sinédrio e a nação. Eles rejeitaram o Espírito Santo, e o resultado foi a cruz do Calvário, a destruição de sua cidade e a dispersão da nação.

Cristo desejava abrir os preciosos tesouros da verdade para Israel, mas eles se agarravam aos seus credos e às suas cerimônias inúteis. Gastavam seu dinheiro em palha e cascas enquanto o pão da vida estava ao seu alcance. Várias vezes Cristo citou os profetas dizendo: "Hoje se cumpriu a Escritura que vocês acabaram de ouvir". Tivessem eles estudado as Escrituras com sinceridade, colocando as teorias deles à prova pela Palavra de Deus, Jesus não precisaria declarar: "A casa de vocês ficará deserta" (Lc 13:35). Poderiam ter evitado o desastre que levou à ruína sua orgulhosa cidade.

As lições de Cristo exigiam arrependimento. Se tivessem aceitado Seus ensinos, teriam mudado seus hábitos e abandonado as esperanças que acariciavam. Teriam que mostrar-se contrários às opiniões dos grandes pensadores e mestres daquele tempo.

Os líderes judeus estavam cheios de orgulho espiritual. Eles adoravam ocupar os melhores assentos da sinagoga. Para eles, era muito gratificante ouvir a voz dos outros pronunciando seus títulos. Com o declínio da verdadeira devoção, eles ficaram ainda mais zelosos por suas tradições e cerimônias. O preconceito egoísta lhes escurecia a mente, e isso não lhes permitia harmonizar o poder convincente das palavras de Cristo com a humildade de Sua vida. Sua pobreza parecia totalmente incompatível com a afirmação que fazia de ser o Messias. Por que Ele seria tão despretensioso? Se Ele era o que afirmava ser, por que Se satisfazia em não contar com uma força armada? Sem essa força, como é que o poder e a glória pelos quais esperaram por tanto tempo poriam as nações sob a autoridade da cidade dos judeus?

No entanto, não foi simplesmente a ausência de glória exterior na vida de Jesus que levou os judeus a rejeitá-Lo. Ele era a personificação da pureza, e eles eram impuros. Sua sinceridade revelava a insinceridade deles e fazia com que vissem a iniquidade em seu detestável caráter. Uma luz assim era mal recebida. Para eles, era mais fácil aceitar a frustração de suas ambiciosas esperanças do que a reprovação de Cristo a seus pecados e a repreensão que sentiam com a mera presença de Sua pureza.

25

Convite à Beira-Mar*

Raiava o dia sobre o mar da Galileia. Cansados, depois de uma noite de trabalho infrutífero, os discípulos ainda estavam em seus barcos de pesca, que flutuavam sobre as águas do lago. Jesus tinha vindo passar alguns momentos de tranquilidade na beira do lago pouco depois da madrugada. Esperava poder descansar um pouco, longe da multidão que O acompanhava dia após dia. Não demorou para que o povo começasse a se juntar à Sua volta, a ponto de comprimi-Lo.

Para escapar daquela pressão, Jesus subiu no barco de Pedro e lhe pediu que se afastasse um pouco da praia. Ali, todos podiam vê-Lo e ouvi-Lo melhor, e Ele passou a falar para a multidão na praia. O Honrado do Céu explicava as grandes coisas do Seu reino para pessoas comuns ali, ao ar livre. O lago, as montanhas, as vastas campinas, os raios do sol banhando a terra, tudo aquilo ilustrava Suas lições e impressionava a mente das pessoas. E não havia lição que não desse fruto. Cada uma de Suas mensagens chegava a alguém como a palavra de vida eterna.

Os profetas tinham contemplado antecipadamente cenas como essa e escreveram:

> "Terra de Zebulom e terra de Naftali, caminho do mar, além do Jordão, Galileia dos gentios; o povo que vivia nas trevas viu uma grande luz; sobre os que viviam na terra da sombra da morte raiou uma luz" (Mt 4:15, 16).

Olhando através dos séculos, Jesus viu Seus fiéis em prisões e tribunais, em tentação, solidão e aflição. Nas palavras pronunciadas para os que se reuniram em torno dEle na beira do mar da Galileia, Ele também estava falando para esses outros as palavras que lhes seriam uma mensagem de esperança

* Este capítulo é baseado em Mateus 4:15-22; Marcos 1:16-20; Lucas 5:1-11.

na provação, de conforto na tristeza e de luz na escuridão. Aquela Voz que falava de dentro do barco do pescador falaria de paz aos corações humanos até o fim dos tempos.

Ao terminar Sua mensagem, Jesus pediu que Pedro levasse o barco para águas mais profundas e ali lançasse sua rede para uma pescaria, mas Pedro estava desanimado. Ele havia trabalhado toda a noite sem que tivesse apanhado um só peixe. Durante aquelas horas solitárias, ficou pensando em João Batista em sua cela, no que poderia ter acontecido a Jesus e Seus seguidores, no fiasco da missão deles na Judeia e no ódio dos sacerdotes e rabinos. Olhando para as redes vazias, o futuro parecia escuro e desanimador. "Mestre, esforçamo-nos a noite inteira e não pegamos nada. Mas, porque és Tu quem está dizendo isto, vou lançar as redes" (Lc 5:5).

Depois de toda uma noite de trabalho sem resultado, parecia não haver esperança em lançar as redes nas límpidas águas do lago, mas o amor pelo Mestre motivou os discípulos a obedecer. Simão e seu irmão baixaram a rede. Ao tentarem puxá-la para dentro do barco, havia tantos peixes que eles tiveram que chamar Tiago e João para ajudá-los. Quando o produto da pesca estava a bordo, ambos os barcos estavam tão carregados que corriam o risco de afundar.

Revelada a Falta de Santidade

Para Pedro, esse milagre foi a maior revelação do poder divino que ele já tinha visto. Em Jesus, ele via Aquele que tinha toda a natureza sob controle. A vergonha por sua incredulidade, a gratidão pela compaixão de Cristo e, sobretudo, o sentimento de impureza na presença da pureza infinita o dominaram. Pedro caiu aos pés do Salvador exclamando: "Afasta-Te de mim, Senhor, porque sou um homem pecador!" (Lc 5:8).

A mesma presença da santidade divina fez Daniel cair como se estivesse morto diante do anjo (ver Dn 10:8). Isaías exclamou: "Ai de mim! Estou perdido! Pois sou um homem de lábios impuros e [...] os meus olhos viram o Rei, o Senhor dos Exércitos!" (Is 6:5). Tem sido assim com todos a quem Deus deixou ver Sua grandeza e majestade.

O Salvador respondeu para Pedro: "Não tenha medo; de agora em diante você será pescador de homens" (Lc 5:10). Depois que Isaías viu a santidade de Deus e sua própria indignidade, a ele foi confiada a mensagem divina. Somente depois que Pedro renunciou ao próprio eu é que ele recebeu o chamado para trabalhar para Cristo.

Os discípulos testemunharam muitos milagres de Cristo e ouviram Seus ensinamentos, mas nenhum deles havia abandonado totalmente seus empregos anteriores. A prisão de João

Batista tinha sido um tremendo desapontamento para eles. Se aquele foi o desfecho da missão de João, então eles não podiam nutrir muita esperança quanto a seu Mestre, com todos os líderes religiosos unidos contra Ele. Para eles, foi um alívio voltar à pesca por um pouco de tempo, mas Jesus os chamou para abandonar a vida anterior e unir seus interesses aos dEle. Pedro aceitou o chamado. Chegando à praia, Jesus convidou os outros três: "Sigam-Me, e Eu os farei pescadores de homens" (Mt 4:19). Imediatamente, eles deixaram tudo e O seguiram.

Sacrifício Recompensado

Antes de pedir para os discípulos deixarem o barco, Jesus lhes havia dado a certeza de que Deus supriria suas necessidades. O uso do barco de Pedro foi generosamente pago. Aquele que "abençoa ricamente todos os que O invocam" disse: "Deem, e lhes será dado: uma boa medida, calcada, sacudida e transbordante será dada a vocês" (Rm 10:12; Lc 6:38). Essa foi a medida que Ele usou para recompensar Pedro por seu serviço. E todo sacrifício feito em Seu ministério será recompensado (ver Ef 2:7; 3:20).

Durante aquela triste noite passada no lago, separados de Cristo, a descrença pressionou duramente os discípulos, mas a presença de Jesus lhes acendeu a fé, trazendo alegria e sucesso. O mesmo acontece conosco: separados de Cristo, nosso trabalho não produz frutos, e fica fácil desconfiar e reclamar, mas quando trabalhamos sob Sua direção, nos alegramos com as evidências do Seu poder. Ele nos inspira dando fé e esperança. Aquele cuja palavra pôde juntar os peixes do mar também pode impressionar corações humanos e atraí-los para que Seus servos se tornem "pescadores de homens".

Cristo era mais do que capaz para qualificar homens humildes e sem instrução e elevá-los à posição para a qual os escolheu. O Salvador não desprezava a educação. Quando controlada pelo amor de Deus, a cultura intelectual é uma bênção. No entanto, os sábios de Seu tempo eram tão autossuficientes que não podiam se tornar colaboradores do Homem de Nazaré. Eles zombavam dos esforços de Cristo para lhes instruir. A primeira coisa que todos os que querem trabalhar para Deus precisam aprender é desconfiar de si mesmos. Só assim estarão preparados para receber o caráter de Cristo. Isso não se adquire por meio da educação recebida em escolas do mais avançado saber.

Servos Verdadeiros

Jesus escolheu pescadores sem nenhum estudo porque eles não haviam sido educados nos costumes deficientes do seu tempo. Eles eram homens de habilidades natas, além de humildes e dóceis. Nas ocupações comuns da vida, muitas pessoas estão cumprindo as responsabilidades do dia a dia sem sequer saber que têm um potencial que, se posto em ação, as colocará em pé de igualdade com os mais prestigiados líderes do mundo. Precisam do toque de uma mão habilidosa para despertar essas capacidades adormecidas. Esse é o tipo de homens que Jesus chamou para ser Seus colaboradores. Ao saírem do treinamento ministrado pelo Salvador, os discípulos se tornaram como Ele na mente e no caráter.

A mais elevada obra da educação é incutir a energia vitalizante que vem do contato de mente com mente e de coração com coração. Somente vida pode gerar vida. Que privilégio, então, tiveram os discípulos de, por três anos, estar em contato diário com aquela vida divina! João, o discípulo, disse: "Todos recebemos da sua plenitude, graça sobre graça" (Jo 1:16). A vida desses homens, o caráter que desenvolveram e a poderosa obra que Deus fez por meio deles são o testemunho daquilo que Deus fará por todos que são dóceis e obedientes. Não existem limites para a utilidade daqueles que põem o eu de lado, criam espaço para o trabalho do Espírito Santo no coração e vivem uma vida de completa consagração a Deus. Se aceitarmos a disciplina necessária, Deus vai nos ensinar a cada hora do dia. Ele toma as pessoas como são e as educa para o Seu serviço – se elas se entregarem a Ele. Ao ser recebido no coração, o Espírito de Deus energiza todos os seus poderes. A mente que é dedicada inteiramente a Deus se desenvolve de maneira harmoniosa e recebe força para compreender e para cumprir o que Ele requer. O caráter fraco se torna firme e forte.

A devoção constante estabelece um relacionamento tão íntimo entre Jesus e Seus seguidores, que os cristãos acabam ficando parecidos com Ele na mente e no caráter. Eles terão uma visão mais clara e ampla, seu entendimento será mais aguçado e seu julgamento, mais equilibrado. Isso os deixa capacitados para produzir muitos frutos para a glória de Deus. Cristãos de humilde condição têm sido educados na mais elevada de todas as escolas: eles se sentaram aos pés dAquele que falava como nenhum outro homem jamais falou.

26

Dias Ocupados e Felizes em Cafarnaum*

Nos intervalos de Suas viagens de um lugar para outro, Jesus ficava em Cafarnaum, às margens do mar da Galileia. Por isso a cidade ficou conhecida como "Sua própria cidade" (Mt 9:1, ARA). As praias do lago e as montanhas que a circundavam a pouca distância eram povoadas por pequenas cidades e vilas. O lago estava coberto de barcos de pesca. Por todos os lados se via o burburinho de uma vida agitada e ativa.

Cafarnaum estava localizada na estrada que ia desde Damasco até o mar Mediterrâneo, passando por Jerusalém e pelo Egito, de modo que muita gente de diferentes lugares passava por ela. Ali Jesus podia encontrar-Se com pessoas de todas as nações e categorias, e Suas lições eram levadas para outras terras. Isso gerava interesse na investigação das profecias, chamava a atenção para o Salvador, e Sua missão era apresentada para o mundo. Anjos estavam preparando o caminho para o Seu ministério, trabalhando no coração das pessoas e atraindo-as para o Salvador.

Em Cafarnaum, o filho de um nobre a quem Cristo havia curado era uma testemunha do Seu poder. O oficial da corte e sua família alegremente testificavam de sua fé. Quando se espalhou a notícia de que o próprio Mestre estava entre eles, a cidade inteira se agitou. No sábado, as pessoas se aglomeraram de tal maneira que muitos não puderam entrar.

Todos os que ouviam o Salvador "ficavam maravilhados com o Seu ensino, porque falava com autoridade". "Ele as ensinava como quem tem autoridade, e não como os mestres da lei" (Lc 4:32; Mt 7:29). O ensino dos escribas e anciãos era frio e formal. Eles diziam que explicavam a lei,

* Este capítulo é baseado em Marcos 1:21-38; Lucas 4:31-44.

mas nem o coração deles nem o dos que lhes ouviam se comoviam pela inspiração que vinha de Deus.

O trabalho de Jesus era apresentar a verdade. Suas palavras projetavam luz sobre os ensinamentos dos profetas. Nunca antes os Seus ouvintes tinham visto um significado tão profundo na Palavra de Deus.

Jesus emprestava beleza à verdade ao apresentá-la de um jeito direto e simples. Sua linguagem era pura, refinada e clara como as águas de um córrego. Sua voz soava como música para os que estavam habituados com a monotonia da fala dos rabinos.

Nem Dúvida Nem Hesitação

Ele falava como quem tem autoridade. Os rabinos falavam com dúvidas e hesitação, como se as Escrituras pudessem ser interpretadas significando ora uma coisa, ora exatamente o contrário. Mas Jesus ensinava as Escrituras mostrando autoridade inquestionável. Qualquer que fosse o tema, Ele o apresentava com poder.

No entanto, Ele era mais fervoroso do que veemente. Jesus trabalhava para quebrar o encantamento causado por uma visão curta que mantém as pessoas absortas nas coisas terrestres. Ele mostrava que o verdadeiro valor das coisas desta vida era subordinado a interesses eternos, mas não ignorava a importância delas. Ensinava que o conhecimento da verdade divina nos prepara para desempenhar melhor os deveres de cada dia. Era consciente de Sua relação com Deus; ainda assim reconhecia Sua unidade com cada membro da família humana.

Ele sabia "dizer boa palavra ao cansado" (Is 50:4, ARA). Tinha tato para lidar com pessoas preconceituosas, surpreendendo-as com ilustrações que captavam sua atenção. Eram simples, mas tinham significado belo e profundo. Os pássaros, os lírios, a semente, o pastor, a ovelha – com esses objetos, Jesus ilustrava verdades imortais; e dali para frente, quando Seus ouvintes viam essas coisas, lembravam-se de Suas lições.

Cristo nunca bajulava as pessoas ou as louvava por suas invenções inteligentes, mas os que tinham capacidade de pensar com profundidade e sem preconceitos acatavam Seus ensinos e os consideravam como um teste para sua sabedoria. Suas palavras encantavam os altamente instruídos e sempre traziam benefício ao inculto. Até os pagãos entendiam que havia uma mensagem para eles.

Mesmo em meio a inimigos irados, Ele estava cercado de uma atmosfera de paz. A amabilidade de Seu caráter e o amor que expressava no olhar e no tom da voz atraíam para Ele todos os que não estavam endurecidos pela descrença. Os que estavam em dificuldades O consideravam um Amigo fiel e carinhoso e queriam saber mais sobre as verdades que Ele ensinava. Desejavam ter o conforto do Seu amor com eles continuamente.

Jesus observava o rosto dos que O escutavam. Aqueles que expressavam interesse Lhe causavam satisfação. Quando as flechas da verdade atravessavam as barreiras do egoísmo e traziam arrependimento e gratidão, o Salvador ficava feliz. Quando Seus olhos reconheciam rostos já vistos anteriormente, Seu próprio rosto se iluminava de alegria. Quando uma verdade apresentada de maneira bem clara tocava algum ídolo acariciado, Ele notava uma mudança na expressão que mostrava que aquela luz fora mal recebida. Ver homens e mulheres recusarem a mensagem de paz feria profundamente Seu coração.

Na sinagoga, Jesus foi interrompido enquanto falava de Sua missão de livrar os cativos de Satanás. Um louco saiu do meio do povo gritando: "Que queres conosco, Jesus de Nazaré? Vieste para nos destruir? Sei quem Tu és: o Santo de Deus!" (Lc 4:34).

A cena era de total confusão e alarme. A atenção do povo se desviou de Cristo e ninguém O escutava mais. Jesus repreendeu o demônio dizendo: "'Cale-se e saia dele'. Então o demônio jogou o homem no chão diante de todos, e saiu dele sem o ferir" (v. 35).

Satanás havia obscurecido a mente daquele miserável sofredor, mas, na presença do Salvador, ele passou a desejar ser libertado do controle de Satanás. O demônio resistia. Quando o homem tentou pedir ajuda para Jesus, o espírito mau colocou palavras em sua boca e ele começou a gritar de medo e agonia.

O homem possuído pelo demônio entendeu parcialmente que estava na presença dAquele que podia libertá-lo. Mas ao tentar chegar mais perto daquela mão poderosa, a vontade de outro o segurou; palavras de outro encontraram expressão por meio dele. O conflito entre o poder de Satanás e o desejo de liberdade daquele homem foi terrível.

O demônio utilizou todo seu poder para manter o controle de sua vítima. Parecia certo que o perturbado homem ia perder a vida naquela luta contra o inimigo que havia arruinado seus melhores anos, mas o Salvador falou com autoridade e libertou o cativo. Agora feliz por estar livre, na posse de suas faculdades mentais, o homem se colocou de pé diante do povo maravilhado. Até o demônio tinha testemunhado o poder divino do Salvador. Os olhos que, até momentos antes, flamejavam de loucura, agora brilhavam com inteligência e transbordavam lágrimas de agradecimento.

O povo exclamou: "O que é isto? Um novo ensino – e com autoridade! Até aos espíritos imundos Ele dá ordens, e eles Lhe obedecem!" (Mc 1:27).

Aquele homem tinha ficado fascinado com os prazeres do pecado e decidiu fazer de sua vida um grande carnaval. Não sonhava em virar um terror para o mundo e uma vergonha para a família. Achou que podia gastar seu tempo em extravagâncias que considerava inocentes. A intemperança e a incapacidade de levar a vida a sério perverteram sua natureza, e Satanás passou a controlá-lo totalmente. Quando quis sacrificar riquezas e prazeres para retomar o controle de sua vida, já não tinha forças para se libertar das garras do maligno. Satanás tinha tomado posse de todas as suas habilidades. Quando o pobre homem finalmente ficou em seu poder, o demônio se tornou implacável em sua crueldade. Assim é com todos os que cedem ao mal. Os prazeres a princípio fascinantes terminam em desespero ou na loucura de uma vida arruinada.

O mesmo espírito mau controlava os judeus descrentes, mas, com eles, assumia um ar de piedade. As condições deles eram mais desesperadoras do que as do possesso, pois não sentiam necessidade de Cristo e, por isso mesmo, eram firmemente mantidos sob o poder de Satanás.

O tempo do ministério pessoal de Cristo na Terra foi o período de maior atividade das forças do reino das trevas. Durante séculos, Satanás trabalhou para controlar o corpo e a mente de homens e mulheres a fim de trazer pecado e sofrimento a eles e, depois, jogar a culpa por toda essa desgraça em Deus. Jesus estava revelando o caráter de Deus para eles, rompendo o poder de Satanás e libertando os cativos. O amor e o poder vindos do Céu estavam comovendo corações humanos, e o príncipe do mal estava irado. A cada passo, ele desafiava a obra de Cristo.

Satanás Trabalha Disfarçado

Será assim no conflito final entre a justiça e o pecado. Enquanto nova vida e poder estão descendo sobre os discípulos de Cristo, uma renovada energia fortalece os instrumentos nas mãos de Satanás. Com habilidades obtidas através dos séculos de conflito, o príncipe do mal trabalha disfarçado, vestido como anjo de luz. Multidões "seguirão espíritos enganadores e doutrinas de demônios" (1Tm 4:1).

Os líderes e mestres de Israel estavam negligenciando o único meio pelo qual poderiam ter resistido aos espíritos maus. Foi pela Palavra de Deus que Cristo venceu o maligno. Com a interpretação deles, os líderes judeus faziam com que a Palavra de Deus dissesse coisas que Deus nunca disse. Eles discutiam sobre aspectos técnicos e, fazendo isso, negavam verdades essenciais. Dessa maneira, roubavam da Palavra de Deus seu poder e os espíritos maus faziam o que queriam.

A história se repete. Com as Escrituras à sua frente, muitos líderes religiosos do nosso tempo estão destruindo a fé na Bíblia como Palavra de Deus. Analisam minuciosamente a Palavra e colocam suas próprias opiniões acima das declarações mais claras. É por isso que a descrença cresce rapidamente e a iniquidade está em todos os lugares.

Os que dão as costas para o claro ensino das Escrituras e o poder convincente do Espírito Santo de Deus estão abrindo as portas para o controle de demônios. A crítica e a especulação sobre a Bíblia têm aberto caminho para que o espiritismo ganhe espaço até nas assim chamadas igrejas do nosso Senhor Jesus Cristo. Lado a lado com pregadores do evangelho, espíritos mentirosos estão em ação. Há muitos que brincam com essas manifestações por mera curiosidade, mas ao verem evidências de que existe naquilo algo mais que poder humano ficam seduzidos, até que o misterioso poder de uma vontade mais forte que a deles passa a controlá-los. As defesas da mente são derrubadas. Pecados secretos ou paixões dominadoras os mantêm aprisionados, e eles se tornam tão impotentes quanto o homem de Cafarnaum. No entanto, a condição dessas pessoas não é desesperadora.

Elas podem ser vencedoras pelo poder da Palavra. Se desejarmos conhecer e fazer a vontade de Deus, Suas promessas são para nós: "E conhecerão a verdade, e a verdade os libertará". "Se alguém decidir fazer a vontade de Deus, descobrirá se o Meu ensino vem de Deus" (Jo 8:32; 7:17). Por meio da fé nessas promessas, todo homem e toda mulher poderão ser libertados das armadilhas do erro e do domínio do pecado.

Há Esperança para cada Pessoa Perdida

Ninguém caiu tão fundo nem é tão mau que não possa encontrar libertação em Cristo. O endemoninhado só podia falar as palavras de Satanás, mas Jesus ouviu a súplica silenciosa do coração dele. Nenhum clamor de alguém em necessidade será ignorado, mesmo que a pessoa não use as palavras certas. O Salvador convida os que concordarem em fazer um pacto com o Deus do Céu. Ele diz: "Que venham buscar refúgio em Mim; que façam as pazes comigo. Sim, que façam as pazes comigo" (Is 27:5). Anjos de Deus lutarão por eles com vitorioso poder. "Será que alguém pode pôr em liberdade os que estão sendo levados como prisioneiros por um rei cruel? [...] Pois Eu lutarei contra os inimigos de vocês e Eu mesmo salvarei os seus filhos" (Is 49:24, 25, NTLH).

Enquanto a congregação na sinagoga continuava boquiaberta, Jesus saiu e foi para a casa de Pedro a fim de descansar um pouco. Ali também havia sombras. A sogra de Pedro ficara doente, com "febre alta". Jesus repreendeu a doença, e a mulher, curada, se levantou e foi providenciar um lanche para o Mestre e Seus discípulos.

As notícias sobre o trabalho de Cristo se espalharam rapidamente por toda Cafarnaum. Por temerem os rabinos, as pessoas não se atreviam a procurar cura no sábado, mas assim que o sol desaparecia no horizonte, os habitantes da cidade iam depressa para a humilde casa onde Jesus se hospedava, levando seus doentes ao Salvador.

O dia inteiro eles iam e vinham, pois ninguém sabia se no dia seguinte ainda teriam o Médico entre eles. Cafarnaum nunca tinha visto um dia como aquele. O ar se enchia de vozes de triunfo e gritos de libertação. O Salvador regozijava em Seu poder de trazer saúde e felicidade aos sofredores.

Já era tarde da noite quando as multidões foram embora e reinou silêncio na casa de Simão. O longo e agitado dia tinha passado, e Jesus precisava descansar. Mas enquanto a cidade dormia e "ainda estava escuro, Jesus levantou-se, saiu de casa e foi para um lugar deserto, onde ficou orando" (Mc 1:35).

Jesus muitas vezes mandava Seus discípulos a suas casas para descansar, mas gentilmente resistia aos esforços deles para afastá-Lo de Suas atividades. Ele trabalhava o dia inteiro e, à noite ou ao amanhecer, subia as montanhas para falar com Seu Pai. Muitas vezes passava toda a noite orando e meditando, e voltava ao raiar do dia para continuar Seu trabalho entre o povo.

Uma manhã, bem cedo, Pedro e seus companheiros se aproximaram de Jesus e Lhe disseram que o povo já estava à Sua procura. As autoridades de Jerusalém estavam tentando encontrar uma maneira de matá-Lo. Até Seus conterrâneos haviam tentado tirar-Lhe a vida, mas Cafarnaum tinha Lhe dado as boas-vindas com entusiasmo, e isso novamente alimentou as esperanças dos discípulos. Podia ser que os que apoiavam a ideia do novo reino viessem dentre os galileus, que tanto amavam a liberdade. Assim, foi com surpresa que eles ouviram as palavras de Cristo: "Vamos para outro lugar, para os povoados vizinhos, para que também lá Eu pregue.

Foi para isso que Eu vim" (v. 38). Jesus não gostava de atrair a atenção para Si mesmo como se Ele fosse um mágico ou curandeiro. As pessoas estavam ansiosas para crer que Jesus tinha vindo como rei para estabelecer um reino terrestre, ao passo que Ele queria que a mente deles deixasse de pensar nas coisas terrenas e passasse a pensar nas coisas espirituais. Ele não Se agradava da admiração que Lhe tinha a despreocupada multidão.

A honra que o mundo confere às posições, riquezas e talentos era estranha para o Filho do homem. Jesus não usava nenhum dos meios que as pessoas utilizam para conquistar a lealdade dos outros. A profecia já tinha dito sobre Ele: "Não gritará nem clamará, nem erguerá a voz nas ruas. [...] Com fidelidade fará justiça" (Is 42:2, 3).

A vida de Jesus não incluía disputas barulhentas, adoração espalhafatosa ou atos visando obter aplauso. Cristo estava escondido em Deus, e Deus foi revelado no caráter do Seu Filho.

O Sol da Justiça não brilhou sobre o mundo em esplendor para ofuscar os sentidos com Sua glória. Tranquila e gentilmente, a luz do dia afasta a escuridão e desperta o mundo para a vida. Assim também Se levanta o Sol da Justiça, "trazendo cura em Suas asas" (Ml 4:2).

27

O Primeiro Leproso Curado por Cristo*

De todas as doenças conhecidas no Oriente, a lepra era a mais temida. Seu caráter incurável e contagioso, além do efeito horrível que causava em suas vítimas enchia de medo até o mais valente. Os judeus a consideravam resultado do pecado e, por isso, chamavam a doença de "o dedo de Deus". Ela era vista como símbolo do pecado.

Como se já estivesse morto, o leproso era excluído de qualquer lugar que as pessoas ocupassem. Tudo o que ele tocava ficava impuro. O ar era contaminado por sua respiração. Qualquer suspeito de ter a doença tinha que se apresentar aos sacerdotes. Se eles o declarassem leproso, ele estava fadado a se associar somente a outros leprosos. A lei era inflexível e não havia exceção nem para reis ou governadores.

O leproso tinha que suportar a maldição longe de amigos e familiares. Era exigido que ele anunciasse sua calamidade e soasse o alarme, avisando a todos que evitassem sua presença contaminadora. O grito "Impuro! Impuro!" que chegava do solitário exílio em tons lamentosos era um sinal que as pessoas ouviam com medo e repulsa.

As notícias sobre o trabalho de Cristo chegaram a muitos desses sofredores, fazendo brilhar um raio de esperança. No entanto, desde os dias de Elias, ninguém tinha visto um leproso ser curado. Havia um homem, porém, em cujo coração a fé começou a brotar. Entretanto, como ele poderia se apresentar ao Médico? Será que Cristo o curaria? Será que notaria alguém que sofria como resultado do juízo de Deus? Será que lançaria uma maldição sobre ele?

O leproso pensou em tudo o que as pessoas haviam lhe contado sobre Jesus. Ninguém que O tivesse procurado e pedido ajuda tinha sido

* Este capítulo é baseado em Mateus 8:2-4; 9:1-8, 32-34; Marcos 1:40-45; 2:1-12; Lucas 5:12-28.

mandado embora. Aquele homem sofredor decidiu encontrar o Salvador. Talvez cruzasse Seu caminho em algum lugar remoto, ao longo das estradas montanhosas ou quando Ele estivesse ensinando nos arredores das cidades. Essa era sua única esperança.

O leproso foi guiado para o Salvador enquanto Ele ensinava na beirada do lago. De longe, o leproso captava algumas das palavras que vinham dos lábios do Salvador. Ele O viu colocando as mãos sobre o doente, o aleijado, o cego e o paralítico. Doentes em estado terminal se levantavam e louvavam a Deus por serem libertados. A fé se fortaleceu no coração do leproso. Esquecendo as restrições impostas e do medo que as pessoas tinham dele, aproximou-se mais. Pensava apenas na bendita esperança de ser curado.

Ele constituía um espetáculo repugnante. Era horrível olhar para aquele corpo em decomposição. Quando as pessoas o avistaram, recuaram, aterrorizadas e, em sua ânsia de evitar qualquer contato que fosse com ele, se empurravam uns contra os outros. Alguns tentaram impedir que ele se aproximasse de Jesus, mas ele não os via nem os ouvia. Correndo até onde Jesus estava, se lançou a Seus pés com o grito: "Senhor, se quiseres, podes purificar-*me*!" (itálico acrescentado).

Jesus respondeu: "Quero. Seja purificado!", e colocou a mão sobre ele.

Imediatamente ocorreu uma mudança no leproso. Sua pele ficou saudável, os nervos, sensíveis e os músculos, firmes. O aspecto áspero e escamoso de sua pele deu lugar a uma coloração suave como a da pele de uma criança.

Cristo deu instruções urgentes ao homem quanto à necessidade de silêncio e de ação imediata. Ele disse: "Olhe, não conte isso a ninguém. Mas vá mostrar-se ao sacerdote e ofereça pela sua purificação os sacrifícios que Moisés ordenou, para que sirva de testemunho" (Mc 1:44). Se os sacerdotes soubessem dos fatos relacionados à cura, seu ódio por Cristo poderia levá-los a fazer um julgamento desonesto. Jesus queria que o homem se apresentasse no templo antes que os rumores sobre a cura chegassem aos sacerdotes. Dessa forma, o leproso restaurado poderia garantir uma decisão imparcial e ser autorizado a unir-se outra vez a sua família e amigos.

O Salvador também sabia que, se a notícia da cura do leproso se espalhasse, outros sofredores da doença iriam se aglomerar em torno dEle, o que provocaria o clamor de que o povo seria contaminado. Muitos leprosos não usariam o dom da saúde como uma bênção para si mesmos e para outros. E, atraindo para Si os leprosos, Jesus daria oportunidade para que Seus adversários O acusassem de derrubar as restrições da lei. Isso atrapalharia Sua pregação.

Uma grande multidão tinha visto a cura do leproso, e muitos estavam ansiosos para saber a decisão dos sacerdotes. Quando o homem voltou para junto dos seus amigos, houve grande entusiasmo. O homem não fez nenhum esforço para esconder sua cura. De qualquer forma, teria sido impossível disfarçá-la, mas o leproso falou sobre isso para muita gente, achando que Jesus colocara aquela restrição só por causa de Sua modéstia. Ele não entendeu que cada demonstração de poder deixava os sacerdotes e anciãos mais determinados a destruir Jesus. O homem restaurado se alegrava com o vigor da varonilidade e sentia que era impossível evitar dar glória ao Médico que o havia curado. A ação de divulgar o assunto por todas as partes fez com que o povo se aglomerasse em torno de Jesus em tão grande número que Ele foi forçado a parar Seu trabalho por um tempo.

Cada ato do ministério de Cristo tinha um propósito de vasto alcance. Ele tentava de todas as formas chegar aos sacerdotes e mestres, mergulhados como estavam no preconceito e nas tradições. Ao enviar o leproso, agora curado, aos sacerdotes, Ele estava dando um testemunho designado para desarmar seus preconceitos. Os fariseus tinham afirmado que Jesus Se opunha à lei, mas Sua instrução ao leproso purificado de apresentar uma oferta de acordo com a lei contestava essa acusação. Cristo mostrava evidências do Seu amor pela humanidade, do Seu respeito pela lei e do Seu poder para livrar do pecado e da morte.

Os mesmos sacerdotes que haviam condenado o leproso ao banimento certificaram publicamente sua cura. E o homem curado, reintegrado à sociedade, era uma testemunha viva em favor do seu Benfeitor. Com alegria, ele louvava o nome de Jesus. Os sacerdotes tiveram oportunidade de conhecer a verdade. Durante a vida do Salvador, Seu ministério parecia provocar poucas respostas de amor da parte deles, mas depois de Sua ascensão, "um grande número de sacerdotes obedecia à fé" (At 6:7).

Como Cristo Purifica a Vida do Pecado

O trabalho feito por Cristo ao purificar o leproso ilustra o trabalho que Ele faz ao purificar a vida do pecado. O homem que foi a Jesus estava "coberto de lepra". Os discípulos tentaram evitar que o Mestre o tocasse, mas ao pôr a mão sobre o leproso, Jesus não ficou contaminado. Seu toque transmitiu um poder vitalizante ao doente.

O mesmo acontece com a lepra do pecado. Ela é mortal e impossível de ser purificada pelo poder humano.

"Da sola do pé ao alto da cabeça não há nada são; somente machucados, vergões e ferimentos abertos, que não foram limpos nem enfaixados nem tratados com azeite" (Is 1:6). Jesus possui virtude curadora. Todos os que caírem a Seus pés, dizendo com fé: "Senhor, se quiseres, podes purificar-me" ouvirão a resposta: "Quero. Seja purificado!"

Em alguns casos de cura, Jesus não concedeu a bênção de imediato. No caso do leproso, porém, assim que o homem apelou por ajuda, Jesus a concedeu. Quando oramos pedindo bênçãos terrenas, a resposta pode ser adiada, ou Deus pode nos dar algo diferente daquilo que pedimos. Mas não é assim quando pedimos que Ele nos livre do pecado. A vontade dEle é nos purificar, fazer de nós Seus filhos e nos capacitar para viver uma vida santificada. Cristo "Se entregou a Si mesmo por nossos pecados a fim de nos resgatar desta presente era perversa, segundo a vontade de nosso Deus e Pai" (Gl 1:4). "Se pedirmos alguma coisa de acordo com a vontade de Deus, Ele nos ouvirá. E se sabemos que Ele nos ouve em tudo o que pedimos, sabemos que temos o que dEle pedimos" (1Jo 5:14, 15).

Ao curar o homem paralítico em Cafarnaum, Cristo ensinou a mesma verdade outra vez. Ele fez o milagre para mostrar Seu poder de perdoar pecados. Como o leproso, aquele paralítico também tinha perdido toda a esperança. Sua doença era resultado de uma vida pecaminosa, e o remorso fazia seus sofrimentos ficarem muito mais amargos. Ele tinha apelado para os fariseus e os doutores, mas eles, friamente, declararam que ele era incurável e o abandonaram à ira de Deus.

Não vendo nenhuma perspectiva de ajuda, o paralítico estava mergulhado no desespero. Então ele ouviu sobre Jesus. Amigos o incentivaram a crer que ele também poderia ser curado se pudesse ser carregado até Jesus.

O Fardo do Pecado

Não era tanto o restabelecimento físico que ele desejava, mas sim o alívio do fardo do pecado. Se pudesse receber a certeza do perdão e de estar em paz com o Céu, ele morreria contente. Suplicou que seus amigos o carregassem em sua maca até Jesus, o que eles se puseram a fazer de boa vontade. Mas a multidão era tão densa no local onde o Salvador estava que era impossível para o paralítico e seus amigos sequer chegarem perto o suficiente para ouvir Sua voz.

Jesus estava ensinando na casa de Pedro, com os discípulos à Sua volta. E "estavam sentados ali fariseus e mestres da lei, procedentes de todos os povoados da Galileia, da Judeia e de Jerusalém", como espiões. As multidões se acotovelavam em volta da casa – os sinceros, os reverentes, os curiosos e os descrentes. "E o poder do Senhor estava com Ele para curar". No entanto, os fariseus e os doutores não discerniram a presença do Espírito. Eles pensavam não ter nenhuma necessidade; a cura não era para eles. "[Ele] encheu de coisas boas os famintos, mas despediu de mãos vazias os ricos" (Lc 1:53).

Os amigos que carregavam o paralítico tentaram forçar a passagem entre a multidão, mas nada conseguiram. Deveria o doente abandonar sua esperança? Por sua sugestão, seus amigos o carregaram até o telhado da casa, abriram um buraco no teto e, por ali, o baixaram até os pés de Jesus.

O Salvador viu os olhos suplicantes fixos nEle. Enquanto o paralítico estava dentro da casa, Jesus trouxe convicção à sua consciência. Quando ele se arrependeu de seus pecados, as vitalizadoras misericórdias do Salvador já haviam começado a abençoar seu desejoso coração. Jesus tinha visto a primeira chama de fé crescer e se fortalecer a cada esforço para chegar em Sua presença.

Agora, com palavras que soavam como música aos ouvidos do sofredor, o Salvador disse: "Filho, os seus pecados estão perdoados." O fardo do desespero se desprendeu do homem doente; a paz do perdão brilhou em seu rosto. Sua dor desapareceu. Todo o seu ser foi transformado.

Com sua fé tão simples, ele aceitou as palavras de Jesus. Sem fazer nenhum comentário, permaneceu ali em um silêncio pleno de felicidade, enquanto as pessoas contemplavam a cena com enorme admiração.

Os rabinos se lembraram de como o homem lhes havia pedido ajuda e eles tinham recusado lhe oferecer esperança ou simpatia, declarando que ele estava sofrendo a maldição divina por seus pecados. Eles perceberam o interesse com que todos estavam olhando a cena e sentiram um terrível medo de perderem sua influência sobre o povo. Só de olhar um para o outro, puderam ler o mesmo pensamento em seus rostos – algo tinha que ser feito para deter aquela onda de sentimentos. Jesus havia declarado perdoados os pecados do paralítico. Os fariseus podiam apresentar isso como blasfêmia, um pecado merecedor de morte. "Por que esse homem fala assim? Está blasfemando! Quem pode perdoar pecados, a não ser somente Deus?"

Fixando neles o olhar, Jesus disse: "Por que vocês estão remoendo essas coisas em seus corações? Que é mais fácil dizer ao paralítico: Os seus pecados estão perdoados, ou: Levante-se, pegue a sua maca e ande? Mas, para que vocês saibam que o Filho do homem tem na Terra autoridade para perdoar pecados – disse ao paralítico

– Eu lhe digo: Levante-se, pegue a sua maca e vá para casa" (Mc 2:8-11).

Então o homem que tinha sido levado a Jesus em uma maca ficou em pé com a facilidade e a força de um jovem. Cada órgão do seu corpo se pôs em atividade. Uma coloração saudável substituiu a palidez típica de um doente. "Ele se levantou, pegou a maca e saiu à vista de todos, que, atônitos, glorificaram a Deus, dizendo: 'Nunca vimos nada igual!'" (v. 12).

O poder criador restabeleceu a saúde daquele corpo em deterioração. A mesma Voz que deu vida a Adão, criado do pó da terra, também deu vida ao paralítico. E o mesmo Poder que deu vida ao corpo renovou o coração. Cristo disse para o paralítico se levantar e andar "para que vocês saibam que o Filho do homem tem na Terra autoridade para perdoar pecados".

A Cura Espiritual Muitas Vezes Precede a Cura Física

Existem, hoje, milhares de pessoas que sofrem de enfermidades físicas. Como aquele paralítico, esperam ardentemente pela mensagem: "seus pecados estão perdoados". O pecado está no fundamento de suas doenças. Somente o Médico da alma pode dar vitalidade à mente e saúde ao corpo.

Jesus ainda tem o mesmo poder vitalizador que tinha quando curou o enfermo e deu perdão ao pecador. Ele "perdoa todos os seus pecados"; Ele "cura todas as suas doenças" (Sl 103:3; ver 1Jo 3:8; Jo 1:4-10; 10:10; 1Co15:45).

À medida que o homem curado passava pelo meio da multidão carregando seus pertences sem nenhuma dificuldade, o povo recuava para lhe dar passagem. Com expressão de assombro refletida no rosto, as pessoas murmuravam entre si: "Hoje vimos coisas extraordinárias!"

Os fariseus ficaram sem fala, espantados e esmagados pela derrota. Confusos e humilhados, reconheceram haver estado na presença de um Ser superior, embora não o confessassem. Da casa de Pedro, onde viram o paralítico ser curado, saíram determinados a criar novos esquemas para silenciar o Filho de Deus.

Na casa do homem curado, houve grande regozijo. A família se reuniu em torno dele com lágrimas de alegria, mal podendo acreditar em seus olhos. A pele que por tanto tempo estivera encolhida e acinzentada, agora tinha uma aparência corada e rejuvenescida. Ele caminhava com passos firmes e naturais. Seu rosto estampava alegria e esperança. Pureza e paz haviam tomado o lugar das marcas do pecado e sofrimento. Esse homem e sua família estavam dispostos a dar a vida por Jesus. Nenhuma dúvida enfraquecia sua fé nAquele que trouxera luz para seu lar, até então em trevas.

De Cobrador de Impostos a Apóstolo*

Na Palestina, oficiais romanos eram detestados. O fato de um poder estrangeiro cobrar impostos causava contínua irritação, pois era uma lembrança aos judeus de que haviam perdido sua independência. E os que cobravam esses impostos, conhecidos como publicanos, não eram apenas instrumentos da opressão romana; eles costumavam extorquir em benefício próprio, acumulando riquezas à custa do povo. Um judeu que aceitava esse cargo era desprezado e classificado como escória da sociedade.

Levi Mateus, a quem Jesus chamaria para Seu serviço, era exatamente uma dessas pessoas – um cobrador de impostos. Mateus tinha ouvido os ensinamentos do Salvador, e quando o Espírito Santo revelou seu estado pecaminoso, ele desejou buscar ajuda em Cristo. Sabendo como os rabinos se mantinham à distância da maioria das pessoas, achou que esse Grande Mestre sequer o notaria.

Um dia, sentado em seu posto de cobrança, Mateus viu Jesus Se aproximando. Ao ouvi-Lo dizer: "Siga-Me", ele ficou atônito.

Mateus "levantou-se e O seguiu". Ele não hesitou, não questionou, não pensou que estaria trocando um lucrativo negócio por pobreza e dificuldades. Para ele, era suficiente estar com Jesus, ouvir Suas palavras e unir-se a Ele em Seu trabalho.

Foi igual à ocasião em que Jesus chamou Pedro e seus companheiros para segui-Lo: eles imediatamente largaram seus barcos e redes. Alguns tinham pessoas queridas que dependiam de seu apoio, mas, ao receberem o convite do Salvador, não perguntaram: "De que vou viver, e como vou sustentar minha família?"

* Este capítulo é baseado em Mateus 9:9-17; Marcos 2:14-22; Lucas 5:27-39.

Mais tarde, ao Jesus lhes perguntar: "Quando Eu os enviei sem bolsa, saco de viagem ou sandálias, faltou-lhes alguma coisa?", eles puderam responder: "Nada" (Lc 22:35).

Mateus em sua riqueza e André e Pedro em sua pobreza passaram pelo mesmo teste. No momento de sucesso, quando as redes estavam cheias de peixes e os impulsos da vida anterior estavam mais fortes, Jesus, ali na praia, pediu aos discípulos que deixassem tudo pelo evangelho. Todos são provados dessa maneira para ver o que é mais forte – o desejo de ter prosperidade temporária ou de ter a companhia de Cristo.

Ninguém pode ser bem-sucedido no serviço de Deus a menos que se dedique a esse trabalho de todo o coração. Ninguém com apego às coisas passadas pode ser discípulo de Cristo e, muito menos, Seu colaborador. Quando homens e mulheres encontrarem alegria na salvação que Jesus proveu, a vida deles refletirá o sacrifício próprio da vida de Cristo. Por onde Ele conduzir, eles O acompanharão.

O chamado de Mateus deixou muitas pessoas zangadas. O fato de Cristo ter escolhido um cobrador de impostos para ser um dos Seus companheiros mais chegados foi uma ofensa contra os costumes religiosos, sociais e nacionais. Apelando para o preconceito, os fariseus esperavam que o sentimento popular se voltasse contra Jesus. Mas a escolha de Jesus causou grande interesse entre os publicanos. Alegre por seu novo discipulado, Mateus deu uma festa em sua casa e convidou seus parentes, amigos e ex-sócios. Não somente cobradores de impostos receberam o convite, mas muitos outros que eram evitados por seus vizinhos mais escrupulosos.

Diferenças Externas Não Significam Nada

A festa foi oferecida em honra a Jesus, e Ele não hesitou em aceitá-la. Sabia muito bem que isso seria uma ofensa para os fariseus e seus seguidores. Também sabia que o povo questionaria o que Ele estava fazendo. Contudo, nenhuma preocupação política podia influenciar Suas ações.

Jesus Se sentou como convidado de honra à mesa dos publicanos. Com Sua simpatia e amabilidade social, demonstrou reconhecer a dignidade humana. Como resultado, as pessoas tinham o desejo de ser merecedoras de Sua confiança. Sua presença despertou novos impulsos, abrindo a possibilidade de uma vida nova para aqueles excluídos da sociedade.

Muitas pessoas foram impressionadas, mas só depois da ascensão do Salvador é que O reconheceriam. Quando três mil foram convertidos em um só dia, muitos desses conversos tinham ouvido sobre a verdade pela primeira vez à mesa dos cobradores de impostos. Para o próprio Mateus, o exemplo de Jesus na festa foi uma lição duradoura. Seguindo os passos do seu Mestre, o desprezado publicano se tornou um dos mais dedicados evangelistas.

Tentativa de Alienar os Discípulos

Os rabinos aproveitaram a oportunidade para acusar Jesus, mas preferiram agir por meio dos discípulos. Esperavam aliená-los do Mestre despertando seus preconceitos. "Por que o mestre de vocês come com publicanos e 'pecadores'?", eles perguntaram.

Jesus não esperou que os discípulos respondessem. Ele mesmo replicou: "Não são os que têm saúde que precisam de médico, mas sim os doentes. [...] Eu não vim chamar justos, mas pecadores" (Mt 9:12). Os fariseus afirmavam ser espiritualmente completos e, por isso, não precisavam de médico. Consideravam os cobradores de impostos e gentios como pessoas perecendo de doenças da alma. E não era esse o trabalho dEle, como Médico, ir até aquelas pessoas que precisavam de Sua ajuda?

Jesus disse para os rabinos: "Vão aprender o que significa isto: 'Desejo misericórdia, não sacrifícios'" (v. 13). Eles diziam que expunham a Palavra de Deus, mas ignoravam completamente o espírito dela.

Os fariseus tiveram que se calar por algum tempo, mas estavam apenas mais determinados em sua hostilidade. Em seguida, eles tentaram colocar os discípulos de João Batista contra o Salvador. Esses fariseus haviam comentado com desdém os hábitos simples e as roupas rústicas de João Batista, e declararam que ele era um fanático. Também tentaram colocar o povo contra ele. O Espírito de Deus tinha atuado no coração desses zombadores, convencendo-os do pecado. Mesmo assim, eles declararam que João estava possuído pelo diabo.

Ao Jesus Se misturar com o povo, comendo e bebendo em suas mesas, eles O acusaram de ser glutão e bêbado. Não levaram em consideração que Jesus estava comendo com pecadores a fim de levar a luz do Céu para os que estavam nas trevas. Tampouco levaram em consideração que cada palavra pronunciada pelo divino Mestre era uma semente viva que germinaria e daria fruto para a glória de Deus. Estavam decididos a não aceitar a luz e, embora se opusessem à missão do Batista, estavam dispostos a cultivar amizade com seus discípulos, esperando obter a cooperação deles contra Jesus. Eles afirmaram que Jesus estava deixando de lado as antigas tradições e contrastaram a austera piedade do Batista com a maneira com que Jesus Se banqueteava com publicanos e pecadores.

Nesse tempo, os discípulos de João estavam muito tristes. Com o seu amado mestre na prisão, eles passavam os dias em lamentações. E Jesus não estava fazendo nenhum esforço para livrar João, parecendo até desacreditar seus ensinamentos. Se João fora enviado por Deus, por que Jesus e Seus discípulos seguiam uma conduta tão diferente?

Os discípulos de João achavam que poderia haver algum fundamento para as acusações dos fariseus. Eles observavam muitas das regras estabelecidas pelos rabinos. Os judeus praticavam o jejum como uma ação em que havia mérito. Os mais rígidos deles chegavam a jejuar dois dias por semana. Os fariseus e os discípulos de João estavam jejuando quando estes foram a Jesus com a pergunta: "Por que nós e os fariseus jejuamos, mas os Teus discípulos não?"

Jesus respondeu de maneira carinhosa. Não tentou corrigir o falso conceito deles sobre o jejum; quis somente que entendessem corretamente a Sua missão. O próprio João Batista tinha dito: "A noiva pertence ao noivo. O amigo que presta serviço ao noivo e que o atende e o ouve, enche-se de alegria quando ouve a voz do noivo. Esta é a minha alegria, que agora se completa (Jo 3:29). Os discípulos de João não podiam ter esquecido essas palavras do seu mestre. Seguindo com a mesma ilustração, Jesus disse: "Podem vocês fazer os convidados do noivo jejuar enquanto o noivo está com eles?" (Lc 5:34).

O Príncipe do Céu estava entre o Seu povo. O maior Dom de Deus havia sido dado ao mundo. Alegria para os pobres, pois Ele viera fazer deles herdeiros do Seu reino. Alegria para os ricos, pois Ele os ensinaria a obter riquezas eternas. Alegria para os ignorantes, pois Ele os tornaria sábios para a salvação. Alegria para os instruídos, pois Ele abriria mistérios mais profundos do que jamais compreenderam. Esse não era o momento para os discípulos se lamentarem e jejuarem. Eles deviam abrir o coração para receber a luz da Sua glória para que projetassem a luz sobre aqueles que estavam nas trevas e na sombra da morte.

Uma Sombra Escura

Era belo o quadro que as palavras de Cristo evocavam, mas por trás disso estava uma sombra escura que somente os olhos dEle podiam ver. "Virão dias quando o noivo lhes será tirado; naqueles dias jejuarão" (v. 35).

Quando vissem seu Senhor sendo traído e crucificado, os discípulos chorariam e jejuariam.

Quando Ele saísse da sepultura, a dor dos discípulos se transformaria em alegria. Depois da ascensão de Cristo, Ele ainda podia estar com Seus discípulos por meio do Consolador, e eles não teriam por que se lamentar. Satanás queria que eles tivessem a impressão de que haviam sido enganados e desapontados. Mas, pela fé, eles deviam olhar para o santuário no alto, onde Jesus estava ministrando por eles. Deviam abrir o coração para o Espírito Santo e se alegrar na luz de Sua presença. No entanto, dias de provação estavam por vir. Quando Cristo não estivesse pessoalmente com eles e não conseguissem reconhecer o Consolador, então seria mais apropriado que eles jejuassem.

As Escrituras descrevem o jejum que Deus deseja – "soltar as correntes da injustiça, desatar as cordas do jugo, pôr em liberdade os oprimidos e romper todo jugo"; beneficiar os famintos e satisfazer o anseio dos aflitos (Is 58:6, 10). É uma descrição do caráter de Cristo. Seja jejuando no deserto, seja comendo com publicanos, Ele estava dando Sua vida para redimir o perdido. Encontramos o verdadeiro espírito de devoção na entrega do eu em serviço voluntário a Deus e à humanidade.

Continuando Sua resposta para os discípulos de João, Jesus contou uma parábola: "Ninguém põe remendo de pano novo em roupa velha, pois o remendo forçará a roupa, tornando pior o rasgo" (Mt 9:16). Uma tentativa de misturar a tradição e a superstição dos fariseus com a devoção de João somente deixaria mais evidente a ruptura que havia entre eles.

Os princípios dos ensinamentos de Cristo tampouco poderiam se unir às formalidades dos fariseus. Cristo devia tornar mais distinta a separação entre o velho e o novo. "Nem se põe vinho novo em vasilha de couro velha; se o fizer, a vasilha rebentará, o vinho se derramará e a vasilha se estragará. Ao contrário, põe-se vinho novo em vasilha de couro nova; e ambos se conservam" (v. 17). Depois de algum tempo, a vasilha de couro usada como recipiente para o vinho novo ficava ressecada e quebradiça, tornando-se sem valor para servir ao mesmo propósito novamente. Os líderes judeus eram radicais quanto às cerimônias e tradições. O coração deles tinha ficado igual àquela vasilha de couro ressecado. Por estarem satisfeitos com uma religião legalista, era impossível se tornarem recipientes confiáveis da verdade viva. Eles não queriam ter um elemento novo dentro da religião deles.

A fé que opera por amor e purifica a alma não podia achar nada em comum com a religião dos fariseus, composta de cerimônias e regras humanas. Seria inútil unir os ensinamentos de Jesus com a religião estabelecida. Assim como ocorria com o vinho, a verdade vital de Deus causaria danos às velhas e apodrecidas vasilhas da tradição dos fariseus.

Vasilhames Novos para Vinho Novo

O Salvador Se afastou dos fariseus a fim de encontrar outros que estivessem dispostos a receber a mensagem do Céu. Ele achou novos recipientes para o vinho novo nos pescadores iletrados, no coletor de imposto no mercado, na mulher de Samaria, nas pessoas comuns que O ouviam com alegria. As pessoas que recebem com alegria a luz que Deus manda são Seus instrumentos para levar a verdade ao mundo.

O ensinamento de Cristo, representado pelo vinho novo, não era uma doutrina nova, pois havia sido apresentado desde o princípio. Contudo, para os fariseus, ele era novo em quase tudo, e eles não o reconheciam, nem o confirmavam.

"Ninguém, depois de beber o vinho velho, prefere o novo, pois diz: 'O vinho velho é melhor!'" (Lc 5:39). A verdade que tinha vindo por meio de patriarcas e profetas brilhava com nova beleza nas palavras de Cristo, mas os escribas e fariseus não queriam o precioso vinho novo. Enquanto não se esvaziassem das tradições e práticas antigas, os ensinamentos de Cristo não teriam lugar em sua mente ou coração.

O Perigo da Opinião Acariciada

Isso viria a ser a ruína dos judeus e será a ruína de muitos em nossos dias. Ao invés de abrir mão de alguma ideia enraizada ou de abandonar uma opinião idolatrada, muitos rejeitam a verdade que vem do Pai da Luz. Eles insistem em ser salvos de uma maneira mediante a qual eles possam realizar alguma obra importante. Quando veem que não há uma maneira de introduzir o eu na obra, rejeitam a salvação concedida.

Uma religião legalista é uma religião sem amor e sem Cristo. O jejum e a oração, quando impregnados de um espírito de justificação própria, são abominação aos olhos de Deus. Nossas próprias obras nunca poderão comprar a salvação. Para os que não têm consciência de sua falência espiritual vem a mensagem: "Você diz 'Estou rico, adquiri riquezas e não preciso de nada'. Não reconhece, porém, que é miserável, digno de compaixão, pobre, cego, e que está nu.

Dou-lhe este conselho: Compre de Mim ouro refinado no fogo, e você se tornará rico; compre roupas brancas e vista-se para cobrir a sua vergonhosa nudez" (Ap 3:17, 18). A fé e o amor são o ouro. No caso de muitos, o ouro ficou desbotado e o rico tesouro foi perdido. A justiça de Cristo é uma vestimenta nova, uma fonte intacta.

"Os sacrifícios que agradam a Deus são um espírito quebrantado; um coração quebrantado e contrito, ó Deus, não desprezarás" (Sl 51:17). Quando renunciarmos ao eu, o Senhor fará de nós criaturas novas. Vasilhas novas podem conter o vinho novo. O amor de Cristo encherá aqueles que creem com vida nova. O caráter de Cristo ficará evidenciado neles.

29

Jesus Resgata o Sábado

O sábado foi santificado na Criação. Sendo algo planejado por Deus para a humanidade, ele teve sua origem quando "as estrelas matutinas juntas cantavam e todos os anjos se regozijavam" (Jó 38:7). A Terra estava em harmonia com o Céu. "E Deus viu tudo o que havia feito, e tudo havia ficado muito bom". E Ele descansou na alegria de ver Sua obra terminada (Gn 1:31).

Por haver descansado no sábado, Deus "abençoou [...] o sétimo dia e o santificou" (Gn 2:3), ou seja, o separou para uso santo. O sétimo dia era um memorial da obra da Criação e, como tal, é um sinal do poder e do amor de Deus.

O Filho de Deus criou todas as coisas. "Todas as coisas foram feitas por intermédio dEle; sem Ele, nada do que existe teria sido feito" (Jo 1:3). E por ser o sábado um memorial da obra da Criação, ele é um exemplo do amor e poder de Cristo.

O sábado nos coloca em comunhão com o Criador. No canto do passarinho, no som das folhas das árvores balançando e na música do mar ainda podemos ouvir a voz dAquele que falava com Adão no Éden. E ao vermos Seu poder na natureza, encontramos conforto, pois a Palavra que criou todas as coisas é a mesma que comunica vida ao ser. Aquele "que disse: 'Das trevas resplandeça a luz' [...] brilhou em nossos corações, para iluminação do conhecimento da glória de Deus na face de Cristo" (2Co 4:6).

"Voltem-se para mim e sejam salvos, todos vocês, confins da Terra; pois Eu sou Deus, e não há nenhum outro" (Is 45:22). Esta é a mensagem escrita na natureza – o sábado foi feito para ser lembrado. Quando o Senhor falou para Israel que o sábado devia ser santificado, disse: "Santifiquem os Meus sábados, para que eles sejam um sinal entre nós. Então vocês saberão que Eu sou o Senhor, o seu Deus" (Ez 20:20).

O povo de Israel já conhecia o sábado antes de chegar ao Sinai. No caminho até ali, eles guardaram o sábado. Quando alguns o profanaram, o Senhor os censurou: "Até quando vocês se recusarão a obedecer aos Meus mandamentos e às Minhas instruções?" (Êx 16:28).

O sábado não era só para Israel, mas para o mundo. Como os outros mandamentos do Decálogo, ele é uma obrigação permanente. A respeito dessa lei, Cristo diz: "Enquanto existirem céus e terra, de forma alguma desaparecerá da Lei a menor letra ou o menor traço" (Mt 5:18). Enquanto os céus e a Terra durarem, o sábado continuará sendo um sinal do poder do Criador. E quando o jardim do Éden outra vez florescer na Terra, todos honrarão o santo e divino dia de descanso. "De uma lua nova a outra e de um sábado a outro, toda a humanidade virá e se inclinará diante de Mim, diz o Senhor" (Is 66:23).

Sinal de Verdadeira Conversão

Para guardarem o sábado, homens e mulheres devem ser santos. Por meio da fé, eles precisam receber a justiça de Cristo. Quando Deus ordenou a Israel: "Lembra-te do dia de sábado, para santificá-lo" (Êx 20:8), o Senhor também lhes disse: "Vocês serão Meu povo santo" (Êx 22:31).

Quando os judeus se afastaram de Deus e fracassaram em se apoderar da justiça de Cristo por meio da fé, o sábado perdeu o significado para eles. Satanás trabalhou para corromper o sábado porque esse dia é o sinal do poder de Cristo. Os líderes judeus envolveram o divino dia de descanso com pesadas exigências. Nos dias de Cristo, a observância do sábado refletia o caráter de pessoas egoístas e arbitrárias em vez do caráter do amoroso Pai celestial. Os rabinos praticamente representavam a Deus como dando leis impossíveis de obedecer. Levavam as pessoas a olhar para Deus como um tirano e a pensar que o sábado tornava as pessoas duras de coração e cruéis. Cristo veio esclarecer esses mal-entendidos. Jesus não dava importância às exigências dos rabinos, mas seguia em frente, guardando o sábado de acordo com a lei de Deus.

Lição Sabática

Um sábado, quando o Salvador e Seus discípulos passavam por uma plantação de grãos já maduros, os discípulos começaram a apanhar espigas, esfregá-las com as mãos e, então, comer os grãos. Em qualquer outro dia, isso não provocaria comentários, pois uma pessoa que passasse por uma plantação, pomar ou vinha tinha a liberdade de apanhar o que quisesse comer (ver Dt 23:24, 25). No entanto, muitos acreditavam que fazer isso no sábado era profanar o santo dia. Apanhar as espigas equivalia a fazer uma colheita; esfregá-las com as mãos para, depois, comer os grãos era considerado uma espécie de debulha.

Os espiões imediatamente se queixaram a Jesus: "Olha, por que eles estão fazendo o que não é permitido no sábado?" (Mc 2:24)

Em Betesda, quando foi acusado de transgredir o sábado, Jesus Se defendeu afirmando Sua filiação de Deus e declarando que trabalhava em harmonia com o Pai. Agora que os discípulos foram atacados, Ele mencionou exemplos do Antigo Testamento de coisas que as pessoas faziam no sábado, quando estavam a serviço de Deus.

A resposta do Salvador a Seus acusadores continha uma censura implícita pela ignorância deles quanto aos Escritos Sagrados. "Vocês nunca leram o que fez Davi, quando ele e seus companheiros estavam com fome? Ele entrou na casa de Deus e, tomando os pães da Presença, comeu o que apenas aos sacerdotes era permitido comer". "E então lhes disse: 'O sábado foi feito por causa do homem, e não o homem por causa do sábado'". "Ou vocês não leram na Lei que, no sábado, os sacerdotes no templo profanam esse dia e, contudo, ficam sem culpa? Eu lhes digo que aqui está o que é maior do que o templo". "Pois o Filho do homem é Senhor do sábado" (Lc 6:3, 4; Mc 2:27; Mt 12:5, 6, 8).

Se era certo Davi comer do pão separado para uso santo para saciar sua fome, então também era certo os discípulos colherem algumas espigas no sábado. Ademais, os sacerdotes no templo tinham mais trabalho para fazer no sábado do que nos outros dias. As mesmas atividades em trabalhos seculares seriam pecaminosas, mas eles estavam realizando ritos que apontavam para o poder redentor de Cristo, e essas atividades estavam em harmonia com o sábado.

O propósito da obra de Deus neste mundo é redimir a humanidade. Portanto, qualquer coisa que seja necessário fazer no sábado para realizar essa obra estará em harmonia com a lei do sábado. Jesus terminou Sua argumentação declarando-Se o "Senhor do sábado" – Aquele que está acima de todas as questões e de todas as leis. Esse Juiz infinito absolveu os discípulos de qualquer culpa, apelando para as mesmas leis que foram acusados de violar.

Jesus declarou que, em sua cegueira, Seus adversários tinham se equivocado quanto ao propósito do sábado. Ele disse: "Se vocês soubessem o que significam estas palavras: 'Desejo misericórdia, não sacrifícios', não teriam condenado inocentes" (Mt 12:7). Por serem destituídos de coração, seus ritos não conseguiam suprir a falta de integridade e do afetuoso amor que caracterizam o verdadeiro adorador de Deus.

Jesus Cura Deliberadamente no Sábado

Por si próprios, os sacrifícios não tinham qualquer valor. Eles eram um meio, não um fim. Seu objetivo era direcionar o povo ao Salvador, para que estivessem em harmonia com Deus. É o serviço do amor que Deus valoriza. Sem isso, meras cerimônias são ofensivas para Ele. O mesmo ocorre com o sábado. Quando a mente fica absorta com ritos cansativos, o propósito do sábado é anulado. Observá-lo só exteriormente acaba sendo uma zombaria.

Na sinagoga, em outro sábado, Jesus viu um homem que tinha a mão atrofiada. Os fariseus observavam, prontos para ver o que Ele faria. O Salvador não hesitou em derrubar o muro das exigências tradicionais que bloqueavam o sábado.

Jesus pediu que o doente desse um passo à frente e perguntou: "O que é permitido fazer no sábado: o bem ou o mal, salvar a vida ou matar?" (Mc 3:4). Havia um ditado entre os judeus que dizia que deixar de fazer o bem quando se tem a oportunidade de fazê-lo corresponde a fazer o mal; ou seja, abster-se de salvar uma vida é o mesmo que matar. Jesus enfrentou os rabinos no terreno deles mesmos. "Mas eles permaneceram em silêncio. Irado, olhou para os que estavam à sua volta e, profundamente entristecido por causa do coração endurecido deles, disse ao homem: 'Estenda a mão'. Ele a estendeu, e ela foi restaurada" (v. 4, 5).

Ao Lhe perguntarem: "É permitido curar no sábado?", Jesus respondeu: "Qual de vocês, se tiver uma ovelha e ela cair num buraco no sábado, não irá pegá-la e tirá-la de lá? Quanto mais vale um homem do que uma ovelha! Portanto, é permitido fazer o bem no sábado" (Mt 12:10-12).

Maior Preocupação com os Animais

Os espiões não ousaram dar resposta a Cristo, pois sabiam que Ele havia falado a verdade. Em vez de quebrar tradições, eles deixavam uma pessoa sofrer, ao passo que prestavam auxílio aos animais de carga porque, se não o fizessem, isso causaria prejuízo ao proprietário. Eles mostravam maior preocupação com os animais do que com os seres humanos. Isso ilustra como todas as religiões falsas funcionam. Elas criam no homem o desejo humano de se exaltar acima de Deus, mas o resultado é degradá-lo abaixo dos animais. Toda religião falsa ensina seus adeptos a serem descuidados quanto às necessidades, sofrimentos e direitos humanos. O evangelho dá alto valor à humanidade por ter sido adquirida pelo sangue de Cristo. Isso nos ensina a olhar com carinho para as necessidades e sofrimentos humanos (ver Is 13:12).

Os fariseus estavam perseguindo Jesus com ódio implacável, enquanto Ele salvava vidas e trazia felicidade para um grande número de pessoas. Era melhor matar no sábado, como eles estavam planejando fazer, ou curar os sofredores, como Ele tinha feito?

Ao curar a mão atrofiada, Jesus condenou o costume dos judeus e colocou o quarto mandamento no lugar estipulado por Deus. "É permitido fazer o bem no sábado", Ele declarou. Ao eliminar restrições sem sentido, Cristo honrou o sábado, enquanto os que reclamavam dEle estavam desonrando o dia santo de Deus.

Os que sustentam que Cristo aboliu a lei ensinam que Ele transgrediu o sábado e justificou Seus discípulos quando eles fizeram o mesmo. Dessa forma, assumem a mesma posição dos críticos judeus. Fazendo isso, contradizem o próprio Cristo, que declarou: "Tenho obedecido aos mandamentos de Meu Pai e em seu amor permaneço" (Jo 15:10). Nem o Salvador nem Seus seguidores transgrediram o sábado. Olhando para uma nação de testemunhas tentando encontrar alguma maneira de condená-Lo, Ele pôde dizer, sem que ninguém O contradissesse: "Qual de vocês pode me acusar de algum pecado?" (Jo 8:46).

"O sábado foi feito por causa do homem, e não o homem por causa do sábado", disse Jesus. Deus deu os Dez Mandamentos – inclusive o sábado – como uma bênção para o Seu povo (ver Dt 6:24). Acerca de "todos os que guardarem o sábado deixando de profaná-lo", Deus declara: "[A] esses Eu trarei ao Meu santo monte e lhes darei alegria em Minha casa de oração" (Is 56:6, 7).

"O Filho do homem é Senhor do sábado", pois "todas as coisas foram feitas por intermédio dEle; sem Ele, nada do que existe teria sido feito" (Jo 1:3). Uma vez que Cristo fez tudo, fez também o sábado. Foi Ele quem o separou para ser um memorial da Criação. O sábado aponta para Ele como Criador e como Santificador e declara que Aquele que criou todas as coisas é a Cabeça da igreja e que, mediante Seu poder, somos reconciliados com Deus. Ele disse: "Também lhes dei os Meus sábados como um sinal entre nós, para que soubessem que Eu, o Senhor, fiz deles um povo santo" (Ez 20:12). O sábado é um sinal do poder de Cristo para nos fazer santos. Ele tem dado esse poder a todos quantos Ele santifica, como sinal de Seu poder santificador.

O sábado será uma alegria para todos aqueles que o receberem como sinal do poder criador e redentor de Cristo (ver Is 58:13, 14). Ao verem Cristo refletido nesse dia sagrado, eles se alegrarão muito no Senhor. Embora nos faça lembrar da paz perdida no Éden, o sábado também nos fala da paz restaurada por intermédio do Salvador. E cada objeto da natureza repete o Seu convite: "Venham a Mim, todos os que estão cansados e sobrecarregados, e Eu lhes darei descanso" (Mt 11:28).

30

Cristo Escolhe Doze Apóstolos*

"Jesus subiu a um monte e chamou a Si aqueles que Ele quis, os quais vieram para junto dEle. Escolheu doze, designando-os como apóstolos, para que estivessem com Ele, os enviasse a pregar" (Mc 3:13, 14).

Embaixo das acolhedoras árvores das encostas das montanhas, a pouca distância do mar da Galileia, Jesus chamou os doze para serem Seus apóstolos e apresentou o Sermão do Monte. Para treinar Seus discípulos, Jesus preferiu Se afastar da confusão da cidade e ir para as campinas e colinas, que estavam em maior harmonia com as lições de abnegação que Ele queria ensinar. Durante o Seu ministério, Ele gostava de reunir o povo ao Seu redor sob o céu azul, na encosta verdejante de alguma colina ou na praia do lago. Ali, podia dirigir os pensamentos dos presentes das coisas artificiais para as naturais. Com o crescimento e desenvolvimento da natureza, eles podiam aprender lições preciosas sobre a verdade divina.

Jesus estava prestes a dar o primeiro passo para a organização da igreja que deveria ser Sua representante na Terra depois que Ele fosse embora. Eles não tinham o templo de alto custo, mas o Salvador guiou Seus discípulos para um lugar afastado do qual gostava. Na mente deles, as experiências sagradas daquele dia ficaram para sempre ligadas com a beleza do monte, do vale e do mar.

Jesus tinha chamado Seus discípulos para que os pudesse enviar ao mundo a fim de que contassem a todos o que tinham visto e ouvido dEle. A tarefa deles – a mais importante para a qual seres humanos já foram chamados – somente estava abaixo da tarefa entregue ao próprio Cristo. Eles deviam trabalhar com Deus pela salvação do mundo.

* Este capítulo é baseado em Marcos 3:13-35; Lucas 6:12-16.

O Salvador conhecia o caráter dos homens que havia escolhido. Suas fraquezas e erros foram abertos diante dEle. Sabia dos perigos que teriam de enfrentar e Se compadeceu daqueles escolhidos. Sozinho no monte, Ele passou toda a noite orando pelos discípulos, enquanto eles dormiam ao pé do monte. À primeira luz da madrugada, chamou-os para que se juntassem a Ele.

João e Tiago, André e Pedro, juntamente com Filipe, Natanael e Mateus estiveram mais intimamente ligados a Jesus no trabalho do que os demais. Pedro, Tiago e João tinham um relacionamento ainda mais chegado com Ele por haverem testemunhado Seus milagres e ouvido Suas palavras. O Salvador amava a todos, mas o espírito de João era o mais receptivo.

Mais jovem que os outros e tendo mais da confiança simples de uma criança, João abriu o coração para Jesus. Dessa forma, ele pôde entrar em maior harmonia com Cristo. Foi por meio dele que o Salvador comunicou Seus ensinamentos espirituais mais profundos para o Seu povo.

Lento para Crer

Filipe foi o primeiro a quem Jesus pronunciou a ordem inequívoca: "Siga-Me". Ele havia escutado João Batista anunciar Cristo como o Cordeiro de Deus. Era um sincero interessado pela verdade, mas era lento para crer, como o demonstra o comunicado que fez para Natanael a respeito de Jesus. Embora a Voz do Céu tivesse proclamado Cristo como o Filho de Deus, para Filipe Ele era "Jesus de Nazaré, filho de José" (Jo 1:45). Quando Jesus alimentou os cinco mil, novamente Filipe mostrou sua falta de fé. Para colocá-lo à prova, Jesus perguntou: "Onde compraremos pão para esse povo comer?" A resposta de Filipe foi de descrença, e isso entristeceu Jesus: "Duzentos denários não comprariam pão suficiente para que cada um recebesse um pedaço!" (Jo 6:5, 7). Filipe tinha visto as obras de Jesus e sentido Seu poder, mas não teve fé.

Quando os gregos perguntaram para Filipe sobre Jesus, ele deixou escapar a oportunidade para apresentá-los ao Salvador. Em vez disso, foi falar com André. De novo, nas últimas horas antes da crucifixão, as palavras de Filipe foram do tipo que fazem desanimar a fé. Quando Tomé disse: "Senhor, [...] como [...] podemos saber o caminho?", o Salvador respondeu: "Eu sou o caminho [...]. Se vocês realmente Me conhecessem, conheceriam também o Meu Pai". De Filipe veio a resposta típica do descrente: "Senhor, mostra-nos o Pai, e isso nos basta" (Jo 14:5-8).

Em agradável contraste à descrença de Filipe estava a confiança infantil de Natanael, cuja fé se apoderou de realidades que não se podiam ver. Filipe, porém, era um aluno na escola de Cristo, e o divino Mestre teve paciência com sua descrença e lentidão. Quando o Espírito Santo foi derramado sobre os discípulos, Filipe se tornou um mestre seguidor das normas divinas. Falava com convicção e convencia seus ouvintes.

Enquanto Jesus estava preparando os discípulos para a ordenação, um dos que não haviam sido chamados por Ele abriu caminho entre os demais. Judas Iscariotes, um professo seguidor de Cristo, veio adiante e solicitou um lugar naquele grupo mais chegado ao Mestre. Juntando-se aos apóstolos, ele esperava conseguir uma posição importante no novo reino. Ele tinha a aparência de alguém importante, possuía uma mente rápida e as habilidades de um executivo. Os discípulos o recomendaram a Jesus, pois achavam que ele seria de grande ajuda para o Mestre em Seu trabalho. Se Jesus tivesse repelido a Judas, eles teriam questionado a sabedoria do seu Mestre. Entretanto, a história posterior de Judas mostraria o perigo de permitir que considerações seculares tenham peso ao se decidir se alguém é adequado para o trabalho de Deus.

Judas, porém, sentiu a influência do poder divino que atraía pessoas para o Salvador. Jesus não rejeitaria esse homem enquanto ao menos um desejo o estivesse levando na direção da luz. O Salvador leu o coração de Judas. Conhecia as profundezas do pecado em que ele afundaria, a menos que fosse libertado pela graça de Cristo. Ao conectar-Se com aquele homem, Jesus o colocou, dia a dia, onde ele poderia ter contato com o amor desinteressado do Salvador. Se abrisse o coração para Cristo, até Judas poderia se tornar um cidadão do reino de Deus.

Deus aceita as pessoas como elas são e as prepara para Seu serviço, caso sejam disciplinadas e tenham vontade de aprender dEle. Por meio do conhecimento e da prática da verdade, mediante a graça de Cristo, elas podem ser transformadas à Sua imagem.

Judas teve as mesmas oportunidades que os demais discípulos tiveram, mas seguir a verdade não era o que ele queria nem tencionava. Não abriria mão de suas ideias a fim de receber sabedoria do Céu.

Foi com afeição que o Salvador lidou com aquele que O haveria de trair. Ele mostrou para Judas o odioso caráter da cobiça. Muitas vezes os discípulos perceberam que Jesus estava descrevendo o caráter de Judas e apontando seus pecados, mas ele não estava disposto a confessar nem abandonar sua injustiça e continuava seguindo suas práticas desonestas. Foram em vão todas as lições que Judas ouviu.

Não Havia Desculpa para Judas

Com paciência divina, Jesus permitiu que esse homem errante continuasse com Ele, mesmo enquanto lhe dava evidências de que lia seu coração como se fosse um livro aberto. Os maiores incentivos para fazer o que era certo foram apresentados diante dele, mas Judas nutriu desejos malignos, paixões vingativas, pensamentos obscuros e pessimistas até que Satanás assumiu pleno controle.

Se estivesse disposto a servir igual a Cristo, Judas estaria entre os maiores apóstolos. No entanto, ele preferiu suas próprias ambições egoístas, desqualificando-se para o trabalho que Deus teria lhe dado para fazer.

Todos os discípulos tinham sérias falhas quando Jesus os chamou. João e seu irmão eram chamados de "filhos do trovão". Qualquer desrespeito ou menosprezo a Jesus os deixava irritados. Temperamento difícil, vingança, crítica, tudo isso havia em João, o discípulo amado. Porém, dia após dia, ele via a ternura e autocontrole de Jesus e ouvia Suas lições de paciência, e, por fim, abriu o coração para a influência divina, aprendendo a levar o jugo de Cristo.

Jesus corrigia e alertava Seus discípulos, mas João e os outros não O deixavam. Até o fim, continuaram a participar de Suas provações e a aprender as lições de Sua vida. Pela contemplação de Cristo, tiveram o caráter transformado.

Os apóstolos tinham hábitos e personalidades muito diferentes uns dos outros. Havia o cobrador de impostos, Levi Mateus; o impetuoso zelote Simão; o generoso e impulsivo Pedro; Judas, de espírito vil; Tomé, leal, embora tímido e medroso; Filipe, inclinado a duvidar; os ambiciosos e francos filhos de Zebedeu. Jesus os reuniu a despeito de todas as tendências para o mal, herdadas e cultivadas. Em Cristo, eles aprenderiam a se tornar um na fé, na doutrina e no espírito. Tinham suas diferenças de opinião, mas enquanto Cristo habitasse no coração, não poderia haver discórdia. As lições do Mestre os levariam a harmonizar todas as diferenças, até que se tornassem um em pensamento e juízo. Cristo é o grande Centro e, à medida que se aproximassem do centro, cada vez mais se aproximariam uns dos outros.

Dedicados para o Sagrado Trabalho

Jesus reuniu o pequeno grupo bem junto dEle. Ajoelhado no meio deles, pôs as mãos sobre suas cabeças, e, com uma oração, os dedicou para o sagrado trabalho.

Para representá-Lo entre nós, Cristo não escolheu anjos que nunca caíram, mas seres humanos com natureza igual a daqueles que buscam salvar. Cristo tomou a humanidade sobre Si mesmo. Era necessário tanto o divino como o humano para trazer salvação para o mundo. A situação é semelhante com os servos e mensageiros de Cristo. A humanidade se apodera do poder divino, Cristo habita no coração pela fé e, por meio da cooperação com o Divino, o poder humano se torna eficiente para o bem.

Aquele que chamou os pescadores da Galileia ainda chama homens e mulheres para o Seu serviço. Por mais imperfeitos e pecadores que formos, o Senhor Se oferece para fazer de nós aprendizes de Cristo. Se nos unirmos a Ele, seremos capazes de realizar o trabalho de Deus.

"Mas temos esse tesouro em vasos de barro, para mostrar que este poder que a tudo excede provém de Deus, e não de nós" (2Co 4:7). Fica claro para todos que o poder que atua por meio da fraqueza humana é o poder de Deus. Isso nos permite crer que o poder capaz de ajudar outros, tão fracos como nós, também pode nos ajudar.

Os que são "sujeitos a fraquezas" devem ser capazes de "se compadecer dos que não têm conhecimento e se desviam" (Hb 5:2). Existem pessoas perplexas pelas dúvidas, fracas na fé e incapazes de compreender o Invisível, mas um amigo, alguém a quem podem ver, que vem em lugar de Cristo, pode ser um elo capaz de firmar sua vacilante fé em Cristo.

Devemos ser canais de comunicação com outras pessoas. E quando nos entregamos a Cristo, os anjos ficam felizes por poderem revelar o amor de Deus por meio da nossa voz.

31

O Sermão do Monte*

Cristo raramente reunia Seus discípulos a sós com Ele para receberem Suas palavras. Era Seu trabalho levar palavras de advertência, súplica e ânimo a todos, procurando ajudá-los a virem a Ele.

Embora o Sermão do Monte tivesse sido pregado especialmente para os discípulos, ele também foi ouvido pela multidão que estava nos arredores. Depois de ordenar os apóstolos, Jesus foi para a beira do mar. De manhã, bem cedo, as pessoas começaram a se juntar. "Quando ouviram a respeito de tudo o que Ele estava fazendo", elas "vieram para ouvi-Lo e serem [curadas] de suas doenças". E "dEle saía poder que curava todos" (Mc 3:8; Lc 6:17-19).

A estreita praia não oferecia lugar, nem que fosse em pé, para as pessoas ali presentes, e Jesus levou a todos para a encosta da montanha. Chegando a um lugar plano onde as pessoas podiam se reunir confortavelmente, Ele sentou-Se na relva. Os discípulos seguiram Seu exemplo.

Com muita vontade de aprender as verdades que deviam levar a todas as terras e a todas as idades, os discípulos se assentaram bem perto do Mestre. Eles acreditavam que Jesus em breve estabeleceria Seu reino.

Um sentimento de expectativa tomou conta da multidão. Sentadas sobre a relva verde da colina, aquelas pessoas tinham o coração cheio de pensamentos sobre a glória futura. Escribas e fariseus antecipavam o dia quando passariam a mandar nos romanos e se tornariam donos das riquezas e do esplendor daquele grande império mundial. Os pobres camponeses e pescadores esperavam ouvir que trocariam suas pequenas e pobres casas, a comida escassa e o medo de perder tudo por mansões e uma boa vida. Esperavam que Israel em breve fosse honrado perante as

* Este capítulo é baseado em Mateus 5–7.

nações como o povo escolhido de Deus e que Jerusalém fosse exaltada como a cabeça do reino universal.

Esperanças Frustradas

No Sermão do Monte, Cristo tentou desfazer a obra que a pretensa educação havia feito, e dar aos Seus ouvintes uma compreensão correta do Seu reino. Sem combater as ideias deles sobre o reino de Deus, Ele lhes falou das condições para entrar nele, deixando que tirassem suas próprias conclusões sobre sua natureza. Ele disse: "Bem-aventurados os pobres em espírito, pois deles é o Reino dos Céus" (Mt 5:3). O evangelho é revelado não para os que são espiritualmente orgulhosos, mas para os que são humildes e prontos a se arrepender.

O coração orgulhoso tenta obter a salvação, mas tanto o nosso merecimento como a nossa aptidão para ela são encontrados na justiça de Cristo. O Senhor não pode fazer nada por nossa restauração até que nos entreguemos ao Seu controle. Só então poderemos receber o dom que Deus quer nos dar. Nada é recusado àquele que sente essa necessidade (ver Is 57:15).

"Bem-aventurados os que choram, pois serão consolados" (v. 4). O choro de que Cristo fala não consiste de tristeza e lamentação. Muitas vezes ficamos tristes porque nossos atos maus trazem consequências desagradáveis, mas a verdadeira tristeza pelo pecado é resultado da ação do Espírito Santo. O Espírito nos leva, arrependidos, ao pé da cruz. Jesus é ferido novamente em cada pecado, e ao olharmos para Aquele a quem traspassamos, pranteamos pelos pecados que têm trazido angústia sobre Ele. Esse pranto nos levará a renunciar ao pecado. Essa dor cria um vínculo entre o pecador arrependido e Aquele que é infinito. As lágrimas de arrependimento são as gotas de chuva que precedem o brilho do sol da santidade, anunciando uma alegria que será a fonte viva da alma (ver Jr 3:12. 13; Is 61:3).

Há conforto também para os que choram na provação e na dor. Por meio da aflição, Deus nos revela as manchas mortais que há em nosso caráter, de maneira que, por Sua graça, possamos vencer. Ele nos revela capítulos desconhecidos sobre nós mesmos, e vem a provação, a qual vai revelar se aceitaremos a repreensão e o conselho de Deus. Ao passarmos por essas provações, não devemos nos rebelar ou nos preocupar, fugindo do alcance da mão de Deus. Os caminhos do Senhor parecem escuros e sem alegria para a natureza humana. No entanto, são caminhos de misericórdia e o resultado é a salvação.

A palavra de Deus para a tristeza é: "Transformarei o lamento deles em júbilo [e] lhes darei consolo e alegria" (Jr 31:13).

Um Espírito Tranquilo Glorifica a Deus

"Bem-aventurados os humildes" (Mt 5:5). A humildade que se esconde em Cristo reduzirá muito as dificuldades que encontramos. Se possuirmos a humildade do nosso Mestre, estaremos acima do escárnio, da afronta e dos aborrecimentos. Essas coisas não vão mais causar tristeza ao nosso espírito. As pessoas que não conseguem manter um espírito tranquilo quando os outros as tratam mal estão tirando de Deus Seu direito de revelar neles Sua própria perfeição de caráter. A humildade de coração é a força que dá vitória aos seguidores de Cristo.

O mundo pode olhar com desprezo para os que revelam o espírito manso e humilde de Cristo, mas, para Deus, eles têm grande valor. As pessoas que têm o coração verdadeiramente humilde e cuja maior ambição é fazer a vontade de Deus – estas estarão entre os salvos que lavaram suas vestes e as fizeram ficar brancas no sangue do Cordeiro.

"Bem-aventurados os que têm fome e sede de justiça" (v. 6). O sentimento de indignidade nos fará ter fome de justiça. Todos os que desejam ter semelhança de caráter com Deus serão satisfeitos. O amor nos fará crescer espiritualmente nos dando capacidade para maiores realizações, para um maior conhecimento das coisas celestiais, de modo que não fiquemos sem alcançar a plenitude – "pois [eles] serão satisfeitos".

O misericordioso achará misericórdia e o puro de coração verá a Deus. Todo pensamento impuro debilita o senso moral e tende a apagar as impressões do Espírito Santo. O Senhor pode perdoar – e perdoa – o pecador arrependido, mas, embora perdoado, o pecado deixa manchas no caráter. Todos os que quiserem ter percepções claras da verdade espiritual devem se afastar de toda impureza de linguagem ou de pensamento.

As palavras de Cristo abrangem mais do que aquela contaminação cerimonial tão criteriosamente evitada pelos judeus. O egoísmo impede que contemplemos a Deus. Até que renunciemos ao egoísmo não poderemos entender Aquele que é amor. Somente o coração altruísta, o espírito humilde e confiante verá Deus como "compassivo e misericordioso, paciente, cheio de amor e de fidelidade" (Êx 34:6).

"Bem-aventurados os pacificadores" (v. 9). O mundo é hostil à lei de Deus; os pecadores são hostis ao seu Criador. Como resultado, eles são hostis uns aos outros. Planos humanos não conseguirão produzir paz porque não alcançam o coração. O único poder que pode criar paz verdadeira é a graça de Cristo. Quando essa graça for implantada no coração, ela afastará as más paixões que causam conflitos e separações.

As Multidões Ficaram Maravilhadas

O povo chegou a pensar que a felicidade consistia em possuir coisas deste mundo e que fama e honra eram algo a ser cobiçado. Era muito agradável ser chamado de "Rabino" e ser adulado como sábio e líder religioso. Mas Jesus declarou que a honra terrena era tudo o que essas pessoas jamais receberiam. Um poder convincente acompanhava Suas palavras. Muitos ficavam convencidos de que o Espírito de Deus estava agindo por meio desse notável Mestre.

Depois de explicar como obter a felicidade verdadeira, Jesus indicou qual era o dever dos Seus discípulos. Sabia que eles seriam insultados com frequência e que o testemunho deles seria rejeitado. Esses homens humildes que ouviam as palavras do Salvador passariam por calúnias, torturas, aprisionamento e morte. Ele continuou:

"Bem-aventurados os perseguidos por causa da justiça, pois deles é o Reino dos Céus. Bem-aventurados serão vocês quando, por Minha causa, os insultarem, os perseguirem e levantarem todo tipo de calúnia contra vocês. Alegrem-se e regozijem-se, porque grande é a sua recompensa nos Céus, pois da mesma forma perseguiram os profetas que viveram antes de vocês" (v. 10-12).

O mundo ama o pecado e odeia a justiça, e isso causou sua hostilidade contra Jesus. A luz de Cristo varre a escuridão que cobre seus pecados, revelando a necessidade de reforma. Os que dão lugar ao Espírito Santo começam uma guerra contra si mesmos; os que se agarram ao pecado fazem guerra contra a verdade e os que a representam.

Por causa disso, as pessoas acusam os seguidores de Cristo de serem criadores de dificuldades. Entretanto, é a comunhão com Deus que provoca o ódio do mundo contra eles. Eles estão andando pelo caminho por onde andaram os mais nobres da Terra. Cada ardente provação é um instrumento de Deus para refiná-los. Cada conflito acrescentará mais alegria ao triunfo final deles. Tendo isso em mente, eles aceitarão com alegria, em vez de medo, a provação de sua fé.

"Vocês são o sal da terra" (v.13). "Não se retirem do mundo a fim de escapar da perseguição. Vocês devem viver entre as pessoas para que a qualidade especial do amor divino possa, como o sal, preservar o mundo da corrupção". Se os que servem a Deus fossem removidos da Terra, este mundo acabaria destruído. Os perversos devem até mesmo as bênçãos desta vida à presença, no mundo, do povo de Deus, a quem eles desprezam e oprimem. Contudo, se os cristãos forem cristãos apenas no nome, serão como o sal que perde o sabor. Representando mal a Deus, eles são piores que os descrentes.

"Vocês são a luz do mundo" (v. 14). A salvação é como a luz do sol: pertence ao mundo inteiro. Não devemos conservar a religião da Bíblia entre as capas de um livro nem no interior das paredes de uma igreja. Ela deve santificar a vida diária e se revelar em todas as nossas interações com as pessoas. Devemos nutrir os princípios da justiça no coração. A vida consistente, a integridade inabalável, o espírito de bondade, o exemplo piedoso – esses são os meios pelos quais Deus leva luz ao mundo.

Jesus sabia que os espiões estavam prontos para lançar mão de cada palavra que pudessem distorcer para servir a seu propósito. Ele não disse nada que abalasse a fé nas instituições que lhes foram entregues desde Moisés. O próprio Cristo havia dado tanto a lei espiritual como a cerimonial. Ele não veio para destruir a confiança em Sua própria instituição. Embora colocasse de lado interpretações falsas da lei, Ele guardava cuidadosamente as verdades vitais que Deus havia confiado aos hebreus para que elas não fossem abandonadas.

Para os fariseus, as palavras do Salvador soaram como heresia. Ao Ele dar cabo do entulho sob o qual a verdade tinha sido enterrada, eles acharam que Ele tinha dado cabo da própria verdade. Ele leu os pensamentos deles e respondeu dizendo: "Não pensem que vim abolir a Lei ou os Profetas; não vim abolir, mas cumprir" (v.17). Sua missão era reivindicar os princípios sagrados da mesma lei que eles O acusavam de quebrar. Se Deus tivesse revogado ou mudado Sua lei, Cristo não precisaria ter sofrido as consequências das nossas transgressões. Ele veio para explicar como a lei se relacionava conosco e para ilustrar seus princípios mediante Sua vida de obediência.

Obediência Traz Alegria

Deus ama a humanidade. Para nos proteger dos resultados da transgressão, Ele tem revelado os princípios da justiça. Quando, em Cristo, recebemos a lei, ela nos ergue acima do poder de nossos desejos e tendências naturais, acima das tentações que nos levam a pecar. Deus nos deu os mandamentos da lei para que, ao obedecer-lhes, possamos ter alegria.

No Sinai, Deus tornou conhecida a santidade do Seu caráter para os membros da família humana para que, por contraste, eles pudessem ver sua própria pecaminosidade. Ele deu a lei para que se convencessem do pecado e para revelar a necessidade que têm de um Salvador. Isso ainda está em ação. Quando o Espírito Santo nos revela nossa necessidade do sangue purificador de Cristo e de Sua retidão justificadora, a lei ainda é um meio de nos levar a Cristo para que possamos, pela fé, ser justificados. "A lei do Senhor é perfeita, e revigora a alma" (Sl 19:7).

"Enquanto existirem céus e terra, de forma alguma desaparecerá da Lei a menor letra ou o menor traço, até que tudo se cumpra" (Mt 5:18). O reluzente Sol e o sólido planeta Terra são testemunhas de que a lei de Deus é eterna. Mesmo que eles deixem de existir, os princípios divinos permanecerão. O sistema de símbolos que apontava para Jesus como o Cordeiro de Deus chegaria ao fim com Sua morte, mas o Decálogo é tão permanente quanto o trono de Deus.

A vida de obediência do Salvador provou que era possível para o ser humano guardar a lei. Demonstrou, também, a excelência do caráter que a obediência iria desenvolver. Por outro lado, todos os que transgridem os mandamentos de Deus demonstram apoiar a afirmação de Satanás de que ninguém pode obedecer à lei. Admitir a entrada desses no Céu traria novamente conflito e rebelião, ameaçando o bem-estar do Universo. Ninguém que desobedeça deliberadamente a um princípio da lei entrará no reino dos Céus.

O maior engano da mente humana nos dias de Cristo era pensar que estar de acordo com a verdade tornava a pessoa justa. Toda a experiência humana tem provado que um conhecimento teórico da verdade não é suficiente para salvar a pessoa. Não é isso que produz os frutos da justiça.

Uma atenção invejosa para aquilo que as pessoas chamam de verdade teológica muitas vezes acompanha um ódio pela verdade genuína demonstrada na vida. Os capítulos mais escuros da História estão repletos com o registro de crimes cometidos por fanáticos defensores de sua religião. Os fariseus se achavam as pessoas mais religiosas do mundo, mas foi a sua assim chamada ortodoxia que os levou a crucificar o Senhor da glória. Muita gente alega ter fé na verdade, mas se ela não as transformar em pessoas sinceras, bondosas, pacientes, controladas, que se alegram com as coisas do Céu, a verdade se tornará uma maldição para eles e, por meio de sua influência, uma maldição também para o mundo.

A Profundidade e a Largura da Lei de Deus

Jesus falou separadamente a respeito dos mandamentos e mostrou o longo alcance de seus princípios. Disse que podemos transgredir a lei de Deus por meio de um pensamento mal ou de um olhar lascivo. A menor das injustiças transgride a lei. Os que guardam ódio no coração estão pondo os pés no caminho do assassino.

Os judeus nutriam o espírito de retaliação. No seu ódio pelos romanos, eles os acusavam duramente e treinavam para lhes fazer coisas terríveis. Alguns tipos de indignação são justificáveis até para os seguidores de Cristo. Ao verem Deus sendo desonrado e o inocente, oprimido, uma indignação justa acelera o coração. Essa raiva não é pecado. Se quisermos estar em harmonia com o Céu devemos afastar a amargura e a animosidade do coração.

O ideal de Deus para os Seus filhos é mais elevado do que o mais alto pensamento humano: "Sejam perfeitos como perfeito é o Pai celestial de vocês" (Mt 5:48). Essa ordem é uma promessa. O plano da redenção visa à nossa completa libertação do poder de Satanás. Cristo sempre separa do pecado o que sofre. E tomou providências para dar o Espírito Santo a cada pessoa arrependida, para ajudá-la a não pecar.

Tentações Não São Desculpas

Não deveríamos pensar que as tentações de Satanás são desculpas para fazer o que é errado. Não há desculpas para o pecado. Um temperamento santo e uma vida semelhante à de Cristo estão ao alcance de cada filho de Deus arrependido que crê nEle.

O Filho do homem foi perfeito em Sua vida e assim devem ser Seus seguidores. Jesus foi feito semelhante a Seus irmãos em tudo. Ele Se tornou carne, igual a nós. Ele foi o imaculado Filho de Deus. Era Deus em carne. Nosso caráter deve ser como o dEle.

Cristo é a escada que Jacó viu, cuja base estava apoiada na Terra e o topo alcançava o Céu. Se a escada não alcançasse a Terra, nem que fosse por um só degrau, nós estaríamos perdidos, mas Cristo nos alcança onde estamos. Ele Se revestiu da nossa natureza e venceu, para que, nos revestindo da Sua natureza, nós possamos vencer. Feito "à semelhança do homem pecador" (Rm 8:3), Ele viveu uma vida sem pecado. Agora, Ele nos pede que, pela fé nEle, alcancemos a glória do caráter de Deus.

Devemos ser perfeitos assim como "perfeito é [nosso] Pai celestial".

Jesus tinha mostrado de que consiste a justiça e apontado para Deus como a fonte dessa justiça. Agora Ele Se volta para os deveres práticos: "Não façam nada para chamar a atenção ou obter elogios. Doem com sinceridade, para beneficiar o pobre que está sofrendo. Ao orar, falem com Deus. Ao jejuar, não deixem que a mente fique ocupada com vocês mesmos".

O serviço oferecido com coração sincero tem grandes recompensas: "Seu Pai, que vê o que é feito em segredo, o recompensará". A vida que vivemos por meio da graça de Cristo é que formará nosso caráter. Cristo nos dá os atributos do Seu caráter e a imagem divina começa a brilhar em nós. Homens e mulheres que andam e trabalham com Deus se encontram rodeados da atmosfera do Céu. Para essas pessoas, o reino de Deus já começou.

"Ninguém pode servir a dois senhores" (Mt 6:24). A religião da Bíblia não é para ser uma influência entre muitas outras; ela deve impregnar a vida toda.

"Se os seus olhos forem maus, todo o seu corpo será cheio de trevas. Portanto, se a luz que está dentro de você são trevas, que tremendas trevas são!" (v. 23). Quem quiser conhecer a verdade deve estar disposto a aceitar tudo o que ela revela. Se ficarmos indecisos e hesitantes em nosso compromisso com a verdade, estamos escolhendo o erro e os enganos de Satanás.

Os métodos mundanos e os princípios da justiça não se misturam um com o outro, assim como as cores do arco-íris. Deus traça uma clara linha divisória entre os dois. A imagem de Cristo contrasta de maneira distinta com a de Satanás, assim como o meio-dia contrasta com a meia-noite. Somente os que vivem a vida de Cristo são Seus colaboradores.

Todos os que escolheram o serviço de Deus devem descansar sob Seus cuidados. Cristo mostrou as aves voando no céu e as flores no campo e perguntou: "Não têm vocês muito mais valor do que elas?" Deus cuida do pequeno pardal. As flores e a relva partilham da atenção e cuidado do nosso Pai celestial. Se o maior de todos os artistas, o Artista Mestre, tomou tempo para pensar nos lírios e fez com que eles superassem a glória de Salomão, que dirá as criaturas humanas, que são a imagem e glória de Deus! Como os raios do sol dão às flores seus delicados matizes, assim Deus nos dá a beleza do Seu próprio caráter.

No livro da providência de Deus, o volume da vida, nos foi dada uma página. Essa página contém cada detalhe da nossa história. Os filhos de Deus nunca estão ausentes de Sua mente. "Não se preocupem com o amanhã". Deus não dá aos Seus filhos todas as orientações para a jornada da vida de uma só vez. Ele diz apenas aquilo que eles podem lembrar e realizar. A força e a sabedoria que Ele dá são para a emergência do momento.

"Não julguem, para que vocês não sejam julgados" (Mt 7:1). "Não se achem melhores do que os outros nem se coloquem como seus juízes. Vocês não podem ver os motivos. Ao criticar os outros, vocês estão sentenciando a si mesmos, porque mostram ser participantes com Satanás, o acusador dos irmãos" (ver 2Co 13:5; 1Co 11:31).

A árvore boa produzirá fruto bom. Assim, o fruto da nossa vida testifica sobre o nosso caráter. Boas obras não podem comprar a salvação, mas são evidências da fé que opera mediante o amor e purifica a alma. A recompensa que recebemos não se deve ao nosso mérito. No entanto, ela será proporcional à obra que fizemos por meio da graça.

Dessa maneira, Cristo apresentou os princípios do Seu reino. Para que a lição ficasse gravada, acrescentou uma ilustração: "Não basta", Ele disse, "ouvir Minhas palavras. Por obediência, vocês devem fazer delas o alicerce do seu caráter. Se vocês construírem sobre teorias humanas, sua casa vai cair. Será varrida pelos ventos da tentação e das provações. Mas os princípios que lhes dei, esses vão permanecer. Recebam-Me e edifiquem sobre as Minhas palavras".

"Portanto, quem ouve estas Minhas palavras e as pratica é como um homem prudente que construiu a sua casa sobre a rocha. Caiu a chuva, transbordaram os rios, sopraram os ventos e deram contra aquela casa, e ela não caiu, porque tinha seus alicerces na rocha" (Mt 7:24, 25).

32

Um Oficial do Exército Pede Ajuda*

Cristo Se entristeceu ao constatar que Sua própria nação queria sinais externos de que Ele era o Messias. No entanto, ficou admirado com o centurião que O procurou e sequer pediu que Ele fosse pessoalmente realizar o milagre. "Mas dize uma palavra, e o meu servo será curado" (Lc 7:7).

O servo do centurião estava doente, paralisado e prestes a morrer. Entre os romanos, os servos eram escravos e, como tal, eram comprados, vendidos e tratados com abuso e crueldade. Mas o centurião havia se afeiçoado ao seu servo e queria muito que ele se recuperasse. Ele acreditava que Jesus poderia curá-lo. Os relatos que tinha ouvido o inspiraram com fé.

Esse romano estava convencido de que a religião dos judeus era melhor do que a dele. Superando o preconceito e o ódio que separavam os conquistadores dos conquistados, ele havia mostrado bondade para com os judeus. O ensinamento de Cristo veio ao encontro das necessidades do seu coração. Tudo o que havia de espiritual dentro dele reagia às palavras do Salvador. Mas, achando que não merecia estar na presença de Jesus, apelou para os líderes religiosos judeus, a fim de que estes fizessem o pedido de cura do seu servo. Eles se relacionavam com o grande Mestre e o centurião achava que saberiam como abordá-Lo de maneira a conquistar Seu favor. Ao Jesus entrar em Cafarnaum, uma delegação de anciãos saiu ao Seu encontro. Eles insistiram, dizendo: "Este homem merece que lhe faças isso, porque ama a nossa nação e construiu a nossa sinagoga" (v.4, 5).

Jesus imediatamente Se dirigiu para a casa do oficial, mas a multidão

* Este capítulo é baseado em Mateus 8:5-13; Lucas 7:1-17.

O comprimia e Ele avançava devagar. Não confiando em seus próprios méritos, o centurião Lhe enviou um recado: "Senhor, [...] não mereço receber-Te debaixo do meu teto" (v. 6). Mas o Salvador continuou em Seu caminho. Ousando pelo menos chegar perto dEle, o centurião disse: "[Eu] nem me considerei digno de ir ao Teu encontro. Mas dize uma palavra, e o meu servo será curado. Pois eu também sou homem sujeito a autoridade, e com soldados sob o meu comando. Digo a um: 'Vá', e ele vai; e a outro: 'Venha', e ele vem. Digo a meu servo: 'Faça isto', e ele faz'" (v. 7, 8).

"Assim como eu represento o poder de Roma e meus soldados reconhecem minha autoridade, Tu também representas o poder do Deus Infinito, e todas as coisas criadas obedecem à Tua palavra. Tu podes ordenar que a doença se retire e ela obedecerá. Tu podes chamar mensageiros celestiais para dar poder curador. Somente fala uma palavra e o meu servo será curado".

"Ao ouvir isso, Jesus admirou-se dele e, voltando-se para a multidão que o seguia, disse: 'Eu lhes digo que nem em Israel encontrei tamanha fé'". "Então Jesus disse ao centurião: 'Vá! Como você creu, assim lhe acontecerá!' Na mesma hora o seu servo foi curado" (Lc 7:9; Mt 8:13).

Em sua justiça própria, os líderes judeus recomendaram o centurião pelos favores que ele havia prestado à "nossa nação". Entretanto, o centurião disse a respeito de si mesmo: "Não sou digno". Ele não confiava na própria bondade. Sua fé se apegou a Cristo em Seu verdadeiro caráter, o Amigo e Salvador da humanidade.

Quando Satanás diz que você é um pecador, diga para ele que Cristo veio ao mundo para salvar pecadores. O argumento no qual podemos insistir agora e sempre é a nossa condição de total desamparo, que torna necessário o Seu poder redentor.

"O preço do resgate, eu não tenho; À
tua cruz, prostrado, me sustenho".

Os judeus não viam nada que fosse desejável em Jesus. Mas o centurião, educado no meio idólatra de Roma, aparentemente apartado da vida espiritual em virtude da educação e do ambiente e, ainda, excluído por causa do fanatismo dos judeus, era a pessoa certa para a verdade à qual os filhos de Abraão estavam cegos. A "luz que ilumina todos os homens" (Jo 1:9) brilhou sobre ele, e ele reconheceu a glória do Filho de Deus. Para Jesus, isso foi uma certeza antecipada da reunião de pessoas de todas as nações para o Seu reino.

Um Morto Ressurge para a Vida

Depois disso, Jesus Se dirigiu a Naim, uma vila a pouco mais de 30 quilômetros de Cafarnaum. Ao longo do caminho, as pessoas traziam seus doentes para que fossem curados – sempre com a esperança de que Ele Se revelasse como o Rei de Israel. Com alegria e cheio de esperança, um grupo O seguia pelo pedregoso caminho que levava ao portal da vila encravada na montanha.

Ao se aproximarem, viram uma procissão fúnebre passando em direção do local de sepultamento. Na frente, ia o morto em um caixão aberto. Enchendo o ar com seus gritos de lamúria, as carpideiras mostravam sua empatia para com os enlutados.

O morto era filho único e sua mãe, viúva. Aos prantos, a solitária mãe acompanhava até a sepultura o seu único apoio e conforto neste mundo. "Ao vê-la, o Senhor Se compadeceu dela". Enquanto ela caminhava, a visão embaçada pelas lágrimas, Ele Se aproximou e disse: "Não chore."

"[Ele Se aproximou] e tocou no caixão". O contato com o morto não podia causar contaminação a Jesus. Os que levavam o caixão se detiveram; cessaram os prantos das carpideiras; a esperança se antepunha às expectativas. Ali estava Alguém que havia expulsado demônios. Estaria também a morte sujeita ao Seu poder?

Com voz clara e cheia de autoridade, Jesus pronunciou as palavras: "Jovem, Eu lhe digo, levante-se!" (Lc 7: 14). Aquela voz entrou nos ouvidos do morto. O jovem abriu os olhos. Jesus o tomou pela mão e o levantou. A mãe se uniu ao filho em um longo e feliz abraço. A multidão olhava em silêncio, como se estivesse na própria presença de Deus. Então, louvaram a Deus dizendo: "Um grande profeta se levantou entre nós", e "Deus interveio em favor do Seu povo". Os pranteadores da procissão fúnebre voltaram para Naim, agora em procissão triunfal.

Jesus, Aquele que ficou ao lado da pesarosa mãe de Naim, também fica tocado por nossas tristezas. Sua palavra não é menos poderosa agora do que quando Ele falou ao jovem de Naim (ver Mt 28:18). Para os que creem nEle, Ele ainda é um Salvador que vive.

Jesus despertou o filho daquela senhora para que voltasse à sua vida terrena, enfrentando as tristezas e passando, outra vez, pelo poder da morte. Mas Jesus conforta a nossa tristeza pela morte com uma mensagem de infinita esperança: "Sou Aquele que vive. Estive morto mas agora estou vivo para todo o sempre! E tenho as chaves da morte e do Hades" (Ap 1:18).

Satanás não pode manter morta espiritualmente uma pessoa que, pela fé, recebe a palavra de poder de Cristo: "Desperta, ó tu que dormes, levanta-te dentre os mortos" (Ef 5:14). A palavra de Deus que chamou o primeiro homem à vida ainda dá vida. A palavra de Cristo: "Jovem, Eu lhe digo, levante-se!", deu vida àquele rapaz de Naim. Da mesma maneira: "Levanta-te dentre os mortos" significa vida para o que a recebe.

"E, se o Espírito daquele que ressuscitou Jesus dentre os mortos habita em vocês, Aquele que ressuscitou a Cristo dentre os mortos também dará vida a seus corpos mortais" (Rm 8:11, ver 1Ts 4:16, 17). Ele nos diz que essas são as palavras com as quais devemos nos consolar uns aos outros.

33

Como Jesus Lidou com Problemas Familiares*

Os filhos de José estavam longe de ter alguma simpatia pelo trabalho que Jesus fazia. Os relatos sobre Sua vida e atividades os deixavam preocupados. Ouviram falar que Ele passava noites inteiras orando, que ficava rodeado de pessoas durante o dia e que não tinha tempo nem para comer. Seus amigos achavam que Ele estava Se desgastando. Não viam razão para Sua atitude em relação aos fariseus. Alguns até temiam que Ele pudesse estar ficando mentalmente desequilibrado.

Seus irmãos sentiam vividamente a reprovação por causa de seu parentesco com Jesus. Eles ficaram ofendidos e zangados por Suas acusações aos fariseus. Achavam que alguém devia convencê-Lo a parar de trabalhar dessa forma, e induziram Maria a se unir a eles, pensando que, por causa do amor de Jesus por ela, conseguiriam fazer com que Ele fosse mais cauteloso.

Os fariseus haviam repetido a acusação: "É pelo príncipe dos demônios que Ele expulsa demônios" (Mt 9:34). Cristo respondeu que os que falavam contra Ele, não reconhecendo Seu caráter divino, podiam receber o perdão. Por meio do Espírito Santo, eles poderiam ver seu erro e se arrepender. Mas os que rejeitam a ação do Espírito Santo estão se colocando em um lugar onde o arrependimento não pode lhes alcançar. Quando as pessoas rejeitam deliberadamente o Espírito e declaram que Ele é de Satanás, cortam o canal pelo qual Deus pode Se comunicar com elas.

Na verdade, os fariseus não acreditavam na acusação que fizeram a Jesus. Esses líderes religiosos tinham ouvido a voz do Espírito no próprio coração declarando que Ele era o

* Este capítulo é baseado em Mateus 12:22-50; Marcos 3:20-35.

Ungido de Israel. Em Sua presença, perceberam a própria falta de santidade e desejaram ser justos. Mas depois de rejeitá-Lo, seria por demais humilhante recebê-Lo como o Messias. Para evitar reconhecer a verdade, tentaram confrontar os ensinamentos do Salvador. Não podiam evitar que Ele realizasse milagres, mas fizeram tudo o que puderam para apresentá-Lo de uma maneira distorcida. Mesmo assim, o Espírito de Deus os acompanhou e eles tiveram que levantar barreiras para resistir ao mais poderoso instrumento que Deus faz atuar sobre o coração humano.

Deus não cega as pessoas nem endurece o coração delas; Ele manda luz para que elas corrijam seus erros. É a rejeição a essa luz que as deixa cegas e com o coração endurecido. Muitas vezes esse processo é quase imperceptível. Quando não damos atenção a um raio de luz, deixamos nossa percepção espiritual um pouco entorpecida e não reconhecemos tão claramente a segunda luz reveladora. E assim a escuridão aumenta, até que anoitece no coração. Foi isso que aconteceu com aqueles líderes judeus. Eles atribuíram a Satanás a ação do Espírito Santo. Fazendo isso, escolheram deliberadamente o engano. Dali para frente, passaram a ser controlados pelo poder de Satanás.

Intimamente ligada à advertência de Cristo sobre o pecado contra o Espírito Santo está a advertência contra as palavras supérfluas e más. As palavras são uma indicação do caráter: "A boca fala do que está cheio o coração". As palavras também têm o poder de influenciar o caráter. As pessoas são influenciadas por suas próprias palavras. Muitas vezes, instigadas por Satanás, dizem coisas nas quais realmente não acreditam, mas a expressão reage aos pensamentos e elas passam a acreditar no que falaram instigadas por Satanás. Depois de terem expressado uma opinião ou decisão, muitas vezes elas são demais orgulhosas para se retratarem. Tentam provar que estão certas até que passam a acreditar que realmente é assim.

É perigoso pronunciar uma palavra de dúvida, como também é perigoso questionar e criticar a luz divina. Críticas descuidadas e irreverentes têm influência sobre o caráter, fortalecendo a irreverência e a descrença. Muita gente tem seguido nesse caminho até chegarem a criticar e rejeitar o Espírito Santo. Jesus disse: "No dia do juízo, os homens haverão de dar conta de toda palavra inútil que tiverem falado. Pois por suas palavras vocês serão absolvidos, e por suas palavras serão condenados".

Jesus, então, acrescentou uma advertência para os que tinham ficado impressionados com Suas palavras, mas não se renderam ao Espírito Santo para viver em função delas: "Quando um espírito imundo sai de um homem, passa por lugares áridos procurando descanso. Como não o encontra, diz: 'Voltarei para a casa de onde saí'. Chegando, encontra a casa desocupada, varrida e em ordem. Então vai e traz consigo outros sete espíritos piores do que ele, e, entrando, passam a viver ali" (Mt 12:43-45).

Como ocorre hoje, por intermédio da graça de Deus, muitas pessoas no tempo de Cristo também foram libertadas de espíritos maus que as dominavam. Elas se regozijavam no amor de Deus, mas não se entregavam diariamente a Deus para permitir que Cristo morasse no coração. Quando o espírito mau voltava, com "outros sete espíritos piores do que ele", elas eram totalmente dominadas pelo poder do mal.

Um Novo Poder Toma Posse

Quando alguém se entrega a Cristo, um novo poder toma posse do coração. Ocorre uma mudança que, por nós mesmos, nunca poderemos realizar. A vida que se entrega a Cristo se torna Sua fortaleza, a qual por Ele é mantida em meio a um revoltoso mundo, e não é Sua intenção permitir que outra autoridade, a não ser a Sua, a governe. Uma vida protegida dessa maneira não pode ser vencida pelos ataques de Satanás.

A menos que nos entreguemos ao controle de Cristo, o maligno nos dominará. Não é preciso escolher deliberadamente o reino das trevas para estar sob o seu governo. Basta negligenciar nossa união com o reino da luz. Se não cooperarmos com os seres celestiais, Satanás fará do coração a sua morada. A única defesa contra o mal é ter Cristo morando no coração, por meio da fé em Sua justiça. Se não estivermos vitalmente ligados a Deus, nunca poderemos resistir ao amor-próprio e à tentação de pecar. Poderemos até abandonar maus hábitos por algum tempo, mas se não nos entregarmos a Cristo a cada momento, mantendo um relacionamento contínuo com Ele, estaremos a mercê do inimigo e, ao final, faremos o que ele diz.

"O estado final daquele homem torna-se pior do que o primeiro. Assim acontecerá a esta geração perversa". Não existe ninguém tão endurecido como os que zombam dos convites da misericórdia. A evidência mais comum do pecado contra o Espírito Santo está no persistente desprezo ao convite do Céu para o arrependimento.

Rejeitando a Cristo, o povo judeu cometeu o pecado imperdoável; recusando o convite da misericórdia, nós podemos cometer o mesmo erro.

Expomos o Príncipe da Vida à vergonha perante Satanás e perante o Universo celestial quando nos recusamos a ouvir Seus mensageiros, dando, em vez disso, ouvidos às pessoas que podem atrair nosso coração para longe de Cristo. Enquanto as pessoas fizerem isso, não poderão achar perdão e, finalmente, perderão todo o desejo de se reconciliar com Deus.

Os Verdadeiros Irmãos de Cristo

Enquanto Jesus ainda estava ensinando, Seus discípulos trouxeram a informação de que Sua mãe e irmãos estavam do lado de fora e queriam vê-Lo. Ele perguntou: "Quem é Minha mãe, e quem são Meus irmãos?" "E, estendendo a mão para os discípulos, disse: 'Aqui estão Minha mãe e Meus irmãos! Pois quem faz a vontade de Meu Pai que está nos Céus, este é Meu irmão, Minha irmã e Minha mãe'" (Mt 12:48-50).

Todos os que recebem a Cristo pela fé ficam unidos com Ele por um laço mais forte do que o das ligações familiares humanas. Como alguém que acreditou e agiu de acordo com Suas palavras, a relação da mãe de Jesus com Ele era mais próxima no aspecto da salvação dela do que no aspecto do parentesco natural. Seus irmãos não ganhariam nenhum benefício da ligação que tinham com Ele a menos que O aceitassem como Salvador pessoal.

A descrença deles foi uma parte do amargo cálice de aflição que Ele bebeu por nós.

A oposição acesa no coração humano contra o evangelho foi mais dolorosa em Seu lar. Seus irmãos achavam que Ele precisava de seus conselhos. Pensavam que se Ele falasse algo que os fariseus pudessem aceitar, evitaria controvérsias desagradáveis. Achavam, também, que Ele estava mentalmente desequilibrado ao alegar que tinha autoridade divina. Sabiam que os fariseus estavam procurando uma oportunidade para acusá-Lo e achavam que Ele já lhes tinha dado.

Eles não conseguiram entender a missão que Cristo veio cumprir e, por isso, não puderam demonstrar empatia para com Ele em Suas provações. As palavras ásperas e sem qualquer apreço que Lhe falavam mostravam que eles não tinham uma compreensão verdadeira sobre o Seu caráter. Em vez de confortá-Lo, a atitude e as palavras deles feriam Seu coração. Sua natureza sensível foi torturada; Seus motivos, mal interpretados; Seu trabalho, incompreendido.

Seus irmãos muitas vezes presumiram que podiam fazer com que Ele entendesse toda a verdade. Com liberdade, condenavam coisas que não podiam entender. Achavam estar vindicando a Deus, quando Deus estava, em carne, com eles, sem que eles O reconhecessem.

Essas coisas tornavam o caminho de Jesus espinhoso. Cristo ficou tão triste por ser mal compreendido no próprio lar que foi um alívio ir para onde não havia essa falta de compreensão. Ele gostava muito de visitar a casa de Lázaro, Maria e Marta, porque, em um clima de fé e amor, Seu espírito tinha descanso. Entretanto, muitas vezes Ele só podia encontrar alívio ficando sozinho e comunicando-Se com o Pai.

Aqueles que são chamados para passar por mal-entendidos e desconfiança em sua própria casa por causa de Cristo podem encontrar consolo no pensamento de que Jesus passou pelo mesmo. Ele os convida para nEle achar companhia e o alívio de poder compartilhar as preocupações do coração com o Pai.

Os que aceitam a Cristo não são deixados órfãos, a suportar as provações sozinhos. Ele os convida, como membros da família celestial, a também chamar o Seu Pai de Pai. Ele tem uma grande afeição por eles, maior até do que aquela sentida por nosso pai ou mãe em nosso desamparo.

Quando um hebreu era forçado a vender-se como escravo por causa da pobreza, o dever de resgatá-lo era do parente mais próximo (ver Lv 25:25, 47-49; Rt 2:20). Da mesma forma, a obra de nos resgatar caiu sobre Aquele que, para nós, é o "parente mais próximo". Mais próximo que pai, mãe, irmão, amigo ou noivo é o Senhor, nosso Salvador. Não podemos entender esse amor, mas podemos reconhecê-lo como verdadeiro em nossa própria experiência.

34

Jugo Suave e Fardo Leve*

"Venham a Mim, todos os que estão cansados e sobrecarregados, e Eu lhes darei descanso" (Mt 11:28). O Salvador não deixou que ninguém se sentisse excluído do Seu cuidado e amor. Ele via os aflitos e os de coração sobrecarregado, aqueles cujas esperanças tinham sido esmagadas e que tentavam satisfazer o vazio do coração com os prazeres do mundo, e convidava a todos para nEle achar descanso.

Com ternura Ele dizia aos cansados do trabalho árduo: "Tomem sobre vocês o Meu jugo e aprendam de Mim, pois sou manso e humilde de coração, e vocês encontrarão descanso para as suas almas" (v. 29).

Nessas palavras, Cristo está falando a cada ser humano. Saibam ou não disso, todos estão curvados sob o peso de fardos que somente Cristo pode remover. O fardo mais pesado é o do pecado. Se tivéssemos que levar esse fardo sozinhos, ele nos esmagaria. Mas Aquele que nunca pecou tomou nosso lugar. "O Senhor fez cair sobre Ele a iniquidade de todos nós" (Is 53:6). Ele tem carregado o peso da nossa culpa. E também carregará o fardo das preocupações e das tristezas.

O Irmão mais velho da raça humana está ao lado do trono eterno. Por experiência própria, Ele conhece as fraquezas da humanidade, nossas carências e a força das nossas tentações, pois em tudo foi tentado como nós, mas sem pecar. Você é tentado? Ele liberta. Você é fraco? Ele fortalece. Você tem pouca instrução? Ele ilumina. Você está magoado? Ele sara. "Ele cura os de coração quebrantado e cuida das suas feridas" (Sl 147:3).

Quaisquer que sejam suas ansiedades e provações, apresente o seu caso ao Senhor. Ele fortalecerá o seu espírito para que você resista. Ele abrirá o caminho para que você se desvencilhe de embaraços e dificuldades.

* Este capítulo é baseado em Mateus 11:28-30.

Quanto mais pesado for o seu fardo, maior será o alívio ao poder colocá-lo sobre Aquele que está disposto a carregá-lo.

O descanso que Cristo oferece depende de algumas condições. A Bíblia nos diz claramente quais são elas. Todos podem cumpri-las.

"Tomem sobre vocês o Meu jugo". O jugo é um instrumento para o serviço. É para trabalhar que o gado recebe o jugo; ele é essencial para que as tarefas sejam executadas com eficiência. Por meio dessa ilustração, Jesus está ensinando que nós somos chamados para servir. Devemos colocar o Seu jugo sobre nós.

O jugo é a lei de Deus, no contexto do novo concerto, escrita no coração. É esse jugo que conecta o trabalhador à vontade de Deus. Se fôssemos deixados para ir aonde nossa vontade quisesse nos levar, acabaríamos caindo nas fileiras de Satanás. Portanto, Deus nos restringe à Sua vontade.

O próprio Cristo levou o jugo do serviço na humanidade. Ele disse: "Desci do Céu [...] não para fazer a Minha vontade, mas para fazer a vontade dAquele que Me enviou" (Jo 6:38). O amor a Deus, o zelo por Sua glória e o amor pela humanidade caída trouxeram Jesus à Terra. Era esse o poder controlador de Sua vida. Ele pede que adotemos esse princípio.

O Que Nos Deixa Tão Cansados

Muitas pessoas, cujos corações estão doloridos com o peso das preocupações da vida, têm preferido servir ao mundo, aceitando suas perplexidades e adotando os seus costumes. Por causa disso, a vida delas tem se tornado um fardo. Para satisfazer desejos mundanos, fazem mal à consciência, trazendo o peso adicional do remorso sobre elas. Nosso Senhor quer que essas pessoas coloquem de lado esse fardo de servidão. Ele diz: "O Meu jugo é suave e o Meu fardo é leve", e as convida a buscar primeiro o reino de Deus e Sua justiça. A preocupação é cega e não consegue ver o futuro. Em cada dificuldade, Jesus tem algo preparado, à Sua maneira, para trazer alívio. Nosso Pai celestial tem mil maneiras de nos dar coisas sobre as quais nada sabemos. Os que fazem do serviço e da honra a Deus seu principal objetivo verão suas dificuldades desaparecer e um caminho claro se abrir diante de seus pés.

"Aprendam de Mim, pois sou manso e humilde de coração, e vocês encontrarão descanso". É preciso entrar na escola de Cristo e aprender dEle. A redenção é o processo que prepara a pessoa para o Céu. Essa preparação quer dizer estar livre de ideias, hábitos e práticas que aprendemos na escola do príncipe das trevas.

No coração de Cristo existia perfeita paz. Ele nunca Se deixava levar pelo aplauso nem ficava abatido pela crítica ou pelo desapontamento. Em meio à oposição e tratamento cruel, Ele conseguia manter o bom ânimo. Muitos dos Seus seguidores têm o coração ansioso e perturbado porque têm medo de confiar em Deus. Temem as consequências da entrega completa a Ele. Porém, a menos que façam essa entrega, não poderão encontrar paz.

Quando nascermos do alto, teremos a mesma mente que Jesus tinha. Então, não andaremos em busca dos postos mais altos. Desejaremos sentar aos pés de Jesus e aprender dEle. Entenderemos que o valor do nosso trabalho é proporcional à porção do Espírito Santo que recebemos. Confiar em Deus gera qualidades mentais mais santas, de modo que, na paciência, teremos posse da nossa alma.

Como o Jugo de Cristo Torna o Trabalho Mais Leve

Coloca-se jugo nos bois a fim de ajudá-los a puxar a carga, deixando-a mais leve. Isso também é verdade com o jugo de Cristo. Quando a nossa vontade for absorvida pela vontade de Deus, acharemos leve o fardo da vida. Aquele que anda no caminho dos mandamentos de Deus anda com Cristo, e em Seu amor o coração encontra descanso. Quando Moisés orou: "Revela-me os Teus propósitos, para que eu Te conheça", o Senhor respondeu: "Eu mesmo o acompanharei, e lhe darei descanso" (Êx 33:13, 14).

Os que se apegam à palavra de Cristo e passam a viver de acordo com os planos dEle encontrarão a paz. Nada que o mundo faz pode entristecê-los, pois Jesus os alegra com Sua presença. "Tu [...] guardarás em perfeita paz aquele cujo propósito está firme, porque em Ti confia" (Is 26:3).

Nossa vida pode parecer emaranhada, mas se nos submetermos ao sábio Obreiro Mestre, Ele fará aparecer o padrão de vida e caráter que trará glória a Ele. E essa vida que expressa a glória – o caráter – de Cristo será recebida no Paraíso de Deus.

Ao entrarmos no repouso por meio de Jesus, aí começa o Céu. Respondemos ao Seu convite, "Aprendam de Mim", e assim começamos a vida eterna. O Céu é uma constante aproximação de Deus, por meio de Cristo. Quanto mais conhecermos a Deus, mais intensa será nossa felicidade. Se andarmos com Jesus nesta vida, poderemos ficar repletos com o Seu amor e satisfeitos com a Sua presença. Poderemos receber aqui tudo aquilo que a natureza humana pode comportar.

35

Acalma-se a Tempestade*

Aquele tinha sido um dia cheio. Às margens do mar da Galileia, Jesus havia apresentado Suas primeiras parábolas, explicando a natureza do Seu reino e como ele seria estabelecido. Tinha comparado o Seu trabalho com o do semeador, e o desenvolvimento do Seu reino com o crescimento da semente de mostarda e com o efeito do fermento na massa. Havia, também, retratado a separação final do justo e do ímpio com as parábolas do trigo e do joio e das redes de pesca. As preciosas verdades que Ele ensinava foram ilustradas pelo tesouro escondido e a pérola de alto preço.

Anoiteceu, e as multidões ainda se aglomeravam em torno dEle. Dia após dia, Ele ajudava aquelas pessoas, mal tendo tempo de fazer uma pausa para comer ou descansar. Agora, ao fim do dia, Ele estava tão esgotado que saiu à procura de um lugar solitário do outro lado do lago, onde pudesse descansar. Pediu que Seus discípulos O acompanhassem até ali.

Depois de dispensar a multidão, os discípulos O levaram até o barco e, rapidamente, zarparam. Outros barcos de pesca que estavam perto da praia logo ficaram cheios de pessoas que ainda acompanhavam Jesus, ávidas por vê-Lo e ouvi-Lo.

O Salvador, vencido pelo cansaço e pela fome, deitou-Se na parte traseira do barco e logo caiu no sono. Aquele fim de tarde estava tranquilo e agradável; mas, de repente, a escuridão se espalhou pelo céu e uma tempestade brutal se abateu sobre o lago.

Açoitadas pelos furiosos ventos, as ondas se chocavam violentamente contra o barco, ameaçando afundá-lo. Aqueles fortes pescadores já tinham conduzido seus barcos em segurança através de muitas tempestades; porém, naquele momento, suas forças e habilidades pareciam inúteis. Perdidos nas garras

* Este capítulo é baseado em Mateus 8:23-34; Marcos 4:35-41; 5:1-20; Lucas 8:22-39.

da tormenta, viram que o barco se enchia de água.

Jesus Se Importa

Focados em seus esforços para se salvarem, os discípulos esqueceram que Jesus estava a bordo. Agora, vendo apenas a morte diante deles, lembraram-se de quem havia mandado atravessar o mar. A única esperança estava em Jesus. "Mestre! Mestre!" O rugido da tormenta sufocava suas vozes e não houve resposta. A dúvida e o medo tomaram conta deles. Jesus tinha vencido doenças, demônios e até a morte. Seria Ele incapaz de ajudar Seus discípulos agora? Será que não percebia a aflição deles?

Eles O chamaram novamente, mas não houve nenhuma resposta, exceto o rugido da furiosa tempestade. Parecia que seriam tragados pelo mar agitado.

De repente, o brilho de um relâmpago cortou a escuridão e eles viram Jesus dormindo, despreocupado com a tormenta. Atônitos, eles exclamaram: "Mestre, não Te importas que morramos?"

O grito acordou Jesus. Com a luz do relâmpago, eles puderam ver a paz do Céu em Seu rosto. Viram um amor terno em Seu olhar e clamaram: "Senhor, salva-nos! Vamos morrer!"

Ninguém nunca clamou assim sem ter sido ouvido. Quando os discípulos pegaram os remos para fazer um último esforço, Jesus Se levantou. Enquanto a tormenta rugia e as ondas quebravam sobre eles, Ele levantou as mãos sobre o furioso mar: "Aquiete-se! Acalme-se!"

As ondas baixaram, as nuvens se dissiparam, as estrelas apareceram no céu. O barco passou a flutuar tranquilamente sobre um mar calmo. Então Jesus perguntou pesarosamente: "Por que vocês estão com tanto medo? Ainda não têm fé?" (Mc 4:40).

Os discípulos ficaram em silêncio. Terror e desespero tinham se apossado dos ocupantes dos barcos que haviam saído para acompanhar Jesus. A tempestade havia juntado os barcos, e todos a bordo viram o milagre. As pessoas sussurravam entre si: "Quem é este que até o vento e o mar Lhe obedecem?" (v. 45).

Quando acordou para enfrentar a tempestade, Jesus não mostrou nenhum sinal de medo em Suas palavras ou olhar. Não foi por ter a Seu dispor a força onipotente que Ele Se pôs a dormir. Não foi como "Mestre da terra, mar e céu" que Ele descansava tranquilamente. Esse poder tinha sido deixado de lado. "Por Mim mesmo, nada posso fazer" (Jo 5:30). Ele confiou no poder do Pai. Foi pela fé – fé no cuidado e amor de Deus – que Jesus descansou, e o poder da palavra que acalmou a tempestade era o poder de Deus.

Da mesma forma, devemos descansar sob os cuidados do Salvador. O medo dos discípulos no momento de perigo revelou a descrença deles. Eles se esqueceram de Jesus, e somente quando O buscaram é que Ele pôde ajudá-los.

Quando as tempestades da tentação nos envolvem, quantas vezes lutamos sozinhos contra a tormenta. Confiamos em nossa força até que estamos prestes a perecer. Só então nos lembramos de Jesus. Mas se clamarmos para que Ele nos salve, nosso clamor não será em vão. Ele nunca deixa de prestar a ajuda da qual precisamos. Se tivermos o Salvador no coração, não precisamos ter medo. O Redentor nos livrará do perigo da maneira que Ele sabe ser melhor.

"Os ímpios são como o mar agitado" (Is 57:20). O pecado tem destruído nossa paz. Nenhum poder humano pode controlar as paixões que dominam o coração. Somos tão impotentes quanto os discípulos o foram para acalmar a tormenta. Contudo, por mais feroz que seja a tempestade, os que buscam a Jesus com o clamor "Senhor, salva-nos!" encontrarão livramento. Sua graça acalma a luta da paixão humana e, em Seu amor, o coração encontra descanso.

"[Ele] reduziu a tempestade a uma
brisa e serenou as ondas.
As ondas sossegaram, eles se alegraram, e Deus os guiou ao porto almejado" (Sl 107:29, 30).

"Tendo sido, pois, justificados pela fé, temos paz com Deus, por nosso Senhor Jesus Cristo" (Rm 5:1).

De manhã cedo o Salvador e Seus companheiros chegaram à praia. O brilho do sol nascente acariciava o mar e a terra trazendo a bênção da paz. Ao saírem do barco, porém, depararam-se com uma cena mais aterrorizante do que a fúria da tempestade. Dois endemoninhados avançaram na direção deles como se fossem fazê-los em pedaços. Deles pendiam pedaços de correntes que haviam quebrado ao fugirem de onde estiveram presos. Tinham a pele ferida e ensanguentada. Seus olhos faiscavam por debaixo do cabelo desgrenhado. Estavam possuídos por demônios e se pareciam mais com animais do que com homens.

Horrorizados, os discípulos saíram em disparada, mas logo voltaram à procura de Jesus. Ele estava no mesmo lugar onde O haviam deixado. Aquele que tinha acalmado a tempestade não havia fugido. Os dois homens, com a boca cheia de espuma, se aproximaram de Jesus. Ele, então, ergueu a mão cujo gesto tinha acalmado as ondas, e os homens não puderam chegar mais perto.

Com autoridade, Jesus ordenou que os espíritos imundos saíssem deles. Suas palavras entraram na mente em trevas dos infelizes homens. Eles perceberam vagamente que estavam perto de Alguém que podia salvá-los dos demônios atormentadores. Ao abrirem os lábios para implorar por misericórdia, os demônios falaram por meio deles, gritando em fúria: "Que queres comigo, Jesus, Filho do Deus Altíssimo? Rogo-Te por Deus que não me atormentes!" (Mc 5:7).

Jesus perguntou: "Qual é o seu nome?" A resposta foi: "Meu nome é Legião [...] porque somos muitos" (v. 9). Os demônios imploraram a Jesus que não os mandassem para fora daquelas terras. Na encosta de uma montanha não muito longe dali, porcos estavam pastando. Os demônios pediram que Jesus deixasse que eles entrassem naqueles animais. Imediatamente, os porcos se lançaram dali para o mar, e todos morreram.

Enquanto isso, uma mudança maravilhosa havia ocorrido aos dois endemoninhados. A luz brilhou no interior da mente deles. Seus olhos brilhavam com inteligência; as mãos ensanguentadas estavam calmas. Com alegria na voz, os homens louvaram a Deus pelo livramento.

Lá de cima do precipício, os guardadores dos porcos tinham visto tudo o que havia acontecido e correram para dar a notícia aos seus patrões. Atemorizada e assombrada, toda a população daquele lugar se aglomerou para encontrar Jesus. Os endemoninhados haviam sido o terror da região. Ninguém se sentia seguro ao passar por onde eles estavam. Agora, vestidos e em perfeito estado mental, aqueles homens ouviam as palavras de Jesus e davam glórias Àquele que os havia curado. Mas o povo não estava contente. O prejuízo com a perda dos porcos parecia, para eles, de maior importância do que o livramento daqueles prisioneiros de Satanás.

Os donos dos porcos estavam concentrados nas coisas terrenas e não davam a menor importância aos interesses de uma vida espiritual. Jesus queria quebrar o encantamento da indiferença egoísta para que eles pudessem aceitar Sua graça. No entanto, o ressentimento causado pelo prejuízo financeiro cegou seus olhos para a misericórdia do Salvador.

A Superstição Causou o Medo

A demonstração de poder sobrenatural causou medo entre o povo. Mais calamidades poderiam vir caso aquele Estranho continuasse no meio deles. Os que haviam atravessado o lago com Jesus contaram a eles dos perigos da tempestade e de como Jesus tinha acalmado o vento e o mar. Mas suas palavras não deram resultado. Aterrorizadas, as pessoas apelaram a Jesus para que fosse embora dali, e Ele concordou. Sem mais demora, Ele entrou no barco e rumou para a margem oposta do lago.

O povo de Gergesa estava com tanto medo de colocar em risco seus interesses seculares que trataram Aquele que havia derrotado o príncipe das trevas diante dos seus olhos como um intruso, e enxotaram de suas portas o Dom do Céu. Ainda existem muitas pessoas hoje que se recusam a obedecer à palavra de Cristo porque a obediência envolve o sacrifício de algum interesse secular. Temendo que Sua presença possa lhes causar algum prejuízo financeiro, muitos rejeitam Sua graça e afastam Seu Espírito para longe deles.

Os homens a quem Jesus restaurara queriam a companhia do Libertador. Em Sua presença, eles se sentiam a salvo dos demônios que haviam atormentado sua existência e feito com que desperdiçassem os melhores anos da vida. Quando Jesus estava para entrar no barco, eles ficaram ao Seu lado e imploraram que os deixasse permanecer perto dEle. Mas Jesus disse que voltassem para casa e contassem sobre as grandes coisas que o Senhor havia feito por eles.

Ali havia trabalho para eles fazerem – ir às casas dos pagãos para contar sobre as bênçãos que receberam de Jesus. Foi difícil para eles se separarem do Salvador. Com certeza, haveria dificuldades. O longo isolamento da sociedade certamente os desqualificaria para o trabalho que Jesus havia lhes dado. Mas assim que Jesus lhes mostrou seus deveres, eles estavam prontos para obedecer. Eles percorreram toda Decápolis proclamando o poder de Jesus para salvar e descrevendo como Ele os havia libertado dos demônios. Fazendo esse trabalho, eles puderam receber uma bênção maior do que se tivessem continuado em Sua presença. Ao trabalharmos para propagar a "boa-nova" de salvação, somos levados para perto do Salvador.

Os dois homens restaurados foram os primeiros missionários que Cristo enviou para pregar na região de Decápolis. Esses homens tiveram o privilégio de ouvir os ensinamentos de Cristo por alguns momentos apenas, mas apresentavam em si mesmos as evidências de que Jesus era o Messias. Podiam falar daquilo que conheciam, daquilo que tinham visto, ouvido e sentido sobre o poder de Cristo. Isso é o que todos os que tiveram o coração tocado pela graça de Deus podem fazer (ver 1Jo 1:1-3).

Se já estamos seguindo Jesus passo a passo, certamente temos alguma coisa para contar sobre a maneira com que Ele nos tem guiado – como pusemos à prova Suas promessas e as consideramos fiéis. Esse é o testemunho para o qual nosso Senhor nos chama.

Embora os moradores de Gergesa não tenham recebido a Jesus, Ele não os deixou nas trevas que eles mesmos preferiram. Eles não ouviram Suas palavras. Eram ignorantes quanto ao que estavam rejeitando. Assim, mais uma vez, Ele enviou luz a eles por meio de quem não recusariam escutar.

A destruição dos porcos despertou a atenção de toda a região para Cristo, como nada o poderia ter feito. Os homens a quem Ele curou continuaram a ser testemunhas do Seu poder, canais de luz e mensageiros do Filho de Deus. Essa experiência abriu uma porta para toda aquela região. Quando Jesus voltou a Decápolis, milhares ouviram a mensagem. Deus prevalece até mesmo sobre a obra do maligno, conseguindo trazer o bem.

Habitando entre sepulturas, escravos de paixões fora de controle, os endemoninhados de Gergesa representam o que a humanidade se tornaria caso fosse deixada sob o domínio de Satanás. Constantemente, Satanás exerce sua influência sobre as pessoas para controlar a mente e incitar à violência e ao crime. Ele obscurece o intelecto e perverte o coração. Toda vez que as pessoas rejeitam o convite do Salvador, estão se entregando a Satanás. Muita gente está fazendo assim no lar, nos negócios e até na igreja, hoje. Por causa disso, a violência e o crime cobrem a Terra, e a escuridão moral envolve os lugares onde as pessoas moram. Satanás leva homens e mulheres a males cada vez piores, até que a completa perversão e ruína se instalam. A única salvaguarda contra o seu poder é a presença de Jesus. À vista de homens e anjos, Satanás já foi revelado como nosso inimigo e destruidor, e Cristo, como nosso amigo e libertador.

Deus nos chamou para ser "conformes à imagem de Seu Filho" (Rm 8:29). As pessoas que se degradaram a ponto de se tornar instrumentos de Satanás ainda podem, por meio de Cristo, ser transformadas em mensageiros de justiça e enviadas para contar que "coisas grandiosas fez o Senhor por nós" (Sl 126:3).

36

O Toque da Fé*

Voltando de Gergesa para a margem ocidental do mar da Galileia, Jesus encontrou uma multidão reunida esperando por Ele. Permaneceu na beira do lago por algum tempo ensinando e curando e, depois, seguiu para a casa de Levi Mateus para encontrar-Se com o cobrador de impostos na festa. Foi ali que Jairo, o dirigente da sinagoga, O encontrou. Angustiado, ele exclamou: "Minha filhinha está morrendo! Vem, por favor, e impõe as mãos sobre ela, para que seja curada e [...] viva" (Mc 5:23).

Jesus imediatamente saiu com o dirigente para a casa dele. Os discípulos ficaram surpresos por Ele ter concordado com o pedido do orgulhoso rabino, mas acompanharam o Mestre, e o povo foi junto. Jesus e Seus companheiros avançavam vagarosamente, pois a multidão se comprimia em torno dEle. Jairo estava impaciente e ansioso, mas Jesus parava de vez em quando para aliviar o sofrimento ou confortar um coração aflito.

Eles ainda estavam a caminho quando um mensageiro, depois de abrir passagem entre a multidão, deu a notícia de que a filha de Jairo havia morrido. A mensagem chegou aos ouvidos de Jesus. "Não tenha medo; tão somente creia, e ela será curada".

Juntos, foram depressa para a casa do dirigente, onde já havia carpideiras e flautistas enchendo o ambiente com seus clamores. Jesus tentou contê-los: "Por que todo este alvoroço e lamento? A criança não está morta, mas dorme" (v. 39). Eles se ofenderam com as palavras do Salvador, pois tinham visto a menina à beira da morte. Depois de pedir que todos saíssem dali, Jesus chamou o pai e a mãe da menina, e também Pedro, Tiago e João para entrarem no quarto onde estava a criança, sem vida.

* Este capítulo é baseado em Mateus 9:18-26; Marcos 5:21-43; Lucas 8:40-56.

Jesus chegou perto da cama e, tomando a mão da criança em Sua mão, disse suavemente, na linguagem familiar daquela casa: "Menina, Eu lhe ordeno, levante-se!" (v. 41).

No mesmo instante, um tremor percorreu o corpo inerte. Os olhos da menina se abriram como se estivesse acordando. Ela olhou para o grupo ao seu redor e, maravilhada, se levantou. Seus pais a abraçaram, chorando de alegria.

A caminho da casa do dirigente, Jesus havia encontrado uma pobre mulher que, por 12 anos, vinha sofrendo de uma doença que fazia de sua vida um fardo. Ela havia gastado todo o seu dinheiro com médicos e remédios, só para, finalmente, ouvir que não havia cura para ela. Mas suas esperanças reviveram quando ouviu falar de Cristo. Ela pensou que, se pudesse chegar até Ele, seria curada. Mesmo debilitada e sofrendo, ela foi até a praia onde Jesus estava ensinando e tentou abrir caminho entre a multidão, mas não conseguiu. Ela O seguia desde a casa de Levi Mateus sem que pudesse se aproximar dEle e já estava quase desistindo. De repente, Ele chegou bem perto dela.

Ela estava na presença do grande Médico! Mas, com toda aquela confusão, ela não conseguia falar com Ele. Tampouco dava para vê-Lo, ainda que rapidamente. Com medo de perder sua única chance de ser curada, ela forçou o caminho, dizendo para si mesma: "Se eu tão somente tocar em Seu manto, ficarei curada." No momento em que Ele passou por perto, ela avançou, conseguindo apenas tocar na borda de Sua vestimenta. Naquele único toque se concentrava a fé que ela alimentara em toda a sua vida. Instantaneamente, sua dor e fraqueza deram lugar ao vigor da saúde perfeita.

Com o coração agradecido, ela tentou se esgueirar entre a multidão, mas, de repente, Jesus Se deteve. Olhando ao redor, Ele perguntou num tom de voz que todos puderam ouvir, acima da confusão: "Quem Me tocou?" Considerando que Ele estava sendo empurrado de todos os lados, aquela pergunta parecia estranha.

Pedro, sempre pronto a falar, disse: "Vês a multidão aglomerada ao Teu redor e ainda perguntas: 'Quem tocou em Mim?'" Jesus respondeu: "Alguém tocou em Mim; Eu sei que de Mim saiu poder". O Salvador pôde distinguir o toque da fé do contato casual da despreocupada multidão. Ele não deixaria passar em branco uma confiança como aquela. Diria palavras de conforto para a humilde mulher, palavras que seriam uma bênção aos Seus seguidores no fim dos tempos.

Olhando na direção da mulher, Jesus insistiu em saber quem O havia tocado. Vendo que não podia se esconder, ela se adiantou, tremendo. Com lágrimas de gratidão, falou do seu sofrimento e de como não havia encontrado cura. Jesus disse: "Filha, a sua fé a curou! Vá em paz". Ele não deu nenhuma chance para que um simples toque em Suas vestes virasse superstição. A cura ocorreu por meio da fé que se apoderou do Seu divino poder.

A Fé Viva Traz Cura

De nada vale falar de religião de maneira casual e orar sem que a alma esteja faminta e a fé, viva. Uma fé teórica, que aceita a Cristo meramente como o Salvador do mundo, nunca poderá trazer cura à vida espiritual. Fé não é concordar intelectualmente com a verdade. Não é suficiente crer sobre Cristo; temos que crer nEle. A fé salvadora é uma transação pela qual os que recebem a Cristo se unem a Deus, e com Ele se relacionam, mediante um concerto. Fé genuína significa aumento no vigor e confiança profunda e voluntária pelos quais nosso espírito se torna um poder vencedor.

Depois de curar a mulher, Jesus quis que ela reconhecesse a bênção que recebera. Os dons que o evangelho oferece não devem ser desfrutados em segredo. Nosso reconhecimento da fidelidade de Deus é o meio escolhido pelo Céu para revelar Cristo ao mundo. O testemunho da nossa experiência será, dentre todos, o mais eficaz (ver Is 43:12). Respaldadas por uma vida semelhante à de Cristo, nossas histórias pessoais relacionadas à Sua graça têm um poder irresistível que opera para a salvação de outros.

Quando os dez leprosos procuraram Jesus para ser curados, eles foram purificados. Somente um, porém, voltou para dar-Lhe glória. Os outros seguiram o caminho deles e se esqueceram dAquele que os havia curado. Quantas vezes nós fazemos a mesma coisa! O Senhor ergue o enfermo, livra as pessoas do perigo, aciona os anjos para salvá-las de desastres e para protegê-las da doença e da destruição (Sl 91:6), e, no entanto, elas se esquecem do Seu grande amor. Por causa da ingratidão, fecham o coração para a graça de Deus.

É para o nosso próprio bem que devemos manter cada dom de Deus fresco em nossa memória. Isso fortalece nossa fé. Que nos lembremos, então, da amorosa bondade do Senhor. E que ao recordarmos a maneira como Ele lida conosco, declaremos: "Como posso retribuir ao Senhor toda a Sua bondade para comigo?" (Sl 116:12).

37

Os Primeiros Evangelistas*

Os apóstolos tinham acompanhado Jesus, a pé, por toda a Galileia. Andaram e conversaram com o Filho de Deus, aprendendo como trabalhar pela humanidade. Quando Jesus atendia as pessoas, Seus discípulos estavam sempre prontos a aliviar o trabalho dEle. Ajudavam a trazer os sofredores até o Salvador e a dar conforto para todos. Estavam sempre atentos a ouvintes interessados e explicavam a eles sobre as Escrituras.

No entanto, eles precisavam passar pela experiência de trabalhar sozinhos. Eles ainda precisavam de muita instrução e paciência. Agora, enquanto o Mestre ainda estava pessoalmente com eles para aconselhar e corrigir, Ele os enviou como Seus representantes.

Muitas vezes, os discípulos tinham ficado perplexos com os ensinamentos dos sacerdotes e fariseus, mas levavam suas questões para Jesus. Ele havia fortalecido a confiança deles na Palavra de Deus e, em grande medida, os tinha livrado da escravidão imposta pelas tradições. Quando estavam separados do Salvador, eles relembravam cada olhar e cada palavra. Ao entrarem em conflito com os inimigos do evangelho, eles repetiam Suas palavras.

Chamando os doze à Sua volta, Jesus lhes disse que fossem visitar, em duplas, as cidades e povoados. Dessa maneira, poderiam aconselhar um ao outro e orar juntos. A força de um compensaria a fraqueza do outro.

O trabalho evangelístico teria muito mais sucesso se os cristãos seguissem esse exemplo.

Os discípulos não deviam discutir com ninguém se Jesus era o Messias; mas, em Seu nome, deviam curar os enfermos, ressuscitar os mortos, purificar os leprosos, expulsar os demônios. "Vocês receberam de graça; deem também de graça" (Mt 10:8).

* Este capítulo é baseado em Mateus 10; Marcos 6:7-11; Lucas 9:1-6.

Jesus dedicou mais tempo para curar os doentes do que para pregar. Por onde Ele passava, as pessoas que O recebiam se alegravam pela saúde obtida. Sua voz foi o primeiro som que muitos ouviram, Seu nome, a primeira palavra que falaram, Seu rosto, o primeiro que viram. Ao passar por vilas e cidades, Ele era como uma corrente vital, espalhando vida e alegria.

Os seguidores de Cristo devem trabalhar como Ele trabalhou. Devemos alimentar os famintos, confortar os que sofrem e compartilhar esperança com os desanimados. O amor de Cristo, demonstrado no serviço desinteressado, será mais eficaz em reformar os malfeitores do que a espada ou os tribunais de justiça. O coração, com frequência, se enternece sob a influência do amor de Cristo. Por intermédio dos Seus servos, Deus quer ser o maior Consolador que o mundo já viu.

Em sua primeira viagem missionária, os discípulos deviam ir somente às "ovelhas perdidas de Israel". Caso os judeus recebessem o evangelho, Deus queria fazer deles Seus mensageiros para os gentios, para que estes fossem os primeiros a ouvir a mensagem.

Nessa primeira viagem, os discípulos deviam ir aos lugares em que Jesus estivera antes, onde fizera amigos. Devia ser simples a maneira de se prepararem para a viagem. Não deviam adotar a vestimenta dos mestres religiosos nem usar certas roupas que os destacassem dos humildes camponeses. Não deviam juntar o povo para reuniões públicas; seus esforços deviam ser concentrados no trabalho de casa em casa. Em todos os lugares, convinha que aceitassem a hospitalidade dos que os recebessem como se estivessem hospedando o próprio Cristo. Deviam entrar na casa com a simpática saudação: "Paz a esta casa" (Lc 10:5). Essa casa seria abençoada por suas orações, seus cânticos de louvor e a leitura das Escrituras junto à família. A mensagem que deviam levar era a palavra da vida eterna, e o destino de homens e mulheres dependia da aceitação ou rejeição a esse convite (ver Mt 10:14, 15).

Jesus disse: "Eu os estou enviando como ovelhas entre lobos. Portanto, sejam prudentes como as serpentes e simples como as pombas". Cristo não omitia sequer uma palavra de verdade, mas sempre as falava com amor. Nunca era rude, nunca magoava desnecessariamente uma pessoa sensível. Ele nunca repreendia a fraqueza humana. Condenava destemidamente a hipocrisia e a iniquidade, mas havia lágrimas na voz quando pronunciava Suas mais afiadas repreensões. Cada pessoa era preciosa aos Seus olhos.

Os servos de Cristo precisam de uma íntima comunhão com Deus para que, ao se irritarem com outros, o eu não se levante e despeje uma torrente de palavras que não sejam como o orvalho ou a garoa que refrescam as plantas ressequidas. Os servos de Deus devem ter os olhos fixos na amabilidade de Cristo. Só assim é que poderão apresentar o evangelho com o tato divino. E a pessoa cujo espírito lhe permite manter a gentileza ao lidar com pessoas ou circunstâncias difíceis poderá falar de maneira mais eficaz em favor da verdade do que qualquer argumento, não importa quão forte ele seja.

Devemos Enfrentar a Oposição

Continuando Suas instruções aos discípulos, Jesus disse: "Tenham cuidado [com os homens]". Não convinha que eles confiassem plenamente em quem não conhecia a Deus e revelassem seus planos a eles, pois isso daria vantagem aos que eram instrumentos de Satanás. Muitas vezes, ideias humanas conspiram contra os planos divinos. Deus é desonrado e o evangelho traído quando os Seus servos dependem do conselho de pessoas que não estão sob a direção do Espírito Santo.

"Os homens os entregarão aos tribunais [...] [e] vocês serão levados à presença de governadores e reis como testemunhas a eles e aos gentios" (Mt 10:17, 18). Os servos de Cristo serão levados perante pessoas poderosas, que nunca poderiam conhecer o evangelho de outra forma. Muitas vezes, a única maneira desses poderosos conhecerem o verdadeiro caráter dos discípulos de Cristo é por meio do testemunho dos que são levados ao tribunal por causa da sua fé, depois de terem sido falsamente acusados. "Naquela hora lhes será dado o que dizer", disse Jesus, "pois não serão vocês que estarão falando, mas o Espírito do Pai de vocês falará por intermédio de vocês" (v. 19, 20). Os que rejeitam a verdade se levantarão para acusar os discípulos, mas os filhos de Deus deverão revelar a mansidão de seu divino Exemplo. Fazendo assim, os governadores e o povo verão o contraste que existe entre os instrumentos de Satanás e os representantes de Cristo.

Não era preciso que os servos de Cristo preparassem um determinado discurso para ser apresentado quando fossem levados a julgamento, pois o Espírito Santo faria com que se lembrassem das verdades que se fizessem necessárias. O conhecimento obtido mediante o cuidadoso estudo das Escrituras brilharia na memória. Contudo, se algum deles tivesse negligenciado as palavras de Cristo, não poderia esperar que o Espírito Santo trouxesse as palavras do Mestre à memória.

O Que Fazer ao Vir a Perseguição

Os discípulos de Cristo seriam traídos até por seus familiares. "Todos odiarão vocês por Minha causa, mas aquele que perseverar até o fim será salvo" (v. 22). Jesus recomendou, no entanto, que eles não se expusessem à perseguição desnecessariamente. Ele mesmo, muitas vezes, saía de um campo de trabalho para outro a fim de fugir dos que queriam tirar-Lhe a vida. Os Seus servos não deviam desanimar por causa de perseguições, mas convinha que eles procurassem um lugar onde pudessem trabalhar pelas pessoas.

Qualquer que seja o perigo, os seguidores de Cristo não devem esconder seus princípios. Não podem permanecer sem se expor, esperando que haja segurança para, só então, ensinar a verdade. Jesus disse: "O que Eu lhes digo na escuridão, falem à luz do dia; o que é sussurrado em seus ouvidos, proclamem dos telhados" (v. 27).

Jesus nunca aceitou a paz para dar, em troca, a condescendência. Seu coração transbordava de amor por toda a raça humana, mas nunca tolerava os pecados dela. Ele era por demais amigo deles para ficar em silêncio enquanto seguiam em um rumo capaz de arruinar-lhes a alma. Os servos de Cristo são chamados para fazer o mesmo trabalho, e devem cuidar para, na tentativa de evitar conflitos, não comprometer a verdade. Nunca poderemos obter paz verdadeira se abrirmos mão dos princípios. E ninguém pode ser leal aos princípios sem provocar a oposição. Jesus disse para os Seus discípulos: "Não tenham medo dos que matam o corpo, mas não podem matar a alma" (v. 28). Seu único temor deve ser trair a verdade e, assim, trair a confiança com que Cristo os honrou.

Satanás trabalha para encher nosso coração de dúvida. Ele nos induz ao pecado para que, tendo pecado, nos consideremos demasiadamente maus para nos aproximar do nosso Pai celestial. O Senhor entende tudo isso. Jesus garante aos Seus discípulos a simpatia de Deus para com eles. Nenhum suspiro é emitido, nenhuma dor é experimentada, nenhuma mágoa atravessa o coração sem que isso toque o coração de Deus.

A Bíblia nos mostra Deus em Seu lugar alto e santo (Is 57:15), não ocioso e em solitário silêncio, mas cercado de milhares de seres santos à espera de fazer a vontade dEle. Por meio de canais que não podemos compreender, Ele está em comunicação ativa com cada canto do Seu domínio, inclusive com este minúsculo mundo onde vivemos. Deus Se inclina desde o Seu trono para ouvir o clamor do oprimido. A cada oração sincera Ele responde: "Estou aqui". Ele levanta o angustiado e desprezado. Em cada tentação e provação o anjo da Sua presença está por perto a fim de livrar.

Jesus continuou: "Se vocês Me reconhecerem diante dos homens, Eu reconhecerei vocês diante de Deus e dos santos anjos. Vocês devem ser Minhas testemunhas na Terra e Eu serei seu representante no Céu. O Pai não vê seu caráter defeituoso; Ele os vê vestidos com Minha perfeição. E todos os que têm parte no Meu sacrifício pelos perdidos terão parte na glória e alegria dos salvos".

Aqueles que testemunharem por Cristo deverão tê-Lo como hóspede permanente. Os discípulos podiam até falar com fluência sobre as doutrinas, mas se não tivessem a mansidão de Cristo, não O estariam representando. Um espírito contrário ao espírito de Cristo O negaria. As pessoas podem negar a Cristo falando mal dos outros, ou com conversas frívolas, ou com palavras mentirosas ou rudes. Podem negá-Lo ao se esquivarem das responsabilidades da vida, por se conformarem com o mundo, por uma conduta indelicada, pela justificação própria, por acariciar a dúvida e por ansiedades desnecessárias. "Aquele que Me negar diante dos homens, Eu também o negarei diante do Meu Pai que está nos céus" (v. 33).

O Salvador disse: "Não vim trazer paz, mas espada" (v. 34). Essa luta não é o efeito do evangelho, mas vem da oposição a ele. De todas as perseguições, a mais difícil de suportar é a que está na própria casa – o distanciamento dos nossos mais queridos amigos terrestres. Mas Jesus disse: "Quem ama seu pai ou sua mãe mais do que a Mim não é digno de Mim; quem ama seu filho ou sua filha mais do que a Mim não é digno de Mim. [...] Quem recebe vocês, recebe a Mim; e quem Me recebe, recebe Aquele que Me enviou" (v. 37-40). Cristo não deixará de recompensar qualquer ato de bondade feito em Seu nome. Ele inclui o mais frágil e humilde da família de Deus. "Se alguém der mesmo que seja apenas um copo de água fria a um destes pequeninos, porque ele é Meu discípulo, Eu lhes asseguro que não perderá a sua recompensa" (v. 42).

E assim o Salvador terminou Suas instruções. Os doze escolhidos foram embora e Ele saiu "para pregar boas-novas aos pobres; [...] para proclamar liberdade aos presos e recuperação da vista aos cegos, para libertar os oprimidos" (Lc 4:18).

38

Cristo e os Doze Tiram Férias*

Quando voltaram da viagem missionária, "os apóstolos reuniram-se a Jesus e Lhe relataram tudo o que tinham feito e ensinado". Então "Jesus lhes disse: 'Venham comigo para um lugar deserto e descansem um pouco'" (Mc 6:30, 31).

A intimidade dos discípulos com Jesus os deixava à vontade para Lhe contar sobre suas experiências positivas e negativas como evangelistas. À medida que iam contando suas experiências, Cristo via que eles precisavam de muitas instruções. Também viu que precisavam de descanso.

Ali onde estavam, não havia privacidade, pois "havia muita gente indo e vindo, a ponto de eles não terem tempo para comer" (v. 31). As pessoas tinham se aglomerado em volta de Cristo, ansiosas por serem curadas e prontas para ouvir Suas palavras. Para muitos, Ele era considerado a Fonte de todas as bênçãos.

Mas, nesse momento, Cristo desejava ficar longe das multidões porque Ele tinha muito a dizer aos discípulos. De quando em quando, em seu trabalho, eles ficaram bastante angustiados, querendo saber o que fazer. Precisavam, agora, ir para um lugar afastado onde pudessem conversar particularmente com Jesus e receber instruções para o trabalho futuro. Eles haviam se dedicado de corpo e alma ao trabalho pelas pessoas, e isso havia exaurido sua força física e mental. Era seu dever descansar.

Ao verem que seu trabalho tivera êxito, os discípulos estavam em perigo de creditar o sucesso a si mesmos, de nutrir o orgulho espiritual e de cair nas tentações de Satanás. Deviam aprender que sua força não estava neles mesmos, mas em Deus. Precisavam passar

* Este capítulo é baseado em Mateus 14:1, 2, 12, 13; Marcos 6:30-32; Lucas 9:7-10.

algum tempo com Cristo, com a natureza e com o próprio coração.

Foi mais ou menos nesse tempo que Jesus recebeu a notícia da morte de João Batista. Isso trouxe à Sua mente, de maneira clara, como terminaria o caminho pelo qual os Seus passos O estavam conduzindo. Sacerdotes e rabinos estavam à espreita; espiões O seguiam de perto; multiplicavam-se as conspirações visando à Sua destruição.

As notícias sobre Jesus e Seu trabalho chegaram a Herodes. "Este é João Batista", disse o tetrarca. "Ele ressuscitou dos mortos!" (Mt 14:2); e expressou o desejo de ver Jesus. Herodes estava em constante temor de que uma revolução pudesse derrubá-lo, quebrando o jugo imposto por Roma à nação judaica. Entre o povo, o espírito de revolta estava em todas as partes. Era evidente que o trabalho público de Cristo na Galileia não poderia continuar por muito tempo, e Ele teve o desejo de Se distanciar do tumulto das multidões por um pouco de tempo.

Com tristeza no coração, os discípulos de João haviam carregado seu corpo mutilado para que fosse enterrado. "Depois, foram contar isso a Jesus" (v. 12). Esses discípulos haviam sentido inveja de Cristo e duvidaram de Sua divina missão, pois Ele não tinha livrado o Batista. Mas agora, em sua grande tristeza, eles desejaram ser consolados, como também desejaram receber orientações quanto ao trabalho futuro. Eles foram a Jesus e fizeram da causa do Mestre sua própria causa.

No extremo norte do lago, havia uma região desabitada, embelezada com a relva verde da primavera. De barco, eles rumaram para esse local. O cenário da natureza era, por si só, repousante e restaurava os sentidos. Ali eles poderiam ouvir a Cristo sem as zangadas interrupções, réplicas e acusações dos escribas e fariseus.

O Descanso os Revitalizou

Cristo e Seus discípulos não dedicaram o tempo que passaram afastados de tudo em diversões e prazeres. Eles caminharam juntos, conversando sobre a obra de Deus, analisando as possibilidades para conseguirem maior eficácia. Cristo corrigiu os erros deles, deixando clara a maneira com que deviam se aproximar das pessoas. Eles foram energizados com o poder divino e inspirados com esperança e coragem.

Ao Jesus dizer que a seara era grande e os trabalhadores, poucos, Ele não estava incentivando que se trabalhasse sem parar. Ele disse: "Peçam, pois, ao Senhor da colheita que envie trabalhadores para a Sua colheita" (Mt 9:38). Deus não pretendia que uns poucos trabalhadores ficassem sobrecarregados de responsabilidades, e outros, sem nenhum fardo, nenhuma preocupação.

As palavras compassivas de Cristo se aplicam aos Seus trabalhadores hoje: "Venham [...] e descansem um pouco". Não há sabedoria em estar sempre sob o estresse de servir as pessoas em suas necessidades espirituais e, assim, negligenciar a piedade pessoal, sobrecarregando o corpo e a alma. Deus requer abnegação, mas devemos cuidar para que Satanás não se aproveite de nossas fraquezas humanas e o trabalho de Deus seja prejudicado.

Quando aumentam as atividades e somos bem-sucedidos ao fazer qualquer tipo de trabalho para Deus, existe a tendência de orar menos e ter menos fé. Perdemos de vista nossa dependência de Deus e procuramos fazer de nossa atividade um salvador. É o poder de Cristo que faz o trabalho. Devemos separar tempo para meditar, orar e estudar a Palavra. Somente o trabalho acompanhado de muita oração e santificado pelos méritos de Cristo mostrará ser eficaz ao final.

Nunca Ocupado Demais para Falar com Deus

Nenhuma outra vida foi tão atarefada como a de Jesus. No entanto, com que frequência Ele podia ser encontrado orando! Repetidas vezes encontramos registros como estes: "De madrugada, quando ainda estava escuro, Jesus levantou-Se, saiu de casa e foi para um lugar deserto, onde ficou orando". "Multidões vinham para ouvi-Lo e para serem curadas de suas doenças. Mas Jesus retirava-Se para lugares solitários, e orava". "Num daqueles dias, Jesus saiu para o monte a fim de orar, e passou a noite orando a Deus" (Mc 1:35; Lc 5:15, 16; 6:12).

O Salvador achava que era preciso afastar-Se de uma vida de atividades intermináveis e do contato com as necessidades humanas para passar tempo, sem interrupção, com Seu Pai. Sendo como nós, Ele era totalmente dependente de Deus. No lugar secreto onde orava, buscava a força divina para sair dali energizado para os deveres e provações. Jesus suportou as lutas e as torturas da alma. Era na comunhão com Deus que Ele podia Se desfazer do fardo de tristezas que O esmagava. Como homem, Ele levava Seus pedidos ao trono de Deus até que Sua humanidade ficava carregada com a corrente celestial que podia conectar humanidade com Divindade. Ele recebia vida de Deus a fim de dar vida ao mundo. Assim deve ser nossa experiência.

Se hoje dedicássemos tempo para ir a Jesus a fim de contar-Lhe nossas necessidades, não ficaríamos decepcionados. Ele é nosso maravilhoso Conselheiro (Is 9:6). Somos convidados a Lhe pedir sabedoria. Ele "a todos dá livremente, de boa vontade" (Tg 1:5).

Todos precisam de uma experiência pessoal para obter conhecimento da vontade de Deus. É preciso, de maneira individual, ouvi-Lo falando ao coração. Quando todas as demais vozes se calam e, em tranquilidade, esperamos diante do Senhor, o silêncio da alma deixa a Sua voz mais clara (ver Sl 46:10). Somente assim é que podemos encontrar o verdadeiro descanso. Os que, dessa maneira, são revigorados receberão um poder divino que alcançará o coração das pessoas.

39

"Deem Vocês Mesmos Comida a Eles"*

Aquele raro período de paz e tranquilidade não durou muito. Os discípulos pensavam que não seriam perturbados, mas assim que as multidões sentiram falta do divino Mestre, perguntaram: "Onde Ele está?" Alguns tinham reparado na direção que Ele e Seus discípulos haviam tomado. Muitos foram por terra; outros, em seus barcos para encontrá-los. Já se aproximava a Páscoa, e os que peregrinavam a Jerusalém foram se juntando para ver Jesus, até que havia cinco mil homens reunidos, sem contar mulheres e crianças.

Da encosta da colina, Jesus olhou para a multidão e "teve compaixão deles, porque eram como ovelhas sem pastor" (Mc 6:34). Deixando o Seu refúgio, Ele encontrou um lugar conveniente onde podia atendê-los.

O povo escutava as palavras de misericórdia do Filho de Deus, palavras que eram como um bálsamo ao coração. A cura vinda de Sua divina mão trouxe vida ao moribundo e alívio e saúde aos que sofriam de doenças. Naquele dia, foi como se o Céu estivesse na Terra, e os discípulos nem se deram conta de que já fazia muitas horas que o povo não comia.

Finalmente, o sol já se escondia no Oeste. O povo, no entanto, permaneceu por ali. Jesus tinha trabalhado o dia inteiro sem comer nem descansar, mas não conseguia Se afastar da multidão que se aglomerava em torno dEle.

Finalmente, os discípulos insistiram que Jesus, por amor ao próprio povo, o mandasse embora. Muitos não haviam comido desde as primeiras horas da manhã. Nas cidades e aldeias vizinhas, era possível comprar comida. Mas Jesus disse:

* Este capítulo é baseado em Mateus 14:13-21; Marcos 6:32-44; Lucas 9:10-17; João 6:1-13.

"Deem-lhes vocês algo para comer" (v. 37). Virando-Se para Filipe, perguntou: "Onde compraremos pão para esse povo comer?" (Jo 6:5). Ele disse isso para testar a fé do discípulo. Filipe olhou para o mar de gente diante deles e respondeu que 200 denários[1] de pão não seriam, nem de longe, o suficiente para que cada um recebesse um pouco.

Jesus quis, então, saber quanto havia de comida entre o povo. "Aqui está um rapaz", disse André, "com cinco pães de cevada e dois peixinhos, mas o que é isto para tanta gente?" (v. 9). Jesus pediu que eles Lhe trouxessem aquele alimento, e que os discípulos orientassem as pessoas para se sentarem sobre a grama em grupos de cinquenta e de cem, para que todos pudessem testemunhar o que Ele estava por fazer. Isso feito, Jesus "[tomou] os cinco pães e os dois peixes e, olhando para o céu, deu graças e partiu os pães. Em seguida, deu-os aos discípulos, e estes à multidão. Todos comeram e ficaram satisfeitos, e os discípulos recolheram doze cestos cheios de pedaços que sobraram" (Mt 14:19, 20). Aquele que mostrou para as pessoas o caminho da paz e da felicidade também mostrou que Se preocupava em satisfazer tanto as necessidades físicas delas quanto as necessidades espirituais.

Cristo nunca realizou um milagre a não ser para suprir uma necessidade genuína, e cada milagre tinha como objetivo levar as pessoas à árvore da vida. Aqueles alimentos simples distribuídos pelos discípulos continham um tesouro inteiro de lições. Jesus tinha fornecido uma refeição humilde; o peixe e o pão de centeio eram a comida diária dos pescadores. Cristo poderia ter servido uma refeição requintada, mas uma comida preparada somente para agradar o paladar não conteria uma lição para o bem deles. Ninguém jamais se deliciou com luxuosos banquetes da maneira como aquela gente desfrutou do descanso e da comida simples proporcionada por Cristo em um lugar tão distante das casas das pessoas e de seus recursos.

Se as pessoas hoje em dia cultivassem hábitos simples e vivessem em harmonia com as leis da natureza, haveria abundantes provisões para as necessidades da família humana. Haveria menos necessidades imaginárias e mais oportunidades para trabalhar em harmonia com o desejo de Deus. Mas o egoísmo e a complacência de gostos não naturais têm trazido pecado e miséria ao mundo.

Para a vasta multidão de pessoas cansadas e famintas aquela refeição

[1] Um denário, no mundo romano, era quanto recebia um operário por um dia de trabalho (ver Mt 20:1, 2).

simples era uma certeza não somente do poder de Jesus, mas do Seu terno cuidado por elas nas necessidades comuns da vida. O Salvador não prometeu luxo para os Seus seguidores. Sua alimentação pode ser simples, ou mesmo escassa; sua vida pode estar limitada pela pobreza, mas a palavra dEle é a garantia de que suas necessidades serão supridas, e Ele prometeu aquilo que é muito melhor que os bens do mundo – o consolo da Sua própria presença.

Na produção das safras da Terra, Deus está realizando um milagre a cada dia. Por meio de agentes naturais, Ele realiza o mesmo trabalho que Jesus realizou ao alimentar a multidão. As pessoas preparam o solo e lançam a semente, mas a vida que vem de Deus é que faz o grão germinar. É Deus quem alimenta milhões a partir dos campos de colheita da Terra. As pessoas atribuem a causas naturais ou a instrumentos humanos aquilo que se deve ao poder de Deus. Glorificam ao homem em lugar de Deus e fazem das Suas dádivas gratuitas uma maldição em vez de uma bênção. Deus quer que O reconheçamos em Suas dádivas. Era com esse fim que Cristo realizava Seus milagres.

Uma Valiosa Lição de Ecologia

Depois que a multidão se alimentou, houve grande sobra de comida. Mas Jesus disse: "Ajuntem os pedaços que sobraram. Que nada seja desperdiçado" (Jo 6:12). A lição era dupla: nada deve ser desperdiçado; tudo deve ser ajuntado para aliviar os famintos da Terra. O mesmo cuidado deve existir com as coisas espirituais. As pessoas que se beneficiaram daquele milagre queriam ter seus amigos em casa para compartilhar o pão que Cristo tinha abençoado. Da mesma forma, os que estiveram no banquete deviam dar aos outros o pão que vem do Céu, a fim de satisfazer a fome da alma. Eles deviam repetir o que haviam aprendido das coisas maravilhosas de Deus. Nada devia ser desperdiçado.

O milagre dos pães nos ensina a depender de Deus. Quando Cristo alimentou os cinco mil, não havia comida por perto. Ele Se encontrava em um lugar deserto. Mas sabia que a imensa multidão se sentiria faminta e debilitada, pois Ele era mais um, entre os demais, a sentir necessidade de comida. Estavam todos longe de casa e muitos não tinham dinheiro para comprar alimentos. A direção de Deus colocara Jesus onde Ele estava, e Ele dependia do Seu Pai celestial para os meios de suprir a necessidade.

Nós também somos dependentes de Deus. Não devemos nos colocar em dificuldades e utilizar mal as habilidades que Deus nos deu. Se ocorrer de sermos colocados em situações difíceis depois de ter seguido Suas orientações, devemos buscar ajuda nAquele que tem recursos infinitos ao Seu dispor. Ele ajudará cada um que entre em dificuldades por procurar seguir os caminhos do Senhor.

A Repetição da Descrença de André

Cristo nos instruiu: "Vão pelo mundo todo e preguem o evangelho a todas as pessoas" (Mc 16:15). No entanto, quantas vezes fracassamos na fé ao vermos quão grande é a necessidade e quão insignificantes os recursos que temos à mão. Como André, muitas vezes hesitamos por não estarmos dispostos a gastar e a ser gastos em favor de outros. Mas Jesus nos instruiu: "Deem vocês mesmos comida a eles". Por detrás da ordem dEle está o mesmo poder que alimentou a multidão na beirada do lago.

No ato de Cristo está envolvida uma profunda lição espiritual para todos os que fazem o trabalho dEle: Cristo recebeu do Pai e entregou para os discípulos. Estes, por sua vez, distribuíram para a multidão, e as pessoas, umas para as outras. Assim também todos os que estão unidos a Cristo receberão dEle o pão da vida e o darão a outros. Jesus pegou os pãezinhos e, embora houvesse apenas uma pequena porção para os Seus próprios discípulos, Ele não os convidou para comer, mas começou a distribuir o alimento entre eles, instruindo-os a servir o povo. A comida se multiplicou em Suas mãos. E quando os discípulos estendiam as mãos para Jesus, elas nunca ficavam vazias. Depois de alimentar o povo, Cristo e Seus discípulos comeram juntos da comida suprida pelo Céu.

Os discípulos foram o canal de comunicação entre Cristo e o povo. Tanto o mais inteligente quanto o mais espiritual só podem dar o que recebem. Nós só podemos compartilhar aquilo que recebemos de Cristo; e só podemos receber na medida em que compartilhamos com os outros. E quanto mais dermos, mais receberemos.

Com muita frequência os que trabalham para Cristo não conseguem perceber sua responsabilidade pessoal. Correm o perigo de transferir seus fardos para organizações em vez de confiar nAquele que é a Fonte de toda a força. O sucesso do trabalho para Cristo não depende tanto de talentos como da fé sincera e confiante. Em vez de transferir sua responsabilidade para alguém que você acha mais bem-dotado, trabalhe de acordo com a sua habilidade. Quando surgir em seu coração a pergunta:

"Onde compraremos pão para esse povo comer?", não permita que a sua resposta seja a da descrença. Quando falta o pão da vida às pessoas, deveríamos mandar que alguém distante venha alimentá-los? Cristo disse: "Mandem o povo assentar-se", e Ele os alimentou ali. Portanto, quando você estiver cercado de pessoas em necessidade, fique sabendo que Cristo está ali. Traga os seus pãezinhos para Jesus. O pouco que usarmos com sabedoria no serviço do Senhor será aumentado em cada ato de partilhar.

O Senhor diz: "Deem aos outros, e Deus dará a vocês". "E Deus, que dá a semente para semear e o pão para comer, também dará a vocês todas as sementes que vocês precisam. Ele fará com que elas cresçam e deem uma grande colheita, como resultado da generosidade de vocês. Ele fará com que vocês sejam sempre ricos para que possam dar com generosidade. E assim muitos agradecerão a Deus a oferta que vocês estão mandando por meio de nós" (Lc 6:38; 2Co 9:10, 11; NTLH).

40

Uma Noite no Lago*

A tarde já terminava quando, sentados sobre a relva que cobria a planície, o povo comeu o alimento providenciado por Cristo. O milagre dos pães tocou a todos naquela imensa multidão. Deus tinha alimentado o povo de Israel com maná no deserto; quem era esse que os havia alimentado naquele dia, senão Aquele predito por Moisés? E eles diziam uns aos outros: "Sem dúvida este é o Profeta que devia vir ao mundo" (Jo 6:14).

Aquele ato que tudo coroou trouxe a certeza de que o tão esperado Libertador estava entre eles. É este que fará da Judeia um paraíso na Terra, um lugar onde haveria muito leite e mel. Este é o que pode quebrar o poder dos odiados romanos. Este é o que pode curar os soldados feridos em batalha e suprir exércitos inteiros com alimento. É este o que pode dar a Israel o governo por tanto tempo almejado!

O povo estava pronto para coroá-Lo rei imediatamente. Notaram, contudo, que Jesus não fez nenhum esforço para atribuir a honra a Si mesmo, e temeram que Ele nunca afirmasse Seu direito ao trono de Davi. Depois de consultar uns aos outros, concordaram em tomá-Lo à força e proclamá-Lo Rei de Israel. Os discípulos se uniram à multidão na declaração de que o trono de Davi pertencia ao seu Mestre por uma questão de direito hereditário. Que os arrogantes sacerdotes e líderes religiosos sejam forçados a prestar honra ao que veio revestido da autoridade de Deus.

Jesus viu o que estava acontecendo e qual seria o resultado. Haveria violência e revolta logo em seguida, o que atrapalharia a obra do reino espiritual. Ele devia deter o movimento imediatamente. Chamando Seus discípulos, Jesus lhes disse que pegassem o barco e voltassem

* Este capítulo é baseado em Mateus 14:22-33; Marcos 6:45-52; João 6:14-21.

diretamente para Cafarnaum, deixando que Ele dispensasse o povo.

Nunca antes uma ordem de Cristo pareceu tão impossível de cumprir. Aquela parecia ser a oportunidade de ouro para estabelecer o tão amado Mestre no trono de Israel. Foi difícil para eles ir embora e deixar Jesus sozinho naquela praia deserta. Eles protestaram, mas Jesus agora falou com uma autoridade nunca antes demonstrada para com eles. Em silêncio, eles se voltaram para o lago.

Jesus, então, ordenou que a multidão se dispersasse. Sua atitude foi tão decidida que eles não ousaram desobedecer. No próprio ato de avançar para tentar agarrá-Lo, os passos deles foram detidos. O porte real de Jesus e Suas poucas e contidas palavras de comando frustraram os planos daqueles homens. Todos reconheceram que nEle havia um poder maior do que o de todas as autoridades terrenas e, sem questionar, se submeteram a Ele.

Depois que todos foram embora, Jesus "subiu sozinho a um monte para orar". Por horas, Ele orou pedindo poder para revelar ao povo o caráter divino da Sua missão, e para que Satanás não cegasse o entendimento deles nem distorcesse a maneira de verem as coisas. Ele sabia que Seus dias na Terra estavam quase terminando e que poucos O receberiam. Seus discípulos deveriam ser severamente provados; suas esperanças por tanto tempo nutridas seriam frustradas. Em vez de vê-Lo elevado ao trono de Davi, eles testemunhariam Sua crucifixão. Essa, na verdade, seria Sua verdadeira coroação, mas eles não entendiam isso, e, sem o Espírito Santo, a fé dos discípulos fracassaria. Jesus apresentou Seus pedidos por eles diante de Deus com amarga agonia e lágrimas.

Os discípulos não tinham zarpado imediatamente com o barco, pois esperavam que Jesus viesse com eles. Mas como estava escurecendo muito rápido, eles "entraram num barco e começaram a travessia para Cafarnaum" (Jo 6:17). Eles reclamaram porque Jesus não permitiu que O proclamassem rei. Ao mesmo tempo, se culpavam, pois achavam que poderiam ter realizado seu propósito se tivessem sido mais persistentes.

A descrença estava tomando conta da mente e do coração deles. O amor à honra os estava deixando cegos. Estavam ansiosos por ver Jesus exaltado do jeito que eles achavam que devia ser. Será que eles deviam ser sempre considerados seguidores de um falso profeta? Por que Jesus, com todo o poder que tinha, não Se revelava em Seu verdadeiro caráter, fazendo com que a vida deles fosse menos penosa? Por que Ele não salvara João Batista de morte tão violenta? Os discípulos continuaram racionalizando dessa maneira até trazerem grande escuridão espiritual sobre si mesmos. Eles se perguntavam: "Será que Jesus é mesmo um impostor como afirmam os fariseus?"

A Tormenta no Interior do Coração dos Discípulos

A lembrança daquele precioso e glorioso dia deveria tê-los enchido de fé e esperança, mas eles haviam se esquecido de tudo aquilo. Seus pensamentos eram tormentosos e nada razoáveis, e o Senhor deu a eles algo mais para afligir a alma e ocupar a mente. Deus, muitas vezes, faz isso quando as pessoas criam fardos e problemas para si mesmos. Os discípulos nem precisavam criar dificuldades: o perigo já se aproximava rapidamente.

Uma violenta tempestade vinha se aproximando em silêncio, e eles estavam despreparados para ela. Quando o temporal se abateu, eles tiveram medo. Esqueceram seus ressentimentos, descrença e impaciência. Cada um se esforçava para evitar que o barco afundasse. Com tempo bom, aquela viagem levava apenas umas poucas horas, mas agora, eles estavam sendo levados para longe do porto desejado. Eles remaram até as 3 horas da manhã. Então, exaustos, se deram como perdidos. Em seu desamparo, desejaram a presença do seu Senhor.

Da praia, a Sentinela viu os amedrontados homens lutando contra a tempestade. Com grande preocupação, Seus olhos acompanhavam o barco açoitado pelas ondas e sua preciosa carga, pois aqueles homens deviam ser a luz do mundo. Quando o coração foi subjugado e suas ambições profanas, silenciadas, eles clamaram por socorro e seu clamor foi atendido.

No momento em que viram que estavam perdidos, o clarão de um relâmpago revelou uma figura misteriosa que se aproximava andando sobre a água. Eles acharam que Aquele que viera socorrê-los era um inimigo. O terror tomou conta deles. As mãos que se agarravam aos remos com músculos de ferro agora os soltaram. O barco balançava ao sabor das ondas; todos os olhos estavam fixos no vulto do homem que andava sobre as ondas revoltas do espumante mar.

Eles acharam que era um fantasma a sinalizar sua destruição, e gritaram de medo. Jesus continuou andando como se fosse passar de largo, mas eles O reconheceram e imploraram que Ele os socorresse. Sua voz fez calar o medo: "Sou Eu. Não tenham medo!" (Mt 14:27).

Assim que puderam crer nesse fato maravilhoso, Pedro exclamou: "Senhor, [...] se és Tu, manda-me ir ao Teu encontro por sobre as águas" (v. 28). E Jesus respondeu: "Venha" (v. 29).

A Exaltação Própria de Pedro e Sua Queda

Enquanto olhava para Jesus, Pedro andava com segurança. Porém, ao olhar para trás, na direção de seus companheiros no barco, seus olhos se desviaram do Salvador. As ondas eram altas e ele teve medo. Por um momento, Cristo ficou fora do seu campo de visão e a fé cedeu. Ele começou a afundar. Com o ruído das ondas a anunciar sua morte, Pedro ergueu o olhar das águas furiosas e gritou: "Senhor, salva-me!" Jesus agarrou a mão estendida dizendo: "Homem de pequena fé, por que você duvidou?" (v. 31).

Depois de caminharem lado a lado, a mão de Pedro segurando a do Mestre, os dois subiram, juntos, no barco. Pedro agora estava rendido e calado. Por causa da descrença e do orgulho ele quase perdera a vida.

Quando vêm os problemas, quantas vezes olhamos para as ondas em vez de manter o olhar fixo no Salvador! As orgulhosas águas cobrem nossa alma. Jesus não nos chama para segui-Lo só para, depois, nos abandonar. "Não tema, pois Eu o resgatei; Eu o chamei pelo nome; você é Meu. Quando você atravessar as águas, Eu estarei com você; quando você atravessar os rios, eles não o encobrirão. [...] Eu sou o Senhor, o seu Deus, o Santo de Israel, o seu Salvador" (Is 43:1-3).

Nesse incidente no mar, Jesus quis revelar para Pedro que sua única segurança estava na constante dependência do poder divino. Em meio às tormentas da tentação, ele só podia andar em segurança ao confiar no Salvador. Pedro era fraco. Se tivesse aprendido a lição na experiência pela qual passou no lago, ele não teria fracassado quando teve que encarar a grande prova.

Dia após dia, Deus instrui Seus filhos. Por meio das circunstâncias da vida diária, Ele os prepara para desempenhar a parte que lhes cabe no cenário mais amplo para o qual a Sua sabedoria os indicou. Podemos entender agora que nossos pés estão seguros e que nunca seremos abalados. Confiantes, podemos dizer: "Nada pode abalar minha fé em Deus e em Sua palavra". No entanto, Satanás está planejando se aproveitar dos nossos defeitos herdados e cultivados. Somente podemos andar em segurança se percebermos nossas fraquezas e olharmos fixamente para Jesus.

Assim que Jesus tomou Seu lugar dentro do barco, o vento se acalmou "e logo chegaram à praia para a qual se dirigiam" (Jo 6:21). Os discípulos e os demais que estavam a bordo se prostraram aos pés de Jesus dizendo: "Verdadeiramente Tu és o Filho de Deus" (Mt 14:33).

41

Crise na Galileia*

Cristo sabia que havia chegado a um ponto decisivo em Sua história. Multidões que hoje queriam elevá-Lo ao trono, amanhã se afastariam dEle. A frustração de suas ambições egoístas transformaria o amor em ódio e o louvor em maldição.

Jesus, no entanto, não tentou evitar a crise. Desde o começo, Ele não acenara aos Seus seguidores com alguma esperança de recompensa terrestre. Muitos dos que agora estavam ligados a Ele tinham sido atraídos pela esperança de um reino secular. Esses deviam ser esclarecidos.

Na manhã seguinte, bem cedo, um grande número de pessoas já se aglomerava em Betsaida. Os que haviam deixado Jesus na noite anterior retornaram, esperando ainda encontrá-Lo ali, pois não havia um barco com o qual Ele pudesse passar para o outro lado do lago. Mas a busca deles não deu em nada.

Enquanto isso, Jesus já havia chegado ao mar da Galileia, depois de Se ausentar por apenas um dia. Os que vieram de Betsaida ficaram sabendo, pelos discípulos, como Ele havia atravessado o lago. Os discípulos descreveram fielmente tudo o que tinha acontecido para a atônita multidão: a fúria da tormenta, as muitas horas de ventos adversos, Cristo andando sobre a água, Suas palavras de ânimo, a aventura de Pedro, a súbita calmaria e a chegada do barco à praia. Muitos não se contentaram com isso e esperaram para ouvir dos lábios do próprio Cristo uma nova narrativa do milagre.

Jesus não satisfez a curiosidade deles. Pesaroso, Ele disse: "A verdade é que vocês estão Me procurando, não porque viram os sinais miraculosos, mas porque comeram os pães e ficaram satisfeitos. Não trabalhem pela comida que se estraga, mas pela comida que permanece para a vida eterna" (Jo 6:26, 27). Não procurem

* Este capítulo é baseado em João 6:22-71.

apenas benefícios materiais, mas o alimento espiritual.

Por um momento, isso despertou o interesse dos ouvintes. "O que precisamos fazer para realizar as obras que Deus requer?" (v. 28). O que a pergunta queria dizer era: "O que devemos fazer para merecer o Céu? Que preço precisamos pagar a fim de obter a vida por vir?"

Jesus respondeu: "A obra de Deus é esta: crer nAquele que Ele enviou" (v. 29). O preço do Céu é Jesus. O caminho para o Céu é a fé no Cordeiro de Deus.

Esperanças Egoístas Não Realizadas

Jesus tinha feito exatamente o trabalho que a profecia havia predito que o Messias faria; porém, o povo não tinha visto o que as suas esperanças egoístas haviam imaginado ser o trabalho dEle. Nos dias de Moisés, Israel havia sido alimentado com o maná por 40 anos, e eles esperavam bênçãos muito maiores do Messias. Por que Jesus não poderia dar saúde, força e riquezas para todo o Seu povo e livrá-lo de seus opressores, dando-lhe poder e honra? Ele alegava ser o Enviado de Deus, mas Se recusava a ser o rei de Israel. Isso era um mistério que eles não podiam desvendar. Será que Ele não se atrevia a reivindicar Seus direitos porque Ele mesmo teria dúvidas sobre o caráter divino de Sua missão?

Com algum sarcasmo, um rabino perguntou: "Que sinal miraculoso mostrarás para que O vejamos e creiamos em Ti? Que farás? Os nossos antepassados comeram o maná no deserto; como está escrito: 'Ele lhes deu a comer pão dos céus'".

"Declarou-lhes Jesus: 'Digo-lhes a verdade: Não foi Moisés quem lhes deu pão do céu'" (v. 30-32). Aquele que havia dado o maná estava ali no meio deles. O próprio Cristo tinha guiado os hebreus e os alimentado diariamente com pão enviado do Céu. Esse alimento era um símbolo do verdadeiro Pão do Céu. O Espírito que dá vida é o verdadeiro Maná. "Pois o pão de Deus é Aquele que desceu do Céu e dá vida ao mundo" (v. 33).

Ainda achando que se tratava de alimento material, alguém exclamou: "Senhor, dá-nos sempre desse pão!" Jesus então falou claramente: "Eu sou o pão da vida" (v. 34, 35).

Moisés tinha dito: "Nem só de pão viverá o homem, mas de toda palavra que procede da boca do Senhor" (Dt 8:3). E Jeremias escreveu: "Quando as Tuas palavras foram encontradas eu as comi; elas são a minha alegria e o meu júbilo" (Jr 15:16). Os ensinamentos dos profetas deixaram clara a lição espiritual contida no milagre dos pães. Se os ouvintes de Cristo na sinagoga tivessem compreendido as Escrituras, também teriam compreendido as palavras que Ele falou: "Eu sou o pão da vida". Assim como a multidão havia recebido a força física vinda do pão que Ele lhes dera no dia anterior, também poderiam receber força espiritual, para a vida eterna, vinda de Cristo. "Aquele que vem a Mim", Ele disse, "nunca terá fome; aquele que crê em Mim nunca terá sede". Mas acrescentou: "Vocês Me viram, mas ainda não creem" (Jo 6:35, 36).

Eles tinham visto a Cristo pelo testemunho do Espírito Santo, pela revelação de Deus ao coração. As evidências vivas do Seu poder estavam na frente deles dia após dia e, mesmo assim, pediram outro sinal. Se não se convenciam pelo que haviam visto e ouvido, seria inútil lhes mostrar obras mais maravilhosas. A descrença sempre encontrará desculpa para a dúvida e tratará de explicar a mais contundente evidência.

Novamente, Cristo apelou para aqueles corações obstinados: "Todo o que o Pai Me der virá a Mim, e quem vier a Mim Eu jamais rejeitarei" (v. 37). Todos os que O recebessem pela fé, Ele disse, teriam vida eterna. As pessoas não precisavam mais chorar em desespero por seus mortos. "E esta é a vontade dAquele que Me enviou: que Eu não perca nenhum dos que Ele Me deu, mas os ressuscite no último dia. Porque a vontade de Meu Pai é que todo o que olhar para o Filho e nEle crer tenha a vida eterna, e Eu o ressuscitarei no último dia" (v. 39, 40).

Mas os líderes se ofenderam. "Este não é Jesus, o filho de José? Não conhecemos Seu pai e Sua mãe? Como Ele pode dizer: 'Desci do Céu'?" (v. 42). Ao se referirem sarcasticamente à origem humilde de Jesus, estavam se referindo com desdém à Sua família como sendo pobre e humilde. As declarações desse inculto carpinteiro, diziam, não merecem atenção. Por causa do Seu misterioso nascimento, insinuavam que Ele era de filiação duvidosa.

Jesus não tentou explicar o mistério do Seu nascimento, como também não deu nenhuma resposta para as perguntas sobre a travessia que fizera no mar. Voluntariamente, Ele desprezou a fama e tomou a forma de servo. Mas Suas palavras e obras revelaram Seu caráter.

O preconceito dos fariseus tinha origem na inflexibilidade do coração deles. Cada palavra e ato de Jesus os deixavam com raiva, pois o espírito que nutriam não achava eco nEle.

"Ninguém pode vir a Mim, se o Pai, que Me enviou, não o atrair. [...] Está escrito nos Profetas: 'Todos serão ensinados por Deus'. Todos os que ouvem o Pai e dEle aprendem vêm a

Mim" (v. 44, 45). Ninguém jamais virá a Cristo, exceto aqueles que responderem à força de atração do amor do Pai. Deus está atraindo todos os corações para Si. Somente os que resistem ao Seu chamado se recusam ir a Cristo. Os que tinham aprendido de Deus escutaram a voz do Seu Filho e, em Jesus de Nazaré, eles reconheceriam Aquele que havia mostrado o Pai.

Quando Começa o Céu

"Asseguro-lhes que aquele que crê tem a vida eterna". E Jesus disse: "Eu o ressuscitarei no último dia". Cristo Se tornou carne conosco para que pudéssemos nos tornar espírito com Ele. Como resultado dessa união, nos levantaremos da sepultura, porque, por meio da fé, Sua vida Se tornou nossa. Os que veem a Cristo e O recebem no coração têm vida eterna. É por meio do Espírito que Cristo habita em nós; e o Espírito de Deus, recebido pela fé, é o começo da vida eterna.

O maná que os pais comeram no deserto não evitou que eles morressem nem garantiu para eles a imortalidade, mas o pão do Céu alimentaria a alma pela eternidade. O Salvador disse: "Eu sou o pão vivo que desceu do Céu. Se alguém comer deste pão, viverá para sempre". Somente por meio da morte é que Cristo poderia nos dar vida, e Ele aponta para a Sua morte como o meio de salvação: "Este pão é a Minha carne, que Eu darei pela vida do mundo" (v. 51).

Os judeus não reconheciam no símbolo do cordeiro pascoal o corpo do Senhor. As palavras de Cristo ensinavam a mesma verdade, porém, mesmo assim, o povo não as reconhecia.

Os rabinos, então, exclamaram raivosamente: "Como pode este homem nos oferecer a Sua carne para comermos?" (v. 52). De certa forma, eles entenderam o que Jesus queria dizer, no entanto, interpretando mal Suas palavras, esperavam incentivar o preconceito do povo contra Ele.

Cristo repetiu a mesma verdade em uma linguagem ainda mais forte: "Eu lhes digo a verdade: Se vocês não comerem a carne do Filho do homem e não beberem o Seu sangue, não terão vida em si mesmos. Todo o que come a Minha carne e bebe o Meu sangue tem a vida eterna, e Eu o ressuscitarei no último dia. Pois a Minha carne é verdadeira comida e o Meu sangue é verdadeira bebida. Todo o que come a Minha carne e bebe o Meu sangue permanece em Mim e Eu nele" (v. 53-56).

O que o alimento é para o corpo, Cristo precisa ser para a alma. O alimento não pode trazer benefício, a menos que se torne parte do nosso ser. Em termos espirituais, um conhecimento teórico não nos fará bem algum. Precisamos nos alimentar de Cristo. Precisamos assimilar Sua vida, Seu amor e Sua graça.

"Da mesma forma como o Pai que vive Me enviou e Eu vivo por causa do Pai, assim aquele que se alimenta de Mim viverá por Minha causa" (v. 57). Jesus estava tão plenamente entregue à vontade de Deus que unicamente o Pai era revelado em Sua vida. Embora tentado, como nós, em todas as coisas, Ele não Se contaminou com o mal que O rodeava. Assim como Cristo venceu, também nós devemos vencer.

Você é um seguidor de Cristo? Então, ao unir-se a Jesus, você pode alcançar todas as promessas da Bíblia relativas à vida espiritual. O seu primeiro amor esfriou? Aceite o amor de Cristo outra vez. Coma da Sua carne, beba do Seu sangue, e você se tornará um com o Pai e com o Filho.

Pela lei cerimonial, os judeus eram proibidos de provar sangue, e agora eles distorceram a linguagem de Cristo dando a ela o sentido de sacrilégio. Até alguns discípulos disseram: "Dura é essa palavra. Quem pode suportá-la?" (v. 60).

O Salvador respondeu: "Isso os escandaliza? Que acontecerá se vocês virem o Filho do homem subir para onde estava antes! O Espírito dá vida; a carne não produz nada que se aproveite. As palavras que Eu lhes disse são espírito e vida" (v. 61-63).

Vida na Palavra

A vida de Cristo, a qual dá vida ao mundo, está em Sua palavra. Por Sua palavra Jesus curou doenças e expulsou demônios; por Sua palavra Ele acalmou o mar e ressuscitou mortos. A Bíblia inteira é uma revelação de Cristo, e o Salvador queria firmar a fé dos Seus seguidores na Palavra. Quando Sua presença visível fosse retirada, a Palavra deveria ser a fonte do poder deles.

Assim como o alimento sustenta a vida física, também a Palavra de Deus sustenta a vida espiritual. Assim como por nós mesmos devemos nos alimentar, também por nós mesmos devemos receber a Palavra. É preciso estudar cuidadosamente a Bíblia pedindo a Deus que, por meio do Espírito Santo, nos ajude a entender Sua Palavra. Devemos escolher um verso, descobrir o pensamento que Deus colocou nesse verso para nós e nos demorar meditando nele até que se torne nosso.

Em Suas promessas e advertências, Jesus Se dirige a mim. Deus amou tanto o mundo que deu Seu Filho para que *eu*, por crer nEle, não pereça, mas tenha a vida eterna. As experiências relatadas na Palavra de Deus devem ser minhas experiências. A oração e a promessa são minhas. "Fui crucificado com Cristo. Assim, já não sou eu quem vive, mas Cristo vive em mim. A vida que agora vivo no corpo, vivo-a pela fé no Filho de Deus, que me amou e Se entregou por mim" (Gl 2:20). À medida que a fé absorve os princípios da verdade, eles se tornam uma parte do ser e o poder dominador da vida. A Palavra molda os pensamentos e entra no desenvolvimento do caráter.

Deus fará revelações preciosas para o Seu povo faminto e sedento. Ao se alimentarem de Sua Palavra, eles descobrem que ela é espírito e vida. A Palavra destrói a natureza terrena e dá nova vida em Cristo. O Espírito Santo vem como Consolador. Pela graça de Deus, o discípulo se torna uma nova criatura. O amor toma o lugar do ódio e o coração adquire a semelhança divina. Isso é comer o Pão que vem do Céu.

Cristo conhecia o caráter dos que afirmavam ser Seus discípulos, e Suas palavras testavam a fé deles. Ele declarou que os discípulos deviam crer e agir de acordo com Seus ensinamentos e ser moldados de acordo com Seu caráter. Isso envolvia abandonar as ambições que haviam alimentado. Requeria uma entrega completa a Jesus. Eles foram chamados para se tornar pessoas abnegadas, mansas e humildes de coração, e para andar pelo caminho estreito trilhado pelo Homem do Calvário.

As Palavras de Cristo Alienam Muitos

A prova era por demais severa. O entusiasmo daqueles que queriam agarrar Jesus à força e fazê-Lo Rei esfriou. O discurso da sinagoga tinha aberto seus olhos. Nenhuma recompensa terrena viria por causa da ligação com Ele. Eles haviam acolhido o poder que Ele tinha de fazer milagres, mas não puderam concordar com Sua vida de sacrifício próprio. Se não fosse para Jesus obter a libertação do jugo romano, então eles não queriam nada com Ele.

Jesus disse claramente para eles: "Há alguns de vocês que não creem", acrescentando: "É por isso que Eu lhes disse que ninguém pode vir a Mim, a não ser que isto lhe seja dado pelo Pai" (Jo 6:64, 65). Se não eram atraídos para Ele, era porque o coração deles não estava aberto para o Espírito Santo.

Com essa repreensão pública por causa da descrença desses discípulos, eles ficaram ainda mais alienados de Jesus. Querendo ferir o Salvador e mostrar simpatia ao ódio dos fariseus, viraram as costas para Ele e, com desdém, O deixaram. Sua escolha estava feita: não andariam mais com Jesus.

Mediante as palavras da verdade, a palha estava sendo separada do trigo (ver Mt 3:12). Muitos se afastaram por se considerarem demasiado justos para receber repreensões. As pessoas são provadas hoje da mesma forma como esses discípulos foram provados na sinagoga de Cafarnaum. Quando a verdade chega ao coração, elas veem a necessidade de uma mudança completa, mas não estão dispostas a assumir a tarefa da renúncia. Vão embora ofendidas e se queixando: "Dura é essa palavra. Quem pode suportá-la?"

A Verdade Não é Bem-vinda

Quando as multidões comparecem e milhares são alimentados, as pessoas gritam em triunfo e suas vozes ressoam forte no louvor. Mas quando o Espírito de Deus revela o pecado e as convida a abandoná-lo, elas viram as costas para a verdade.

Quando aqueles discípulos alienados se afastaram de Cristo, um espírito diferente passou a controlá-los. Já não conseguiam ver nada de atraente nAquele que, antes, tanto lhes interessara. Interpretaram mal Suas palavras, falsificaram Suas declarações e atacaram Seus motivos, juntando cada item que pudesse ser usado contra Ele. Esses relatos falsos causaram tanta indignação, que Sua vida passou a correr perigo.

A notícia de que o próprio Jesus de Nazaré admitia não ser o Messias se espalhou rapidamente. Isso fez com que o sentimento popular se voltasse contra Ele na Galileia, como havia ocorrido na Judeia no ano anterior. Israel rejeitou seu Salvador porque eles queriam a água que perece, não a que dura eternamente.

Com dor no coração, Jesus viu os que haviam sido Seus discípulos indo embora. Sua compaixão não fora apreciada, Seu amor, não retribuído, Sua salvação, rejeitada. Essas coisas O encheram de uma tristeza inexprimível. Acontecimentos como esse fizeram dEle um homem de tristeza e familiarizado com o sofrimento (ver Is 53:3).

Sem tentar deter os que partiam, Jesus virou-Se para os doze e disse: "Vocês também não querem ir?"

Pedro respondeu dizendo: "Senhor, para quem iremos? Tu tens as palavras de vida eterna. Nós cremos e sabemos que és o Santo de Deus" (Jo 6:68).

"Para quem iremos?" Nunca antes na vida deles os discípulos tiveram tanta paz e alegria como depois que aceitaram a Cristo. Como poderiam, então, voltar para os que zombaram e perseguiram o Amigo dos pecadores?

"Para quem iremos?" Para as trevas da descrença e a perversidade do mundo? Pedro expressou a fé dos discípulos – "[Tu] és o Santo de Deus". Ficar sem um Salvador era ficar à deriva em um mar escuro e revolto.

Cada palavra e ato de Jesus tinham um propósito definido na obra da redenção. Embora não possamos compreender agora os caminhos de Deus, podemos reconhecer Seu grande amor, o qual motiva Seu trato com a humanidade. Aquele que vive próximo a Jesus reconhecerá a misericórdia que testa o caráter e ilumina as intenções do coração.

Amor Revelado em Tudo

Jesus sabia qual seria o resultado de Suas palavras. Ele previu que Sua agonia no Getsêmani, Sua traição e crucifixão, seriam a mais difícil prova para os Seus amados discípulos. Se não tivessem sido provados anteriormente, muitos dos que eram guiados por motivos meramente egoístas ainda estariam com Jesus e os discípulos. Quando seu Senhor fosse condenado; quando a multidão que O havia aclamado como seu Rei O vaiasse e insultasse; quando a escarnecedora turba gritasse "Crucifica-O!", esses interesseiros, renunciando sua fidelidade a Jesus, teriam trazido amarga e profunda tristeza aos discípulos, o que só acrescentaria dor e decepção por verem suas mais caras esperanças em ruínas. O exemplo dos que deram as costas ao Salvador poderia ter arrastado outros com eles. Jesus provocou essa crise enquanto ainda podia fortalecer a fé dos Seus verdadeiros seguidores com Sua presença.

Quanta compaixão do Redentor! Conhecendo plenamente o destino que O esperava, Ele, ternamente, suavizou o caminho para os discípulos, preparando-os para a maior provação da vida deles e fortalecendo-os para o teste final!

Arrancados Pelas Raízes*

A missão dos doze mostrou que o trabalho de Cristo estava se expandindo e isso reacendeu o ciúme dos líderes de Jerusalém. Os espiões que eles tinham enviado para Cafarnaum, ainda na primeira parte do ministério de Cristo, não haviam sido páreos para Jesus, mas agora outra delegação fora enviada para observar Seus movimentos e achar alguma acusação contra Ele.

Como antes, a base da queixa era que Jesus desprezava as regras tradicionais supostamente elaboradas para ajudar as pessoas a não quebrar a lei. Entre as regras por eles impostas, a da purificação cerimonial era a mais severa. Eles afirmavam que negligenciar as formalidades a serem observadas antes de comer era um grande pecado.

Os que tentavam observar as exigências dos rabinos achavam a vida uma interminável luta contra a contaminação cerimonial. Enquanto as pessoas se ocupavam em obedecer tais trivialidades, a atenção delas se desviava dos grandes princípios contidos na lei de Deus.

Cristo e Seus discípulos não observavam o costumeiro rito de lavar as mãos antes de comer. Os espiões, entretanto, não fizeram um ataque direto a Cristo. Em vez disso, O procuraram a fim de criticar os discípulos. "Por que os Seus discípulos transgridem a tradição dos líderes religiosos? Pois não lavam as mãos antes de comer!" (Mt 15:2).

Jesus não tentou Se defender, nem aos discípulos, e, utilizando um exemplo daquilo que eles mesmos faziam repetidas vezes, passou a mostrar o espírito que guiava aqueles apaixonados defensores de ritos humanos. Ele disse: "Vocês estão sempre encontrando uma boa maneira para pôr de lado os mandamentos de Deus, a fim de obedecer às suas tradições! Pois Moisés disse: 'Honra

* Este capítulo é baseado em Mateus 15:1-20; Marcos 7:1-23.

teu pai e tua mãe', e 'quem amaldiçoar seu pai ou sua mãe terá que ser executado'. Mas vocês afirmam que se alguém disser a seu pai ou a sua mãe: 'Qualquer ajuda que vocês poderiam receber de mim é Corbã', isto é, uma oferta dedicada a Deus, vocês o desobrigam de qualquer dever para com seu pai ou sua mãe" (Mc 7:9-12). Um filho desobediente só tinha que pronunciar a palavra *Corbã* sobre seus bens para que pudesse ficar com eles o resto da vida. Depois de sua morte, esses bens seriam doados para os serviços do templo. Dessa forma, ele evitava desonrar e defraudar seus pais, sob o disfarce de uma pretensa devoção a Deus.

Jesus falou bem da mulher pobre que deu tudo o que tinha para a tesouraria do templo. Mas o zelo aparente dos sacerdotes e rabinos por Deus era apenas uma exibição para encobrir o desejo de exaltação própria. Nem os discípulos de Cristo estavam totalmente livres do jugo do preconceito e da autoridade dos rabinos. Revelando o verdadeiro espírito dos rabinos, Jesus tentava libertar todos os que queriam, de fato, servir a Deus.

"Hipócritas! Bem profetizou Isaías acerca de vocês, dizendo:

'Este povo Me honra com os lábios, mas o seu coração está longe de Mim. Em vão Me adoram; seus ensinamentos não passam de regras ensinadas por homens'" (Mt 15:7-9).

Cristo declarou que, ao colocarem suas exigências acima das leis divinas, os rabinos estavam se colocando acima de Deus. Jesus explicou que a contaminação não vem do exterior, mas do interior. Pureza e impureza são assuntos do coração.

A Ira dos Espiões

Os discípulos notaram a ira dos espiões e ouviram suas palavras de insatisfação e vingança pronunciadas em resmungos. Os doze foram falar com Cristo, esperando que Ele fizesse as pazes com os enfurecidos oficiais: "Sabes que os fariseus ficaram ofendidos quando ouviram isso?" (v. 12)

Ele respondeu: "Toda planta que Meu Pai celestial não plantou será arrancada pelas raízes" (v. 13). Os costumes e tradições que tinham tanto valor para os rabinos não passariam pelo teste de Deus. Toda invenção humana que as pessoas colocam no lugar dos mandamentos de Deus será achada sem nenhum valor no dia em que "Deus trará a julgamento tudo o que foi feito, inclusive tudo o que está escondido, seja bom, seja mal" (Ec 12:14).

Até entre os cristãos podemos encontrar instituições e práticas que não contam com um alicerce melhor do que as tradições dos antepassados. As pessoas se agarram às suas tradições e odeiam os que lhes mostram seus erros. Nesta época, quando o Céu nos instrui a chamar a atenção para os mandamentos de Deus e a fé de Jesus, vemos o mesmo ódio manifestado nos dias de Cristo. A respeito do povo remanescente de Deus, a Bíblia diz: "O dragão irou-se contra a mulher e saiu para guerrear contra o restante da sua descendência, os que obedecem aos mandamentos de Deus e se mantêm fiéis ao testemunho de Jesus" (Ap 12:17).

Mas "toda planta que Meu Pai celestial não plantou será arrancada pelas raízes". Em lugar da autoridade dos assim chamados pais da igreja, Deus nos pede para aceitar a palavra do Pai eterno, o Senhor do Céu e da Terra. Somente nEle é que podemos achar a verdade sem mistura de erro. "Em vão Me adoram; seus ensinamentos não passam de regras ensinadas por homens."

Cristo Derruba Barreiras Étnicas*

Depois do encontro com os fariseus, Jesus deixou Cafarnaum e atravessou a Galileia até chegar à região montanhosa que fazia fronteira com a Fenícia. Olhando na direção oeste, Ele podia ver as antigas cidades de Tiro e Sidom, com seus templos pagãos. Mais além, estava o mar Mediterrâneo, sobre o qual os mensageiros do evangelho deveriam levar as boas notícias às grandes metrópoles do império mundial. Seu trabalho agora era preparar os discípulos para a missão deles.

"Uma mulher cananeia natural dali veio a Ele, gritando: 'Senhor, Filho de Davi, tem misericórdia de mim! Minha filha está endemoninhada e está sofrendo muito'" (Mt 15:22). O povo daquela região, idólatra, era desprezado e odiado pelos judeus. A mulher que veio ver Jesus era pagã e, por isso, tinha sido excluída das vantagens desfrutadas diariamente pelos judeus.

As notícias do trabalho de Cristo haviam chegado àquela região. A mulher tinha ouvido falar do Profeta que, segundo diziam, curava todo tipo de doença. A esperança brotou em seu coração. Inspirada por amor maternal, decidiu Lhe apresentar seu caso. Ele curaria sua filha. Às vezes, ela era tentada a pensar: *O que esse Mestre judeu poderia fazer por mim?* Mas o que se falava era que Ele curava qualquer espécie de enfermidade, fossem ricos ou pobres os que viessem à procura de socorro.

Cristo sabia que a mulher desejava vê-Lo e colocou-Se no caminho dela. Ajudando a diminuir sua dor, Ele poderia dar um exemplo vivo da lição que pretendia ensinar. Foi por isso que havia levado os discípulos àquela região. Queria que eles vissem a ignorância existente nas cidades e

* Este capítulo é baseado em Mateus 15:21-28; Marcos 7:24-30.

povoados próximos de Israel. O povo a quem Deus havia dado a verdade não fez o menor esforço para ajudar os que estavam nas trevas. O muro de separação que o orgulho judeu tinha erguido isolou até os discípulos de qualquer simpatia com o mundo pagão. Jesus derrubaria esse muro.

Cristo recebeu aquela mulher, representante de uma etnia desprezada, com a atitude fria e sem compaixão com a qual os judeus tratariam um caso assim. Porém, a mulher não perdeu a fé. Quando Ele passou de largo, como se não a tivesse ouvido, ela O seguiu, continuando seus apelos. Incomodados, os discípulos pediram que Jesus a mandasse embora. Notaram que Jesus a tratara com indiferença, e imaginaram que o preconceito dos judeus contra os cananeus O agradava.

Mas o compassivo Salvador respondeu: "Eu fui enviado apenas às ovelhas perdidas de Israel" (v. 24). Embora a resposta parecesse confirmar o preconceito judeu, havia nela uma repreensão implícita aos discípulos. Mais tarde, eles entenderiam isso como um lembrete daquilo que o Mestre muitas vezes lhes dissera – que Ele veio ao mundo para salvar os que O aceitassem.

A mulher insistiu com maior veemência, prostrando-se aos pés de Cristo e clamando: "Senhor, ajuda-me!" Ainda aparentando rejeitar seus apelos, Jesus respondeu: "Não é certo tirar o pão dos filhos e lançá-lo aos cachorrinhos" (v. 26). Isso queria dizer, virtualmente, que não era correto desperdiçar com estrangeiros e adversários de Israel as bênçãos dadas ao povo favorecido por Deus. Essa resposta deveria desanimar completamente um interessado menos decidido. No entanto, ali a mulher viu que sua oportunidade havia chegado.

Por trás da aparente recusa de Jesus, ela viu uma compaixão que Ele não podia esconder: "Sim, Senhor, mas até os cachorrinhos comem das migalhas que caem da mesa dos seus donos" (v. 27). Nem os cães são deixados sem comer! Então, ainda que Deus tivesse dado tantas bênçãos a Israel, não haveria também uma bênção para ela? Já que ela tinha sido vista como um cão, não teria, portanto, o direito de ter pelo menos a migalha que cabia a um cão, resultado de Sua generosidade? Se pudesse, pelo menos, ter o privilégio de um cão, ela estava disposta a ser considerada como tal, e imediatamente reconheceu Jesus como o Redentor, alguém capaz de lhe fazer tudo o que pedia dEle.

Um Grande Argumento

O Salvador ficou satisfeito. Ele havia testado a fé da mulher. Havia demonstrado que ela, a quem outros consideravam pária de Israel, não era mais estrangeira, mas uma filha pertencente à família de Deus. Como tal, tinha o privilégio de ser participante das dádivas do Pai. Cristo assegurou o pedido dela e concluiu a lição para os discípulos. Virando-Se para ela com amor e piedade no olhar, disse: "Mulher, grande é a sua fé! Seja conforme você deseja" (v. 28). A partir daquele momento, a filha da mulher ficou boa. A mulher foi embora reconhecendo Jesus como seu Salvador, e feliz por Ele ter atendido a seu pedido.

Foi para esse milagre que Jesus foi até as fronteiras com Tiro e Sidom. Ele queria ajudar aquela mulher aflita e, ao mesmo tempo, deixar para os Seus discípulos um exemplo de misericórdia para quando Ele já não mais estivesse presente. Queria fazer com que eles se interessassem no trabalho por outros, além do seu próprio povo.

Jesus desejava revelar os profundos mistérios da verdade, de que os gentios deviam ser coerdeiros com os judeus e "coparticipantes da promessa em Cristo Jesus, [mediante o evangelho]". Ao recompensar a fé do centurião de Cafarnaum e pregar para o povo de Sicar, Ele já tinha dado provas de que não compartilhava da intolerância dos judeus. Mas agora Jesus colocou os discípulos em contato com uma pessoa pagã, que eles achavam não ter nenhuma razão para esperar o favor dEle. Mostraria que o Seu amor não seria limitado a uma etnia ou nação.

Ao dizer: "Eu fui enviado apenas às ovelhas perdidas de Israel", Ele declarou a verdade. Aquela mulher era uma das ovelhas perdidas que Israel deveria ter resgatado. Cristo estava fazendo o trabalho que eles negligenciaram.

Esse ato abriu a mente dos discípulos de maneira mais plena para o trabalho entre os gentios que logo deveriam realizar. Eles viram pessoas suportando sofrimentos nunca imaginados pelos mais favorecidos. Famintos pela verdade, eles desejavam receber ajuda do poderoso Médico. Depois, quando a morte de Cristo derrubou o muro de separação entre judeus e gentios, essa lição teve poderosa influência sobre os representantes de Cristo.

A visita do Salvador à Fenícia e o milagre que Ele realizou ali tiveram um propósito ainda mais amplo. Hoje, o mesmo orgulho e preconceito têm erguido sólidos muros de separação entre diferentes classes de pessoas. Muitos se sentem virtualmente excluídos do evangelho. Mas não devemos deixar que eles se sintam excluídos de Cristo.

Com fé, a mulher fenícia se lançou contra os muros erigidos entre judeus e gentios. A despeito das aparências e de ter sido desanimada, o que poderia ter causado dúvidas em sua mente, ela confiou no amor do Salvador. É assim que Cristo quer que confiemos nEle. As bênçãos da salvação são para cada ser humano. Nada, a não ser a escolha do indivíduo, pode impedir que qualquer pessoa se torne coparticipante da promessa em Cristo, mediante o evangelho.

Deus aborrece as castas. Aos Seus olhos, todas as pessoas têm igual valor. Ele "de um só fez [...] todos os povos, para que [...] O buscassem e talvez, [...] pudessem encontrá-Lo, embora não esteja longe de cada um de nós". Todos nós somos convidados a ir até Ele e ter vida. "O mesmo Senhor é Senhor de todos e abençoa ricamente todos os que O invocam, porque 'todo aquele que invocar o nome do Senhor será salvo'" (At 17:26, 27; Rm 10:12, 13).

44

O Verdadeiro Sinal*

Em Decápolis, onde Jesus havia curado o endemoninhado de Gergesa, o povo insistira para que Ele fosse embora dali. No entanto, eles ouviram os mensageiros que Ele deixou para trás. Ao voltar àquela região mais uma vez, uma multidão se juntou, e um homem que era surdo e gago foi trazido para Ele. Depois de separá-lo um pouco da multidão, Jesus colocou o dedo nos ouvidos do homem e tocou sua língua. Com um suspiro, pensou nos ouvidos que não se abririam para a verdade e nas línguas que se recusariam a reconhecer o Redentor. Ao comando "Abra-se", a fala do homem foi restaurada.

Jesus subiu a uma montanha, e ali as multidões se juntaram em volta dEle, trazendo seus doentes e coxos. Ele curou a todos. Embora fossem pagãos, eles glorificavam ao Deus de Israel. Por três dias eles se aglomeraram em torno do Salvador. À noite, dormiam a céu aberto; de dia, se comprimiam para chegar perto e ouvir as palavras de Cristo e ver Suas obras.

No terceiro dia, já não havia mais comida. Jesus não deixaria que eles fossem embora com fome, e pediu que os discípulos dessem de comer à multidão. Em Betsaida, eles tinham visto como seu pequeno estoque de comida havia sido suficiente para alimentar a grande multidão. Contudo, dessa vez eles não levaram para Ele tudo o que tinham, nem confiaram em Seu poder de multiplicar. Mais uma vez os discípulos revelaram sua descrença. Os que Ele alimentou em Betsaida eram judeus; estes eram gentios e pagãos. O preconceito judeu ainda era forte no coração dos discípulos. "Onde, neste lugar deserto, poderia alguém conseguir pão suficiente para alimentá-los?"

Mas, obedientes à Sua palavra, eles Lhe trouxeram o que tinham – sete pães e dois peixes. Ele alimentou

* Este capítulo é baseado em Mateus 15:29-39; 16:1-12; Marcos 7:31-37; 8:1-21.

a multidão, e ainda sobraram sete cestos cheios. Quatro mil homens, fora mulheres e crianças, foram revigorados dessa maneira.

Depois disso, Jesus atravessou o lago com Seus discípulos, chegando a Magdala. Na região fronteiriça com Tiro e Sidom, a notável confiança da mulher fenícia tinha confortado Seu coração. O povo pagão de Decápolis O havia recebido alegremente. Agora, ao aportar novamente na Galileia, onde havia realizado a maioria dos Seus atos de misericórdia, Ele foi recebido com desprezo e incredulidade.

Os Aristocratas Desafiam a Cristo

As duas seitas – fariseus e saduceus – tinham sido inimigas ferrenhas. No entanto, agora estavam unidas contra Cristo, pedindo um sinal do Céu. Quando Israel saiu para batalhar contra os cananeus, em Bete-Horom, o Sol tinha se detido ao comando de Josué. Os líderes exigiram de Jesus um sinal como esse. Nenhuma evidência externa, porém, traria benefício para eles.

"Hipócritas!", disse Jesus. "Quando a tarde vem, vocês dizem: 'Vai fazer bom tempo, porque o céu está vermelho', e de manhã: 'Hoje haverá tempestade, porque o céu está vermelho e nublado'. Vocês sabem interpretar o aspecto do céu, mas não sabem interpretar os sinais dos tempos!" (Mt 16:2, 3). Pronunciadas com o poder do Espírito Santo as próprias palavras de Cristo eram o sinal dado por Deus. O cântico dos anjos para os pastores, a estrela que guiou os magos, a voz vinda do Céu em Seu batismo eram testemunhas em favor dEle.

Ele suspirou profundamente e disse: "Uma geração perversa e adúltera pede um sinal miraculoso, mas nenhum sinal lhe será dado, a não ser o sinal de Jonas" (Mt 16:4). Assim como a pregação de Jonas foi um sinal para os habitantes de Nínive, também a pregação de Cristo era um sinal para a Sua geração. Mas que contraste na maneira como os dois grupos receberam a palavra! O povo da grande cidade pagã se humilhou. Juntos, os da alta sociedade e os simples clamaram ao Deus do Céu, e Ele lhes concedeu Sua misericórdia. "Os homens de Nínive se levantarão no juízo com esta geração e a condenarão", disse Cristo, "pois eles se arrependeram com a pregação de Jonas, e agora está aqui o que é maior do que Jonas" (Mt 12:41).

Cada milagre que Jesus realizava era um sinal da Sua divindade, mas, para os fariseus, essas obras de misericórdia eram uma enorme ofensa. Os líderes judeus olhavam com insensível indiferença para o sofrimento humano. Em muitos casos, a opressão por eles imposta era o que havia causado o sofrimento aliviado por Jesus. Assim, Seus milagres eram uma repreensão a eles.

A Verdadeira Evidência de que Cristo Veio de Deus

A maior evidência do caráter divino de Jesus é que Seus milagres foram a bênção da humanidade. Foi isso que levou os judeus a rejeitarem o Salvador. A vida de Cristo revelava o caráter de Deus. Ele fez a obra e falou as palavras de Deus. Uma vida como essa é o maior de todos os milagres.

Em nossos dias, muitos, como os judeus, dizem: "Mostre-nos um sinal; faça um milagre". Deus não nos concede poder para provar nossas afirmações ou satisfazer as exigências da descrença e do orgulho. Mas não é um milagre que possamos nos libertar do cativeiro de Satanás? A oposição a Satanás não é algo natural para o coração humano; ela é implantada pela graça de Deus. Quando alguém que já foi controlado por uma vontade inflexível e rebelde cede à atração dos agentes celestiais de Deus, ocorre um milagre. O mesmo acontece quando alguém que esteve dominado por um grave engano começa a entender a verdade moral. A mudança no coração humano e a transformação do caráter são milagres que revelam um Salvador que vive eternamente. Na pregação da Palavra de Deus, o sinal que deve estar evidente, agora e sempre, é a presença do Espírito Santo, a fim de que a Palavra seja um poder renovador para os ouvintes.

As pessoas que pediram um sinal para Jesus haviam endurecido o coração. Recusaram-se a ver que a missão dEle cumpria as Escrituras: "Se não ouvem a Moisés e aos Profetas, tampouco se deixarão convencer, ainda que ressuscite alguém dentre os mortos" (Lc 16:31).

Afastando-Se do grupo de críticos, Jesus subiu no barco com Seus discípulos. Em doloroso silêncio, outra vez atravessaram o lago. Chegando ao outro lado, Jesus disse: "Estejam atentos e tenham cuidado com o fermento dos fariseus e dos saduceus". Os judeus tinham aprendido a considerar o fermento como um símbolo do pecado. Ao sair tão repentinamente de Magdala, os discípulos tinham se esquecido de levar pão, e acharam que Cristo os estava avisando para não comprarem pão de um fariseu ou saduceu. A falta de compreensão espiritual deles muitas vezes os levava a entender mal as palavras de Jesus.

Agora, Jesus os repreendeu por acharem que, naquela solene advertência, Aquele que tinha alimentado milhares com alguns peixinhos e uns poucos pães poderia estar Se referindo à comida meramente temporal. Havia o perigo de que o raciocínio astuto dos fariseus e saduceus fermentasse Seus discípulos com a descrença.

Os discípulos ficaram inclinados a pensar que o Mestre devia ter atendido ao pedido por um sinal nos céus. Ele era capaz de fazer isso, e tal sinal calaria Seus inimigos. Eles não enxergaram a hipocrisia dos críticos. Meses mais tarde, Jesus repetiu o mesmo ensinamento: "Tenham cuidado com o fermento dos fariseus, que é a hipocrisia" (Lc 12:1).

Motivos Egoístas Levam ao Autoengano

O fermento atua sem ser notado, mudando a massa segundo sua própria natureza. Da mesma forma, se dermos lugar à hipocrisia em nosso ser, ela permeia o caráter e a vida. Um exemplo chocante era a prática do Corbã, pela qual as pessoas dissimulavam uma negligência do dever que tinham para com os pais por meio de uma pretensa liberalidade para com o templo. Os escribas e fariseus ocultavam a verdadeira tendência de suas doutrinas, incutindo-as de forma hábil, porém enganosa, na mente de seus ouvintes. Por causa desse falso ensinamento, o povo tinha dificuldade para receber as palavras de Cristo.

As mesmas influências estão operando por meio dos que tentam explicar a lei de Deus de maneira a moldá-la ao que eles fazem. Essas pessoas não atacam a lei abertamente. Elas lançam teorias especuladoras que minam seus princípios. A maneira como a explicam destrói sua força.

A hipocrisia dos fariseus era o produto do egoísmo. Era isso que os levava a distorcer e a fazer aplicações equivocadas das Escrituras. Até os discípulos corriam o risco de nutrir esse mal sutil. Os fariseus ora pendiam para a fé, ora para a descrença, e o raciocínio deles influenciava bastante os seguidores de Jesus. Nem mesmo os discípulos tinham, em seu interior, parado de ambicionar grandes coisas para si mesmos. Esse espírito motivou a disputa sobre quem seria o maior entre eles. Era o que os deixava apáticos à missão de sacrifício de Cristo. Assim como o fermento corrompe, também o espírito egoísta, quando abrigado, traz contaminação e ruína.

Assim como no passado, também hoje esse pecado sutil e enganador está muito difundido. Quantas vezes nosso serviço para Cristo é prejudicado pelo desejo secreto de exaltação própria! Quão rapidamente passamos a pensar na glória pessoal e a desejar a aprovação humana! O amor-próprio e o desejo de encontrar um caminho mais fácil do que o indicado por Deus nos levam a substituir os princípios divinos por teorias e tradições humanas.

A religião de Cristo é a própria sinceridade. O zelo pela glória de Deus é o motivo implantado pelo Espírito Santo, e só o poder de Deus pode expulsar o egoísmo e a hipocrisia. Essa mudança é o sinal de que Ele está agindo. Quando a fé que aceitamos destrói o egoísmo e a falsidade, levando-nos a buscar a glória de Deus e não a nossa, podemos saber que ela vem da fonte certa. "Pai, glorifica o Teu nome!" (Jo 12:28) foi o princípio predominante da vida de Cristo. Se O seguirmos, também será o nosso.

Prevendo a Cruz*

Mesmo antes de Cristo tomar sobre Si a humanidade, Ele viu toda a extensão do caminho que precisava trilhar para salvar o perdido. Cada dor que dilacerou Seu coração, cada insulto lançado sobre o Seu rosto, cada privação que teve que enfrentar, tudo isso Ele viu claramente antes de colocar de lado Sua coroa e vestes reais e descer do trono a fim de revestir Sua divindade com humanidade. Mesmo ciente da angústia pela qual devia passar, Ele disse: "Aqui estou! No livro está escrito a Meu respeito. Tenho grande alegria em fazer a Tua vontade, ó Meu Deus; a Tua lei está no fundo do Meu coração" (Sl 40:7, 8).

Sua vida na Terra foi cheia de trabalho e sacrifício, mas Ele era animado pela perspectiva de que, dando Sua vida, traria o mundo de volta à sua antiga lealdade a Deus. Ainda que precisasse primeiro receber o batismo de sangue; ainda que os pecados do mundo devessem pesar sobre o Seu ser inocente; ainda que pendesse sobre Ele uma indizível aflição, mesmo assim, considerando a alegria que tinha sido proposta, Ele escolheu sofrer a cruz.

Já se aproximava o momento em que os companheiros que Ele havia escolhido para o ministério precisariam ver Aquele a quem amavam e em quem confiavam ser pendurado na cruz do Calvário. Em breve, deveria deixá-los enfrentar o mundo sem o consolo de Sua presença visível. Eles seriam perseguidos pelo ódio e a incredulidade, e Jesus queria prepará-los para essas provações.

Jesus e Seus discípulos tinham entrado em uma das cidades vizinhas a Cesareia de Filipe. Estavam além das fronteiras da Galileia, em uma região onde predominava a idolatria. Ali puderam ver formas de superstição que existiam em todas as partes do mundo. Jesus queria que

* Este capítulo é baseado em Mateus 16:13-28; Marcos 8:27-38; Lucas 9:18-27.

a visão dessas coisas levasse os discípulos a sentir sua responsabilidade para com os pagãos.

Ele estava para lhes contar sobre o sofrimento que O aguardava. Antes, porém, orou para que o coração deles estivesse preparado para receber Suas palavras. Não disse a eles, de imediato, o que queria compartilhar, mas lhes deu a oportunidade de confessar sua fé nEle. Perguntou: "Quem os homens dizem que o Filho do homem é?"

Com tristeza, os discípulos admitiram que Israel não tinha reconhecido seu Messias. As multidões em Betsaida quiseram proclamá-Lo rei de Israel. Muitos estavam prontos para aceitá-Lo como profeta, mas não acreditavam que Ele era o Messias.

Jesus, então, fez uma segunda pergunta, relacionada com os próprios discípulos: "E vocês? [...] Quem vocês dizem que Eu sou?" Pedro respondeu: "Tu és o Cristo, o Filho do Deus vivo" (Mt 16:15, 16).

Desde o princípio, Pedro havia acreditado que Jesus era o Messias. Muitos outros que aceitaram a Cristo começaram a alimentar dúvidas sobre a missão de João Batista quando ele foi aprisionado e levado à morte, e agora duvidavam de que Jesus era o Messias. Muitos dos que haviam esperado que Jesus assumisse Seu lugar no trono de Davi O deixaram ao verem que Ele não tinha essa intenção. Mas a inconstância daqueles que ontem aclamavam e hoje condenavam não destruiu a fé do genuíno seguidor do Salvador. Pedro declarou: "Tu és o Cristo, o Filho do Deus vivo". Ele não esperou que honras reais coroassem seu Senhor, mas O aceitou em Sua humilhação.

Pedro havia expressado a fé dos doze. A oposição dos sacerdotes e líderes religiosos, contudo, ainda os deixava bastante perturbados. Não conseguiam ver com clareza qual era a posição deles. A influência da primeira educação, os ensinamentos dos rabinos, o poder da tradição, tudo isso ainda bloqueava sua visão da verdade. Raios preciosos de luz brilhavam sobre eles. Porém, muitas vezes, agiam como se estivessem tateando no meio da escuridão. Mas nesse dia, o Espírito Santo desceu sobre eles com poder. Sob a aparência de humanidade, eles puderam ver a glória do Filho de Deus.

Jesus respondeu para Pedro: "Feliz é você, Simão, filho de Jonas! Porque isto não lhe foi revelado por carne ou sangue, mas por Meu Pai que está nos Céus" (v. 17).

A verdade que Pedro tinha falado é o alicerce da fé do crente. Deus não a revelara para Pedro por causa de alguma sabedoria ou bondade que houvesse nele. O fato de que Pedro reconheceu a glória de Cristo era uma prova de que ele havia sido "ensinado por Deus" (Jo 6:45; ver também Sl 25:14).

Jesus continuou: "E Eu lhe digo que você é Pedro, e sobre esta pedra edificarei a Minha igreja, e as portas do Hades não poderão vencê-la" (Mt 16:18). A palavra *Pedro* significa pedra – uma pedra movediça. Pedro não era a pedra sobre a qual a igreja seria fundada. As portas do Hades, ou inferno, na verdade o derrotaram quando ele negou seu Senhor com palavrões e juramentos. A igreja foi construída sobre Aquele a quem as portas do inferno não poderiam vencer.

Cristo é a Rocha

Moisés havia apontado para a Rocha da salvação de Israel (ver Dt 32:4). O salmista havia cantado sobre "a minha rocha firme" (Sl 62:7). Isaías escreveu: "Por isso diz o Soberano Senhor: 'Eis que ponho em Sião uma pedra, uma pedra já experimentada, [...] para alicerce seguro'" (Is 28:16). O próprio Pedro aplica essa profecia a Jesus: "Agora [vocês] provaram que o Senhor é bom. À medida que se aproximam dEle, a Pedra viva – rejeitada pelos homens, mas escolhida por Deus e preciosa para Ele – vocês também estão sendo utilizados como pedras vivas na edificação de uma casa espiritual" (1Pe 2:3-5). "Porque ninguém pode colocar outro alicerce além do que já está posto, que é Jesus Cristo" (1Co 3:11). "Sobre esta Pedra", disse Jesus, "edificarei a Minha igreja". Cristo fundou Sua igreja sobre a Rocha viva – Ele próprio, o Seu próprio corpo, quebrantado e ferido por nós. As portas do inferno não vencerão a igreja construída sobre esse alicerce.

Quão fraca parecia a igreja quando Cristo falou essas palavras! Havia apenas um punhado de crentes contra os quais demônios e homens dirigiriam seu poder. Mas esses fiéis não deviam temer, pois não poderiam ser derrotados.

Pedro havia expressado a verdade que constitui a base da fé da igreja, e Jesus, então, o honrou como o representante do corpo de crentes: "Eu lhe darei as chaves do Reino dos Céus; o que você ligar na Terra terá sido ligado nos Céus, e o que você desligar na Terra terá sido desligado nos Céus" (v. 19).

"As chaves do Reino dos Céus" são as palavras de Cristo. Todas as palavras das Santas Escrituras são dEle. Essas palavras têm poder para abrir e fechar o Céu. O trabalho dos que pregam a Palavra de Deus é uma fragrância de vida para a vida e de morte para a morte (2Co 2:16).

O Salvador não confiou a obra do evangelho a Pedro individualmente. Mais tarde, repetindo as palavras faladas para Pedro, Ele as aplicou à igreja e também aos doze, como representantes do corpo de crentes. Se Jesus tivesse delegado qualquer autoridade especial para um discípulo acima dos demais, não os encontraríamos discutindo sobre quem seria o maior entre eles. Eles teriam aceitado aquele que Jesus escolheu. Em vez de apontar um deles para ser o líder dos demais, Cristo disse: "Vocês não devem ser chamados 'rabis'". "Tampouco vocês devem ser chamados 'chefes', porquanto vocês têm um só Chefe, o Cristo" (Mt 23:8, 10).

"O cabeça de todo homem é Cristo". Deus, que pôs todas as coisas sob os pés do Salvador, "O designou como cabeça de todas as coisas para a igreja, que é o Seu corpo, a plenitude dAquele que enche todas as coisas" (1Co 11:3; Ef 1:22, 23). A igreja está construída tendo Cristo como seu fundamento, e não tem que depender de qualquer pessoa ou ser controlada por sabedoria ou poder humano. Muitos afirmam que uma posição de confiança na igreja lhes dá autoridade para determinar o que outros devem crer e fazer. O Salvador declara: "Todos vocês são irmãos" (Mt 23:8). Não podemos depender de nenhum ser finito para nos guiar. A Rocha da fé é a presença viva de Cristo na igreja. Os que acham que são os mais fortes provarão ser os mais fracos, a menos que façam de Cristo a sua Fonte de poder (ver Jr 17:5; Sl 2:12).

Jesus instruiu os discípulos para que não dissessem que Ele era o Cristo. O povo, inclusive os discípulos, tinha um conceito tão falso sobre o Messias, que um anúncio público não lhes daria uma ideia verdadeira sobre o Seu caráter ou obra.

Os Discípulos Não Haviam Previsto a Cruz

Os discípulos ainda esperavam que Jesus reinasse como um príncipe terrestre. Acreditavam que Ele não permaneceria desconhecido e que, em breve, estabeleceria o Seu reino. Eles nunca haviam dado importância ao pensamento de que Cristo seria rejeitado por Sua própria nação, condenado como um enganador e crucificado como um criminoso. Jesus precisava alertá-los quanto ao conflito que estava diante deles. Ele Se entristeceu ao antecipar a chegada de difíceis provações.

Até então, tinha evitado falar sobre Seu sofrimento e morte. Em Sua conversa com Nicodemos, Ele disse: "Da mesma forma como Moisés levantou a serpente no deserto, assim também é necessário que o Filho do homem seja levantado, para que todo o que nele crer tenha a vida eterna" (Jo 3:14, 15). Mas os discípulos não ouviram isso. Chegara o momento de puxar o véu que escondia o futuro: "Desde aquele momento Jesus começou a explicar aos Seus discípulos que era necessário que Ele fosse para Jerusalém e sofresse muitas coisas nas mãos dos líderes religiosos, dos chefes dos sacerdotes e dos mestres da lei, e fosse morto e ressuscitasse no terceiro dia" (Mt 16:21).

Os discípulos escutaram isso mudos de espanto e de dor. Cristo havia aceitado o reconhecimento de Pedro de que Ele era o Filho de Deus, e agora Suas palavras, que apontavam para o Seu sofrimento e morte, pareciam incompreensíveis. Pedro não pôde se manter calado. Abraçando fortemente o Mestre, como se quisesse impedi-Lo de prosseguir rumo à tragédia que se aproximava, disse: "Nunca, Senhor! Isso nunca Te acontecerá!" (v. 22)

Pedro amava ao Senhor, mas Jesus não o louvou por desejar protegê-Lo do sofrimento. As palavras de Pedro não serviam de ajuda e conforto para Jesus na grande prova que estava diante dEle. Elas não estavam em harmonia com o plano de Deus para o mundo perdido nem com a lição de sacrifício que Jesus veio ensinar mediante Seu exemplo. A impressão dada pelas palavras de Pedro foi diretamente oposta àquela que Cristo queria causar na mente dos Seus seguidores, e o Salvador foi impelido a pronunciar uma das mais severas repreensões que já saíram dos Seus lábios: "Para trás de Mim, Satanás! Você é uma pedra de tropeço para Mim, e não pensa nas coisas de Deus, mas nas dos homens" (v.23).

Satanás Estava Tentando Chegar a Jesus

Satanás estava tentando desanimar Jesus e desviá-Lo de Sua missão, e o porta-voz da tentação foi Pedro! O príncipe do mal, autor desse pensamento, era quem estava por trás do apelo impulsivo de Pedro. Satanás havia oferecido a Cristo o domínio do mundo. Bastaria, para isso, que Ele abandonasse o caminho da humilhação e sacrifício. Agora, o inimigo tentava fixar o olhar de Pedro na glória terrestre para que ele não visse a cruz. Mais uma vez ele insistia em tentar Jesus, agora por meio de Pedro.

O Salvador ignorou a tentação. Seu pensamento estava em Seu discípulo. Satanás havia se colocado entre Pedro e o seu Mestre. Cristo Se dirigiu àquele que tentava separar Pedro do seu Redentor: "Para trás de Mim, Satanás!" "Deixe-me estar frente a frente com Pedro para que Eu possa mostrar para ele o mistério do Meu amor".

Foi uma lição amarga, e Pedro a aprendeu vagarosamente: o caminho de Cristo passa por agonia e humilhação. Mas no calor da fornalha, o discípulo iria aprender que há bênçãos nesse caminho. Muito tempo depois, ele escreveu: "Mas alegrem-se à medida que participam dos sofrimentos de Cristo, para que também, quando a Sua glória for revelada, vocês exultem com grande alegria" (1Pe 4:13).

Jesus então explicou aos discípulos que Sua vida de abnegação era um exemplo daquilo que a vida deles devia ser: "Se alguém quiser acompanhar-Me, negue-se a si mesmo, tome a sua cruz e siga-Me" (Mt 16:24). A cruz, no tempo do domínio de Roma, era a forma mais cruel e humilhante de morte. Os criminosos tinham de carregar a cruz até o local da execução. Com frequência, quando ela era colocada sobre os seus ombros, eles, em desespero, resistiam com violência até que os soldados os dominavam. Os discípulos tinham somente uma pálida compreensão das palavras de Jesus, mas reconheceram que Ele falava da submissão deles próprios à morte por amor a Cristo.

As palavras do Salvador não poderiam ter descrito uma entrega mais completa. Foi pelos discípulos que Ele havia aceitado tudo aquilo. Ele deixou o Céu por uma vida de acusações e insultos e por uma morte vergonhosa. Era rico com os tesouros sem preço do Céu, mas Se tornou pobre para que, por meio da Sua pobreza, nós pudéssemos ser ricos. Devemos seguir no caminho que Ele andou.

Amor pelos outros significa a crucifixão do próprio eu. Um filho de Deus deve se considerar como um elo de uma corrente baixada para salvar o mundo – um com Cristo – indo, com Ele, buscar e salvar o perdido. Cristãos são pessoas consagradas a Deus; com seu caráter, elas devem revelar Cristo ao mundo.

"Quem quiser salvar a sua vida, a perderá, mas quem perder a sua vida por Minha causa, a encontrará" (v. 25). Egoísmo é morte. O coração que é incapaz de mandar o sangue vital para a mão e a cabeça rapidamente perderá a força. Assim é o amor de Deus difundido em cada parte do Seu corpo espiritual. Somos membros uns dos outros e aquele que se recusa a compartilhar perecerá. Jesus disse: "Pois, que adianta ao homem ganhar o mundo inteiro e perder a sua alma? Ou, o que o homem poderia dar em troca de sua alma?"

Cristo apontava para os discípulos Sua vinda em glória com os anjos do Céu. Então disse: "[Ele] recompensará a cada um de acordo com o que tenha feito". E para que se animassem, prometeu: "Garanto-lhes que alguns dos que aqui se acham não experimentarão a morte antes de verem o Filho do homem vindo em Seu Reino" (v. 28).

Os discípulos não entenderam Suas palavras. Estavam concentrados na pobreza, humilhação e sofrimento. Será que eles não veriam seu Senhor sendo elevado ao trono de Davi? Seria Cristo desprezado, rejeitado e levado à morte? A tristeza encheu o coração deles, pois parecia inacreditável que o Filho de Deus devesse passar por tão cruel humilhação. Por que devia Ele ir, voluntariamente, a Jerusalém para receber o tratamento que O esperava por lá? Como podia Ele Se resignar a tal sorte, deixando-os numa escuridão maior do que aquela em que tateavam antes de Cristo Se revelar para eles?

Os discípulos avaliaram que, na região de Cesareia de Filipe, Cristo não precisaria temer o ódio dos judeus ou o poder dos romanos. Por que, então, não trabalhar lá? Por que Se entregar à morte? Se Ele tivesse que morrer, como estabeleceria Seu reino tão firmemente, que os portais do inferno não pudessem vencê-Lo? Isso era, de fato, um mistério.

Naquele momento, eles estavam viajando rumo à cidade onde todas as suas esperanças seriam esmagadas. Juntos, conversavam em tom baixo e triste sobre o futuro. Talvez algum evento não previsto pudesse evitar a tragédia que parecia estar reservada para o Senhor. E, por seis dias longos e sombrios, eles duvidaram, esperaram e sentiram medo.

46

Jesus Transfigurado*

A noite se aproximava quando Jesus chamou Pedro, Tiago e João para subir com Ele até uma encosta solitária na montanha. Eles haviam passado o dia viajando e ensinando, e a escalada os deixou ainda mais cansados. Logo o sol desapareceu e os viajantes foram cercados pela escuridão. As trevas do ambiente pareciam condizentes com a tristeza que entrara na vida deles, envolvendo-os como nuvens escuras.

Os discípulos não ousaram perguntar a Cristo aonde eles estavam indo ou com que propósito. Muitas vezes eles haviam passado noites inteiras nas montanhas em oração. Ele Se sentia à vontade em meio à natureza e gostava da tranquilidade que ela inspirava. Os discípulos se perguntavam, contudo, por que o Mestre os levaria até aquela íngreme subida justamente quando eles estavam tão cansados, e Ele também precisava descansar.

Não demorou para Cristo dizer que não precisavam ir mais adiante. Depois de Se afastar um pouco deles, o Homem de dores, em lágrimas, derrama Suas súplicas. Ora pedindo forças para enfrentar a prova em favor da humanidade. Precisa estabelecer nova comunhão com o Onipotente, pois somente assim poderá contemplar o futuro. E despeja o que vai em Seu coração – o desejo de que a fé dos Seus discípulos não fraqueje. O orvalho se acumulara sobre o corpo prostrado, mas Ele não dá atenção a isso. E assim, vagarosamente, as horas passam.

No começo, os discípulos uniram suas orações à dEle, mas, depois de um tempo, caíram no sono. Jesus havia lhes falado sobre os Seus sofrimentos e quis aliviar a tristeza que sentiam garantindo que a fé deles não tinha sido inútil. Nem todos, sequer os doze, podiam receber a revelação que Ele queria fazer. Ele havia escolhido apenas os três discípulos que

* Este capítulo é baseado em Mateus 17:1-8; Marcos 9:2-8; Lucas 9:28-36.

seriam testemunhas da Sua angústia no Getsêmani para estar com Ele na montanha. Agora Ele ora, pedindo que eles possam testemunhar uma cena que os conforte no momento de Sua suprema agonia, com o conhecimento de que Ele era verdadeiramente o Filho de Deus e que Sua vergonhosa morte era parte do plano de redenção.

Sua oração é ouvida. De repente, os céus se abrem e um esplendor santo cobre a montanha, envolvendo a figura do Salvador. Sua divindade interna brilha através da humanidade e vai ao encontro da glória que vem do alto. Erguendo-Se da posição prostrada em que Se encontrava, Cristo Se apresenta em divina majestade. Seu rosto brilha "como o sol" e Suas roupas estão "brancas como a luz".

Os discípulos acordam. Com medo e espanto, olham para a figura radiante do Mestre. Ao conseguirem suportar a luz sobrenatural, veem dois seres celestiais ao lado de Jesus – Moisés, que, no Sinai, havia falado com Deus, e Elias, que teve o alto privilégio de nunca experimentar a morte.

Por causa do seu pecado em Meribá, Moisés não pôde entrar em Canaã. Não coube a ele a alegria de levar o povo de Israel até a herança de seus pais. Uma sepultura no deserto foi o fim de 40 anos de trabalho árduo e severas preocupações. Moisés passou pelo domínio da morte, mas não permaneceu na sepultura. O próprio Cristo o chamou de volta para a vida (ver Jd 9).

No monte da transfiguração, Moisés representava os que sairão da sepultura na ressurreição dos justos. Elias, que tinha sido trasladado para o Céu sem ver a morte, representava as pessoas que estarão vivas na segunda vinda de Cristo, as quais serão transformadas, "num momento, num abrir e fechar de olhos, ao som da última trombeta" (1Co 15:51, 52). Jesus estava vestido da maneira como vai aparecer ao vir pela segunda vez "na glória de Seu Pai com os santos anjos" (Mc 8:38; ver Hb 9:28). Na montanha, os discípulos viram uma miniatura do futuro reino de glória – Cristo, o Rei, Moisés, como representante dos remidos ressuscitados, e Elias, representando os trasladados.

O Sério Mal-Entendido de Pedro

Os discípulos ficaram muito felizes ao verem os favorecidos do Céu honrando o manso e humilde Salvador, Aquele que peregrinou pela Terra como um pobre estrangeiro. Eles acharam que Elias tinha vindo anunciar o reino que estava prestes a ser instalado na Terra e quiseram ficar por ali mais um pouco. Pedro exclamou: "Senhor, é bom estarmos aqui. Se quiseres, farei três tendas: uma para ti, uma para

Moisés e outra para Elias" (Mt 17:4). Os discípulos tinham certeza de que Deus havia enviado Moisés e Elias para proteger o Mestre e estabelecer a autoridade dEle como rei.

Mas a cruz devia vir antes da coroa. Levando as fraquezas da humanidade e carregado de sua tristeza e pecado, Jesus andou só entre nós. Enquanto as trevas da provação que estava para chegar se adensavam sobre Ele, Seu espírito se encontrava solitário em um mundo que não O conhecia. Nem os Seus discípulos amados haviam compreendido Sua missão. Estava só no mundo que havia criado. O Céu tinha enviado mensageiros – não anjos, mas homens que haviam passado por sofrimento e dor e, por isso, podiam ser empáticos com o Salvador.

Moisés e Elias tinham sido colaboradores de Cristo. Eles haviam compartilhado de Seu desejo de salvar o perdido. Moisés havia rogado por Israel: "Mas agora, eu Te rogo, perdoa-lhes o pecado; se não, risca-me do Teu livro que escreveste" (Êx 32:32). Elias sabia o que era solidão de espírito, pois tinha enfrentado o ódio e a aflição da nação durante três anos e meio de fome. Em angústia e desespero, ele havia fugido sozinho para o deserto. Esses homens tinham vindo a fim de conversar com Jesus a respeito do Seu sofrimento e para confortá-Lo. O tema da conversa foi a salvação de cada ser humano.

Vencidos pelo sono, os discípulos ouviram muito pouco do que aconteceu entre Cristo e os mensageiros celestiais. Eles não haviam recebido o que Deus queria lhes dar – um conhecimento dos sofrimentos de Cristo e da glória que viria depois. Perderam a bênção que se destinava a eles. Mas a experiência lhes deu a certeza de que todo o Céu tinha conhecimento do pecado da nação judaica por rejeitarem a Jesus. Eles receberam uma visão clara da obra do Redentor. Foram "testemunhas oculares de Sua majestade" (2Pe 1:16), e perceberam que Jesus era, de fato, o Messias, e que o universo celestial O reconhecia como tal.

Enquanto ainda contemplavam a cena, "uma nuvem resplandecente os envolveu, e dela saiu uma voz, que dizia: 'Este é o Meu Filho amado em quem Me agrado. Ouçam-nO!" (Mt 17:5). Ao ouvirem a voz de Deus falar em assustadora majestade, a ponto de fazer a montanha tremer, os discípulos se jogaram no chão com os rostos escondidos, até que Jesus Se aproximou e dissipou o medo com Sua voz tão familiar: "Levantem-se! Não tenham medo!" (v. 7). A glória celestial havia se dissipado, e as figuras de Moisés e Elias, desaparecido. Agora eles estavam a sós com Jesus.

A Batalha Contra os Espíritos de Satanás*

Ao nascer do sol, Jesus e Seus discípulos desceram da montanha para a planície. Absortos em seus pensamentos, os discípulos estavam impressionados, em silêncio. De bom grado, teriam ficado naquele lugar santo por mais tempo, mas havia trabalho a ser feito.

Ao pé da montanha, um grande número de pessoas havia se reunido. À medida que se aproximavam, o Salvador instruiu Seus três companheiros a não comentar sobre o que haviam testemunhado: "Não contem a ninguém o que vocês viram, até que o Filho do homem tenha sido ressuscitado dos mortos" (Mt 17:9). Falar sobre aquela manifestação para as multidões só iria provocar o ridículo ou um espanto inútil. Até para os três discípulos favorecidos era difícil compreendê-la, como se pode ver ao se perguntarem o que queria dizer ressuscitar dos mortos. No entanto, eles não pediram nenhuma explicação para Jesus.

Ao avistarem Jesus, o povo que estava na planície correu para saudá-Lo. Seu olhar atento e perspicaz logo notou que algo havia acontecido que causara profunda decepção e humilhação aos discípulos. Um pai havia trazido seu filho para que fosse liberto de um espírito mudo que o atormentava. Jesus tinha dado autoridade aos Seus discípulos para expulsar espíritos impuros quando os enviou para pregar por toda a Galileia. Quando foram, com a fé fortalecida, os espíritos maus obedeciam ao que eles diziam. Agora, eles ordenaram em nome de Cristo que o espírito torturador saísse de sua vítima, mas o demônio apenas zombava deles. Os discípulos não conseguiam encontrar razão para aquela derrota. Sentiam que estavam trazendo desonra para

* Este capítulo é baseado em Mateus 17:19-21; Marcos 9:9-29; Lucas 9:37-45.

eles mesmos e para o Mestre. Além disso, na multidão havia escribas que tentavam provar que eles e o Mestre eram enganadores. E ali estava um espírito mau que nem os discípulos nem o próprio Cristo podiam derrotar! Um sentimento de menosprezo e desdém contagiou a multidão.

De repente, porém, a multidão viu Jesus e os três discípulos se aproximando. A noite de comunhão com a glória celestial havia deixado um brilho em seus rostos que impressionava os espectadores. O Salvador foi até o cenário do conflito. Olhando fixamente para os escribas, perguntou: "O que vocês estão discutindo?"

As vozes, antes tão ousadas e desafiadoras, agora se calaram. Então, o aflito pai abriu caminho entre a multidão e, prostrando-se aos pés de Jesus, contou-Lhe toda sua história de problemas e decepções.

"Mestre", ele disse, "eu Te trouxe o meu filho, que está com um espírito que o impede de falar. Onde quer que o apanhe, joga-o no chão. [...] Pedi aos Teus discípulos que expulsassem o espírito, mas eles não conseguiram" (Mc 9:17, 18).

Vendo a descrença em cada coração, Jesus exclamou: "Ó geração incrédula, até quando estarei com vocês? Até quando terei que suportá-los?" (v. 19). Então, disse para aquele pai aflito: "Traga-me aqui o seu filho".

O pai trouxe o menino, e o espírito mau o jogou ao chão em convulsões de agonia. O jovem se debatia e espumava, enchendo o ar com pavorosos gritos.

Mais uma vez o Príncipe da vida e o príncipe das trevas se encontraram no campo de batalha – Cristo "para proclamar liberdade aos presos e [...] para libertar os oprimidos" (Lc 4:18), e Satanás para manter sua vítima sob controle. Por um momento, Jesus permitiu que o espírito mau mostrasse seu poder.

Jesus perguntou: "Há quanto tempo ele está assim?" O pai contou a história de longos anos de sofrimento e, então, como se não pudesse mais suportar aquilo, exclamou: "Se podes fazer alguma coisa, tem compaixão de nós e ajuda-nos" (Mc 9:22). "Se podes!" Até aquele pai agora duvidava do poder de Cristo.

Jesus respondeu: "Tudo é possível àquele que crê" (v. 23). Numa explosão de lágrimas, o pai, percebendo sua fraqueza, se lançou sobre a misericórdia de Cristo: "Creio, ajuda-me a vencer a minha incredulidade!" (v. 24).

Jesus Se voltou para o jovem doente e disse: "Espírito mudo e surdo, Eu ordeno que o deixe e nunca mais entre nele" (v. 25). Houve um grito e uma luta agonizante. Então, o menino ficou imóvel, aparentemente sem vida. A multidão cochichava dizendo que ele estava morto. Jesus o pegou pela mão, o levantou e o apresentou ao pai em perfeita saúde mental e física. O pai e o filho louvaram seu Libertador, enquanto os escribas, derrotados e cabisbaixos, se afastaram mal-humorados.

A Fé nos Conecta com o Céu

"Se podes fazer alguma coisa, tem compaixão de nós e ajuda-nos". Quantas vezes uma pessoa oprimida pelo pecado tem ecoado essa oração! E a resposta é: "Tudo é possível àquele que crê". Em Cristo, Deus providenciou os meios para subjugar cada traço pecaminoso e resistir a cada tentação, não importa quão forte ela seja. Mas muitos acham que lhes falta fé e, por isso, permanecem distantes de Cristo. Que essas pessoas não olhem para si mesmas, mas para Cristo. A fé vem pela Palavra de Deus. Apegue-se à Sua promessa: "Todo o que o Pai Me der virá a Mim, e quem vier a Mim Eu jamais rejeitarei" (Jo 6:37). Atire-se aos pés de Cristo com o clamor: "Creio, ajuda-me a vencer a minha incredulidade!" Enquanto fizer isso, você nunca vai perecer – nunca!

Em um curto espaço de tempo, os três discípulos favorecidos tinham visto a humanidade transfigurada à imagem de Deus e aviltada à semelhança de Satanás. Tinham visto Jesus proclamado Filho de Deus, como também o encontro dEle com o garoto endemoninhado a ranger os dentes em agonia. O poderoso Redentor, que poucas horas antes havia Se apresentado em glória, agora Se curvava para erguer do chão a vítima de Satanás, entregando-a curada ao pai e à família.

Foi uma ilustração da redenção – o divino Ser curvando-Se para salvar o perdido. Também representava a missão dos discípulos. Os servos de Cristo não devem passar a vida a sós com Jesus, no alto da montanha. Lá em baixo, na planície, pessoas a quem Satanás tem escravizado estão esperando pela palavra de fé que vai libertá-los.

Quando Jesus estava a sós com os nove discípulos, eles perguntaram: "Por que não conseguimos expulsá-lo?" Jesus respondeu: "Por que a fé que vocês têm é pequena. Eu lhes asseguro que se vocês tiverem fé do tamanho de um grão de mostarda, poderão dizer a este monte: 'Vá daqui para lá', e ele irá. Nada lhes será impossível. Mas esta espécie só sai pela oração e pelo jejum" (Mt 17:19-21). A descrença deles, a qual impedia que tivessem uma simpatia mais profunda para com Cristo, e o descaso com que consideravam a obra sagrada confiada a eles é que causaram seu fracasso. Movidos pelo ciúme dos três discípulos escolhidos para ir com Jesus para a montanha, eles ficaram remoendo seu desânimo e mágoas pessoais. Nesse estado de escuridão foi que tentaram enfrentar o conflito com Satanás.

Para ser bem-sucedidos em um conflito como esse, a fé deles precisava estar fortalecida pela oração fervorosa, pelo jejum e por um coração humilde. Eles precisavam esvaziar-se do eu e encher-se do Espírito e do poder de Deus. Somente a fé que leva à total dependência de Deus e a uma dedicação sem reservas ao Seu trabalho pode trazer a ajuda do Espírito Santo para a batalha contra espíritos maus.

Apeguem-se à palavra de Deus e a todos os meios eficazes que Ele tem indicado. Dessa maneira, a sua fé será fortalecida. Os obstáculos que Satanás levanta em seu caminho podem parecer tão impossíveis de escalar como as mais altas montanhas. No entanto, eles vão desaparecer quando você exercitar a fé. "Nada será impossível para você".

Quem é o Maior?*

Voltando para Cafarnaum, Jesus Se dirigiu discretamente à casa que seria Sua moradia temporária. Durante o restante de Sua estadia na Galileia, Ele queria dar instruções para os discípulos, em vez de trabalhar em favor das multidões.

Novamente, Cristo tinha dito a eles que seria morto e que ressuscitaria. Acrescentou que seria traído e entregue nas mãos de Seus inimigos. Os discípulos não entenderam aquelas palavras. Embora a sombra de uma grande tristeza estivesse sobre eles, discutiam sobre quem seria o maior no reino. Ao mesmo tempo, tentavam esconder de Jesus essa contenda. Ele leu seus pensamentos e desejou aconselhá-los, mas esperou um momento mais tranquilo para isso, quando o coração deles estivesse aberto para receber Suas palavras.

Logo depois de chegarem à cidade, o cobrador de impostos do templo perguntou para Pedro: "O Mestre de vocês não paga o imposto do templo?" Era requerido que todo judeu entregasse essa contribuição religiosa a cada ano. Recusar contribuir era um pecado grave, na opinião dos rabinos. Agora os inimigos de Jesus viram uma oportunidade de desacreditá-Lo. E no cobrador de impostos eles encontraram um disposto aliado.

Zeloso pela honra do Mestre, Pedro se apressou a responder que Jesus pagaria o imposto. Algumas categorias de pessoas, porém, eram isentas desse pagamento. Os sacerdotes e levitas, ainda considerados pessoas especialmente consagradas ao templo, não precisavam fazer a contribuição anual para a manutenção do mesmo. Os profetas também eram isentos. Ao requererem de Jesus o pagamento do imposto, os rabinos estavam pondo de lado Seus direitos como profeta, lidando com Ele como uma pessoa comum. Caso Se recusasse a pagar, eles apresentariam

* Este capítulo é baseado em Mateus 17:22-27; 18:1-20; Marcos 9:30-50; Lucas 9:46-48.

Sua recusa como um ato de deslealdade para com o templo. Por outro lado, se Ele pagasse, usariam isso como justificativa para rejeitá-Lo como profeta. A resposta de Pedro para o cobrador virtualmente endossou a falsa ideia que os sacerdotes e líderes religiosos estavam tentando promover.

Quando Pedro entrou em casa, o Salvador não comentou sobre o que havia acontecido, mas perguntou: "O que você acha, Simão? De quem os reis da terra cobram tributos e impostos: de seus próprios filhos ou dos outros?" Pedro respondeu: "Dos outros". E Jesus disse: "Então os filhos estão isentos" (Mt 17:25, 26). Embora o povo tenha que pagar imposto para a manutenção do seu rei, os filhos do monarca são isentos. Assim também Israel, o povo de Deus, devia contribuir para a manutenção dos serviços religiosos, mas Jesus, o Filho de Deus, não tinha essa obrigação.

Se Jesus tivesse pagado o imposto sem protestar, teria, na verdade, reconhecido a justiça da reclamação, o que seria equivalente a negar Sua divindade. No entanto, Ele negou a pretensão sobre a qual a exigência estava fundamentada. Ao providenciar o pagamento, Ele evidenciou Seu caráter divino e, por essa razão, não tinha a mesma obrigação de um simples súdito do reino.

"Vá ao mar e jogue o anzol", disse Ele a Pedro. "Tire o primeiro peixe que você pegar, abra-lhe a boca, e você encontrará uma moeda de quatro dracmas. Pegue-a e entregue-a a eles, para pagar o Meu imposto e o seu" (v. 27).

Embora Jesus tivesse deixado bem claro que não tinha obrigação de pagar o imposto, Ele não entrou em discussão sobre o assunto. Para não ofender retendo o imposto, fez aquilo que não se podia exigir que fizesse. Essa lição foi de grande valor para os discípulos. Eles não deviam se colocar desnecessariamente em oposição à ordem vigente. Os cristãos não devem sacrificar sequer um princípio da verdade, mas devem evitar controvérsias sempre que possível. Enquanto Pedro estava fora, Jesus chamou os demais discípulos e perguntou: "O que vocês estavam discutindo no caminho?" Por sentirem vergonha e remorso, ficaram calados. Jesus havia dito que morreria por eles, e a ambição egoísta deles mostrava um doloroso contraste com o amor altruísta do Salvador. Embora Ele tivesse falado tão claramente sobre o que O esperava, a menção de que em breve iria para Jerusalém reacendeu neles a esperança de que Cristo estava para estabelecer Seu reino, e foi isso que provocou a discussão sobre quem ocuparia as posições mais elevadas. Finalmente, um deles teve coragem de perguntar para Jesus: "Quem é o maior no Reino dos Céus?"

Luta Pela Posição Mais Alta

O Salvador disse para eles: "Se alguém quiser ser o primeiro, será o último, e servo de todos" (Mc 9:35). Eles não entendiam a natureza do reino de Cristo, e parecia que essa era a causa do conflito entre eles. A causa verdadeira, porém, era algo mais profundo que isso. Mesmo depois de terem recebido o pleno conhecimento, qualquer questão de posição hierárquica poderia começar o problema de novo. Isso traria problemas seríssimos para a igreja depois da partida de Cristo. A luta pela posição mais alta era a atuação do mesmo espírito que havia começado a grande controvérsia nos mundos acima e trazido Cristo do Céu para morrer. Apresentou-se diante dEle uma visão de Lúcifer, que tinha dito: "Serei como o Altíssimo" (Is 14:14). Esse desejo de se exaltar havia trazido contenda para dentro dos recintos celestiais. Lúcifer queria o poder de Deus, mas não o Seu caráter. Estava em busca da posição mais alta – e cada ser movido por seu espírito fará o mesmo. O reino de Satanás é um reino de força. Cada um considera o outro como obstáculo no caminho do próprio progresso ou uma pedra de tropeço sobre a qual é preciso subir para se alcançar um lugar mais alto.

Embora Lúcifer quisesse ser igual a Deus, Cristo "esvaziou-Se a Si mesmo, vindo a ser servo, tornando-Se semelhante aos homens. E, sendo encontrado em forma humana, humilhou-Se a Si mesmo e foi obediente até à morte, e morte de cruz!" (Fp 2:7, 8). Agora, a cruz se encontrava diante dEle, e os Seus próprios discípulos estavam tão cheios de vaidade que não conseguiam ter simpatia com o Senhor, ou sequer entendê-Lo quando Ele lhes falou sobre Sua humilhação.

Jesus tentou corrigir o mal. Mostrou qual é o princípio que prevalece no reino do Céu e o que é preciso para se alcançar a verdadeira grandeza. Os que estavam dominados pelo orgulho e o amor à distinção estavam pensando em si mesmos e nas recompensas que teriam. Não haveria nenhum lugar para eles no reino do Céu, pois pertenciam às fileiras de Satanás.

Antes da honra vem a humildade. Para ocupar uma elevada posição diante dos outros, o Céu escolhe o trabalhador que assume uma posição humilde perante Deus. O mais infantil dos discípulos é o mais eficiente no trabalho para Deus. Os que sentem precisar da ajuda divina pedirão por ela. Da comunhão com Cristo, sairão para trabalhar ungidos para a missão. Serão bem-sucedidos onde muitos de alto saber intelectual fracassariam.

Quando as pessoas se exaltam achando que são necessárias para que o plano de Deus seja bem-sucedido, o Senhor faz com que elas sejam afastadas. E, em vez de parar, o trabalho vai em frente com poder ainda maior.

Não bastava que os discípulos de Jesus fossem instruídos sobre a natureza do Seu reino. O que eles precisavam era de uma mudança de coração. Chamando uma criancinha para vir até onde Ele estava, Jesus a colocou no meio deles. Com ternura, a envolveu em Seus braços e disse: "Eu lhes asseguro que, a não ser que vocês se convertam e se tornem como crianças, jamais entrarão no Reino dos Céus" (Mt 18:3). A simplicidade, o esquecimento de si mesma e o amor confiante de uma criancinha – as características da verdadeira grandeza – são os atributos que o Céu valoriza. Aos pés de Jesus, a dignidade e ostentação terrestres são esquecidas. O rico e o pobre, o culto e o iletrado, todos são vistos como indivíduos igualmente comprados pelo sangue, sem que se considere classes sociais ou superioridade mundana.

Deus coloca em nós Sua marca de propriedade, não por posição hierárquica, riqueza, ou grande capacidade intelectual, mas por nossa unidade com Cristo. "Também me deste o escudo da Tua salvação", disse Davi. "A Tua clemência" – como um elemento do caráter humano – "me engrandeceu" (Sl 18:35, ARA).

As palavras do Salvador despertaram nos discípulos um sentimento de desconfiança de si mesmos. João começou a questionar se suas ações, em um determinado caso, tinham sido corretas. "Mestre, vimos um homem expulsando demônios em Teu nome e procuramos impedi-lo, porque ele não era um dos nossos" (Mc 9:38).

Tiago e João achavam que, ao reprimirem aquele homem, estavam defendendo a honra do Senhor. Mas agora viam que estavam preocupados com a própria honra. Eles reconheceram o erro e aceitaram a reprovação de Jesus. "Não o impeçam. [...] Ninguém que faça um milagre em Meu nome, pode falar mal de Mim logo em seguida" (v. 39). Muitos haviam ficado profundamente comovidos pelo caráter e obra de Cristo. Pela fé, essas pessoas estavam abrindo o coração a Ele. Os discípulos deviam cuidar para que elas não desanimassem. Deviam demonstrar a mesma abrangente simpatia do Mestre.

Cristo é o grande Professor. Devemos nos sentar aos Seus pés e aprender com Ele. Todo indivíduo a quem Deus deu disposição é um canal por meio do qual Cristo revelará o Seu amor perdoador. Quão cuidadosos devemos ser para não desanimar esses portadores da luz de Deus e, com isso, interceptar os raios que Ele quer que brilhem no mundo!

Ações como a de João, ao proibir alguém de fazer milagres em nome de Cristo, podem ter como resultado a perdição dessa pessoa. Jesus disse que era melhor que quem assim fizesse "fosse lançado no mar com uma grande pedra amarrada no pescoço" (v. 42).

Por que essa linguagem tão forte? Porque "o Filho do homem veio buscar e salvar o que estava perdido" (Lc 19:10). Deveriam os discípulos de Jesus mostrar menor consideração pela salvação de outros do que a Majestade do Céu tem mostrado? Terrível é o pecado de causar o afastamento de uma pessoa de Cristo, de maneira que, para ela, o amor e a agonia do Salvador tenham sido em vão!

"Ai do mundo, por causa das coisas que fazem tropeçar! É inevitável que tais coisas aconteçam" (Mt 18:7). O mundo certamente vai se opor aos seguidores de Cristo, mas ai daqueles que levam o nome de Cristo e agem dessa maneira. Muitos são enganados e levados por caminhos falsos por esses que dizem servi-Lo, mas representam mal o Seu caráter.

Extirpar o Pecado

Um pecado acariciado é suficiente para degradar o caráter e desencaminhar outros. Se para salvar o corpo da morte nos dispostos a amputar um pé, uma mão, ou a extrair um olho, muito mais prontos devemos estar para arrancar o pecado que traz morte à alma!

No serviço ritual, colocava-se sal em todo sacrifício que era oferecido. Tal como a oferta do incenso, isso significava que somente a justiça de Cristo podia tornar o serviço aceitável a Deus. Jesus Se referia a isso ao dizer: "Tenham sal em vocês mesmos e vivam em paz uns com os outros" (Mc 9:50). Todos precisam receber o sal que salva, que é a justiça do nosso Salvador. Assim, se tornam "o sal da terra", restringindo o mal entre aqueles com quem se relacionam, da mesma forma como o sal evita a decomposição (Mt 5:13). "Mas se o sal perder o seu sabor", a vida não pode exercer influência salvadora sobre o mundo. Jesus diz: "Vocês devem ser participantes da Minha graça a fim de serem 'um perfume muito agradável que dá vida'" (2Co 2:16, NTLH). Somente assim não haverá rivalidades, nem autopromoção, nem desejo pelas posições mais elevadas.

Quando vemos Jesus, Homem de tristeza acostumado com o sofrimento, trabalhando para salvar o perdido, sendo desprezado e zombado, indo de cidade em cidade até cumprir Sua missão; quando O contemplamos no Getsêmani transpirando gotas de sangue, e na cruz, morrendo em agonia – quando vemos tudo isso, o próprio eu não mais exige reconhecimento. Temos alegria em levar a cruz após Cristo, passar por provações ou perseguições por causa dEle.

Nem um dos que creem em Cristo deve ser tratado como se não fosse importante. Tudo o que nos tem colocado em vantagem sobre outras pessoas – educação, refinamento, nobreza de caráter, experiência religiosa – nos coloca em débito para com os menos favorecidos. Se somos fortes, devemos sustentar as mãos dos fracos. Anjos estão sempre ao lado dos que têm de enfrentar as mais difíceis batalhas e dos que têm traços de caráter questionáveis, cujo ambiente é o mais desanimador possível. Os verdadeiros seguidores de Cristo cooperarão nesse ministério.

"O que acham vocês?", Jesus disse. "Se alguém possui cem ovelhas, e uma delas se perde, não deixará as noventa e nove nos montes, indo procurar a que se perdeu? E se conseguir encontrá-la, garanto-lhes que ele ficará mais contente com aquela ovelha do que com as noventa e nove que não se perderam. Da mesma forma, o Pai de vocês, que está nos Céus, não quer que nenhum destes pequeninos se perca" (Mt 18:12-14).

É Preciso Ter Tato

Quando outros fazem algo errado, não os façam passar vergonha expondo suas falhas diante das pessoas. Tampouco tragam desonra a Cristo trazendo a público os pecados dos que levam Seu nome. Muitas vezes a verdade deve ser dita aos que estão em erro para que possam se corrigir, mas não devemos julgar ou condenar. Ao tratar feridas espirituais, precisamos ter um tato especial. Somente o amor que emana dAquele que sofreu no Calvário vai produzir bons resultados aqui. Se for bem-sucedido, você "salvará a vida dessa pessoa e fará que muitíssimos pecados sejam perdoados" (Tg 5:20).

Talvez nem esse esforço venha a ser bem-sucedido. Nesse caso, faça como Jesus disse: "Leve com você uma ou duas pessoas". Se a pessoa que estiver no erro não ouvir vocês, então, nesse caso, o assunto deverá ser apresentado diante de todo o grupo de crentes. Que os membros da igreja se reúnam em oração e amoráveis súplicas para que o pecador seja restaurado. O Espírito Santo falará por meio dos Seus servos, rogando que aquele que se perdeu volte para Deus: "Por amor a Cristo lhes suplicamos: Reconciliem-se com Deus" (2Co 5:20). Qualquer um que rejeite esse pedido rompe o laço que o une a Cristo e se exclui da comunhão da igreja. A partir daí, disse Jesus, "trate-o como pagão ou publicano" (Mt 18:17). Entretanto, seus antigos irmãos e irmãs da igreja não devem desprezar ou ignorar essa pessoa, mas tratá-la com afeição e compaixão.

Se negligenciamos o dever que Cristo nos deu, de tentar recuperar os que estão no erro e no pecado, nos tornamos participantes no pecado (ver Lv 19:17). Somos tão responsáveis pelos males que poderíamos ter reprimido, como se fôssemos nós mesmos que os tivéssemos cometido.

Não devemos permitir que o erro de alguém vire assunto de comentários ou críticas, nem que ele seja comentado com outras pessoas. Enquanto tentamos corrigir os erros de um irmão ou irmã, devemos, da melhor maneira possível, proteger essa pessoa da crítica de membros da igreja e, ainda mais, da condenação do mundo descrente. Assim como queremos que Cristo nos trate, Ele pede que tratemos uns aos outros. "Tudo o que vocês ligarem na Terra terá sido ligado no Céu, e tudo o que vocês desligarem na Terra terá sido desligado no Céu" (Mt 18:18). Os resultados do seu trabalho permanecem pela eternidade!

No entanto, não devemos assumir, sozinhos, essa grande responsabilidade. Onde quer que Sua palavra seja obedecida com sinceridade, ali Cristo vive. Nas reuniões da igreja, e onde quer que Seus seguidores, por poucos que sejam, se reúnam em Seu nome, ali Ele vai estar. "Se dois de vocês concordarem na Terra em qualquer assunto sobre o qual pedirem, isso lhes será feito por Meu Pai que está nos Céus" (v. 19). Por causa de Sua humanidade, Jesus participa com Seus discípulos em suas provações e tem empatia pelos sofrimentos deles. Ao mesmo tempo, por causa de Sua divindade, Ele está conectado com o trono do Infinito.

Que certeza maravilhosa! Todo o poder do Céu é harmonizado à capacidade humana a fim de atrair pessoas para Cristo.

49

"Se Alguém Tem Sede, Venha a Mim"*

Três vezes por ano os judeus deviam se reunir em Jerusalém com propósitos religiosos. A Festa dos Tabernáculos era o último encontro do ano. Era quando se ajuntava a colheita vinda dos vales e planícies da Palestina. O azeite já tinha sido extraído das azeitonas e as palmeiras já tinham dado o seu fruto. No lagar, as pessoas já haviam pisoteado os cachos de uva para produzir suco.

A festa durava sete dias, e os habitantes da Palestina, como também muita gente de outras regiões, vinham a Jerusalém para participar dos festejos. Idosos e jovens, ricos e pobres, todos traziam alguma dádiva como oferta de ação de graças para Aquele que havia coroado o ano com Sua bondade. Dos bosques, as pessoas traziam tudo o que pudesse ser uma expressão da alegria geral. A cidade ficava com o aspecto de uma bela floresta.

A festa não era apenas de ação de graças pela colheita, mas uma recordação do cuidado de Deus sobre Israel no deserto. Para comemorar o tempo que passaram morando em tendas, os israelitas, nos dias da festa, se alojavam em tabernáculos, ou abrigos, feitos de galhos verdes e montados nas ruas, nos pátios do templo e nos terraços das casas. As colinas e vales em torno de Jerusalém ficavam salpicados dessas habitações feitas de folhas. Os adoradores celebravam a ocasião com cânticos sacros e ações de graças.

Um pouco antes da festa vinha o dia da expiação, quando o povo era declarado em paz com o Céu. Com vozes triunfantes, o salmo "Deem graças ao Senhor porque [...] o Seu amor dura para sempre" (Sl 106:1) era cantado, e música acompanhava o povo.

* Este capítulo é baseado em João 7:1-15, 37-39.

O templo era o centro da alegria geral. Em cada lado das escadarias de mármore branco do edifício sagrado, o coro de levitas liderava o serviço de cânticos. Vozes de perto e de longe se uniam à melodia até que as colinas ao redor ecoavam com o louvor.

À noite, o templo brilhava com luzes artificiais. A música, os ramos ondulantes das palmeiras, o grande ajuntamento de pessoas iluminado com a luz vinda das lanternas suspensas e a majestade das cerimônias causavam profunda impressão nos espectadores. No entanto, a cerimônia mais impressionante era a que comemorava um evento ocorrido durante a jornada pelo deserto.

Às primeiras luzes da manhã, os sacerdotes tocavam demoradamente suas trombetas de prata. Seu som intenso provocava exclamações de alegria que vinham das cabanas onde o povo dormia, e era assim que eles saudavam o dia festivo. Depois, o sacerdote tirava água do riacho Cedrom em um cântaro, o colocava sobre o ombro e, enquanto soavam as trombetas, subia os largos degraus da escadaria do templo no mesmo compasso da música, mantendo um passo lento e cadenciado.

No altar existente no pátio dos sacerdotes havia duas bacias de prata. O sacerdote derramava a água em uma delas e igual quantidade de vinho na outra. Através de um tubo, o conteúdo de ambas as bacias corria para o Cedrom e, de lá, para o Mar Morto. Essa água consagrada representava a fonte que, pela ordem de Deus, havia brotado da rocha a fim de saciar a sede dos filhos de Israel.

Ao fazerem os preparativos para assistir à festa, os filhos de José viram que Cristo não dava sinais de também querer ir. Desde a cura em Betesda, Ele não vinha participando de encontros nacionais. Para evitar conflitos desnecessários em Jerusalém, limitava-Se a trabalhar somente na Galileia. Seu aparente descaso com as grandes reuniões religiosas, como também o ódio a Ele demonstrado pelos sacerdotes e rabinos deixaram perplexos até Seus discípulos e Sua família. Em Seus ensinamentos, Jesus apresentava as bênçãos da obediência, mas Ele mesmo parecia indiferente ao serviço que Deus havia estabelecido.

Ele Se misturava com cobradores de impostos, não levava em consideração as observâncias rabínicas e, voluntariamente, deixava de lado as exigências tradicionais relativas ao sábado. Tudo isso parecia colocá-Lo em conflito com as autoridades religiosas. Seus irmãos achavam que era um erro de Jesus alienar-Se dos grandes eruditos da nação e que esses homens deviam ter razão. Contudo, eles tinham sido testemunhas da vida sem mancha de Jesus, e Suas obras os deixaram profundamente impressionados. Eles ainda tinham a esperança de que Jesus fizesse com que os fariseus vissem que Ele era o Messias, o Príncipe de Israel, e nutriam esse pensamento com orgulhosa satisfação.

Eles estavam tão ansiosos quanto a isso que pressionaram Cristo para que fosse a Jerusalém. Disseram: "Você deve sair daqui e ir para a Judeia para que os Seus discípulos possam ver as obras que Você faz. Ninguém que deseja ser reconhecido publicamente age em segredo. Visto que Você está fazendo estas coisas, mostre-Se ao mundo" (Jo 7:3, 4). Se Ele sabia ser o Messias, por que essa estranha discrição? Por que não ir destemidamente a Jerusalém e ali realizar as obras maravilhosas relatadas sobre Ele na Galileia? Não Se esconda em províncias afastadas, eles diziam. Apresente-Se na capital, conquiste o apoio dos sacerdotes e líderes religiosos e estabeleça o novo reino.

Motivos Egoístas Expostos

Esses irmãos de Jesus raciocinavam a partir da motivação egoísta de pessoas que desejam atenção. "Então Jesus lhes disse: 'Para Mim ainda não chegou o tempo certo; para vocês qualquer tempo é certo. O mundo não pode odiá-los, mas a Mim odeia porque dou testemunho de que o que ele faz é mau. Vão vocês à festa; Eu ainda não subirei a esta festa, porque para Mim ainda não chegou o tempo apropriado'. Tendo dito isso, permaneceu na Galileia" (v. 6-9). Seus irmãos tinham falado com Ele em um tom de autoridade. Ele lhes devolveu a censura, não os classificando entre os Seus abnegados discípulos, mas com o mundo. O mundo não odeia os que têm o espírito semelhante ao dele; antes, ama-os como se eles lhe pertencessem.

Não era preciso que Cristo fosse presunçoso, nem que Se envolvesse precipitadamente em situações de perigo, nem que apressasse uma crise. Ele sabia que seria objeto do ódio do mundo; sabia que Seu trabalho resultaria em Sua morte. Mas expor-Se prematuramente ao perigo não seria fazer a vontade do Seu Pai.

Havia muita gente de todas as partes do mundo na Festa dos Tabernáculos, sendo que muitos vieram na esperança de ver Cristo. Os fariseus e os líderes religiosos procuravam por Ele, esperando uma oportunidade para condená-Lo. Ansiosos, perguntaram: "Onde está Ele?" Mas ninguém sabia. Ninguém ousava reconhecê-Lo como o Messias, mas, em todos os lugares, havia discussões pacíficas, porém apaixonadas, a respeito dEle. Muitos O defendiam dizendo que Ele era o enviado de Deus, enquanto outros O denunciavam como um enganador.

Enquanto isso, Jesus chegava discretamente a Jerusalém usando uma rota pouco utilizada. Se Ele tivesse Se juntado às grandes caravanas, a atenção do público teria se voltado para Ele, e uma demonstração popular teria levantado as autoridades contra Jesus.

No meio dos festejos, Ele entrou no pátio do templo na presença de multidões. As pessoas vinham dizendo que Jesus não ousaria Se colocar nas mãos dos sacerdotes e líderes religiosos. Surpresos com Sua presença ali, todos se calaram.

Ali mesmo, de pé, convertido no centro das atenções da enorme multidão, Jesus falou para eles como nenhum homem já havia falado. Suas palavras mostraram que Ele conhecia o serviço sacrifical e os ensinamentos dos profetas muito melhor do que os sacerdotes e rabinos. Sendo Um que viu o Invisível, falou com positiva autoridade sobre coisas terrestres e celestiais. Assim como em Cafarnaum, o povo ficou admirado com os Seus ensinamentos, "porque falava com autoridade" (Lc 4:32). Ele Se esforçou tanto quanto pôde para conduzi-los ao arrependimento. Não queria ser rejeitado e assassinado por Sua nação se pudesse salvá-los da culpa de um ato desses.

A pergunta corria de um para o outro: "Como foi que este homem adquiriu tanta instrução, sem ter estudado?" (Jo 7:14). Tanto Jesus como João Batista tinham sido descritos como ignorantes por não terem estudado nas escolas dos rabinos. Os que os ouviam ficavam admirados com o conhecimento que tinham das Escrituras, mas o Deus do Céu é quem havia sido o professor deles. Ao Jesus falar no pátio do templo, Suas palavras deixaram o povo fascinado. Os que tinham demonstrado maior violência contra Ele agora se sentiam impotentes para Lhe fazer mal.

O Cansaço do Povo é Reconhecido

Na manhã do último dia da festa, as pessoas já estavam cansadas do longo período de festejos. Inesperadamente, Jesus levantou a voz: "Se alguém tem sede, venha a Mim e beba. Quem crer em Mim, como diz a Escritura, do seu interior fluirão rios de água viva" (v. 37, 38). O povo tinha participado de um cenário contínuo de pompa e festividade. Seus olhos tinham sido ofuscados com luzes e cores; os ouvidos foram cheios da mais rica música. No entanto, nada tinha sido oferecido para suprir as necessidades do espírito, nem para satisfazer a sede da alma.

Naquela manhã, o sacerdote havia realizado a cerimônia comemorativa do momento em que Moisés golpeou a rocha no deserto. Aquela rocha simbolizava Aquele que, por Sua morte, faria jorrar correntes vivas de salvação. Ali, na presença da multidão, Cristo Se apartou para ser ferido, a fim de que a água da vida pudesse jorrar para o mundo. Enquanto Ele falava, o coração daquela gente se comoveu com um estranho senso de reverência. Como a mulher de Samaria, muitos estavam prontos para exclamar: "Senhor, dê-me dessa água, para que eu não tenha mais sede" (Jo 4:15).

Muitos dos que ouviram Jesus estavam lamentando sobre esperanças frustradas, ou nutrindo uma dor secreta, ou procurando satisfazer um incansável desejo pelas coisas do mundo. Porém, no meio de todo o esplendor do festivo cenário, eles estavam insatisfeitos e tristes. Aquele repentino clamor – "se alguém tem sede" – os surpreendeu e, ao ouvirem as palavras que se seguiram, a mente deles se iluminou com nova esperança. No símbolo diante deles, puderam ver a oferta do dom sem preço da salvação.

O brado de Cristo para os que têm sede ainda pode ser ouvido, e apela a nós com poder ainda maior do que para aqueles que O ouviram no templo no último dia da festa. "Quem tiver sede, venha; e quem quiser, beba de graça da água da vida" (Ap 22:17).

50

Evitando Armadilhas*

Durante toda a festa, Jesus foi seguido de perto por espiões. Todos os dias ocorriam novas tentativas de silenciá-Lo. Os sacerdotes e líderes religiosos estavam planejando detê-Lo usando métodos violentos. No primeiro dia da festa, exigiram que Ele dissesse com que autoridade ensinava.

"O Meu ensino não é de Mim mesmo. Vem dAquele que Me enviou. Se alguém decidir fazer a vontade de Deus, descobrirá se o Meu ensino vem de Deus ou se falo por Mim mesmo" (Jo 7:16, 17). Compreender e apreciar a verdade depende menos da mente do que do coração, disse Ele. A verdade exige a submissão da vontade. Somente podemos recebê-la por meio da atuação da graça no coração, e essa recepção depende da nossa renúncia a todo pecado revelado pelo Espírito de Deus. Deve haver uma renúncia consciente de cada hábito e cada prática que se oponham a seus princípios. Aqueles que se entregam a Deus dessa forma serão capazes de distinguir entre alguém que fala da parte de Deus e alguém que fala meramente de si mesmo. Os fariseus não procuravam conhecer a verdade; só queriam achar alguma desculpa para se afastarem dela. Por isso, não entendiam os ensinamentos de Cristo.

"Aquele que fala por si mesmo busca a sua própria glória, mas aquele que busca a glória de quem o enviou, este é verdadeiro; não há nada de falso a seu respeito" (v. 18). O espírito de exaltação revela sua origem. Cristo estava buscando a glória de Deus. Essa era a prova da Sua autoridade como professor da verdade.

Jesus deu aos rabinos uma prova da Sua divindade mostrando que lia o coração deles. Eles vinham conspirando para matá-Lo. Fazendo isso, estavam quebrando a lei que alegavam defender. "Moisés não lhes deu

* Este capítulo é baseado em João 7:16-36, 40-53; 8:1-11.

a Lei? No entanto, nenhum de vocês lhe obedece. Por que vocês procuram matar-Me?" (v. 19).

Como um raio, essas palavras revelaram o poço de ruína no qual eles estavam para cair. Por um momento, eles viram que estavam lutando contra o infinito Poder. Mas recusaram dar ouvidos às advertências. Decidiram ocultar seus planos homicidas. Desconversando, exclamaram: "Você está endemoninhado. [...] Quem está procurando matá-Lo?" (v. 20).

Cristo ignorou a insinuação de que um espírito mau havia possibilitado Suas maravilhosas obras. Continuou demonstrando que a interpretação dos próprios judeus sobre o sábado justificava Sua ação curadora em Betesda. De acordo com a lei, cada menino devia ser circuncidado no oitavo dia de vida. Se esse dia caísse no sábado, o ritual devia ser cumprido. Quanto mais deve estar em harmonia com o espírito da lei "curar completamente um homem no sábado?" Ele os advertiu: "Não julguem apenas pela aparência, mas façam julgamentos justos" (v. 24). Seu raciocínio silenciou os líderes religiosos.

Ideias Errôneas Sobre o Messias e Sua Vinda

Muitos dos que moravam em Jerusalém se sentiram atraídos a Cristo por um poder irresistível. Crescia neles a convicção de que Ele era o Filho de Deus. Porém, Satanás estava pronto para sugerir dúvida. As pessoas geralmente acreditavam que Cristo nasceria em Belém, mas que, depois de algum tempo, desapareceria e, quando aparecesse outra vez, ninguém saberia de onde Ele tinha vindo. Muitos afirmavam que o Messias não teria qualquer relação natural com a humanidade.

Enquanto o povo titubeava entre a dúvida e a fé, Jesus falou sobre os seus pensamentos: "Sim, vocês Me conhecem e sabem de onde sou. Eu não estou aqui por Mim mesmo, mas Aquele que Me enviou é verdadeiro. Vocês não O conhecem" (v. 28). As palavras de Cristo repetiam a afirmação que Ele tinha feito diante do Sinédrio vários meses antes, quando declarou ser o Filho de Deus.

Entre o povo, muitos acreditaram nEle e disseram: "Quando o Cristo vier, fará mais sinais miraculosos do que este homem fez?" (v. 31). Os líderes dos fariseus, observando o curso dos eventos, notaram as expressões de simpatia entre a multidão. Depressa, foram aos sacerdotes principais e fizeram planos para prender Cristo quando Ele estivesse sozinho, porque não ousariam prendê-Lo na presença do povo.

Muitos dos que se convenceram de que Jesus era o Filho de Deus foram confundidos e se deixaram levar pelo falso raciocínio dos sacerdotes e rabinos. Esses mestres influenciaram o povo repetindo as profecias relativas ao Messias, de que Ele reinaria "no monte Sião e em Jerusalém, glorioso na presença dos Seus líderes" e também de que reinaria "de mar a mar e desde o rio Eufrates até os confins da Terra" (Is 24:23; Sl 72:8). Depois, com desdém, contrastaram a glória descrita nesses versos com a aparência humilde de Jesus. As pessoas não se deixariam confundir se tivessem, por si mesmas, estudado a Palavra. Isaías 61 testifica que Cristo faria precisamente o trabalho que Ele fez. O capítulo 53 retrata Sua rejeição e o capítulo 59 descreve o caráter dos sacerdotes e rabinos.

Discernimento Entre o Certo e o Errado

Deus não obriga as pessoas a desistir de sua descrença. Ele quer que elas decidam não por impulso, mas a partir do peso das evidências, comparando cuidadosamente as passagens das Escrituras. Se os judeus tivessem comparado a profecia escrita com os fatos, teriam reconhecido a linda harmonia que existe entre as profecias e o seu cumprimento na vida e ministério do humilde galileu.

Nos dias de hoje, muitos são enganados da mesma forma que os judeus. Os mestres religiosos leem a Bíblia à luz de suas tradições e as pessoas não pesquisam as Escrituras por si mesmas. Não se apegam ao seu próprio critério e confiam seu destino aos seus líderes. Aquele que estudar a Bíblia com oração a fim de lhe obedecer receberá iluminação divina. Essa pessoa entenderá as Escrituras. "Se alguém decidir fazer a vontade de Deus, descobrirá se o Meu ensino vem de Deus ou se falo por Mim mesmo" (Jo 7:17).

No último dia da festa, os guardas do templo que foram enviados para prender Jesus voltaram sem Ele. Os líderes perguntaram, irados: "Por que vocês não O trouxeram?" Eles responderam: "Ninguém jamais falou da maneira como esse Homem fala" (v. 45, 46).

Até um coração endurecido como o deles se comovia com as palavras do Salvador. Enquanto Ele estava falando, os guardas ficaram por perto tentando escutar algo que pudesse ser usado contra Ele. No entanto, quando eles O ouviram, Cristo Se revelou aos Seus corações. Eles viram o que sacerdotes e líderes religiosos não viam – a humanidade inundada com a glória da divindade.

Os sacerdotes e líderes religiosos haviam sentido a mesma convicção quando estiveram pela primeira vez na presença de Cristo. O coração de cada um deles se comoveu profundamente. Não podiam evitar o pensamento:

"Ninguém jamais falou da maneira como esse Homem fala". Mas eles tinham sufocado a convicção do Espírito Santo. Agora, enraivecidos, gritaram: "Será que vocês também foram enganados? [...] Por acaso alguém das autoridades ou dos fariseus creu nEle? Não! Mas essa ralé que nada entende da lei é maldita" (v. 47, 48).

Os que ouvem a mensagem da verdade raramente perguntam: "Isso é verdade?" Em vez disso, perguntam: "Quem a defende?" Muita gente faz juízo dela pelo número de pessoas que a aceita, e vem a pergunta: "Por acaso algum dos homens letrados ou líderes religiosos acreditou?" Não é argumento contra a verdade o fato de que um grande número não está pronto para aceitá-la, ou que ela não é recebida pelos grandes homens e mulheres do mundo ou mesmo pelos líderes religiosos.

Outra vez, alguns dos líderes religiosos argumentaram que, caso Jesus fosse deixado livre, Ele atrairia o povo para longe da liderança vigente; o único curso de ação seguro era silenciá-Lo imediatamente. No auge de sua discussão, eles foram subitamente interrompidos. Nicodemos indagou: "A nossa lei condena alguém, sem primeiro ouvi-lo para saber o que ele está fazendo?" (v. 51). Houve silêncio na assembleia. Eles não podiam condenar um homem sem antes ouvi-lo. Os arrogantes líderes religiosos ficaram surpresos e nervosos ao verem que um de seus colegas tinha ficado tão impressionado com Jesus a ponto de se manifestar em Sua defesa. Eles disseram: "Você também é da Galileia? Verifique, e descobrirá que da Galileia não surge profeta" (v. 52).

No entanto, por causa do protesto, os líderes religiosos foram momentaneamente derrotados, "e cada um foi para a sua casa" (v. 53).

Jesus Lida com um Caso de Adultério

Jesus abandonou a confusão da cidade, as multidões agitadas e os rabinos traiçoeiros e foi para os tranquilos olivais, onde podia estar a sós com Deus. De manhã, bem cedo, voltou para o templo e o povo se ajuntou em volta dEle.

Não demorou para que fosse interrompido. Um grupo de fariseus e escribas se aproximou arrastando uma aterrorizada mulher. Com duras e veementes vozes, eles a acusavam de quebrar o sétimo mandamento. Empurrando-a até onde Jesus estava, disseram: "Na Lei, Moisés nos ordena apedrejar tais mulheres. E o Senhor, que diz?" (Jo 8:5).

Eles aproveitaram essa oportunidade para armar uma cilada para Jesus e condená-Lo, pensando que qualquer que fosse a decisão que ele tomasse, eles a usariam para acusá-Lo. Se ele absolvesse a mulher, eles poderiam acusá-Lo de desprezar a lei de Moisés. Se a declarasse merecedora da pena de morte, eles O acusariam perante os romanos de ter assumido uma autoridade que pertencia somente a Roma.

Jesus contemplou o cenário – a vítima, trêmula e envergonhada, e os rostos insensíveis das autoridades, sem qualquer vestígio de piedade. Ele lia o coração e conhecia o caráter e a história de vida de cada um. Sem dar nenhuma indicação de que ouvira a pergunta deles, Ele Se curvou e começou a escrever no pó.

Os acusadores chegaram mais perto, impacientes com Sua demora e aparente indiferença. Quando os olhos deles se fixaram no pavimento aos pés de Jesus, os seus rostos se transformaram. Ali, diante de todos, estavam escritas as culpas secretas da vida de cada um deles. O povo viu a repentina mudança de expressão e se adiantou a fim de descobrir o que eles estavam olhando com tanto pânico e vergonha.

Com todas as exigências para que se reverenciasse a lei, esses rabinos estavam violando o que a própria lei estabelecia. Era dever do marido iniciar a ação contra a mulher, e as partes culpadas deviam ser igualmente castigadas. A ação dos acusadores não tinha nenhuma autorização. Jesus, entretanto, os enfrentou no terreno deles mesmos. A lei especificava que as testemunhas do caso deviam ser os primeiros a atirar uma pedra. De pé e olhando fixamente para os anciãos conspiradores, Jesus disse: "Se algum de vocês estiver sem pecado, seja o primeiro a atirar pedra nela" (v. 7). E continuou a escrever no chão.

Com suas vestes de fingida santidade rasgadas de cima a baixo, os acusadores foram derrotados. Ali estavam, culpados e condenados na presença da Infinita Pureza. Cabisbaixos e com olhar triste, foram saindo um após o outro, deixando sua vítima com o misericordioso Salvador.

Jesus Se ergueu, olhou para a mulher e disse: "Mulher, onde estão eles? Ninguém a condenou?" Ela disse: "Ninguém, Senhor". E Jesus disse para ela: "Eu também não a condeno. Agora vá e abandone sua vida de pecado" (v. 10, 11).

A mulher estava diante de Jesus, encolhida de medo. As palavras que Ele tinha dito – "Se algum de vocês estiver sem pecado, seja o primeiro a atirar pedra nela" – chegaram a ela como uma sentença de morte. Em silêncio, ela esperou por sua sorte. Atônita, viu seus acusadores saindo calados e confusos. Então, aquelas palavras de esperança caíram em seus ouvidos: "Eu também não a condeno.

Agora vá e abandone sua vida de pecado". Seu coração se comoveu. Em soluços, expressou seu amor e gratidão. Com lágrimas amargas, confessou seus pecados.

Para ela, esse foi o começo de uma vida de pureza e paz. Ao erguer essa alma caída, Jesus realizou um milagre maior do que o de curar a mais grave doença física. Ele curou a doença espiritual que leva à morte eterna. Essa mulher arrependida se tornou um dos mais fiéis seguidores de Jesus.

Jesus não tolera o pecado nem abranda o sentimento de culpa, mas procura salvar. O Salvador Se compadece da fraqueza do pecador e lhe estende a mão ajudadora. Não é seguidor de Cristo aquele que se afasta dos que erram, deixando-os desimpedidos para prosseguir rumo ao abismo. Muitas pessoas aborrecem o pecador, ao passo que amam o pecado. Cristo aborrece o pecado, mas ama o pecador. Esse será o espírito de todos que O seguem. O amor cristão é lento em censurar, rápido para discernir o arrependimento, pronto para perdoar, para animar e para colocar o que está perdido no caminho da santidade.

51

A Luz da Vida*

"Eu sou a luz do mundo. Quem Me segue, nunca andará em trevas, mas terá a luz da vida" (Jo 8:12).

Era manhã. O sol já havia despontado por trás do Monte das Oliveiras. Seus raios incidiam com ofuscante brilho sobre os palácios de mármore e faziam reluzir o ouro das paredes do templo quando Jesus apontou para ele e disse: "Eu sou a luz do mundo". Tempos mais tarde, o apóstolo João ecoou essas palavras na sublime passagem: "NEle estava a vida, e esta era a luz dos homens. A luz brilha nas trevas, e as trevas não a derrotaram". Esta era "a verdadeira luz, que ilumina todos os homens" (Jo 1:4, 5, 9). Deus é luz, e nas palavras "Eu sou a luz do mundo" Cristo declarou Sua unidade com Deus e Sua relação com toda a família humana. Foi Ele quem fez com que "das trevas resplandeça a luz" (2Co 4:6). Ele é a luz do sol, da lua e das estrelas. Assim como os raios do sol alcançam os mais distantes lugares da Terra, também a luz do Sol da Justiça brilha sobre cada pessoa.

Essa era "a verdadeira luz, que ilumina todos os homens". Pessoas de grande intelecto e de muito conhecimento, cujas palavras têm aberto amplos campos do saber, têm sido honradas como benfeitores da raça humana. No entanto, existe Um que é superior a todos esses. "Aos que O receberam, aos que creram em Seu nome, deu-lhes o direito de se tornarem filhos de Deus". "Ninguém jamais viu a Deus, mas o Deus Unigênito, que está junto do Pai, O tornou conhecido" (Jo 1:12, 18). Podemos seguir os passos dos grandes mestres do mundo até onde vão os registros da história humana, mas a Luz já existia antes deles. Assim como a lua e os planetas do sistema solar refletem a luz do sol, também (na medida em que seus ensinamentos estejam corretos) os grandes pensadores do mundo refletem os raios do Sol da

* Este capítulo é baseado em João 8:12-59; 9.

Justiça. A verdadeira "educação superior" é aquela que Jesus dá, pois "nEle estão escondidos todos os tesouros da sabedoria e do conhecimento" (Cl 2:3). "Quem Me segue, nunca andará em trevas, mas terá a luz da vida".

Quando Jesus disse: "Eu sou a luz do mundo", o povo não teve como deixar de reconhecer Sua afirmação de que Ele era o Messias, o Prometido. Para os fariseus e líderes religiosos, essa afirmação pareceu arrogante. Não podiam tolerar que um simples homem, como eles mesmos, fizesse uma afirmação tão atrevida. E perguntaram: "Quem é Você?" Estavam decididos a forçá-Lo a Se declarar o Cristo. Seus astutos inimigos acreditavam que a aparência e a obra de Jesus diferiam tanto das expectativas do povo que um anúncio direto da parte dEle declarando-Se o Messias faria com que eles O rejeitassem como impostor.

Jesus respondeu: "Exatamente o que tenho dito o tempo todo". Ele era a personificação das verdades que ensinava. Ele continuou: "Nada faço de Mim mesmo, mas falo exatamente o que o Pai Me ensinou. Aquele que Me enviou está comigo" (Jo 8:25, 28, 29). Ele não tentou provar Sua afirmação de que era o Messias, mas demonstrou Sua unidade com Deus.

Muitos dos que O ouviram foram atraídos a Ele pela fé. Para esses Ele disse: "Se vocês permanecerem firmes na Minha palavra, verdadeiramente serão Meus discípulos. E conhecerão a verdade, e a verdade os libertará" (v. 31, 32).

Essas palavras ofenderam os fariseus. "Somos descendentes de Abraão e nunca fomos escravos de ninguém. Como Você pode dizer que seremos livres?" (v. 33). Jesus olhou para aqueles homens, escravos do ódio, e respondeu com tristeza: "Digo-lhes a verdade: Todo aquele que vive pecando é escravo do pecado" (v. 34). Eles se encontravam na pior espécie de escravidão – aquela cujo senhor é o espírito do mal.

Todos os que se recusam a entregar-se a Deus estão sob o controle de outro poder. Estão na mais profunda escravidão, e a mente, sob o controle de Satanás. Cristo veio quebrar as correntes da escravidão do pecado do coração e da mente. "Se o Filho os libertar, vocês de fato serão livres" (v. 36).

Na obra da redenção não existe obediência forçada. Somos livres para escolher a quem serviremos. Quando nos entregamos a Cristo, temos a mais alta sensação de liberdade. Expulsar o pecado é ato da própria alma. Quando desejamos ser livres do pecado e clamamos por um poder fora de nós e superior a nós mesmos, os poderes da alma recebem a energia do Espírito Santo e obedecem às instruções da vontade a fim de que seja cumprida a vontade de Deus.

A única condição pela qual nossa liberdade é possível é nos tornarmos um com Cristo. Somente se destruir a liberdade da alma é que o pecado pode triunfar. É a submissão a Deus que restaura o nosso ser à verdadeira glória e dignidade. A lei divina, à qual nos sujeitamos, é "a lei da liberdade" (Tg 2:12).

Os fariseus haviam se autodeclarado filhos de Abraão. Um filho verdadeiro não tentaria matar Aquele que estava falando da verdade dada por Deus. Somente pertencer à descendência de Abraão não tinha valor nenhum. Por não possuírem o mesmo espírito nem fazerem as mesmas obras, eles não podiam ser filhos de Abraão.

A Questão da Sucessão Apostólica

Como a descendência de Abraão era comprovada não por nome ou genealogia, mas pela semelhança com o seu caráter, também a sucessão apostólica se baseia não na transmissão da autoridade eclesiástica, mas na relação espiritual. Uma vida influenciada pelo espírito dos apóstolos, a crença e o ensino da verdade que eles ensinaram – essa é a verdadeira evidência de que se recebeu a autoridade dos apóstolos.

Jesus disse: "Vocês estão fazendo as obras do pai de vocês". Os judeus responderam fazendo chacota: "*Nós* não somos filhos ilegítimos. O único Pai que temos é Deus" (Jo 8:41). Essas palavras que insinuavam maldades sobre as circunstâncias do nascimento de Jesus tinham a intenção de desacreditá-Lo diante dos que estavam começando a crer nEle. Jesus não deu atenção a essas baixas insinuações, mas disse: "Se Deus fosse o Pai de vocês, vocês Me amariam, pois Eu vim de Deus" (v. 42).

"Vocês pertencem ao pai de vocês, o diabo", disse Jesus. "[Vocês] querem realizar o desejo dele. Ele foi homicida desde o princípio e não se apegou à verdade, pois não há verdade nele. [...] No entanto, vocês não creem em Mim, porque lhes digo a verdade!" (v. 44, 45). Foi por Jesus ter falado a verdade com tanta segurança que os líderes judeus não O receberam. A verdade ofendia aqueles homens cheios de justiça própria e expunha a falsidade do erro, condenando o que eles ensinavam e praticavam. Por isso, não era bem-vinda. Eles não amavam a verdade.

Não Havia Pecado em Jesus

"Qual de vocês pode Me acusar de algum pecado? Se estou falando a verdade, porque vocês não creem em Mim?" (v. 46). Diariamente, por três anos, os inimigos de Cristo tinham tentado encontrar alguma mancha no caráter dEle. Satanás estivera buscando uma forma de derrotá-Lo, mas nada tinha encontrado que lhe desse alguma vantagem sobre Ele. Até os demônios eram forçados a confessar: "[Sabemos] quem Tu és: o Santo de Deus!" (Mc 1:24). Jesus vivia a lei aos olhos do Céu, dos mundos não caídos e da humanidade caída. Sem ser contestado, Ele havia falado palavras que, vindas de outros lábios, seriam blasfemas: "Sempre faço o que [...] agrada [Àquele que Me enviou]" (Jo 8:29).

Os judeus não reconheciam a voz de Deus na mensagem do Seu Filho. Achavam que estavam fazendo juízo de Cristo, mas estavam pronunciando sentença sobre eles mesmos. "Aquele que pertence a Deus", disse Jesus, "ouve o que Deus diz. Vocês não O ouvem porque não pertencem a Deus" (v. 47).

Há muitos que gostam de sutilezas e críticas e estão sempre à procura de algo para questionar a Palavra de Deus. Acham que isso é prova de pensamento independente e grande inteligência. No entanto, essa busca por gravetos e palha revela uma natureza estreita e terrestre, um coração que rapidamente está perdendo sua capacidade de apreciar a Deus. Assim como uma flor se volta para o sol para que os raios brilhantes possam realçar sua beleza com as mais belas cores, também o coração se voltará para o Sol da Justiça para que a luz do Céu possa iluminar o caráter com a graça de Cristo.

Jesus continuou: "Abraão, pai de vocês, regozijou-se porque veria o Meu dia; ele o viu e alegrou-se" (v. 56). Com grande fervor, Abraão orou pedindo para que não morresse antes de ver o Messias. Deus lhe concedeu uma luz sobrenatural, uma visão do sacrifício divino pelo pecado, e Abraão viu uma ilustração desse sacrifício em sua própria experiência. A ordem foi dada: "Tome seu filho, seu único filho, Isaque, a quem você ama [...]. Sacrifique-o ali como holocausto num dos montes que lhe indicarei" (Gn 22:2). Sobre o altar, ele colocou o filho da promessa. Então, já com o punhal levantado em obediência a Deus, ele ouviu uma voz vinda do Céu dizendo: "Não toque no rapaz [...]. Não lhe faça nada. Agora sei que você teme a Deus, porque não Me negou seu filho, o seu único filho" (Gn 22:12). Deus fez Abraão passar por essa difícil prova para que ele pudesse ver o dia de Cristo e compreendesse o grande amor de Deus pelo mundo – tão grande, a ponto de dar o Seu único filho para erguer o mundo de sua degradação.

Ao se entregar totalmente, Abraão viu que, ao Deus dar Seu único Filho para salvar pecadores da ruína eterna, Ele estava fazendo um sacrifício maior e mais maravilhoso do que qualquer ser humano poderia fazer.

Quando Deus providenciou um sacrifício para ser oferecido no lugar de Isaque, Ele estava declarando que ninguém pode fazer expiação pela própria culpa e que o sistema pagão de sacrifício era totalmente inaceitável para Deus. Nenhum pai devia oferecer o filho ou a filha como oferenda pelo pecado. Somente o Filho de Deus pode levar a culpa do mundo.

As palavras de Cristo a respeito de Abraão não pareceram muito significativas para os Seus ouvintes. Os fariseus viram nelas apenas um terreno fértil para discussão. Eles retrucaram com ironia, como se pudessem provar que Jesus fosse um maluco. "Você ainda não tem cinquenta anos, e viu Abraão?" (Jo 8:57).

Com solene dignidade, Jesus respondeu: "Eu lhes afirmo que antes de Abraão nascer, Eu Sou!" (v. 58).

Houve silêncio na grande assembleia. O Rabino da Galileia reclamava como Seu o nome de Deus, o qual havia sido dado a Moisés para expressar a ideia da presença eterna. Ele Se declarava como Aquele que tem existência própria, cujas "origens estão no passado distante, em tempos antigos" (Mq 5:2).

Outra vez os sacerdotes e rabinos se manifestaram aos gritos contra Jesus, acusando-O de blasfemo. Por Ele ser – e assim Se proclamava – o Filho de Deus, eles estavam decididos a matá-Lo. Muitas pessoas apoiavam os sacerdotes e rabinos, e pegaram pedras para atirar em Jesus. "Mas Jesus escondeu-Se e saiu do templo" (Jo 8:59).

O Homem Cego de Nascença

"Ao passar, Jesus viu um cego de nascença. Seus discípulos Lhe perguntaram: 'Mestre, quem pecou: este homem ou seus pais, para que ele nascesse cego?' Disse Jesus: 'Nem ele nem seus pais pecaram, mas isto aconteceu para que a obra de Deus se manifestasse na vida dele'. [...] Tendo dito isso, cuspiu no chão, misturou terra com saliva e aplicou-a aos olhos do homem. Então lhe disse: 'Vá lavar-se no tanque de Siloé' (que significa ' enviado'). O homem foi, lavou-se e voltou vendo" (Jo 9:1-6).

Os judeus, em geral, acreditavam que o pecado é castigado nesta vida. Satanás, o autor do pecado e de suas consequências, tinha levado o povo a considerar que a doença e a morte procediam de Deus. Se alguma grande aflição caísse sobre alguém, aquele indivíduo ficava com o fardo de ser considerado um grande pecador. Esse ponto de vista preparou o caminho para os judeus rejeitarem a Jesus. Eles olhavam para Aquele que "tomou sobre Si as nossas enfermidades e sobre Si levou as nossas doenças" como Alguém "castigado por Deus, por Deus atingido e afligido" (Is 53:4).

Os discípulos de Cristo tinham a mesma crença dos judeus sobre a conexão entre pecado e sofrimento. Depois de ungir os olhos do cego, Jesus mandou que ele fosse se lavar no tanque de Siloé, e a visão do homem foi restaurada. Ao fazer isso, Jesus respondeu à pergunta dos discípulos de uma maneira prática. Os discípulos não deviam discutir sobre quem havia pecado e quem não havia. Deviam entender a misericórdia de Deus manifestada ao dar vista ao cego. Não havia virtude curadora no barro nem no tanque ao qual o cego foi enviado para se lavar. A virtude estava em Cristo.

Um Milagre no Sábado

Os fariseus ficaram perplexos com a cura e, como nunca antes, ficaram ainda mais cheios de ódio, pois Jesus havia realizado o milagre no dia de sábado.

Os vizinhos, que conheciam aquele jovem do tempo em que ele ainda era cego, olharam para ele com certa dúvida, porque quando os olhos dele foram abertos, o seu rosto ficou mudado e iluminado; parecia ser outro homem. Alguns disseram que, sim, era ele. Outros disseram: "Não, apenas se parece com ele". Mas ele definiu a questão dizendo: "Sou eu mesmo". E falou para eles de Jesus, de como Ele o havia curado. Então, eles perguntaram: "Onde está esse homem?" Ele disse: "Não sei".

Uma comissão de fariseus convocou aquele jovem e o interrogou sobre como ele havia recobrado a visão. "O homem respondeu: 'Ele colocou uma mistura de terra e saliva em meus olhos, eu me lavei e agora vejo'. Alguns dos fariseus disseram: 'Esse homem não é de Deus, pois não guarda o sábado'" (Jo 9:15, 16). Os fariseus pareciam extremamente zelosos quanto à observância do sábado e, no entanto, estavam planejando um assassinato nesse mesmo dia. Muitas pessoas ficaram convencidas de que Aquele que tinha aberto os olhos do cego era mais do que um homem comum. Eles disseram: "Como pode um pecador fazer tais sinais miraculosos?" (v. 16).

Os rabinos interrogaram o rapaz mais uma vez: "'Que diz você a respeito dEle? Foram os seus olhos que Ele abriu'. O homem respondeu: 'Ele é um profeta'" (v. 17). Então os fariseus declararam que ele não havia nascido cego. Mandaram ir buscar os pais dele e lhes perguntaram: "É este o seu filho, o qual vocês dizem que nasceu cego?"

Ali estava o próprio rapaz a declarar que tinha sido cego e que sua visão fora restaurada. No entanto, os fariseus preferiam negar a evidência dada pelos próprios sentidos do que admitir que estavam errados. Eis aí a força do preconceito; eis aí a distorção da justiça farisaica.

Só restava uma esperança aos fariseus: intimidar os pais do rapaz. E perguntaram a eles: "Como ele pode ver agora?" Os pais tiveram medo de se comprometer, pois havia sido declarado que quem reconhecesse que Jesus era o Cristo seria "expulso da sinagoga", ou seja, seria excluído por 30 dias. As pessoas achavam que essa sentença era uma grande calamidade. O grande feito realizado em favor do filho tinha trazido convicção aos pais, mas eles responderam: "Sabemos que ele é nosso filho e que nasceu cego. Mas não sabemos como ele pode ver agora ou quem lhe abriu os olhos. Perguntem a ele. Idade ele tem; falará por si mesmo" (v. 20, 21). Dessa maneira, eles transferiram toda a responsabilidade para o filho.

O Milagre Não Pôde Ser Negado

O questionamento, o preconceito dos fariseus e sua descrença nos fatos ocorridos nesse caso estavam abrindo os olhos do povo. Em muitas mentes, a pergunta era: Será que Deus faria coisas tão poderosas por meio de um impostor – coisa que os fariseus insistiam que Jesus era?

Os fariseus não podiam negar o milagre. O rapaz, cheio de alegria e gratidão, voluntariamente contou sua experiência. De novo, os fariseus tentaram silenciá-lo. "Para a glória de Deus, diga a verdade. Sabemos que esse Homem é pecador" (v. 24). Isto é, não diga outra vez que esse Homem restaurou sua visão. Foi Deus quem fez isso.

O jovem respondeu: "Não sei se Ele é pecador ou não. Uma coisa sei: eu era cego e agora vejo!"

Quando aqueles hipócritas tentaram fazer com que ele deixasse de crer, Deus o ajudou a mostrar, pela força e contundência de suas respostas, que não seria apanhado em nenhuma das armadilhas deles. Ele respondeu: "'Eu já lhes disse, e vocês não me deram ouvidos. Por que querem ouvir outra vez? Acaso vocês também querem ser discípulos dEle?' Então o insultaram e disseram: 'Discípulo dEle é você! Nós somos discípulos de Moisés! Sabemos que Deus falou a Moisés, mas, quanto a esse, nem sabemos de onde Ele vem'" (v. 27-29).

O Senhor deu graça e clareza para aquele jovem para que se tornasse uma testemunha por Cristo com o uso de palavras que foram uma repreensão incisiva aos seus interrogadores. Ali estava Alguém realizando milagres, e eles se mostravam assumidamente ignorantes sobre a fonte do Seu poder. "Ora, isso é extraordinário! Vocês não sabem de onde Ele vem, contudo Ele me abriu os olhos. Sabemos que Deus não ouve pecadores, mas ouve o homem que O teme e pratica a Sua vontade. Ninguém jamais ouviu que os olhos de um cego de nascença tivessem sido abertos. Se esse Homem não fosse de Deus, não poderia fazer coisa alguma" (v. 30-33).

O raciocínio do rapaz era incontestável. Os fariseus ficaram estupefatos com suas palavras precisas e decididas. Por alguns momentos houve silêncio. Então, os carrancudos sacerdotes e rabinos se cobriram com seus mantos, como se temessem ficar contaminados pelo contato com o jovem. "Você nasceu cheio de pecado; como tem a ousadia de nos ensinar?" (v. 34). E o expulsaram da sinagoga.

Jesus ouviu sobre o que tinha acontecido. Mais tarde, ao encontrar o rapaz, disse: "Você crê no Filho do homem?"

Pela primeira vez, o rapaz que fora cego olhou para o rosto do seu Redentor. Ele já tinha visto os seus pais perturbados e perplexos. Também vira o rosto carrancudo dos rabinos. Agora, os seus olhos contemplavam a face amorosa e tranquila de Jesus. A despeito dos problemas com os sacerdotes e rabinos, ele já havia reconhecido Jesus como Aquele a quem fora confiado o poder divino. Àquele jovem foi concedida a maior de todas as revelações.

O jovem respondeu à pergunta do Salvador com outra pergunta: "Quem é Ele, Senhor, para que eu nEle creia?" E Jesus disse: "Você já O tem visto. É Aquele que está falando com você" (v. 36, 37). O rapaz se lançou aos pés do Salvador em adoração. Cristo tinha sido revelado ao seu coração e ele O recebeu como o enviado de Deus.

Um grupo de fariseus havia se reunido ali por perto, e a presença deles trouxe à mente de Jesus o contraste sempre evidente no efeito causado por Suas palavras e obras. "Eu vim a este mundo para julgamento, a fim de que os cegos vejam e os que veem se tornem cegos" (v. 39). Com o advento do Salvador, o povo teve o privilégio de ter uma revelação completa da presença divina, presença esta que o mundo jamais tinha desfrutado antes. Mas nessa mesma revelação, homens e mulheres estavam sendo julgados. O caráter deles foi provado e seu destino, determinado.

Vendo que as palavras de Cristo se aplicavam a eles, alguns dos que O ouviam indagaram: "Acaso nós também somos cegos?" Jesus respondeu: "Se vocês fossem cegos não seriam culpados de pecado". Se Deus tornasse impossível você ver a verdade, sua ignorância não envolveria pecado. "Mas agora [...] dizem que podem ver". Vocês acham que podem ver, mas rejeitam o único meio pelo qual podem ter a visão restaurada. Os fariseus se recusavam a ir a Cristo. Jesus disse a eles: "A culpa de vocês permanece".

52

O Divino Pastor*

"Eu sou o bom pastor [...] e dou a Minha vida pelas ovelhas" (Jo 10:14, 15).

Jesus alcançava Seus ouvintes por meio de coisas com que eles estavam familiarizados. Com um belo retrato da ovelha e do pastor, Ele representa Sua relação com os que creem nEle. Nenhuma figura era mais familiar do que essa para os Seus ouvintes. Ao recordarem a lição do Salvador, os discípulos veriam a Cristo em cada fiel pastor e a si mesmos em cada ovelha desamparada e dependente.

Os fariseus haviam acabado de tirar uma ovelha do curral por ousar dar testemunho do poder de Cristo. Excluíram alguém a quem o verdadeiro Pastor estava atraindo para Si. Fazendo isso, mostraram ser indignos de confiança como pastores do rebanho. Foi então que Jesus Se declarou o verdadeiro guarda do rebanho do Senhor.

"Aquele que não entra no aprisco das ovelhas pela porta, mas sobe por outro lugar, é ladrão e assaltante. Aquele que entra pela porta é o pastor das ovelhas" (v. 1, 2). Quando os fariseus raciocinaram sobre o que Jesus quis dizer com isso, Ele disse claramente para eles: "Eu sou a porta; quem entra por Mim será salvo. Entrará e sairá, e encontrará pastagem. O ladrão vem apenas para furtar, matar e destruir; Eu vim para que tenham vida, e a tenham plenamente" (v. 9, 10).

Cristo é a porta do aprisco de Deus. Desde os tempos mais remotos, todos os Seus filhos têm achado entrada nessa porta. Seja em símbolos prefigurados, ou manifestados nas revelações dos profetas, ou desvendados nas lições que Jesus deu aos Seus discípulos, eles têm visto "o Cordeiro de Deus, que tira o pecado do mundo" (Jo 1:29). As pessoas têm criado cerimônias e sistemas pelos quais esperam receber justificação e paz com Deus. Mas todos os que

* Este capítulo é baseado em João 10:1-30.

colocam alguma coisa que venha a ocupar o lugar de Cristo, todos os que entram no aprisco de alguma outra maneira, são ladrões e salteadores.

Os sacerdotes e líderes religiosos, os escribas e fariseus destruíram as viçosas pastagens e contaminaram as fontes da Água da Vida. A inspiração descreve esses falsos pastores: "Vocês não fortaleceram a [ovelha] fraca nem curaram a doente nem enfaixaram a ferida. Vocês não trouxeram de volta as desviadas nem procuraram as perdidas. Vocês têm dominado sobre elas com dureza e brutalidade" (Ez 34:4).

Toda nação pagã teve seus grandes mestres e sistemas religiosos que ofereceram algum outro meio de redenção fora de Cristo, voltando os olhos das pessoas para longe da face do Pai e enchendo o coração delas de medo. Milhões são oprimidos sob o peso de religiões falsas, sem esperança de ter alegria aqui, e apenas com medo do que está pela frente. Somente o evangelho da graça de Deus pode erguer a alma. O amor de Deus, tal como visto em Seu Filho, comove o coração e desperta o poder do nosso ser como nada mais o pode fazer. Quem quer que afaste as pessoas de Cristo as está afastando da Fonte do verdadeiro desenvolvimento, privando-as da esperança e glória da vida. É ladrão e salteador.

A Responsabilidade de um Fiel Pastor

No Oriente, o cuidado de um pastor pelo rebanho é incansável e constante. Assaltantes ou animais predadores ficam à espreita para roubar a ovelha. Os pastores guardam seus rebanhos arriscando a própria vida. Jacó, que cuidava dos rebanhos de Labão, disse: "O calor me consumia de dia, e o frio, de noite, e o sono fugia dos meus olhos" (Gn 31:40). Enquanto cuidava das ovelhas do seu pai, Davi, ainda garoto, resgatou com as próprias mãos um cordeiro das garras do leão e do urso.

Uma forte e terna ligação une os pastores às ovelhas sob seus cuidados. Cada ovelha tem seu nome e responde ao chamado do pastor. Assim também o divino Pastor conhece Seu rebanho, o qual está espalhado por todo o mundo. Jesus diz: "Eu o chamei pelo nome; você é Meu" (Is 43:1). Jesus nos conhece individualmente e Se comove com nossas fraquezas. Ele conhece até a casa em que moramos. Às vezes, Ele dá instruções aos Seus servos para ir a certa rua, em certa cidade, em certa casa, só para encontrar uma de Suas ovelhas.

Jesus conhece cada pessoa tão bem, que é como se ela fosse a única por quem o Salvador morreu. A aflição de cada um toca o Seu coração. Ele veio para atrair todos para Si.

Conhece a todos que, com alegria, ouvem o Seu chamado e estão prontos para ficar sob Seus cuidados pastorais. Ele diz: "As Minhas ovelhas ouvem a Minha voz; Eu as conheço, e elas Me seguem" (Jo 10:27).

Por Que as Ovelhas dEle O Seguem

Os pastores do Oriente não maltratam suas ovelhas. Não fazem uso de força ou medo. Em vez disso, vão à frente delas e as chamam. O Salvador-Pastor faz o mesmo com Suas ovelhas. Ele declara: "Eu a amei com amor eterno; com amor leal a atrai" (Jr 31:3).

Não é o medo de punição ou a esperança da recompensa eterna que leva os discípulos de Cristo a segui-Lo. Eles veem o incomparável amor do Salvador revelado desde a manjedoura de Belém até a cruz do Calvário, e é essa visão que os atrai, suaviza e subjuga. O amor é despertado no coração deles. Eles ouvem a Sua voz e O seguem.

O pastor vai à frente das ovelhas, sendo o primeiro a encontrar os perigos. É assim que Jesus faz com Seu povo. O caminho para o Céu é santificado pelas pegadas do Salvador.

Apesar de estar agora partilhando o trono do Universo, Jesus não perdeu nada de Sua compaixão. Hoje, Sua mão transpassada está estendida para abençoar Seu povo no mundo. "Elas jamais perecerão; ninguém as poderá arrancar da Minha mão" (Jo 10:28). A pessoa que vem a Cristo com fé é mais preciosa aos Seus olhos do que o mundo inteiro. Ele nunca abandonará alguém por quem morreu. A menos que os Seus seguidores escolham deixá-Lo, Ele os manterá em segurança.

Cristo Ainda é Nosso Pastor Pessoal

Nosso infalível Ajudador não nos deixa lutar sozinhos contra a tentação e, finalmente, ser esmagados pelos fardos e pela dor. Embora Ele esteja agora oculto aos olhos mortais, o ouvido da fé pode ouvir Sua voz dizendo: "Não tenha medo; Eu estou com você. Eu experimentei suas tristezas, passei por suas lutas, enfrentei suas tentações. Conheço suas lágrimas – Eu também chorei. Conheço as aflições que, de tão profundas, sequer podem ser sussurradas a qualquer ouvido humano. Você não foi esquecido. Ainda que sua dor não cause resposta em algum coração na Terra, olhe para Mim e viva" (ver Is 54:10).

Porque somos o dom do Seu Pai e a recompensa do Seu trabalho, Jesus nos ama como se fôssemos Seus filhos. Ele ama você. O próprio Céu não pode conceder nada maior, nada melhor. É só confiar.

Jesus pensou em todas as pessoas da Terra que foram extraviadas por falsos pastores, espalhadas entre lobos, e disse: "Tenho outras ovelhas que não são deste aprisco. É necessário que Eu as conduza também. Elas ouvirão a Minha voz, e haverá um só rebanho e um só pastor" (Jo 10:16).

"Por isso é que Meu Pai Me ama, porque Eu dou a Minha vida para retomá-la [...]. Tenho autoridade para dá-la e para retomá-la. Esta ordem recebi de Meu Pai" (v. 17, 18). Como membro da família humana, Jesus era mortal; como Deus, Ele era a Fonte da vida para o mundo. Ele poderia ter resistido às investidas da morte, mas, voluntariamente, deu Sua vida para que pudesse trazer vida e imortalidade.

"Mas Ele foi transpassado por causa das nossas transgressões, foi esmagado por causa de nossas iniquidades; o castigo que nos trouxe paz estava sobre Ele, e pelas Suas feridas fomos curados. Todos nós, tal qual ovelhas, nos desviamos, cada um de nós se voltou para o seu próprio caminho; e o Senhor fez cair sobre Ele a iniquidade de todos nós" (Is 53:5, 6).

53

A Última Viagem da Galileia*

Ao se aproximar o fim do Seu ministério, Cristo mudou Sua maneira de trabalhar. Até então, tinha preferido evitar a publicidade e recusar a adoração do povo, chegando a ordenar que ninguém declarasse que Ele era o Cristo.

No tempo da Festa dos Tabernáculos, tinha passado despercebido em Jerusalém e entrou na cidade sem ser anunciado. Mas não foi assim em Sua última viagem. Dessa vez, Ele viajou de maneira mais pública, precedido de anúncios sobre a Sua chegada, o que nunca havia acontecido antes. Agora, Ele Se dirigia ao cenário do Seu grande sacrifício, e era preciso dirigir a atenção do povo para isso.

"Da mesma forma como Moisés levantou a serpente no deserto, assim também é necessário que o Filho do homem seja levantado" (Jo 3:14). Todos os olhares deviam ser atraídos para Cristo, o Sacrifício que trouxe salvação ao mundo perdido.

Os discípulos tentaram impedir a viagem para Jerusalém, pois sabiam da hostilidade mortal dos líderes religiosos. Foi uma tarefa amarga para Cristo levar Seus amados discípulos rumo à angústia e ao desespero que os esperava em Jerusalém. E Satanás estava por perto para pressionar com suas tentações. Por que deveria Ele ir para Jerusalém, para a morte certa? Por todo lado havia pessoas em sofrimento esperando ser curadas. Ele estava cheio de vigor e no auge da Sua varonilidade. Por que não ir para os vastos campos do mundo com Suas palavras de graça, Seu toque curador? Por que não levar luz e alegria aos milhões em trevas e tristezas? Por que enfrentar a morte agora e deixar o trabalho que mal havia começado?

* Este capítulo é baseado em Lucas 9:51-56; 10:1-24.

O inimigo atacava Jesus com tentações ferozes e sutis. Se Jesus tivesse mudado Seu rumo, o mínimo que fosse, o mundo estaria perdido.

Contudo, Ele "partiu resolutamente em direção a Jerusalém". A única lei da vida dEle era a vontade do Pai. Ainda menino, Ele disse a Maria: "[Vocês] não sabiam que Eu devia estar na casa de Meu Pai?" (Lc 2:49). No grande plano de Deus, a hora para Ele Se oferecer por nossos pecados estava para chegar. Ele não iria falhar nem hesitar. Seus inimigos já vinham, por algum tempo, conspirando para tirar-Lhe a vida; agora, Ele a entregaria.

Ele "enviou mensageiros à Sua frente. Indo estes, entraram num povoado samaritano". As pessoas, entretanto, se recusaram a recebê-Lo porque Ele estava a caminho de Jerusalém. Não tinham a menor ideia de que estavam mandando embora de suas portas o melhor dom do Céu. Os samaritanos perderam tudo isso por causa do preconceito e da intolerância.

Tiago e João, mensageiros de Cristo, ficaram muito aborrecidos pelo insulto e indignados pela maneira rude com que os samaritanos O haviam tratado. Eles contaram para Cristo que as pessoas sequer ofereceram hospedagem para que Ele passasse a noite. Olhando para o monte Carmelo à distância, onde Elias tinha matado os falsos profetas, eles disseram: "Senhor, queres que façamos cair fogo do céu para destruí-los?" Os dois ficaram surpresos com a repreensão de Jesus: "Vocês não sabem de que espécie de espírito são, pois o Filho do homem não veio para destruir a vida dos homens, mas para salvá-los" (Lc 9:54, 55). E Ele foi para outro povoado.

Não faz parte da missão de Cristo forçar as pessoas a recebê-Lo. Ele só quer o serviço voluntário, a disposta entrega do coração movida pelo amor. Não pode haver evidência mais conclusiva de que possuímos o espírito de Satanás do que o desejo de ferir e destruir os que não gostam do nosso trabalho e agem de maneira contrária a nossas ideias. Nada pode ser mais ofensivo a Deus do que, por causa da intolerância religiosa, causar sofrimento àqueles que foram comprados pelo sangue do Salvador.

Cristo passou uma boa parte dos meses finais do Seu ministério na Pereia, uma província da Judeia, do outro lado do Jordão (ver Mc 10:1). Ali, o povo se reuniu em torno dEle, e Ele repetiu muitos dos Seus ensinamentos anteriores.

Assim como enviara os doze, o Senhor também "escolheu mais setenta e dois dos Seus seguidores e os enviou de dois em dois a fim de que fossem adiante dEle para cada cidade e lugar aonde Ele tinha de ir" (Lc 10:1, NTLH). Por algum tempo, esses discípulos tinham sido treinados para esse trabalho. Eles tiveram o privilégio de receber, bem de perto, instruções diretas e pessoais do próprio Cristo.

Jesus não deu aos setenta a mesma ordem que tinha dado aos doze – não entrar em nenhuma cidade de gentios ou samaritanos. Apesar de os samaritanos terem rejeitado rudemente a Cristo, Seu amor para com eles não havia mudado. Em Seu nome, os setenta visitaram, em primeiro lugar, as cidades de Samaria.

Os Samaritanos Responderam ao Amor de Cristo

Na incumbência dada aos discípulos antes de Sua ascensão, Jesus mencionou Samaria junto com Jerusalém e a Judeia como lugares onde eles deviam pregar o evangelho primeiro. Quando eles foram a Samaria, encontraram o povo pronto para recebê-los. Os samaritanos viram que, apesar de O terem tratado rudemente, Jesus tinha somente pensamentos de amor em relação a eles e, com isso, conquistou o coração deles. Depois de Sua ascensão, os discípulos juntaram uma preciosa colheita dentre aqueles que tinham sido seus mais acirrados inimigos.

"Não quebrará o caniço rachado, e não apagará o pavio fumegante. Com fidelidade fará justiça" (Is 42:3).

Ao enviar os setenta, Jesus os instruiu a não forçar a presença deles onde não fossem bem-vindos. "Quando entrarem numa cidade e não forem bem recebidos", Ele disse, "saiam por suas ruas e digam: 'Até o pó da sua cidade, que se apegou aos nossos pés, sacudimos contra vocês. Fiquem certos disto: O Reino de Deus está próximo'" (Lc 10:10, 11). Eles não deviam fazer isso por causa de ressentimento ou dignidade ferida, mas para mostrar quão sério é recusar a mensagem do Senhor. Rejeitar os servos do Senhor é rejeitar o próprio Cristo.

Os Líderes Religiosos Rejeitaram a Cristo

Jesus acrescentou: "Eu lhes digo: Naquele dia haverá mais tolerância para Sodoma do que para aquela cidade" (v. 12). Então Sua mente se voltou para as cidades da Galileia, onde exercera boa parte do Seu ministério. Diariamente, o Príncipe da vida tinha entrado e saído do meio daquele povo. A glória de Deus brilhara sobre as multidões que seguiam os passos do Salvador. Contudo, recusaram o Dom celestial.

Os rabinos tinham advertido contra a aceitação das doutrinas que aquele novo Mestre estava ensinando. Em vez de tentar entender a Palavra de Deus por si mesmo, o povo adulava os sacerdotes, rejeitava a verdade e mantinha suas tradições. Muitos quase foram persuadidos, mas não agiam de acordo com suas convicções. Dessa maneira, muitos rejeitaram a verdade que seria para a salvação deles.

A Testemunha Verdadeira diz: "Eis que estou à porta e bato" (Ap 3:20). Cada apelo que a Palavra ou os mensageiros de Deus nos fazem é uma batida à porta do coração. É a voz de Jesus pedindo para entrar. A cada batida ignorada, a disposição de abrir fica mais fraca. Se desconsiderarmos as impressões do Espírito Santo hoje, elas já não serão tão fortes amanhã. O coração fica menos sensível e cai numa perigosa falta de consciência quanto à brevidade da vida e da eternidade que está além de nós. A condenação no juízo não será resultado de estarmos no erro, mas do fato de termos negligenciado oportunidades dadas pelo Céu de aprender o que é a verdade.

Ao completarem o trabalho, os setenta voltaram com alegria dizendo: "Senhor, até os demônios se submetem a nós, em Teu nome". Jesus respondeu: "Eu vi Satanás caindo do céu como relâmpago" (Lc 10:17, 18). Além da agonia e da vergonha do Calvário, Jesus contemplou o grande dia final quando Satanás será destruído na Terra que, por tanto tempo, foi manchada por sua rebelião.

Dali em diante, os seguidores de Cristo deviam olhar para Satanás como um inimigo vencido. Na cruz, Jesus haveria de conquistar a vitória por eles. Ele queria que aceitassem essa vitória como se fosse deles mesmos. "Eu lhes dei autoridade para pisarem sobre cobras e escorpiões, e sobre todo o poder do inimigo; nada lhes fará dano" (v. 19).

A onipotente força do Espírito Santo é a defesa de cada pecador arrependido. A ninguém que, arrependido e com fé, clame por Sua proteção Cristo permitirá que caia sob o poder do tentador. Quando vierem as tentações e provações, olhe para Jesus, o seu Ajudador. Graças a Deus, temos um poderoso Salvador que expulsou o maligno do Céu. Por que não falar dEle? Deus nunca abandonará Seu povo na luta contra o mal.

O Segredo do Poder Pessoal

Jesus acrescentou: "Contudo, alegrem-se, não porque os espíritos se submetem a vocês, mas porque seus nomes estão escritos nos Céus" (v. 20). Tenha cuidado para não deixar que a autossuficiência leve você a trabalhar com as próprias forças. O eu está sempre pronto para ficar com o crédito se o trabalho é bem-sucedido. Quando nos conscientizamos das nossas fraquezas, aprendemos a depender de um poder que não é o nosso (ver 2Co 12:10). Nada atinge tão plenamente nossos mais profundos motivos de conduta do que sentir o amor perdoador de Cristo. Devemos estar em contato com Deus. Então, Seu Santo Espírito vai nos encher, nos capacitando para entrar em contato com os que estão em torno de nós. Quanto mais intimamente conectado você estiver com a Fonte de luz e poder, maior poder terá para trabalhar para Deus.

Enquanto os setenta ouviam a Cristo, o Espírito Santo escrevia a verdade no coração deles. Embora estivessem cercados de muita gente, era como se estivessem a sós com Deus.

Sabendo que haviam recebido a inspiração do momento, Jesus, "exultando no Espírito Santo, disse: 'Eu Te louvo, Pai, Senhor do Céu e da Terra, porque escondeste estas coisas dos sábios e cultos e as revelaste aos pequeninos. Sim, Pai, pois assim foi do Teu agrado'" (Lc 10:21).

Os que recebem honras do mundo – os assim chamados grandes e sábios – não podem compreender o caráter de Cristo. Mas pescadores e cobradores de impostos foram capacitados para ver o Invisível. Com frequência, ao se submeterem ao poder do Espírito Santo, Deus iluminava a mente dos discípulos. Eles percebiam que o poderoso Deus tinha Se revestido da humanidade e estava entre eles. Muitas vezes, ao Jesus apresentar as passagens do Antigo Testamento e mostrar como elas se aplicavam a Ele, os discípulos eram elevados até a atmosfera celestial. Eles tinham uma compreensão mais clara sobre essas coisas do que os escritores originais tiveram. Mesmo depois, eles leriam as passagens do Antigo Testamento como uma revelação nova de Deus. Viam Aquele a quem "o mundo não pode [receber], porque não O vê nem O conhece" (Jo 14:17).

A única forma que temos de obter uma compreensão mais aperfeiçoada da verdade é conservar o coração enternecido e subjugado pelo Espírito de Cristo. A ciência humana é por demais limitada para entender o plano da redenção. A filosofia tampouco pode explicá-lo. No entanto, nós podemos conhecer a ciência da salvação pela experiência. Somente os que veem a própria pecaminosidade podem discernir quão precioso é o Salvador.

As lições que Cristo ensinou ao Se dirigir vagarosamente para Jerusalém estavam repletas de instruções. Na Pereia, o povo não era tão controlado pelo fanatismo dos judeus como na Judeia, e Seus ensinamentos acharam resposta no coração daquela gente.

Cristo contou muitas das Suas parábolas durante os últimos meses do Seu ministério. Os sacerdotes e rabinos não podiam se enganar quanto a Sua intenção, mas também não podiam achar nada em que se basear para acusá-Lo. Cristo repetiu a bela parábola da ovelha perdida, e deu um alcance ainda maior à Sua lição ao contar as parábolas da moeda perdida e do filho pródigo. Depois que o Espírito Santo foi derramado, quando, em nome do seu Mestre, os discípulos enfrentaram críticas, pobreza e perseguição, eles, com frequência, fortaleciam o coração repetindo o que Ele disse em Sua última viagem: "Não tenham medo, pequeno rebanho, pois foi do agrado do Pai dar-lhes o Reino. Vendam o que têm e deem esmolas. Façam para vocês bolsas que não se gastem com o tempo, um tesouro nos céus que não se acabe, onde ladrão algum chega perto e nenhuma traça destrói. Pois onde estiver o seu tesouro, ali também estará o seu coração" (Lc 12:32-34).

54

O Bom Samaritano*

Enquanto Cristo ensinava o povo, "um perito na lei levantou-se para pôr Jesus à prova e Lhe perguntou: 'Mestre, o que preciso fazer para herdar a vida eterna?'" (Lc 10:25). Os sacerdotes e rabinos tinham pensado que apanhariam a Cristo com a pergunta que induziram o doutor da lei a fazer. No entanto, o Senhor não entrou em discussão. "O que está escrito na Lei?", Ele disse. "Como você a lê?" Jesus desviou a pergunta sobre salvação para o tema da observância aos mandamentos de Deus.

O doutor da lei disse: "Ame o Senhor, o seu Deus de todo o seu coração, de toda a sua alma, de todas as suas forças e de todo o seu entendimento" e "ame o seu próximo como a si mesmo". Jesus disse: "Você respondeu corretamente. Faça isso, e viverá" (v. 27, 28).

Aquele doutor da lei vinha estudando as Escrituras a fim de conhecer o seu verdadeiro significado. Em sua resposta sobre as exigências da lei, ele não atribuiu nenhum valor ao amontoado de instruções quanto às cerimônias e ritos. Em lugar disso, apresentou os dois grandes princípios dos quais dependem toda a lei e os profetas. Essa resposta, elogiada por Cristo, deu ao Salvador vantagem sobre os rabinos.

"Faça isso e viverá", Jesus disse. Ele apresentou a lei como uma unidade divina. Não é possível guardar um mandamento e quebrar outro, pois o mesmo princípio permeia todos eles. Amor supremo a Deus e amor imparcial ao próximo são os princípios a ser observados na vida.

As palavras firmes de Cristo convenceram o doutor da lei. Ele não havia mostrado amor às pessoas que o cercavam. Contudo, em vez de se arrepender, tentou se justificar dizendo: "Quem é o meu próximo?"

Entre os judeus, essa pergunta provocaria interminável discussão.

* Este capítulo é baseado em Lucas 10:25-37.

Os pagãos e os samaritanos eram estrangeiros e inimigos, mas onde se faria distinção entre as pessoas de sua própria nação e entre as diferentes classes da sociedade? Será que eles deviam considerar a multidão ignorante e descuidada – os "imundos" – como próximos?

Dissipe a Escuridão Admitindo a Luz

Jesus não denunciou o fanatismo dos que estavam ali, atentos às Suas palavras, só para condená-Lo. Em vez disso, apresentou uma história singela que retratava o amor do Céu fluindo sobre as pessoas. A bela ilustração tocou o coração de todos e arrancou do doutor da lei uma confissão da verdade. A melhor maneira de lidar com o erro é apresentar a verdade. "Um homem descia de Jerusalém para Jericó, quando caiu nas mãos de assaltantes. Estes lhe tiraram as roupas, espancaram-no e se foram, deixando-o quase morto. Aconteceu estar descendo pela mesma estrada um sacerdote. Quando viu o homem, passou pelo outro lado. E assim também um levita; quando chegou ao lugar e o viu, passou pelo outro lado" (v. 30-32). Isso foi um fato real, conhecido exatamente como Jesus contou. O sacerdote e o levita estavam no grupo que escutava as palavras de Cristo.

A estrada de Jerusalém para Jericó descia por um barranco pedregoso e inóspito, infestado de ladrões. Era, muitas vezes, cenário de situações de violência. Foi ali que os assaltantes atacaram o viajante, deixando-o quase morto. O sacerdote apenas olhou na direção do homem ferido. O levita tinha convicção do que devia fazer, mas se convenceu de que nada tinha que ver com o caso.

Esses dois homens pertenciam à categoria especialmente escolhida para representar a Deus diante do povo. Esperava-se que fossem capazes "de se compadecer dos que não têm conhecimento e se desviam" (Hb 5:2).

Os anjos do Céu contemplam a aflição da família de Deus na Terra, preparados para cooperar com homens e mulheres no alívio da opressão e do sofrimento. Todo o Céu observava para ver se o coração do sacerdote e do levita seria tocado pela piedade da miséria humana. O Salvador tinha instruído os hebreus no deserto, ensinando-lhes uma lição muito diferente daquela que o povo agora estava recebendo dos seus sacerdotes e mestres. Por meio de Moisés, Ele havia dado a mensagem que o Senhor Deus "defende a causa do órfão e da viúva e ama o estrangeiro. [...] Amem [portanto] os estrangeiros". "Amem-no como a si mesmos" (Dt 10:18, 19; Lv 19:34).

Treinados na escola do fanatismo nacional, o sacerdote e o levita se tornaram indivíduos egoístas, de mente estreita e exclusivistas. Ao olharem para o homem ferido, não conseguiram identificar se ele era judeu. Pensaram que talvez fosse um samaritano, e se afastaram.

No entanto, passou por ali um samaritano que teve compaixão da vítima. O samaritano sabia muito bem que, se a situação dos dois fosse inversa, o estrangeiro, judeu, mostraria desprezo e passaria de largo. Ele próprio poderia estar em perigo por ficar naquele lugar por mais tempo. Mas, para ele, o que importava era que ali estava um ser humano em necessidade e sofrimento. Ele tirou suas próprias vestes e o cobriu. O azeite e o vinho trazidos para a viagem foram usados para curar e aliviar o sofrimento do homem ferido. Colocou-o sobre o seu animal e o conduziu lentamente, em passo uniforme, de modo que o estranho não fosse sacudido, o que aumentaria o seu sofrimento. Levou-o para uma pensão e cuidou dele toda a noite, velando por ele ternamente.

Na manhã seguinte, antes de seguir viagem, o samaritano colocou o homem aos cuidados do dono da pensão, pagou a conta e deixou um depósito em seu favor. Ainda não satisfeito, tomou providências para qualquer necessidade futura, dizendo: "Cuide dele. Quando voltar lhe pagarei todas as despesas que você tiver".

Ao terminar a história, Jesus olhou nos olhos do doutor da lei e disse: "Qual destes três você acha que foi o próximo do homem que caiu nas mãos dos assaltantes?" O doutor da lei respondeu: "Aquele que teve misericórdia dele". Jesus disse: "Vá e faça o mesmo" (Lc 10:36, 37).

Assim, a pergunta "Quem é o meu próximo?" ficou respondida para sempre. Nosso próximo é toda pessoa que precisa da nossa ajuda, cada alma ferida e machucada pelo inimigo, todos os que são propriedade de Deus.

Na história do bom samaritano, Jesus apresentou um retrato de Si mesmo e de Sua missão. A humanidade tem sido ferida, roubada e deixada quase morta por Satanás, mas o Salvador deixou a Sua glória para vir nos resgatar. Ele curou nossas feridas, nos cobriu com Seu manto de justiça e, à própria custa, tomou todas as providências em nosso favor. Mostrando Seu próprio exemplo, Ele diz aos Seus seguidores: "Como Eu os amei, vocês devem amar-se uns aos outros" (Jo 13:34).

O samaritano tinha obedecido aos conselhos vindos de um coração bondoso e amoroso. Fazendo isso, provou ser praticante da lei. Cristo disse para o doutor da lei: "Vá e faça o mesmo".

A lição não é menos necessária hoje. O egoísmo e a fria formalidade quase têm extinguido o fogo do amor, dissipando as graças que deveriam deixar o caráter perfumado. Muitos dos que professam o nome de Jesus têm esquecido que os cristãos devem representar Cristo. A menos que mostremos sacrifício prático para o bem dos outros onde quer que estejamos, não somos cristãos, não importa o que declaremos ser.

Cristo pede que nos unamos a Ele para salvar a humanidade. Ele disse: "Vocês receberam de graça; deem também de graça" (Mt 10:8). Muitos estão perdidos e se sentem envergonhados e tolos. Estão sedentos de ânimo. Olham para os seus erros até serem levados ao desespero. Se formos, de fato, cristãos, ao vermos seres humanos em aflição, seja por alguma calamidade, seja por causa do pecado, nunca diremos: "Isso não me diz respeito".

A história do bom samaritano e o caráter de Jesus revelam o verdadeiro significado da lei e o que significa amar nosso próximo como a nós mesmos. E quando os filhos de Deus mostram amor por toda a humanidade, também estão dando testemunho do caráter das leis do Céu. "Se nos amarmos uns aos outros, Deus permanece em nós, e o Seu amor está aperfeiçoado em nós" (1Jo 4:12).

55

Reino Invisível*

Já fazia mais de três anos que João Batista tinha dado a mensagem: "O Reino dos Céus está próximo" (Mt 3:2). Muitos dos que rejeitaram João e se opuseram a Jesus sugeriam a cada instante que a missão dEle tinha fracassado.

Jesus respondeu: "O Reino de Deus não vem de modo visível ["uma coisa que se possa ver", NTLH], nem se dirá: 'Aqui está ele', ou 'Lá está'; porque o Reino de Deus está entre vocês" (Lc 17:20, 21). O reino de Deus começa no coração. Não esperem um poder terreno para dar sinal da sua vinda.

"Chegará o tempo", disse Jesus, "em que vocês desejarão ver um dos dias do Filho do homem, mas não verão" (v. 22). Vocês não percebem o grande privilégio que é ter entre vocês Aquele que é a vida e a luz da humanidade. Um dia vocês vão olhar para trás e sentir saudade das oportunidades que hoje desfrutam – andar e falar com o Filho de Deus.

Somente depois da ascensão de Cristo e do derramamento do Espírito Santo é que os discípulos apreciaram plenamente o caráter e a missão do Salvador. Só então começaram a perceber que estiveram na presença do próprio Senhor da glória (ver Jo 1:14). A mente deles se abriu para compreender as profecias e entender os milagres que Ele havia realizado. Era como se eles despertassem de um sonho. Os discípulos não se cansavam de repetir as palavras e os feitos de Cristo. Suas lições eram recebidas como uma revelação nova. As Escrituras passaram a ser um livro novo para eles.

Ao estudarem as profecias que testificavam sobre Cristo, os discípulos entraram em comunhão com a Divindade. Aprenderam dAquele que tinha ascendido ao Céu a fim de completar o trabalho que começara na Terra. Maravilhados, eles releram as descrições proféticas do caráter e obra de Cristo. Quão vagamente

* Este capítulo é baseado em Lucas 17:20-22.

tinham compreendido as Escrituras! Mesmo contemplando-O enquanto andava como Homem entre eles, não entendiam o mistério da Sua encarnação. Tampouco reconheciam plenamente a divindade na humanidade. Mas depois que o Espírito Santo iluminou a mente deles, como desejaram vê-Lo outra vez! Como queriam tê-Lo por perto para que pudesse lhes explicar as passagens que não compreendiam! O que Cristo estaria dizendo com a frase: "Tenho ainda muito que lhes dizer, mas vocês não o podem suportar agora"? (Jo 16:12). Eles lamentavam que sua fé tivesse sido tão fraca, a ponto de não conseguirem compreender a realidade.

A maravilhosa Pessoa a quem João havia anunciado estivera entre eles por mais de 30 anos, e eles não tinham realmente conhecido Jesus como o Enviado de Deus. Os discípulos permitiram que a descrença predominante obscurecesse seu entendimento. Muitas vezes, repetiam os temas das conversas do Salvador e diziam: "Como pudemos deixar que a oposição dos sacerdotes e rabinos confundisse nossos sentidos para que não compreendêssemos que Alguém maior que Moisés estava entre nós e que Aquele ainda mais sábio que Salomão estava nos instruindo? Quão insensíveis estavam nossos ouvidos!"

Quando levados perante tribunais e lançados em prisões, os seguidores de Cristo se alegravam "por terem sido considerados dignos de serem humilhados por causa do Nome" (At 5:41). Eles reconheciam a glória de Cristo e preferiam segui-Lo, mesmo que isso significasse perder tudo.

O reino de Deus não vem com manifestação exterior. Com seu espírito de negação própria, o evangelho nunca poderá estar em harmonia com o espírito do mundo. Hoje, muitas pessoas querem fazer do nosso Senhor governador dos reinos deste mundo, governador dos seus tribunais, de suas câmaras legislativas, palácios e centros de negócios. Esperam que Ele governe por meio de decretos reforçados pela autoridade humana. Mas como Cristo não está aqui em pessoa, eles mesmos querem agir em Seu lugar. Era um reino assim que os judeus queriam nos dias de Cristo. Porém, Ele disse: "O Meu Reino não é deste mundo" (Jo 18:36).

O governo sob o qual Jesus viveu era corrupto e opressor. Por todos os lados havia abusos terríveis – extorsão, intolerância e esmagadora crueldade. O Salvador, no entanto, não tentou nenhuma reforma, não atacou nenhum abuso, nem condenou os inimigos da nação. Tampouco interferiu na autoridade dos que detinham o poder. Aquele que foi nosso exemplo Se manteve à distância dos governos terrestres, não porque fosse indiferente aos pesares humanos, mas porque a solução não estava em medidas meramente humanas e exteriores. Era preciso que a cura regenerasse o coração.

O reino de Cristo não é estabelecido por cortes, conselhos ou assembleias legislativas, mas pela implantação da Sua natureza na humanidade por meio do Espírito Santo. Eis aí o único poder que pode erguer a humanidade. E o instrumento humano para realizar essa obra é o ensinamento e a prática da Palavra de Deus.

Hoje, como nos dias de Cristo, a obra do reino de Deus não está nas mãos dos que clamam pelo reconhecimento e o apoio de líderes terrestres e de leis humanas. Em vez disso, ela está nas mãos dos que proclamam para o povo, em nome de Cristo, as verdades espirituais que produzem nos que a recebem a mesma experiência de Paulo: "Fui crucificado com Cristo. Assim, já não sou eu quem vive, mas Cristo vive em mim" (Gl 2:20).

56

O Amor de Jesus Pelas Crianças*

Jesus amava as crianças. Ele aceitava seu afeto infantil e amor franco e sincero. O louvor agradecido que vinha dos lábios delas revitalizava Seu espírito quando homens ardilosos e hipócritas O oprimiam. Por onde Ele ia, Seus modos gentis e bondosos conquistavam a confiança dos pequeninos.

Era costume dos pais levar seus filhos à presença de algum rabino para que ele impusesse as mãos sobre eles e os abençoasse. Contudo, quando as mães foram ver Jesus e levaram seus filhinhos, os discípulos não foram receptivos. Achavam que as crianças eram pequenas demais para se beneficiarem com uma visita a Jesus, concluindo que Ele ficaria aborrecido com a presença delas. Entretanto, o Mestre Se desagradou não com elas, mas com os discípulos. O Salvador entendia o fardo das mães que procuravam educar seus filhos. Foi Ele mesmo quem chamou as crianças para perto.

Várias mães se reuniram para levar seus filhinhos a fim de que recebessem a bênção de Jesus. Ele escutou com atenção seus pedidos tímidos, feitos em lágrimas. Mas esperou para ver como os discípulos as tratariam. Ao ver que eles estavam mandando as mães saírem, mostrou que estavam errados, dizendo: "Deixem vir a Mim as crianças e não as impeçam; pois o Reino dos Céus pertence aos que são semelhantes a elas" (Mt 19:14). E tomando as crianças em Seus braços, deu-lhes a bênção pela qual tinha vindo.

As palavras de Cristo deram força às mães e as animaram para assumir suas responsabilidades com renovada alegria. As mães de hoje devem receber as palavras de Jesus com a mesma fé.

* Este capítulo é baseado em Mateus 19:13-15; Marcos 10:13-16; Lucas 18:15-17.

Cristo é um Salvador pessoal. Ele é um verdadeiro ajudador das mães de hoje, assim como foi ao tomar aquelas criancinhas da Judeia em Seus braços.

Aquele que disse: "Deixem vir a Mim as crianças e não as impeçam" ainda convida as mães para levar seus pequeninos a Ele para que os abençoe. Até o bebezinho nos braços de sua mãe pode viver debaixo da sombra do Todo-Poderoso, por meio da fé da mãe que se dedica à oração. João Batista foi cheio do Espírito Santo desde o seu nascimento. Se vivermos em comunhão com Deus, também poderemos esperar que o divino Espírito molde nossas criancinhas desde a mais tenra idade.

Jesus anteviu que algumas das crianças com quem teve contato naquele dia se tornariam mártires por amor dEle. Aqueles meninos e meninas O aceitariam como seu Redentor muito mais facilmente do que muitos adultos. Ele, a Majestade do Céu, respondeu às perguntas que as crianças fizeram e, de maneira simples, apresentou Suas importantes lições de maneira adequada à capacidade de compreensão delas.

Um Exemplo para Mães e Pais

As crianças continuam sendo mais receptivas aos ensinamentos do evangelho. A mente delas tem grande capacidade para reter as lições que recebe. Os pequeninos podem ser cristãos tendo uma experiência que esteja de acordo com sua idade.

Pais e mães devem ver seus filhos como os membros mais jovens da família do Senhor que foram a eles confiados por Deus a fim de que os eduquem para o Céu. O lar cristão se torna uma escola, sendo os pais os professores assistentes e o próprio Cristo o Professor titular. Devemos ensinar nossos filhos a levar seus pecados a Jesus, a pedir que os perdoe e a crer que Ele os perdoa e os recebe da mesma maneira que recebia as crianças quando esteve pessoalmente na Terra.

Ao ensinar seus filhos a lhe obedecer porque a amam, a mãe está ensinando a eles a primeira lição da vida cristã. Para a criança, o amor da mãe representa o amor de Cristo, e as criancinhas que confiam na mãe e lhe obedecem estão aprendendo a confiar no Salvador e a Ele obedecer.

Jesus também foi exemplo para os pais. Sua palavra tinha poder, mas nem mesmo com homens ríspidos e violentos Ele usou uma só expressão grosseira ou descortês. A graça de Cristo no coração suavizará toda a aspereza e subjugará tudo o que for grosseiro e rude. Ela levará pais e mães a tratar seus filhos como gostariam de ser tratados.

Pais, ao educar seus filhos, estudem as lições dadas por Deus na natureza. Se vocês querem cultivar uma rosa ou um lírio, o que fazem? Perguntam ao jardineiro o que ele faz para que cada ramo se desenvolva com simetria e beleza. Ele dirá para você que não foi com rispidez nem violência. Isso só faria romper as delicadas hastes. Foi com pequenos cuidados muitas vezes repetidos. Ele regou o solo e protegeu as plantas em crescimento dos fortes ventos e do sol abrasador, e Deus fez com que elas florescessem em toda sua beleza. Com toques gentis, procurem moldar o caráter de seus filhos de acordo com o padrão do caráter de Deus.

Incentivem a expressão do amor para com Deus e um para com o outro. A razão pela qual existem tantos homens e mulheres de coração endurecido no mundo é que o verdadeiro afeto tem sido desencorajado e reprimido. Os pais e, talvez, outros reprimiram o que havia de melhor na natureza dessas pessoas. A menos que o amor divino derreta seu frio egoísmo, a felicidade delas estará arruinada para sempre. Se quisermos que nossos filhos possuam o terno espírito de Jesus, devemos incentivar os impulsos generosos e amorosos da infância.

Ensinem as crianças a ver Cristo na natureza. Saiam com elas para passear ao ar livre, debaixo das nobres árvores e pelos jardins. Ensinem que elas podem ver o amor de Deus em todas as maravilhosas obras da criação. Ele fez as leis que governam todas as coisas vivas, e essas leis foram feitas para nossa alegria e felicidade. Não as aborreçam com orações longas e cansativas, mas, por meio de lições objetivas, as ensinem a obedecer à lei de Deus.

Ao procurar deixar claras as verdades da salvação para seus filhos, apontem para Cristo como Salvador pessoal. Os anjos estarão ao seu lado. O Senhor dará graça aos pais e mães para que possam despertar o interesse dos seus filhinhos na preciosa história do Bebê de Belém.

Não deixem que a frieza e aspereza afastem seus filhos de Jesus. Nunca deem a eles motivo para acharem que o Céu não será um lugar agradável para eles caso vocês estejam lá. Não falem de religião como algo que as crianças não podem compreender. Não deem a falsa impressão de que a religião de Cristo é uma religião sombria, e que, para irem ao Salvador, terão de deixar tudo aquilo que dá alegria à vida.

À medida que o Espírito Santo vai comovendo o coração das crianças, cooperem com o Seu trabalho. O Salvador está chamando esses meninos e meninas. Nada pode Lhe dar maior alegria do que vê-las se entregando a Ele no início de sua vida.

Seu coração se sente atraído não só pelas crianças de melhor conduta, com também pelas que herdaram traços de caráter questionáveis. Muitos pais não possuem a ternura e a sabedoria necessárias para lidar com crianças problemáticas, a quem eles mesmos fizeram assim. Contudo, Jesus vê essas crianças com piedade.

Sejam instrumentos de Cristo ao atraírem essas crianças para o Salvador. Com sabedoria e tato, deem-lhes coragem e esperança. Por meio da graça de Cristo, eles podem ter seu caráter transformado, de modo que deles se possa dizer: "O Reino dos Céus pertence aos que são semelhantes a elas".

57

Faltava uma Coisa ao Jovem Rico*

"Quando Jesus ia saindo, um homem correu em Sua direção e se pôs de joelhos diante dEle e Lhe perguntou: 'Bom Mestre, que farei para herdar a vida eterna?" (Mc 10:17).

Esse jovem, um príncipe, tinha muitos bens e uma posição de responsabilidade. Ele viu o amor de Jesus pelas crianças e, de tão comovido, correu na direção do Mestre. Com sinceridade e fervor, ele se ajoelhou diante de Jesus e fez a pergunta mais importante para a vida dele e a de cada ser humano.

"Por que você Me chama bom?", Jesus respondeu. "Ninguém é bom, a não ser um, que é Deus" (v. 18). Jesus queria provar a sinceridade do jovem e verificar em que sentido ele O considerava bom. Teria ele percebido que Aquele com quem estava falando era o Filho de Deus? Qual seria o verdadeiro sentimento do seu coração?

Esse príncipe tinha em alta consideração sua própria justiça, mas sentia falta de algo que não possuía. Poderia Jesus abençoá-lo e satisfazer o desejo do seu coração?

Em resposta, Jesus disse a ele que a obediência aos mandamentos de Deus era necessária se quisesse obter a vida eterna. "A tudo isso tenho obedecido desde a minha adolescência. O que me falta ainda?"

Cristo olhou nos olhos daquele rapaz como se estivesse lendo sua vida e examinando seu caráter. Sentiu amor por ele e desejou lhe dar paz e alegria. "Falta-lhe ainda uma coisa. Venda tudo o que você possui e dê o dinheiro aos pobres, e você terá um tesouro nos Céus. Depois venha e siga-Me" (Lc 18:22).

Cristo foi atraído a esse jovem. O Redentor desejava criar nele a capacidade de reconhecer a necessidade

* Este capítulo é baseado em Mateus 19:16-22; Marcos 10:17-22; Lucas 18:18-23.

de ter um coração devoto. Desejava ver nele um coração humilde e arrependido, capaz de esconder suas falhas na perfeição de Cristo.

Jesus viu nesse príncipe exatamente o auxílio de que precisava em Sua obra da salvação. Se ele se colocasse sob a orientação de Cristo, seria uma força para o bem. Ao ler seu caráter, Cristo o amou. O amor por Cristo foi despertado no coração do jovem, pois amor produz amor. Jesus queria que ele se tornasse um dos Seus colaboradores. Desejava desenvolver a excelência do seu caráter e santificá-lo para o uso do Mestre. Se aquele jovem tivesse se entregado a Cristo, quão diferente teria sido o seu futuro!

"Falta-lhe ainda uma coisa. Venda tudo o que você possui e dê o dinheiro aos pobres, e você terá um tesouro nos Céus. Depois venha e siga-Me". Cristo leu o coração do jovem. Só uma coisa lhe faltava, mas essa era um princípio vital. Ele precisava do amor de Deus no centro de sua vida. Se essa carência não fosse preenchida, isso seria fatal. Sua natureza inteira se corromperia. A fim de receber o amor de Deus, ele devia renunciar ao amor supremo que nutria pelo próprio eu.

Cristo apelou para que ele escolhesse entre o tesouro celestial e a grandeza secular. O jovem líder devia renunciar ao próprio eu e entregar sua vontade ao controle de Cristo. Foi oferecido a ele o privilégio de se tornar coerdeiro com Cristo do tesouro celestial, mas, antes, devia tomar a cruz e seguir o Salvador no caminho da abnegação.

A escolha era dele. Jesus havia lhe mostrado o ponto crucial do seu caráter. Se ele decidisse seguir a Cristo, deveria obedecer às Suas palavras em tudo e se apartar de seus ambiciosos projetos. Com desejo sincero e ansioso, o Salvador olhou para o jovem, esperando que ele aceitasse o convite do Espírito Santo.

As palavras de Cristo eram palavras de sabedoria, ainda que parecessem severas. A única esperança de salvação do jovem príncipe era aceitá-las e obedecer-lhes. Sua posição social e seus bens estavam exercendo uma influência sutil sobre o seu caráter. Se acariciados, tomariam o lugar de Deus em suas afeições.

Jesus Exigiu Demais?

Compreendendo rapidamente tudo o que estava envolvido nas palavras de Cristo, o jovem ficou triste. Ele era membro do honrado conselho dos judeus, e Satanás o estava tentando com agradáveis perspectivas para o futuro. Queria o tesouro celestial, mas também queria as vantagens que suas riquezas trariam. Sim, ele desejava a vida eterna, no entanto, o sacrifício parecia grande demais, e se afastou dali triste, "porque tinha muitas riquezas".

Sua afirmação de que havia observado a lei de Deus era uma farsa. Ele demonstrou que suas riquezas eram o seu ídolo e que amava mais as dádivas de Deus do que o próprio Doador. Cristo ofereceu ao jovem a convivência com Ele. "Siga-Me", Ele disse. Mas o Salvador não significava tanto para ele como os seus bens ou o prestígio que tinha na sociedade. Renunciar ao que se podia ver pelo invisível era, para ele, um risco muito grande. Rejeitou a oferta de vida eterna e foi embora. A partir dali, o mundo seria o objeto de sua adoração. Milhares de pessoas passam por essa prova, tendo de pesar Cristo e o mundo, e muitas delas escolhem o mundo.

A maneira como Cristo lidou com o jovem contém lições para todos nós. Deus deixou a regra de conduta que os Seus servos devem seguir, a saber, a obediência à Sua lei – não meramente uma obediência legalista, mas a que permeia a vida e é demonstrada no caráter. Somente os que dirão "Tudo o que tenho e tudo o que sou pertencem a Ti" serão reconhecidos por Deus como Seus filhos e filhas. Pense no que significa dizer *não* a Cristo. O Salvador Se oferece para participar no trabalho que Deus nos deu para fazer. Somente dessa maneira é que Ele pode nos salvar.

Deus nos confia dinheiro, talentos e oportunidade a fim de que sejamos Seus instrumentos para ajudar os pobres e sofredores. Os que empregam como Deus quer os dons que Ele lhes confiou se tornam colaboradores do Salvador.

Para os que, a exemplo do jovem líder, ocupam posições de destaque e têm muitos bens pode parecer um sacrifício grande demais renunciar a tudo a fim de seguir a Cristo. Mas Deus não pode aceitar nada menos que a obediência. A entrega do próprio eu é a essência dos ensinamentos de Cristo. Não há outra maneira de nos salvar a não ser lançar fora aquelas coisas que vão desmoralizar todo o ser se nos apegarmos a elas.

Quando os seguidores de Cristo devolvem ao Senhor o que é dEle, estão acumulando um tesouro que receberão quando ouvirem as palavras: "Muito bem, servo bom e fiel! [...] Venha e participe da alegria do seu Senhor!" A alegria de ver pessoas eternamente salvas é a recompensa de todos os que seguem as pegadas dAquele que disse: "Siga-Me".

A Ressurreição de Lázaro*

Entre os mais fiéis discípulos de Cristo estava Lázaro de Betânia, e o Salvador tinha grande amor por ele. Foi por Lázaro que Cristo realizou o maior dos Seus milagres. O Salvador ama toda a família humana, mas está ligado a alguns por laços especialmente ternos.

Era na casa de Lázaro que Jesus costumava descansar. O Salvador não tinha um lar para chamar de Seu. Quando Se sentia carente do companheirismo humano, Ele Se satisfazia em poder escapar para aquele tranquilo refúgio. Ali, era sempre bem-vindo e encontrava amizade pura e santa.

À medida que as multidões seguiam a Cristo pelos campos abertos, Ele ia lhes mostrando as belezas do mundo natural. Mas eles eram lentos para entender, e na casa de Lázaro, em Betânia, Cristo encontrava descanso dos cansativos conflitos da vida pública. Ali não era preciso que Ele falasse por parábolas.

Enquanto Cristo ensinava Suas maravilhosas lições, Maria se sentava a Seus pés, como uma ouvinte reverente e dedicada. Em uma ocasião, na primeira visita de Cristo a Betânia, Marta estava preparando uma refeição. Ela se dirigiu a Jesus, dizendo: "Senhor, não Te importas que minha irmã tenha me deixado sozinha com o serviço? Dize-lhe que me ajude!" Jesus respondeu com palavras brandas e pacientes: "Marta! Marta! Você está preocupada e inquieta com muitas coisas; todavia apenas uma é necessária. Maria escolheu a boa parte, e esta não lhe será tirada" (Lc 10:40-42). Maria estava armazenando em sua mente as palavras vindas dos lábios do Salvador, palavras que, para ela, eram mais preciosas do que a joias mais caras do mundo.

Marta precisava de menos preocupação com as coisas passageiras e mais com as que duram para sempre. A causa de Cristo precisa de Martas,

* Este capítulo é baseado em Lucas 10:38-42; João 11:1-44.

com seu zelo pelo trabalho religioso ativo, mas é preciso que elas primeiro se sentem, com Maria, aos pés de Jesus. Que a diligência e a energia sejam santificadas pela graça de Cristo.

A tristeza entrou no tranquilo lar onde Jesus estivera descansando. Lázaro foi acometido de uma doença repentina e suas irmãs mandaram um recado para o Salvador dizendo: "Senhor, aquele a quem amas está doente". Elas viram a violência da doença que atacara seu irmão, mas sabiam que Cristo havia demonstrado que podia curar todos os tipos de enfermidades. Não fizeram nenhuma exigência urgente de que Ele viesse imediatamente. Achavam, porém, que Ele estaria com elas assim que chegasse a Betânia.

Elas esperaram ansiosamente. Enquanto existisse uma centelha de vida em seu irmão, elas orariam e esperariam pela chegada de Jesus. Mas o mensageiro voltou sem Ele. Trouxe, contudo, o recado: "Essa doença não acabará em morte", e elas se agarraram à esperança de que Lázaro sobreviveria. Quando ele morreu, elas ficaram amargamente decepcionadas, mas sentiram a sustentadora graça de Cristo.

Quando Cristo ouviu o recado, não deu o sinal de tristeza que os discípulos esperavam que Ele mostrasse. Ele disse: "Essa doença não acabará em morte; é para a glória de Deus, para que o Filho de Deus seja glorificado por meio dela" (Jo 11:4). Por dois dias, Jesus ficou no lugar onde estava. Essa demora era um mistério para os discípulos, pois a forte afeição que Ele tinha pela família de Betânia era bem conhecida.

Durante dois dias, Cristo parecia ter Se esquecido do recado recebido. Os discípulos pensaram em João Batista. Com o poder de realizar milagres, por que teria Jesus permitido que João definhasse na prisão e sofresse morte tão violenta? Os fariseus apresentaram essa pergunta como argumento contra a afirmação de Cristo de que Ele era o Filho de Deus. O Salvador havia alertado Seus discípulos sobre provações, perdas e perseguição. Será que Ele os abandonaria na provação? Todos estavam bastante perturbados.

Depois de esperar durante dois dias, Jesus disse: "Vamos voltar para a Judeia". Se Jesus estava indo para a Judeia, por que tinha que esperar por dois dias, questionaram os discípulos. Mas a preocupação com Cristo e com eles mesmos passou a dominar a mente deles. Eles não podiam ver nada, a não ser perigo no caminho que estavam por trilhar. "Mestre", eles disseram, "há pouco os judeus tentaram apedrejar-Te, e assim mesmo vais voltar para lá?" Jesus respondeu: "O dia não tem doze horas?" "Eu estou sob a direção do Meu Pai. Enquanto Eu fizer a vontade dEle, Minha vida estará em segurança. Eu entrei na última parte do Meu dia, mas enquanto houver um pouco de tempo, estarei seguro".

"Quem anda de dia não tropeça, pois vê a luz deste mundo" (v. 7-9). A luz do Espírito guiador de Cristo dá ao que faz a vontade de Deus uma compreensão clara do seu dever e o conduz até que termine o trabalho. "Quando anda de noite, tropeça, pois nele não há luz" (v. 10). O que anda no caminho de sua própria escolha tropeçará. Onde quer que esteja, não estará seguro.

"Depois de dizer isso, prosseguiu dizendo-lhes: 'Nosso amigo Lázaro adormeceu, mas vou até lá para acordá-lo'" (v. 11). Pensando no perigo que o Mestre estava para enfrentar indo a Jerusalém, os discípulos quase tinham se esquecido da família enlutada de Betânia. Mas não foi assim com Cristo. Os discípulos foram tentados a pensar que Jesus não sentia o terno amor por Lázaro e suas irmãs que eles achavam que Ele sentia. As palavras "Nosso amigo Lázaro adormeceu" despertaram o sentimento correto na mente deles. Cristo não tinha Se esquecido de Seus amigos em sofrimento.

"Seus discípulos responderam: 'Senhor, se ele dorme, vai melhorar'. Jesus tinha falado de sua morte, mas os Seus discípulos pensaram que Ele estava falando simplesmente do sono" (v. 12, 13). Cristo descreve a morte como um sono para Seus filhos crentes. A vida deles está escondida com Cristo em Deus, e até que soe a última trombeta, os que morrem dormirão nEle (ver 1Co 15:51-54).

"Então lhes disse claramente: 'Lázaro morreu, e para o bem de vocês estou contente por não ter estado lá, para que vocês creiam. Mas, vamos até ele'" (v. 14, 15).

Os discípulos ficaram pasmos com as palavras de Cristo quando Ele disse: "Lázaro morreu, [...] estou contente por não ter estado lá". Teria o Salvador, de Sua própria escolha, evitado o lar dos Seus amigos em sofrimento? Mas Cristo viu toda a cena, e Sua graça foi um apoio para as irmãs enlutadas. Jesus testemunhou a dor do coração despedaçado das duas irmãs, à medida que seu irmão lutava com a morte. Cristo não tinha que pensar somente naquelas queridas pessoas de Betânia. Ele tinha que levar em consideração o treinamento dos Seus discípulos. Eles deviam ser Seus representantes para o mundo. Foi por amor a eles que permitiu que Lázaro morresse. Se Ele o tivesse curado da doença, o milagre que é a evidência mais positiva do caráter divino de Cristo não teria acontecido.

Se Cristo estivesse no quarto do doente, a morte não poderia ter lançado seu dardo contra Lázaro. Foi por isso que Cristo ficou longe. Ele permitiu que as irmãs, com todo o sofrimento, vissem seu irmão sendo colocado na tumba. Ele sofreu cada agonia da tristeza que elas sofreram. Sua demora não significava que Ele as amava menos. Ele sabia que, por elas, por Lázaro, para Ele mesmo e por Seus discípulos, havia uma vitória a ser conquistada.

A todos os que estão procurando sentir a mão guiadora de Deus, o momento de maior desânimo é justamente quando a ajuda divina está próxima. Eles olharão para trás, para a parte mais escura do caminho, e ficarão agradecidos. Deus vai tirá-los de toda tentação e prova com uma fé mais firme e uma experiência mais rica.

Cristo tinha demorado a fim de que, ressuscitando Lázaro da morte, pudesse dar para o Seu teimoso e descrente povo outra evidência de que Ele era verdadeiramente "a ressurreição e a vida". Ele não estava disposto a renunciar a toda esperança depositada pelo povo de Israel, e estava determinado a dar-lhes mais uma evidência de que era o único que poderia trazer vida e imortalidade. Essa foi a razão para a Sua demora em ir a Betânia.

Ao chegar a Betânia, Jesus mandou um mensageiro para as irmãs com a notícia de que Ele estava ali, mas que ficaria num lugar tranquilo não muito longe. O espalhafato que os judeus faziam quando morriam amigos ou parentes não estava em harmonia com o espírito de Cristo. Ele já tinha ouvido os gritos dos pranteadores e não queria Se encontrar com as irmãs naquele cenário de confusão. Alguns dos mais acirrados inimigos de Cristo estavam entre os pranteadores. Cristo sabia de seus planos e, assim, não Se deu a conhecer imediatamente.

O recado foi dado a Marta de maneira tão discreta que nem Maria ouviu. Marta saiu ao encontro do Senhor, mas Maria ficou em casa, quieta em sua dor.

O coração de Marta estava perturbado com emoções conflitantes. No rosto expressivo de Cristo ela viu a mesma ternura e amor de sempre, mas pensou no irmão a quem tanto amara. Com dor em seu coração por Cristo não ter vindo antes, ela disse: "Senhor, se estivesses aqui meu irmão não teria morrido". Repetidas vezes as irmãs haviam pronunciado essas palavras.

Marta não tinha nenhum desejo de revisitar o passado, mas olhando para o rosto de Jesus, ela acrescentou: "Mas sei que, mesmo agora, Deus Te dará tudo o que pedires".

Jesus procurou lhe animar: "O seu irmão vai ressuscitar". Sua resposta tencionava levar Marta a pensar na ressurreição dos justos e que, assim, ela pudesse ver na ressurreição de Lázaro um compromisso com a ressurreição de todos os justos mortos.

Marta respondeu: "Eu sei que ele vai ressuscitar na ressurreição, no último dia". Buscando dar uma direção genuína a sua fé, Jesus declarou: "Eu sou a ressurreição e a vida" (Jo 11:25). Em Cristo está a vida – original, que não provém nem deriva de outra. "Quem tem o Filho, tem a vida" (1Jo 5:12). Jesus disse: "Aquele que crê em Mim, ainda que morra, viverá; e quem vive e crê em Mim, não morrerá eternamente. Você crê nisso?" (Jo 11:25, 26). Nessa declaração, Cristo tinha os olhos voltados para o tempo da Sua segunda vinda, quando os justos mortos ressuscitarão incorruptíveis e os justos vivos serão trasladados para o Céu sem provar a morte. A ressurreição de Lázaro representava a ressurreição de todos os justos mortos. Por Sua palavra e Suas obras, Jesus manifestava Seu direito e poder de dar vida eterna.

Às palavras do Salvador – "Você crê nisso?" – Marta respondeu: "Sim, Senhor, eu tenho crido que Tu és o Cristo, o Filho de Deus que devia vir ao mundo" (v. 27). Ela confessou sua fé na divindade de Jesus e a confiança de que Ele era capaz de fazer tudo o que Lhe agradasse.

"E depois de dizer isso, foi para casa e, chamando à parte Maria, disse-lhe: 'O Mestre está aqui e está chamando você'" (v. 28). Ela passou o recado o mais discretamente possível, pois os sacerdotes e líderes religiosos estavam prontos para prender Jesus assim que pudessem. Os gritos dos pranteadores evitou que os demais ouvissem as palavras de Marta.

Quando Maria ouviu a mensagem, ela se levantou rapidamente e saiu da sala. Os pranteadores pensaram que ela tinha ido até a sepultura para ali chorar a morte do irmão, e a seguiram. Ao chegar ao lugar onde Jesus estava esperando, ela disse com lábios trêmulos: "Senhor, se estivesses aqui meu irmão não teria morrido" (v. 32). Os clamores dos pranteadores eram dolorosos para ela, pois o que mais queria era trocar algumas palavras a sós com Jesus.

"Ao ver chorando Maria e os judeus que a acompanhavam, Jesus agitou-Se no espírito e perturbou-Se" (v. 33). Ele viu que, para muitos dos ali presentes, o que parecia dor era apenas um *show*. Alguns dos que demonstravam uma tristeza fingida planejavam a morte não somente do Operador de Milagres, mas também daquele que estava para ser ressuscitado. "Onde o colocaram?", Ele perguntou. "Vem e vê, Senhor". Juntos, foram até a sepultura. Muita gente gostava de Lázaro, e suas irmãs choravam com dor no coração enquanto seus amigos misturavam suas lágrimas com as das irmãs enlutadas. Diante dessa angústia humana e do fato de que os amigos, desolados, pranteavam o morto, enquanto ali mesmo estava o Salvador do mundo, "Jesus chorou" (v. 35). O Filho de Deus havia tomado sobre Si a natureza humana e Se comoveu pela tristeza humana. O sofrimento sempre despertava empatia em Seu terno e piedoso coração.

Jesus chorou não apenas por empatia a Maria e Marta. Cristo chorou porque o peso da dor dos séculos estava sobre Ele. Viu os terríveis resultados da desobediência à lei de Deus. Viu que o conflito entre o bem e o mal tinha sido constante. Viu o sofrimento, a dor, as lágrimas e a morte que iriam afligir a família humana por todos os séculos e em todas as nações. Os problemas da raça pecadora se mostraram pesados em Seu coração, e Suas lágrimas rolaram, incontidas, em Seu desejo de aliviar todas as aflições da raça humana.

Lázaro fora colocado dentro de uma caverna, e uma enorme pedra havia sido levada até a entrada. "Tirem a pedra", Cristo disse. Achando que Ele só queria ver o morto, Marta se opôs, dizendo que o corpo tinha sido sepultado fazia quatro dias e a decomposição já havia começado a produzir seus efeitos. Essa declaração, feita antes de Jesus ressuscitar Lázaro, não deixou margem para os inimigos de Cristo dizerem que Ele havia planejado uma fraude. Quando Cristo ressuscitou a filha de Jairo, Ele disse: "A criança não está morta, mas dorme" (Mc 5:39). Por ela ter ressuscitado imediatamente após sua morte, os fariseus declararam que a menina não tinha morrido e que o próprio Cristo dissera que ela apenas estava dormindo. Tentaram fazer parecer que os milagres de Jesus não eram genuínos. Mas, nesse caso, ninguém podia negar que Lázaro estava morto.

Quando o Senhor está para realizar uma obra, Satanás instiga alguém para fazer objeções. Marta não queria que vissem o corpo em decomposição. Sua fé não havia compreendido o verdadeiro significado da promessa de Jesus. Cristo reprovou Marta da maneira mais gentil possível: "Não lhe falei que, se você cresse, veria a glória de Deus?" (Jo 11:40). "Eu dou a Minha palavra: impossibilidades naturais não podem impedir a obra do Onipotente". A descrença não é humildade. A crença inquestionável na palavra de Cristo é a verdadeira humildade, a verdadeira entrega de si mesmo.

"Tirem a pedra". Cristo poderia ter ordenado aos anjos que estavam ao Seu lado que removessem a pedra, mas Ele queria mostrar que a humanidade deve cooperar com a divindade. Não se requisita ao poder divino aquilo que o poder humano pode fazer.

Os que estavam por perto obedeceram à ordem de Jesus e afastaram a pedra. Tudo era feito aberta e deliberadamente. Todos viram que não havia fraude. Viram o corpo sem vida, frio e imóvel de Lázaro. Surpresos e com grande expectativa, as pessoas se juntaram em torno da tumba, esperando para ver o que ia acontecer.

Uma santa solenidade envolvia a todos ali. Cristo Se aproximou da tumba. Elevando os olhos ao Céu, disse: "Pai, Eu Te agradeço porque Me ouviste" (v. 41). Os inimigos de Cristo O haviam acusado de blasfêmia por Ele ter afirmado que era o Filho de Deus.

Cristo cuidou de deixar claro que não atuava independentemente do Pai. Era mediante a fé e a oração que Ele realizava Seus milagres. Cristo queria que todos conhecessem Sua relação com o Pai. "Pai, Eu Te agradeço porque Me ouviste. Eu sei que sempre Me ouves, mas disse isso por causa do povo que está aqui, para que creia que Tu Me enviaste" (v. 41, 42). Ali os discípulos e o povo veriam que a afirmação de Cristo não era uma mentira.

"Depois de dizer isso, Jesus bradou em alta voz: 'Lázaro, venha para fora!'" (v. 43). A divindade brilhou através da humanidade. Em Seu rosto, que resplandecia com a glória de Deus, o povo viu a certeza de Seu poder. Todos os olhos estavam fixos na caverna, cada ouvido tratando de escutar o menor ruído. Com intenso interesse, todos esperavam pela evidência que comprovaria a afirmação de Cristo de que era o Filho de Deus, ou essa esperança se extinguiria para sempre.

Houve uma agitação na tumba silenciosa e, então, aquele que estava morto se pôs de pé na porta da sepultura. As ataduras impediam seus movimentos, e Cristo disse aos perplexos espectadores: "Tirem as faixas dele e deixem-no ir" (v. 44). Outra vez foi demonstrado que a humanidade deve trabalhar pela humanidade. Depois de ser liberto daquelas faixas, Lázaro ficou diante da multidão, não como alguém degradado pela doença, mas como um homem no auge da vida. Seus olhos brilhavam com inteligência e amor por seu Salvador. Em adoração, ele se prostrou aos pés de Jesus.

No começo, os espectadores ficaram mudos de espanto; depois, houve uma alegria indescritível. As irmãs receberam o irmão de volta à vida como um presente de Deus. Então, com lágrimas de alegria, expressaram sua gratidão ao Salvador. Mas, enquanto todos se regozijavam nessa reunião, Jesus Se retirou dali com toda a discrição. Ao procurarem pelo Doador da vida, já não O encontraram.

59

Sacerdotes e Líderes Religiosos Tramam*

A notícia da ressurreição de Lázaro logo chegou a Jerusalém. Espiões rapidamente se encarregaram de fornecer os fatos para os líderes judeus. Eles imediatamente convocaram uma reunião do Sinédrio para decidir o que fazer. Esse poderoso milagre foi a suprema prova dada por Deus de que Ele havia enviado o Seu Filho ao mundo para salvá-lo. Foi uma demonstração de poder divino suficiente para convencer cada mente que estava sob o controle da razão e de uma consciência esclarecida.

No entanto, os sacerdotes só ficaram mais enfurecidos por esse novo milagre. Jesus havia ressuscitado o morto à luz do dia e diante de uma multidão de testemunhas. Nenhum truque podia explicar tal evidência. Por essa razão os sacerdotes estavam mais decididos que nunca a pôr um ponto final no trabalho de Cristo.

Os saduceus não estavam tão cheios de ódio para com Cristo como os fariseus, porém agora eles estavam absolutamente assustados. Eles não acreditavam na ressurreição dos mortos. Na mente deles, era impossível que um corpo morto pudesse ser trazido à vida. Mas bastaram poucas palavras de Cristo para ficar demonstrado que eles eram ignorantes tanto sobre as Escrituras quanto sobre o poder de Deus. Como poderiam eles afastar as pessoas dAquele que conseguiu tirar da sepultura alguém que estivera morto? Não podiam negar o milagre, nem sabiam como contrabalançar o seu efeito. Depois da ressureição de Lázaro, os saduceus decidiram que somente a morte de Jesus poderia deter Suas destemidas denúncias contra eles.

Os fariseus acreditavam na ressurreição e não podiam deixar de

* Este capítulo é baseado em João 11:47-54.

enxergar naquele milagre uma prova de que o Messias estava entre eles. Entretanto, desde o começo, odiaram-nO por haver retirado o manto que ocultava a deformidade moral deles. A religião pura que Ele ensinava condenara suas alegações de piedade. Eles tinham sede de vingança por causa de Suas contundentes repreensões. Várias vezes tentaram apedrejá-Lo, mas Ele Se afastava calmamente.

Para incitar os romanos contra Jesus, os fariseus afirmaram que Ele estava tentando enfraquecer a autoridade romana. Com todo tipo de acusação falsa, tentaram eliminar Sua influência sobre as pessoas, mas essas tentativas fracassaram. As multidões que testemunharam Seus feitos e ouviram Seus ensinamentos puros sabiam que aquelas obras não podiam ser de um transgressor do sábado ou de um blasfemo. Em desespero, os judeus finalmente decretaram que qualquer um que professasse fé em Jesus deveria ser expulso da sinagoga.

Assim, fariseus e saduceus estavam mais unidos do que nunca, tornando-se um em sua oposição a Cristo.

Nesse tempo, o Sinédrio não era uma assembleia legalizada. Sua existência era apenas tolerada. Alguns dos seus membros questionaram se era sábio matar Jesus. Temiam que isso pudesse provocar uma revolta. Os saduceus, unidos com os sacerdotes no ódio a Cristo, preferiam ser cautelosos, temendo que os romanos os privassem de suas altas posições.

Como o Espírito Santo Tentou Ajudá-los

Nesse conselho, reunido para planejar a morte de Cristo, a Testemunha que tinha ouvido as orgulhosas palavras de Nabucodonosor e presenciado a festa idólatra de Belsazar estava agora impressionando os líderes religiosos quanto à obra que estavam fazendo. Eventos da vida de Cristo surgiram diante deles com tal clareza que ficaram assustados. Lembraram-se de quando Jesus, aos 12 anos de idade, de pé diante dos letrados doutores da lei, fez perguntas que os deixaram maravilhados. O milagre que Jesus acabara de realizar deu testemunho de que Ele não era outro senão o Filho de Deus. Confusos e perturbados, os líderes perguntaram: "O que estamos fazendo?" Havia uma divisão dentro do conselho.

Estando o conselho em grande confusão, Caifás, o sumo sacerdote, se levantou. Orgulhoso e cruel, arrogante e intolerante, ele falou com grande autoridade e segurança: "Vocês não sabem nada! Será que não entendem que para vocês é melhor que morra apenas um homem pelo povo do que deixar que o país todo seja destruído?" (Jo 11:49, 50, NTLH). Mesmo que Jesus fosse inocente, Ele devia sair do caminho. Ele estava diminuindo a autoridade dos líderes, e se o povo perdesse a confiança em seus chefes, o poder da nação estaria destruído. Depois daquele milagre, era possível que os seguidores de Jesus se amotinassem. "Os romanos, então, virão", disse ele, "e fecharão nosso templo e nos destruirão como nação. O que é a vida desse Galileu comparada com a nação? Eliminá-Lo não seria fazer um serviço para Deus? É melhor que um homem pereça do que uma nação inteira seja destruída".

A política recomendada por Caifás se baseava em um princípio pagão. A vaga consciência de que alguém devia morrer pela raça humana levara ao sacrifício de humanos. Assim, mediante o sacrifício de Jesus, Caifás estava propondo salvar a nação culpada não *da* transgressão, mas *na* transgressão, a fim de que pudesse continuar em pecado.

Nessa reunião do conselho, os inimigos de Cristo experimentaram um profundo senso de culpa. O Espírito Santo havia impressionado a mente deles. Mas Satanás os fez lembrar as ofensas que haviam sofrido por causa de Cristo. Quão pouco Ele prestigiara a justiça deles! Sem dar atenção às suas formalidades e rituais, Ele tinha incentivado os pecadores a irem diretamente a Deus, como um Pai misericordioso, para Lhe contar de suas necessidades. Ele Se recusara a reconhecer a teologia das escolas rabínicas. Havia desmascarado as práticas maléficas dos sacerdotes, causando dano irreparável à sua influência.

Com exceção de uns poucos que não se atreveram a falar o que tinham na cabeça, o Sinédrio recebeu as palavras de Caifás como se fossem palavras de Deus. Houve um sentimento de alívio no conselho; cessaram as discórdias. Eles resolveram condenar Cristo à morte na primeira oportunidade favorável. Aqueles sacerdotes e líderes religiosos já se encontravam totalmente sob o controle de Satanás, mas, de tão enganados que estavam, sentiam-se contentes consigo mesmos. Consideravam-se como patriotas buscando salvar a nação.

Para evitar que o povo se inflamasse e usasse com eles a violência que planejavam contra Jesus, o conselho adiou a divulgação da sentença que já haviam pronunciado. O Salvador sabia que em breve eles realizariam suas intenções, mas não era Sua função apressar a crise. Assim, deixou a região, levando consigo Seus discípulos.

Jesus agora já tinha dedicado três anos de trabalho público ao mundo. Todos conheciam Sua abnegação, bondade desinteressada, pureza e devoção. Esse curto período, no entanto, foi tudo o que o mundo pôde suportar da presença do Redentor. Aquele que sempre foi tocado pelo sofrimento humano, que curou o enfermo, alimentou o faminto e confortou o triste foi expulso dentre o povo por cuja salvação tanto tinha trabalhado. Aquele que interrompeu o sono da morte e manteve a atenção de milhares às Suas palavras de sabedoria não conseguiu alcançar o coração dos que estavam blindados pelo preconceito e pelo ódio e que obstinadamente rejeitaram a luz.

60

Qual é a Posição mais Alta?*

Aproximava-se a Páscoa, e outra vez Jesus Se dirigiu a Jerusalém. Em Seu coração havia a paz da perfeita unidade com a vontade do Pai. Com passos decididos, Ele seguiu rumo ao lugar do sacrifício. Contudo, um senso de mistério, dúvida e medo pairava sobre os discípulos. O Salvador "ia à frente. Os discípulos estavam admirados, enquanto os que O seguiam estavam com medo" (Mc 10:32).

Novamente Cristo falou aos doze sobre Sua traição e sofrimentos: "'Estamos subindo para Jerusalém, e tudo o que está escrito pelos profetas acerca do Filho do homem se cumprirá. Ele será entregue aos gentios que zombarão dEle, O insultarão, cuspirão nEle, O açoitarão e O matarão. No terceiro dia Ele ressuscitará'. Os discípulos não entenderam nada dessas coisas. O significado dessas palavras lhes estava oculto, e eles não sabiam do que Ele estava falando" (Lc 18:31-34).

Não estiveram eles proclamando por todas as partes "O Reino do Céu está próximo?" Não tinha o próprio Cristo dado aos doze a promessa especial de posições da mais alta honra em Seu reino? E não tinham os profetas predito a glória do reino do Messias? À luz desses pensamentos, Suas palavras sobre traição, perseguição e morte pareciam vagas e sombrias. Apesar de todas as dificuldades, eles acreditavam que Cristo iria em breve estabelecer o Seu trono.

João e seu irmão Tiago faziam parte do primeiro grupo que havia deixado o lar e os amigos para estar com Jesus. O coração deles parecia ligado ao de Cristo. No ardor de seu afeto, tiveram o desejo de estar perto dEle em Seu reino. Sempre que podia,

* Este capítulo é baseado em Mateus 20:20-28; Marcos 10:32-45; Lucas 18:31-34.

João se colocava perto do Salvador. Tiago queria muito também ser honrado com uma ligação tão próxima com Ele.

A mãe deles havia servido generosamente a Cristo com seus recursos. Com o amor de mãe e a ambição que tinha para os seus filhos, ela cobiçava o lugar de maior honra para eles no novo reino. Juntos, mãe e filhos foram falar com Jesus.

"O que vocês querem?", Ele perguntou.

"Declara que no Teu Reino estes meus dois filhos se assentarão um à Tua direita e o outro à Tua esquerda" (Mt 20:21).

Jesus leu o coração deles. Ele conhecia a profundidade da conexão que tinham com Ele. O amor deles, embora manchado pelo estado terreno do seu caráter humano, fluía da fonte do próprio amor redentor de Jesus.

"Podem vocês beber o cálice que Eu estou bebendo ou ser batizados com o batismo com que estou sendo batizado?" (Mc 10:38). Eles recordaram Suas misteriosas palavras que apontavam para a provação e o sofrimento e responderam confiantes: "Podemos".

"Certamente vocês beberão do Meu cálice que estou bebendo, e serão batizados com o batismo com que estou sendo batizado", Ele disse. João e Tiago partilhariam do sofrimento do seu Mestre: Tiago foi o primeiro dos discípulos a morrer pela espada; João foi o que por mais tempo sofreu a exaustão e a perseguição.

"O assentar-se à Minha direita ou à Minha esquerda não cabe a Mim conceder. Esses lugares pertencem àqueles para quem foram preparados por Meu Pai". No reino de Deus, não ganhamos posições elevadas por causa de favoritismo ou de concessões arbitrárias. Isso é o resultado do caráter. A coroa e o trono são indicações da condição que alcançamos por meio do nosso Senhor Jesus Cristo. O que estará mais perto de Cristo será aquele que, na terra, bebeu mais profundamente do Seu espírito de amor desinteressado – amor que move o discípulo a dar tudo, a viver, a trabalhar e a sacrificar-se a ponto de morrer pela salvação da humanidade.

Os outros dez discípulos ficaram bastante aborrecidos. A posição mais alta do Céu era exatamente o que cada um deles estava buscando para si, e ficaram zangados porque os dois discípulos pareciam ter ganhado alguma vantagem sobre eles.

Jesus disse aos discípulos ofendidos: "Vocês sabem que aqueles que são considerados governantes das nações as dominam, e as pessoas importantes exercem poder sobre elas. Não será assim entre vocês" (Mc 10:42, 43).

Nos reinos do mundo, a posição significava exaltação própria. O povo existia para o benefício das classes governantes. Riqueza e educação eram meios para se obter o controle das massas. As classes mais altas é que tinham de pensar, decidir e governar; as mais baixas, obedecer e servir. Como tudo mais, a religião era uma questão de autoridade.

Um Reino com Princípios Diferentes

Cristo estava estabelecendo um reino sobre princípios diferentes. Ele chamava as pessoas não para serem autoridades, mas para servir; os fortes para ajudar nas debilidades dos mais fracos. Quem possuía poder, posição, talento, educação tinha obrigação de servir.

"Nem mesmo o Filho do homem veio para ser servido, mas para servir e dar a Sua vida em resgate por muitos" (Mc 10:45). O princípio sobre o qual Cristo agia é o de motivar os membros da igreja – o Seu corpo. Os maiores no reino de Cristo são os que seguem o exemplo que Ele deixou.

As palavras de Paulo revelam a verdadeira dignidade e honra da vida cristã: "Porque, embora seja livre de todos, fiz-me escravo de todos", "[não] procurando o meu próprio bem, mas o bem de muitos, para que sejam salvos" (1Co 9:19; 10:33).

Em questões de consciência, ninguém deve controlar a mente do outro ou impor seu dever. Deus dá a todos a liberdade de pensar e seguir suas próprias convicções. Em questões em que há o envolvimento de princípios, "cada um deve estar plenamente convicto em sua própria mente" (Rm 14:5). Os anjos do Céu não vêm à Terra para governar e exigir honra, mas para cooperar com homens e mulheres em erguer a humanidade.

Os princípios e palavras dos ensinamentos do Salvador permaneceram na mente de João até os seus dias finais. A preocupação do seu testemunho era: "Esta é a mensagem que vocês ouviram desde o princípio: que nos amemos uns aos outros". "Nisto conhecemos o que é o amor: Jesus Cristo deu a Sua vida por nós, e devemos dar a nossa vida por nossos irmãos" (1Jo 3:11, 16).

Esse espírito caracterizou a igreja primitiva. Depois do derramamento do Espírito Santo, "da multidão dos que creram, uma era a mente e um o coração. [...] Com grande poder os apóstolos continuavam a testemunhar da ressurreição do Senhor Jesus" (At 4:32, 33).

61

O Baixinho que se Tornou Importante*

A cidade de Jericó estava cercada de exuberantes plantas e árvores tropicais. Correntes de água regavam a cidade, e ela brilhava como uma esmeralda no maciço de colinas de pedras calcárias e barrancos. Era um grande centro comercial, e soldados e oficiais romanos, bem como estrangeiros vindos de muitos lugares, se encontravam ali. A cobrança de impostos sobre o transporte de bens fazia de Jericó o paraíso dos cobradores de impostos.

O "chefe dos cobradores de impostos", Zaqueu, era judeu e seus compatriotas o detestavam. Sua posição social e suas riquezas eram a recompensa de uma profissão que eles consideravam sinônimo de injustiça e extorsão. No entanto, esse rico oficial não era bem aquele homem duro que parecia ser. Zaqueu tinha ouvido falar de Jesus. O relato de que Ele tratara os párias da sociedade com bondade e cortesia tinha se espalhado por todos os cantos. João Batista pregara no Jordão, e Zaqueu ouvira seus apelos ao arrependimento. Agora, ao ouvir as palavras que vinham do grande Mestre, ele sentiu que era um pecador aos olhos de Deus. Mas o que ele tinha ouvido sobre Jesus acendeu a esperança em seu coração. Arrependimento e reforma da vida eram possíveis até para ele. Um dos mais confiáveis discípulos do novo Mestre não tinha sido cobrador de impostos? Zaqueu imediatamente começou a seguir a convicção que havia tomado conta dele e a fazer restituições aos que havia prejudicado.

Quando se espalhou, em Jericó, a notícia de que Jesus estava entrando na cidade, Zaqueu decidiu ir vê-Lo. O cobrador de impostos teve o desejo

* Este capítulo é baseado em Lucas 19:1-10.

de ver o rosto dAquele cujas palavras haviam trazido esperança ao seu coração.

As ruas estavam repletas de gente, e Zaqueu, de tão baixinho, não conseguia ver por cima das cabeças das pessoas. Assim, se adiantando à multidão, ele correu até uma figueira frondosa, subiu até um dos galhos e ali ficou sentado. Enquanto a procissão passava, Zaqueu observava cuidadosamente a fim de localizar a Pessoa que tanto desejava ver.

De repente, bem abaixo da figueira, a procissão se deteve. Alguém cujo olhar parecia estar lendo seu coração olhou para cima. Quase duvidando dos seus sentidos, o homem na árvore ouviu Jesus dizer: "Zaqueu, desça depressa. Quero ficar em sua casa hoje" (Lc 19:5).

Como se estivesse sonhando, Zaqueu se dirigiu para casa levando Jesus com ele. Mas os rabinos, de cara amarrada, murmuraram com desprezo: "Ele se hospedou na casa de um 'pecador'" (v. 7).

Zaqueu ficou muito surpreso por Cristo ter prestado atenção nele, que era tão indigno. Agora, o amor que sentia pelo recém-encontrado Mestre o motivava a falar. Ele demonstraria em público o seu arrependimento. Na presença da multidão, "Zaqueu levantou-se e disse ao Senhor: 'Olha, Senhor! Estou dando a metade dos meus bens aos pobres; e se de alguém extorqui alguma coisa, devolverei quatro vezes mais'. Jesus lhe disse: 'Hoje houve salvação nesta casa! Porque este homem também é filho de Abraão'" (v. 8, 9).

Ali mesmo, os discípulos tiveram uma demonstração da verdade que havia nas palavras de Cristo: "O que é impossível para os homens é possível para Deus" (Lc 18:27). Por meio da graça de Deus, eles viram como um homem rico podia entrar no reino.

Antes mesmo de Zaqueu ver o rosto de Cristo, ele havia confessado seu pecado e começado a pôr em prática o ensinamento que fora escrito para Israel e também para nós: "Se alguém do seu povo empobrecer e não puder sustentar-se, ajudem-no como se faz ao estrangeiro e ao residente temporário, para que possa continuar a viver entre vocês. Não cobrem dele juro algum, mas temam o seu Deus, para que o seu próximo continue a viver entre vocês". "Não explorem um ao outro, mas temam o Deus de vocês. Eu sou o Senhor, o Deus de vocês" (Lv 25:35, 36, 17). A primeira resposta de Zaqueu ao amor de Cristo foi mostrar compaixão para com o pobre e o sofredor.

Os cobradores de impostos colaboravam uns com os outros na opressão ao povo, apoiando uns aos outros em suas práticas fraudulentas. Assim que

Zaqueu se entregou ao Espírito Santo, ele abandonou toda prática sombria.

Nenhum arrependimento é genuíno se não apresentar uma reforma como resultado. A justiça de Cristo não é um manto para encobrir pecados não confessados e não abandonados. Ela é um princípio de vida que transforma o caráter e controla a conduta. Santidade é integridade para com Deus; é a completa entrega do coração e da vida para que os princípios do Céu habitem em nossa vida.

Nos negócios, os cristãos devem apresentar ao mundo a maneira com que nosso Senhor conduziria qualquer transação comercial. Em cada negócio, devemos mostrar que Deus é nosso professor. "Santidade ao Senhor" deve estar escrito em cada planilha, recibo, relatório financeiro e fatura. Com o abandono de práticas injustas, toda pessoa convertida mostrará que Cristo entrou em seu coração. Como Zaqueu, esse indivíduo dará provas de sua sinceridade fazendo a devida restituição. "Se ele devolver o que apanhou como penhor de um empréstimo, se devolver o que roubou, se agir segundo os decretos que dão vida e não fizer mal algum, é certo que viverá" (Ez 33:15).

Se prejudicamos ou nos aproveitamos de alguém, ou usamos de fraude em algum negócio, ainda que seja dentro da letra da lei, devemos confessar nosso erro e fazer a devida restituição dentro do que esteja ao nosso alcance. É correto devolver não somente o que tomamos, mas tudo o que se ganharia com aquilo, se usado sabiamente, durante o tempo que esteve em nosso poder.

O Salvador disse para Zaqueu: "Hoje houve salvação nesta casa!" Cristo foi à casa dele a fim de lhe ensinar a verdade e instruir sua família quanto às coisas do reino. Zaqueu e sua família tinham sido expulsos da sinagoga por causa do desprezo dos rabinos e dos demais. Mas agora, reunidos em sua própria casa, em torno do divino Mestre, eles ouviam as palavras de vida.

Quando recebemos Cristo como nosso Salvador pessoal, a salvação vem à nossa vida. Zaqueu tinha recebido a Jesus não como um mero hóspede casual, mas como Aquele que habita no templo do coração. Os escribas e fariseus o acusavam de ser pecador, mas o Senhor o reconheceu como filho de Abraão (ver Gl 3:7, 29).

62

Maria Unge Jesus*

Simão de Betânia era um dos poucos fariseus que haviam se unido abertamente aos seguidores de Cristo. Ele tinha esperança de que Jesus pudesse ser o Messias, mas não O aceitara como Salvador. Seu caráter não estava transformado. Seus princípios não tinham mudado.

Jesus tinha curado Simão da lepra, e este queria mostrar sua gratidão. Por ocasião da última visita de Cristo a Betânia, ele ofereceu uma festa para o Salvador e Seus discípulos. Essa festa reuniu muitos dos judeus que vinham observando de perto os Seus movimentos, alguns deles com olhos pouco amistosos.

Como costumava fazer, o Salvador procurou descanso na casa de Lázaro. Muita gente veio para Betânia, alguns por simpatizarem com Jesus, outros por curiosidade de ver Lázaro, o que tinha sido ressuscitado. Com confiança e poder, Lázaro declarava a todos que Jesus era o Filho de Deus.

O povo estava ansioso para ver se Lázaro iria com Jesus para Jerusalém e se o Profeta seria coroado rei na Páscoa. Os sacerdotes e líderes religiosos mal podiam esperar pela oportunidade de tirá-Lo do caminho de uma vez por todas. Lembraram-se de quão frequentemente Ele Se evadira de suas tramas homicidas e temiam que Ele permanecesse distante. Entre eles, se questionavam: "O que vocês acham? Será que Ele virá à festa?"

Uma reunião do conselho foi convocada. Desde a ressurreição de Lázaro, o povo tinha ficado tão favorável a Cristo que seria perigoso prendê-Lo abertamente. Por isso, as autoridades decidiram levá-Lo em segredo e efetuar o julgamento o mais rápido possível. Esperavam que, quando as pessoas ouvissem acerca de Sua condenação, a inconstante maré da opinião pública se voltasse a favor deles.

Mas enquanto Lázaro estivesse vivo, os sacerdotes e rabinos sabiam

* Este capítulo é baseado em Mateus 26:6-13; Marcos 14:3-11; Lucas 7:36-50; João 11:55-57; 12:1-11.

que não estariam seguros. A existência de um homem que estivera na tumba por quatro dias e ressuscitado mediante uma palavra de Jesus provocaria uma reação. O povo se vingaria dos líderes por tirarem a vida dAquele que pôde fazer tal milagre. O Sinédrio, portanto, decidiu que Lázaro também devia morrer.

Enquanto essa conspiração ocorria em Jerusalém, Jesus e Seus amigos foram convidados para a festa de Simão. À mesa, Simão se sentou a um lado do Salvador e Lázaro, do outro. Marta servia, mas Maria ouvia atentamente cada palavra que saía dos lábios de Jesus. Em Sua misericórdia, Jesus havia perdoado seus pecados e chamado seu irmão para fora da sepultura. Por isso, seu coração estava cheio de gratidão. Ela ouvira Jesus falar que a morte dEle estava próxima e, desde então, desejava honrá-Lo de maneira muito especial.

Com grande sacrifício pessoal, ela havia comprado um frasco de alabastro de nardo puro, que era um óleo aromático caro, com o qual ungiria o corpo de Cristo. Mas agora muitos estavam afirmando que Ele estava para ser coroado rei. Sua dor se transformou em alegria, e ela estava pronta para ser a primeira a honrar seu Senhor. Quebrando o frasco, ela derramou o óleo na cabeça e nos pés de Jesus. Chorando, se ajoelhou diante dEle. As lágrimas que derramava molharam os pés do Salvador, e foram enxutos pelos longos cabelos de Maria. Seus movimentos podem não ter sido notados, mas o perfume do unguento encheu a sala, anunciando o ato dela a todos que estavam ali.

Por que Judas Ficou Aborrecido

Foi com grande desgosto que Judas testemunhou aquele ato. Começou a cochichar suas queixas para os que estavam perto dele, culpando a Cristo por ter permitido aquele desperdício. Judas, o tesoureiro dos discípulos, tinha secretamente utilizado para si próprio os poucos recursos financeiros do grupo, reduzindo-os a quase nada. Ele estava ansioso por embolsar tudo quanto pudesse. Quando alguém do grupo comprava algo que não considerava essencial, ele dizia: "Por que esse valor não foi colocado na bolsa que tenho para os pobres?"

O ato de Maria contrastava tanto com o orgulho de Judas que ele ficou exposto à vergonha. Ele ainda tentou alegar um motivo que justificasse sua objeção ao presente dela: "'Por que este perfume não foi vendido, e o dinheiro dado aos pobres? Seriam trezentos denários'. Ele não falou isso por se interessar pelos pobres, mas porque era ladrão" (Jo 12:5, 6).

Se o unguento de Maria tivesse sido vendido e o lucro caísse em suas mãos, os pobres nunca teriam recebido qualquer benefício.

Por ser o tesoureiro, Judas se achava muito acima dos seus colegas discípulos, e havia conquistado grande influência sobre eles. Sua alegada simpatia pelos pobres os havia enganado. Logo o cochicho circulou pela mesa: "Por que este desperdício? Este perfume poderia ser vendido por alto preço, e o dinheiro dado aos pobres".

Maria escutou a crítica. Seu coração estava trêmulo. Temia que sua irmã a criticasse por tamanha extravagância. O Mestre também poderia achar que ela era uma esbanjadora. Já estava para se esgueirar para fora dali quando ouviu a voz do seu Senhor: "Deixem-na em paz. [...] Por que a estão perturbando?" (Mc 14:6). Ele sabia que, naquele ato, Maria expressara sua gratidão pelo perdão de seus pecados. Elevando a voz acima das sonoras críticas, Ele disse: "Ela praticou uma boa ação para comigo. Pois os pobres vocês sempre terão com vocês, e poderão ajudá-los sempre que o desejarem. Mas a Mim vocês nem sempre terão. Ela fez o que pôde. Derramou o perfume em Meu corpo antecipadamente, preparando-o para o sepultamento" (v. 6-8).

O perfumado presente que Maria pensava aplicar generosamente sobre o corpo sem vida do Salvador, ela derramara sobre Ele vivo. Em Seu sepultamento, aquela fragrância poderia encher apenas a tumba; agora, porém, tinha alegrado o coração dEle. Extravasar seu amor enquanto o Salvador podia ter consciência de sua devoção era como se O estivesse ungindo para o Seu sepultamento. Quando entrou nas trevas de Sua grande provação, Cristo levou consigo a lembrança daquele ato, uma antecipação do amor que receberia dos Seus remidos para sempre.

Maria Havia Obedecido à Sugestão do Espírito Santo

Maria não tinha ideia do significado completo do seu ato de amor. Não podia explicar por que havia escolhido aquela ocasião para ungir Jesus. O Espírito Santo tinha planejado por ela, e ela somente seguira Suas sugestões. A inspiração não é obrigada a dar suas razões. Presença invisível, ela move o coração a agir. Ela é sua própria justificação.

Cristo comentou o significado daquele ato: "Quando derramou este perfume sobre o Meu corpo, ela o fez a fim de Me preparar para o sepultamento". Assim como o frasco de alabastro foi quebrado e a casa se encheu com a fragrância, também o corpo de Cristo foi quebrado; mas Ele Se levantaria da sepultura e a fragrância de Sua vida encheria a Terra. "Cristo nos amou e Se entregou por nós como oferta e sacrifício de aroma agradável a Deus" (Ef 5:2).

"Eu lhes asseguro que onde quer que o evangelho for anunciado, em todo o mundo, também o que ela fez será contado em sua memória" (Mc 14:9). Com segurança, o Salvador falou sobre o Seu evangelho, o qual deveria ser pregado por todo o mundo. E aonde quer que o evangelho chegasse, o presente de Maria espalharia seu perfume, e corações seriam abençoados por seu ato generoso e espontâneo. Reinos se levantariam e cairiam; nomes de conquistadores seriam esquecidos, mas o ato dessa mulher viveria para sempre nas páginas da história sagrada. Enquanto durar o tempo, aquele frasco de alabastro contará a história do abundante amor de Deus pela raça caída.

Que incisiva lição Cristo pôde ensinar para Judas! Aquele que lê os motivos de cada coração poderia ter revelado aos convidados da festa os obscuros capítulos da experiência de Judas. Em vez de mostrar simpatia pelos pobres, ele estava roubando o dinheiro que era para beneficiá-los. Mas se Cristo tivesse desmascarado Judas, isso poderia parecer uma razão para a traição. Judas teria ganhado simpatia até entre os discípulos. O Salvador evitou dar a ele uma desculpa para a sua vil barganha.

Judas Sai da Festa para Negociar a Traição de Jesus

A maneira como Jesus olhou para Judas o convenceu de que o Salvador tinha visto além da sua hipocrisia e enxergara seu caráter corrupto. E ao elogiar a ação de Maria, Cristo estava repreendendo Judas. A censura provocou ressentimento em seu coração, e, saindo da festa, foi diretamente para o palácio do sumo sacerdote e se ofereceu para lhes entregar Jesus nas mãos.

Fora concedido aos líderes de Israel o privilégio de receber a Cristo como o seu Salvador, sem dinheiro e sem preço. Mas eles recusaram esse Presente tão precioso e compraram seu Senhor por 30 moedas de prata.

Judas ficou ressentido com o caríssimo presente que Maria ofereceu a Jesus. Seu coração ardeu de inveja ao ver que o Salvador aceitou um presente que era adequado aos reis da Terra. Por uma quantia incomparavelmente menor do que custara o perfume, ele traiu seu Senhor.

Os discípulos não eram como Judas. Eles amavam o Salvador, embora não entendessem corretamente Seu caráter. Os magos do Oriente, que sabiam tão pouco sobre Jesus, demonstraram compreender mais sobre a honra que Lhe era devida.

Cristo valoriza atos de sincera cortesia. Ele não recusava a flor mais singela que uma criança arrancava para Lhe oferecer com amor. Ele aceitava as dádivas das crianças e abençoava os doadores. As Escrituras mencionam a unção feita por Maria como uma maneira de distingui-la de outras Marias. Atos de amor e reverência por Jesus são evidência de fé nEle como o Filho de Deus.

Cristo aceitou o abundante afeto de Maria, o que não foi compreendido por Seus discípulos. Foi o amor de Cristo que inspirou a ação de Maria. Aquele perfume era símbolo do coração do doador, a manifestação externa de um amor alimentado, até transbordar, por fontes celestiais.

Os discípulos nunca apreciaram como deveriam a solidão de Cristo ao viver a vida da humanidade. Muitas vezes Ele Se entristecia porque sabia que se eles estivessem sob a influência dos anjos celestiais que O acompanhavam, também eles considerariam que nenhuma dádiva era de suficiente valor para exprimir a afeição que havia no coração deles.

Jesus Nunca Foi Realmente Apreciado

Quando Jesus não estava mais com os discípulos, e eles se sentiram como ovelhas sem pastor, começaram a ver como poderiam ter trazido alegria ao Seu coração. Eles não mais atribuíam culpa a Maria, mas a si mesmos. Oh, se pudessem retirar suas críticas, apresentando os pobres como mais dignos da oferta do que Cristo! Foi ao retirarem o corpo ferido do seu Senhor da cruz que eles sentiram vivamente a desaprovação.

Hoje, poucos apreciam tudo o que Cristo é para eles. Se o fizessem, expressariam o grande amor de Maria. Pensariam que nada é custoso demais para dar a Cristo. Nenhuma abnegação ou sacrifício é grande demais para ser suportado por amor a Ele.

As palavras pronunciadas com indignação – "Por que este desperdício?" – recordaram claramente a Cristo o maior sacrifício já feito: entregar-Se como sacrifício expiatório por um mundo perdido. Do ponto de vista humano, o plano de salvação é um desperdício temerário de misericórdia e recursos. O universo celestial contempla com assombro a família humana que recusa a abundância do ilimitado amor expresso em Cristo. Eles bem que podem exclamar: "Por que tamanho desperdício?"

No entanto, a expiação de um mundo perdido devia ser completa, abundante e plena. A oferta de Cristo não podia ficar restrita apenas ao número de pessoas que aceitassem a Dádiva. O plano de redenção não é um desperdício por não realizar tudo o que por sua liberalidade foi provido. Há o suficiente, e ainda sobra.

Simão, o anfitrião, ficou surpreso com a resposta de Jesus, e disse em seu coração: "Se este homem fosse profeta, saberia quem nele está tocando e que tipo de mulher ela é: uma 'pecadora'" (Lc 7:39).

Por Cristo ter permitido àquela mulher se aproximar dEle; por não a ter rejeitado com indignação, como alguém cujos pecados eram grandes demais para ser perdoados; por não mostrar que compreendia que ela havia caído, Simão foi tentado a pensar que Cristo não era profeta. Foi a ignorância de Simão sobre Deus e sobre Cristo que o levou a pensar daquela maneira.

Como Deus Age

Simão não percebia que o Filho de Deus tinha de agir à maneira divina, com compaixão, ternura e misericórdia. A maneira de Simão era apenas a de ignorar o ato de arrependimento de Maria. O fato de Maria ter beijado os pés de Cristo e derramado o óleo aromático sobre Ele foi algo exasperante para o seu coração endurecido. Ele achava que Cristo devia reconhecer os pecadores e repreendê-los.

A esse pensamento não expresso em palavras, o Salvador respondeu: "'Simão, tenho algo a lhe dizer. [...] Dois homens deviam a certo credor. Um lhe devia quinhentos denários e o outro, cinquenta. Nenhum dos dois tinha com que lhe pagar, por isso perdoou a dívida a ambos. Qual deles o amará mais?' Simão respondeu: 'Suponho que aquele a quem foi perdoada a dívida maior'. 'Você julgou bem', disse Jesus" (v. 40-43).

Assim como Natã fez com Davi (2Sm 12:1-7), Cristo passou para o Seu anfitrião a responsabilidade de pronunciar a própria sentença. Simão havia arrastado ao pecado a mulher que agora desprezava, e a prejudicou seriamente. Os dois devedores da parábola que Jesus contou representavam Simão e a mulher. Ele não tencionava ensinar que os dois deviam sentir graus diferentes de obrigação, pois ambos tinham uma dívida de gratidão que nunca poderiam pagar. Na verdade, Jesus queria mostrar para Simão que o seu pecado era muito maior do que o dela, assim como uma dívida de quinhentos denários é muito superior a uma dívida de cinquenta.

Só então Simão começou a se enxergar a partir de um novo ponto de vista. Ele viu como Jesus, que era mais que um profeta, considerava Maria. Muito envergonhado, percebeu estar na presença de Alguém superior a ele.

"Vê esta mulher? Entrei em sua casa, mas você não Me deu água para lavar os pés; ela, porém, molhou os Meus pés com suas lágrimas [de arrependimento] e os enxugou com os seus cabelos. Você não Me saudou com um beijo, mas esta mulher, [a quem você despreza], desde que entrei aqui, não parou de beijar os Meus pés" (Lc 7:44, 45). Cristo estava citando as oportunidades que Simão tivera de mostrar apreciação pelo que Jesus tinha feito por ele.

Aquele que esquadrinha o coração havia lido o motivo que provocou a ação de Maria. Ele também viu o espírito que motivou as palavras de Simão. "Você vê esta mulher?", Jesus lhe disse. "Os muitos pecados dela lhe foram perdoados; pois ela amou muito. Mas aquele a quem pouco foi perdoado, pouco ama" (v. 47).

Simão achava que tinha honrado Jesus ao convidá-Lo à sua casa. Mas agora ele se viu como realmente era. Viu que sua religião tinha sido um manto de farisaísmo. Ele desprezara a compaixão de Jesus. Não O reconhecera como representante de Deus. Maria era uma pecadora perdoada; ele, um pecador que ainda não tinha encontrado o perdão.

Como o Orgulho de Simão Foi Humilhado

Simão foi tocado pela bondade de Jesus ao não repreendê-lo na frente dos convidados. Jesus não o tratou do jeito que ele desejava que Maria fosse tratada. Simão viu que, em Sua bondade e misericórdia, Jesus tentara conquistar o seu coração. Uma acusação severa teria endurecido Simão contra o arrependimento, mas a paciente correção o convenceu do erro. Ele viu como era grande a dívida que tinha para com seu Senhor, e se arrependeu. O orgulhoso fariseu se tornou um discípulo humilde e abnegado.

Cristo conhecia as circunstâncias que moldaram a vida de Maria. Ele poderia ter apagado toda fagulha de esperança da sua alma, mas não o fez. Ele a levantou do desespero e da ruína. Sete vezes ela ouvira a repreensão que Cristo fizera aos demônios que controlavam seu coração e sua mente. Escutara Seu intenso clamor ao Pai em favor dela. Sabia quão ofensivo é o pecado diante da pureza sem mancha de Cristo. Mediante Seu poder, ela havia vencido.

Quando o caso de Maria parecia sem esperança aos olhos humanos, Cristo viu nela aptidões para o bem. O plano da redenção tem assegurado grandes possibilidades para a humanidade, e essas possibilidades seriam realizadas em Maria. Por meio da graça de Cristo ela se tornou participante da natureza divina. Aquela que havia caído, cuja mente tinha sido habitação de demônios, veio para perto do Salvador a fim de servir em estreita comunhão com Ele. Foi Maria quem se sentou a Seus pés para aprender dEle. Foi ela quem derramou o precioso perfume em Sua cabeça e banhou os Seus pés com lágrimas. Maria ficou ao lado da cruz e O acompanhou até o sepulcro. Foi ela a primeira a chegar à tumba depois da Sua ressurreição e a primeira a proclamar o Salvador ressuscitado.

Jesus conhece as circunstâncias de cada pessoa. Você pode dizer: "Eu sou um grande pecador". Pode até ser. Mas quanto maior seja o seu pecado, mais você precisa de Jesus. Ele nunca Se afasta de alguém que se arrepende. Ele oferece o perdão a todos os que forem a Ele em busca do perdão e da restauração.

Os que procurarem refúgio em Cristo serão ligados a Ele em Sua natureza divino-humana. Nenhum ser humano, nenhum anjo mau, poderá condená-los. Eles estarão ao lado dAquele que levou os pecados, na luz que vem do trono de Deus. "Quem fará alguma acusação contra os escolhidos de Deus? É Deus quem os justifica. Quem os condenará? Foi Cristo Jesus que morreu; e mais, que ressuscitou e está à direita de Deus, e também intercede por nós" (Rm 8:33, 34).

63

Jesus Aclamado como Rei de Israel*

Quinhentos anos antes do nascimento de Cristo, o profeta Zacarias predisse a vinda do Rei de Israel:

"Alegre-se muito, cidade de Sião!
Exulte, Jerusalém!
Eis que o seu Rei vem a você, justo
e vitorioso, humilde e montado
num jumento, um jumentinho,
cria de jumenta" (Zc 9:9).

Aquele que por tanto tempo havia recusado honras reais agora seguia para Jerusalém como o prometido Herdeiro do trono de Davi.

No primeiro dia da semana, Cristo fez Sua entrada triunfal. As multidões que se juntaram em Betânia para vê-Lo foram com Ele. Muitos que estavam a caminho para comemorar a Páscoa se uniram ao grupo. Toda natureza parecia se alegrar. As árvores estavam vestidas de verde e suas flores enchiam o ar com sua delicada fragrância. Surgia mais uma vez a esperança de um novo reino.

Jesus tinha pedido a dois discípulos que trouxessem uma jumenta e sua cria. Embora "as cabeças de gado aos milhares nas colinas" (Sl 50:10) sejam dEle, o Salvador dependeu da bondade de estranhos para conseguir um animal no qual entrasse em Jerusalém como seu Rei. Uma vez mais Sua divindade foi revelada até nos detalhes das instruções fornecidas. Como Ele havia predito, o pedido: "O Senhor precisa deles" foi prontamente atendido. Os discípulos arrumaram suas vestes sobre o jumento e ajudaram o Mestre a montá-lo. Jesus sempre tinha viajado a pé, e os discípulos ficaram admirados por agora Ele ter preferido ir montado em um animal. A esperança brilhou no

* Este capítulo é baseado em Mateus 21:1-11; Marcos 11:1-10; Lucas 19:29-44; João 12:12-19.

coração deles ao pensar que Cristo estava prestes a entrar na capital, proclamar-Se Rei e confirmar Seu poder real. O entusiasmo se espalhou por todos os lugares, longe e perto, elevando as expectativas do povo ao nível máximo.

Cristo estava seguindo o costume dos judeus nas entradas reais. A profecia tinha predito que era assim que o Messias viria ao Seu reino. Ele mal havia montado no jumentinho e a multidão já o proclamava como o Messias, seu Rei. Em sua imaginação, os discípulos e o povo viram os exércitos romanos sendo expulsos de Jerusalém. Israel era, outra vez, uma nação independente. Cada um tentava superar o outro ao prestar a Cristo a honra e o respeito devidos à realeza. Sem poder Lhe oferecer presentes caros, estenderam suas capas sobre o caminho para servirem de tapete e espalharam ramos de oliveira e palma por onde Ele ia passar. Sem bandeiras reais para exibir, cortaram ramos de palmeiras, emblemas de vitória vindos da natureza, e os agitavam no ar.

Espectadores misturados às multidões perguntavam: "Quem é esse? O que significa toda essa algazarra?" Eles sabiam que Jesus havia desencorajado qualquer esforço para colocá-Lo no trono, e ficaram surpresos ao saber que tudo aquilo era por causa dEle. O que teria provocado tal mudança nAquele que havia declarado que o Seu reino não era deste mundo?

Dentre o grande número de pessoas reunidas para comemorar a Páscoa, milhares O saudavam agitando ramos de palmeira e com uma explosão de cânticos sacros. Os sacerdotes no templo tocaram a trombeta para o serviço religioso da tarde, mas como poucos responderam, os líderes disseram um para o outro: "Olhem como o mundo todo vai atrás dEle!"

Por Que Jesus Permitiu Essa Demonstração

Nunca antes Jesus havia permitido uma demonstração dessas. Ele claramente previa o resultado: tal demonstração O levaria à cruz. Mas Ele queria chamar a atenção de todos para o sacrifício que deveria coroar Sua missão para com o mundo caído. Aquele em quem se cumpriu o símbolo do Cordeiro Se colocou voluntariamente de lado para o sacrifício. Sua igreja, de geração em geração, deve fazer da Sua morte um assunto de profunda reflexão e estudo. Cada fato ligado a ela deve ser averiguado até que não haja dúvida. Os eventos que precederam Seu grande sacrifício devem chamar a atenção para o próprio sacrifício. Depois de uma demonstração como a que marcou a entrada de Jesus em Jerusalém, todos os olhos passaram a acompanhar a rápida sucessão de eventos que O levaria até a cena final. Essa cavalgada triunfal seria o tema de cada língua, e traria o nome de Jesus a cada mente. Depois da Sua crucifixão, muitos se lembrariam desses eventos e seriam levados a estudar as profecias. Eles se convenceriam de que Jesus era o Messias.

Esse dia, que para os discípulos parecia ser o auge da vida deles, teria ficado coberto de nuvens se eles soubessem que tudo aquilo era apenas um prelúdio da morte do seu Mestre. Várias vezes Ele havia lhes falado sobre o Seu sacrifício, mas na alegria do triunfo, eles se esqueceram das Suas dolorosas palavras.

Com poucas exceções, todos os que seu juntaram ao cortejo captaram a inspiração daqueles momentos. Os gritos continuavam:

"Hosana ao Filho de Davi! "
"Bendito é o que vem em nome do
Senhor!"
"Hosana nas alturas!"

Nenhum Sinal de Tristeza Naquele Triunfo

O mundo nunca tinha visto um desfile triunfal como aquele. Em torno do Salvador estavam os gloriosos troféus que eram o resultado de Sua amorosa obra pelo pecador. Ali estavam os cativos que tinham sido resgatados do poder de Satanás. Os cegos a quem Ele restaurou a visão abriam a marcha. Os mudos, cuja língua Ele destravara, entoavam os mais altos louvores. Aleijados a quem Ele curara pulavam de alegria. Leprosos a quem Ele purificara estendiam suas vestes sem contaminação por Seu caminho. Despertado do sono da morte, Lázaro guiava o jumentinho que o Salvador montava.

Muitos fariseus, ardendo de inveja, tentavam silenciar o povo, mas seus apelos e ameaças só faziam aumentar o entusiasmo. Como último recurso, eles confrontaram o Salvador com palavras acusadoras e ameaçadoras. "Mestre, repreende os Teus discípulos!" Com isso, queriam dizer que demonstrações ruidosas como aquela eram ilegais. Mas a resposta de Jesus fez com que se calassem: "Eu lhes digo [...] se eles se calarem, as pedras clamarão" (Lc 19:39, 40). O profeta Zacarias havia predito aquele cenário de triunfo. Se os seres humanos não conseguissem levar o plano adiante, Deus teria dado voz às pedras inanimadas e elas teriam saudado o Seu Filho com louvores. Calados, os fariseus retrocederam e centenas de vozes se uniram às palavras de Zacarias:

"Alegre-se muito, cidade de Sião!
Exulte, Jerusalém!

Eis que o seu Rei vem a você, justo e vitorioso, humilde e montado num jumento, um jumentinho, cria de jumenta" (Zc 9:9).

Quando o cortejo chegou ao alto da colina, Jesus e a multidão se detiveram. Diante deles estava Jerusalém em toda a sua glória, banhada pela luz do sol poente. Em majestosa suntuosidade, o templo, orgulho e glória da nação judaica por muitos séculos, se erguia acima dos demais edifícios. Os romanos também se orgulhavam de sua imponência. Sua solidez e magnificência tinham feito do templo uma das maravilhas do mundo.

Ao mesmo tempo em que o sol poente fazia o céu resplandecer, sua radiante glória iluminava o mais puro mármore branco das paredes do templo e cintilava em seus pilares bordados com ouro. Da colina onde estava Jesus, o templo parecia uma massiva estrutura feita de neve enfeitada com pináculos dourados e brilhando com a glória emprestada do Céu.

Jesus Chora

Jesus contemplava a cena. Encantada pela repentina visão de beleza, a multidão se calou. Todos os olhares se voltaram para o Salvador. Com surpresa e desapontamento eles viram Seus olhos se encherem de lágrimas e o Seu corpo balançar como uma árvore na tempestade. Seus lábios trêmulos emitiram um gemido de angústia como se viesse de um coração despedaçado. Que quadro os anjos tiveram de contemplar! E que visão para a alegre multidão que O escoltava até a gloriosa cidade, onde todos esperavam vê-Lo reinar! Aquela tristeza repentina foi como uma nota de lamentação no grande coro triunfal. O Rei de Israel estava em lágrimas, e não eram lágrimas silenciosas de alegria, mas de incontrolável agonia. Muitos choravam por empatia com uma dor que não podiam compreender.

Diante de Jesus estava o Getsêmani, onde o horror de uma imensa escuridão O envolveria. Ao alcance de Sua vista estava a porta das ovelhas por onde, durante séculos, os animais para as oferendas sacrificais eram levados. Aquela porta em breve seria aberta para Ele, o grande Cordeiro de Deus, cujo sacrifício tinha sido prefigurado por todas aquelas oferendas. Não muito longe estava o Calvário, o cenário da agonia que se aproximava. No entanto, o que Ele sentia não era uma tristeza egoísta. Pensar em Sua própria agonia não afetou aquela nobre alma, pronta para o sacrifício. Foi a visão de Jerusalém que traspassou o coração de Jesus – Jerusalém que havia rejeitado o Filho de Deus, zombado do Seu amor e estava prestes a Lhe tirar a vida. Ele viu o que a cidade poderia ter sido caso tivesse aceitado o único que podia curar-lhe a ferida. Ele tinha vindo salvá-la; como poderia, agora, abandoná-la?

Israel tinha sido um povo favorecido. Deus havia feito do templo a Sua habitação, e ele era "belo e majestoso, [...] a alegria da terra toda" (Sl 48:2). Ali Jeová revelara Sua glória. Ali oficiaram os sacerdotes, e a pompa do símbolo e da cerimônia continuaram por séculos. Mas tudo isso devia acabar. Jesus acenou com a mão para a condenada cidade e, com tristeza, exclamou: "Se você compreendesse neste dia, sim, você também, o que traz a paz!" (Lc 19:42). O Salvador deixou de mencionar qual poderia ter sido a condição de Jerusalém caso tivesse aceitado o auxílio que Deus quis dar – o dom do Seu Filho. Jerusalém poderia ter permanecido de pé sobre o orgulho de sua prosperidade, rainha de todos os reinos, livre pela força do poder dado por Deus, sem nenhuma bandeira romana tremulando em suas muralhas. O Filho de Deus viu que ela poderia estar livre da servidão e estabelecida como a cidade mais importante da Terra. De suas muralhas partiria a pomba da paz para todas as nações. Seria a coroa de glória do mundo.

O Salvador compreendia que agora ela estava sob o domínio romano, fadada ao juízo punitivo de Deus: "Mas agora isso está oculto aos seus olhos. Virão dias em que os seus inimigos construirão trincheiras contra você, e a rodearão e a cercarão de todos os lados. Também a lançarão por terra, você e os seus filhos. Não deixarão pedra sobre pedra, porque você não reconheceu a oportunidade que Deus lhe concedeu" (v. 42-44).

Jesus viu a condenada cidade cercada por exércitos, seus habitantes sitiados morrendo de fome, mães se alimentando dos corpos sem vida de seus filhos, pais e filhos roubando o último bocado de comida um do outro – a afeição carnal destruída pelo tormento da fome. Viu que a teimosia dos judeus os levaria a recusar se submeter aos exércitos invasores. Viu o Calvário cheio de cruzes, a lembrar uma floresta repleta de árvores. Viu os formosos palácios destruídos, o templo em ruínas, nenhuma de suas pedras deixada em cima da outra, enquanto a cidade era arada como um campo.

Como um pai amoroso chora por um filho que se extraviou, Jesus chorou sobre a amada cidade. "Como posso desistir de você? Como posso ver você empenhada em sua própria destruição?" Quando o sol desaparecesse no ocidente, o dia de graça de Jerusalém estaria terminado. Enquanto o cortejo se detinha sobre o Monte das Oliveiras, ainda não era tarde demais para que Jerusalém se arrependesse. Enquanto os últimos raios de sol se demoravam sobre o templo, as torres e os pináculos, algum anjo bom não poderia levá-la ao amor do Salvador? Linda, perversa cidade, que havia apedrejado os profetas e rejeitado o Filho de Deus – seu dia de misericórdia estava quase terminando!

O Espírito de Deus, contudo, mais uma vez falaria a Jerusalém. Antes que o dia acabasse, outro testemunho de Cristo seria ouvido. Se Jerusalém recebesse o Salvador ao Ele entrar pelas suas portas, ela ainda poderia ser salva!

Entretanto, os líderes religiosos de Jerusalém não dariam boas-vindas ao Filho de Deus. Quando o cortejo estava para descer do Monte das Oliveiras, eles o interceptaram querendo saber a razão de toda aquela comoção. Ao perguntarem "Quem é este?", os discípulos, movidos por inspiração, repetiram as profecias relacionadas a Cristo.

Adão dirá a vocês: É a Semente da mulher que ferirá a cabeça da serpente (ver Gn 3:15).

Abraão dirá a vocês: É Melquisedeque, Rei de Salém, Rei da Paz (ver Gn 14:18).

Isaías dirá a vocês: "Emanuel", "Maravilhoso Conselheiro, Deus Poderoso, Pai Eterno, Príncipe da Paz" (Is 7:14; 9:6).

Jeremias dirá a vocês: O Ramo de Davi, "O Senhor [...] Nossa Justiça" (Jr 23:6).

Daniel dirá a vocês: Ele é o nosso Messias (ver Dn 9:24-27).

João Batista dirá a vocês: Ele é "o Cordeiro de Deus, que tira o pecado do mundo" (Jo 1:29).

O grande Jeová proclamou: "Este é o Meu Filho amado" (Mt 3:17).

E nós, Seus discípulos, declaramos: "Este é Jesus, o Messias, o Príncipe da vida, o Redentor do mundo".

E o príncipe dos poderes das trevas reconhece quem Ele é: "Sei quem Tu és: o Santo de Deus!" (Mc 1:24).

64

Um Povo Condenado*

O último apelo para Jerusalém tinha sido em vão. Os sacerdotes e líderes religiosos ouviram a voz profética repercutir na multidão em resposta à pergunta "Quem é este?", mas não a aceitaram como voz inspirada. Os inimigos de Jesus O denunciaram como o líder de uma rebelião para oficiais que estavam entre a multidão. Alegaram que Ele estava prestes a tomar posse do templo e reinar como rei em Jerusalém.

Jesus calmamente declarou que não tinha vindo estabelecer um governo terrestre. Logo Ele subiria para o Pai e Seus acusadores não O veriam mais até que viesse outra vez em glória. Só então O reconheceriam, no entanto, seria tarde demais.

Jesus disse essas palavras com tristeza, mas com notável poder. Subjugados, os oficiais romanos se calaram. O coração deles se comoveu como nunca antes. No rosto solene de Jesus, eles viram amor e serena dignidade. Movidos por uma simpatia que não podiam entender, estavam inclinados a Lhe prestar honra e respeito. Voltando-se para os sacerdotes e líderes religiosos, os acusaram de serem os causadores de toda aquela perturbação.

Enquanto isso, Jesus foi para o templo sem que ninguém notasse. Tudo ali estava tranquilo, pois a cena do Monte das Oliveiras havia atraído o povo para lá. Por pouco tempo, Jesus ficou ali, a contemplar com tristeza o templo. Depois disso, voltou para Betânia. Quando o povo O procurou para colocá-Lo no trono, não puderam encontrá-Lo.

Jesus passou toda a noite orando, e, de manhã, foi outra vez para o templo. No caminho, sentiu fome, e "vendo à distância uma figueira com folhas, foi ver se encontraria nela algum fruto. Aproximando-Se dela, nada encontrou, a não ser folhas, porque não era tempo de figos" (Mc 11:13).

* Este capítulo é baseado em Mateus 21:17-19; Marcos 11:11-14, 20, 21.

Nas colinas que cercavam Jerusalém, de fato se podia dizer que "não era tempo de figos". Mas no pomar por onde Jesus passou, uma árvore parecia adiantada a todas as demais. Já coberta de folhas, prometia bons frutos. Contudo, a aparência era enganadora. Jesus "nada encontrou, a não ser folhas". A árvore era nada mais que um amontoado de folhas.

Cristo amaldiçoou a figueira para que se secasse. "Ninguém mais coma de seu fruto", Ele disse (v. 14). Na manhã seguinte, quando o Salvador e Seus discípulos estavam novamente a caminho da cidade, os ramos secos e as folhas caídas atraíram a atenção deles. "Mestre!", disse Pedro. "Vê! A figueira que amaldiçoaste secou!" (v. 21).

Para os discípulos, Cristo ter amaldiçoado a figueira era algo estranho ao que Ele normalmente fazia. Eles se lembraram de Suas palavras: "O Filho do homem não veio para destruir a vida dos homens, mas para salvá-los" (Lc 9:55). Ele sempre havia trabalhado para restaurar, nunca para destruir. Aquele ato, portanto, era único. "Qual teria sido o propósito daquilo?", questionavam.

"Juro pela Minha vida, palavra do Soberano, o Senhor, que não tenho prazer na morte dos ímpios" (Ez 33:11). Para Ele, a obra de destruição e condenação é uma "obra muito estranha" (Is 28:21). Com misericórdia e amor, porém, Ele levanta o véu do futuro e revela os resultados de um caminho de pecado.

A figueira estéril, apesar do espetáculo de folhagem apresentado a Cristo, era um símbolo da nação judaica. O Salvador queria deixar claro o motivo e a certeza da condenação de Israel. Para isso, fez da árvore uma instrutora da verdade divina. Os judeus alegavam ser mais justos do que qualquer outro povo. Mas o amor pelo mundo e a ganância os corromperam. Eles fizeram um espetáculo ao estender seus ramos para o alto, fazendo com que parecessem exuberantes e bonitos aos olhos, mas nada tinham, "a não ser folhas". A religião judaica, com seu magnífico templo, de fato impressionava por sua aparência externa, mas carecia de humildade, amor e benevolência.

Por Que Aquela Árvore Foi Amaldiçoada

Árvores sem folhas não provocavam expectativas; tampouco causavam decepção. Elas representavam os gentios, que, embora não fossem mais piedosos que os judeus, não se vangloriavam de serem bons. Para eles, o "tempo de figos" ainda não tinha chegado. Eles ainda esperavam pelo dia em que haveria luz e esperança. Deus responsabilizou os judeus, que receberam maiores bênçãos dEle, pelo abuso desses dons. Os privilégios dos quais se vangloriavam só aumentavam sua culpa.

Jesus veio a Israel com fome de encontrar os frutos da justiça no povo. Ele tinha dado a esse povo todos os privilégios. Como retorno, desejava ver nele abnegação, compaixão e um profundo desejo pela salvação de outros. Mas o orgulho e a suficiência própria eclipsaram o amor a Deus e à humanidade. Eles não deram ao mundo os tesouros da verdade que Deus lhes havia confiado. Na árvore estéril eles puderam ver tanto o pecado deles como o castigo. Murcha e seca desde as raízes, a figueira era uma demonstração de como ficaria o povo judeu quando a graça de Deus fosse retirada deles. Por se recusarem a comunicar a bênção, não mais a receberia. "Você foi destruído, ó Israel" (Os 13:9), diz o Senhor.

O ato de Cristo em amaldiçoar a árvore que Seu próprio poder havia criado continua sendo uma advertência a todas as igrejas e a todos os cristãos. Existem muitos que não vivem a vida misericordiosa e altruísta de Cristo. O tempo só tem valor para eles quando podem usá-lo para acumular para si mesmos. Em todas as ocupações da vida, esse é o seu objetivo. O plano de Deus era que eles ajudassem outros de todas as maneiras possíveis. Mas o eu é tão grande que não conseguem enxergar nada mais. Os que vivem para o eu dessa maneira são como a figueira. Eles seguem as formas de adoração sem mostrar arrependimento ou fé. Afirmam honrar a lei de Deus, mas não obedecem a ela. Na sentença pronunciada sobre a figueira, Cristo afirma que o pecador declarado é menos culpado do que alguém que professa servir a Deus, mas não dá nenhum fruto para a Sua glória.

A parábola da figueira – contada por Cristo antes da Sua visita a Jerusalém – tinha conexão direta com a lição que Ele ensinou ao amaldiçoar a árvore sem fruto. Na parábola, o agricultor intercede pela planta estéril. "Senhor, deixe-a por mais um ano, e eu cavarei ao redor dela e a adubarei. Se der fruto no ano que vem, muito bem! Se não, corte-a" (Lc 13:8, 9). Ele queria ter todas as vantagens possíveis. A parábola não prediz o efeito do trabalho do agricultor. O resultado dependia do povo para quem Cristo falou essas palavras e a quem a planta estéril representava. Eram eles que decidiam seu próprio destino. Deus tinha dado a eles todas as vantagens, mas eles não aproveitaram as bênçãos cada vez maiores. O ato de Cristo ao amaldiçoar a figueira estéril mostrou qual seria o resultado. Eles haviam determinado sua própria destruição.

Por mais de mil anos, a nação judaica tinha rejeitado as advertências de Deus e matado Seus profetas. Quando as pessoas dos dias de Cristo seguiram o mesmo caminho, elas se responsabilizaram por esses pecados. Estavam prendendo a si mesmas às correntes que as nações estiveram forjando por séculos.

Está para chegar um tempo em que a misericórdia fará o seu último apelo. Então, a doce e cativante voz do Espírito não apelará mais ao pecador.

Esse dia havia chegado para Jerusalém. Jesus chorou em angústia pela cidade condenada, mas não poderia libertá-la. Ele tinha exaurido todos os recursos. Ao rejeitar as advertências do Espírito de Deus, Israel rejeitara a única maneira de ser ajudada.

A nação judaica era um símbolo das pessoas de todas as épocas que escarnecem das súplicas do Infinito Amor. Quando Cristo chorou por Jerusalém, Suas lágrimas foram pelos pecados de todos os tempos.

Muitos, nesta geração, estão trilhando o mesmo caminho dos descrentes judeus. O Espírito Santo tem falado aos seus corações, mas eles não estão dispostos a confessar seus erros. Rejeitam a mensagem de Deus e Seus mensageiros.

Em nossos dias, a verdade bíblica, a religião de Cristo, luta contra uma forte onda de impureza moral. O preconceito é mais forte agora do que nos dias de Cristo. A verdade da Palavra de Deus não se harmoniza com as preferências naturais do homem, e milhares rejeitam sua luz, preferindo exercer seu próprio juízo independente. Fazem isso colocando em risco a vida eterna.

Os que tentaram encontrar falhas nas palavras de Cristo sempre encontraram mais razões para assim fazer, até que se afastaram da Verdade e da Vida. Deus não propõe remover toda objeção que o coração carnal possa fazer contra a Sua verdade. Aos que rejeitam a luz que iluminaria as trevas, os mistérios da Palavra de Deus permanecem para sempre como um mistério. A verdade está escondida deles.

As palavras de Cristo se aplicam a todos os que tratam os apelos da misericórdia divina de maneira leviana. Cristo está derramando amarguradas lágrimas por você que não tem lágrimas para derramar por si mesmo. E toda evidência da graça de Deus, todo raio da luz divina, ou enternece e subjuga o coração ou o confirma em sua desesperada rebeldia.

Cristo previu que Jerusalém continuaria sem o arrependimento; toda a culpa pesava sobre ela mesma. Esse será o caminho de todo aquele que segue essa conduta. O Senhor declara: "A tua ruína, ó Israel, vem de ti" (Os 13:9, ARA).

"Ouça, ó Terra: Trarei desgraça sobre este povo, o fruto das suas maquinações, porque não deram atenção às Minhas palavras e rejeitaram a Minha lei" (Jr 6:19).

65

O Templo Novamente Purificado*

No começo do Seu ministério, Cristo havia expulsado do templo aqueles que o manchavam com seus negócios profanos. Seu porte severo e semelhante ao de Deus impusera terror aos ardilosos comerciantes.

Ao término de Sua missão, novamente Ele foi ao templo e o encontrou profanado como da outra vez – com os gritos dos animais, o estridente tilintar das moedas e o barulho das ferozes discussões. As próprias autoridades do templo compravam e vendiam. Essa gente estava de tal maneira controlada pela ganância que, diante de Deus, não eram melhores que ladrões ordinários.

Em toda Páscoa e Festa dos Tabernáculos, milhares de animais eram mortos. Seu sangue era recolhido pelos sacerdotes e derramado sobre o altar. Os judeus quase perderam de vista o fato de que era o pecado que tornava necessário todo esse derramamento de sangue. Não reconheciam que isso prefigurava o sangue do querido Filho de Deus que seria derramado pela vida do mundo.

Jesus viu como os judeus tinham feito dessas grandes reuniões um palco de derramamento de sangue e crueldade. Eles haviam multiplicado o sacrifício de animais, como se Deus pudesse ser honrado por um culto que não brotava do coração. Os sacerdotes e líderes religiosos tinham feito dos símbolos que apontavam para o Cordeiro de Deus uma maneira de ganhar dinheiro. Em grande medida, isso destruíra a santidade do serviço sacrificial. Jesus sabia que o Seu sangue, que em breve seria derramado pelos pecados do mundo, não seria mais apreciado pelos sacerdotes e anciãos do que o sangue daqueles animais.

* Este capítulo é baseado em Mateus 21:12-16, 23-46; Marcos 11:15-19, 27-33; 12:1-12; Lucas 19:45-48; 20:1-19.

Por meio dos profetas, Cristo tinha falado contra essas práticas. Em visão profética, Isaías viu a apostasia dos judeus e disse para eles:

"'Para que Me oferecem tantos sacrifícios?', pergunta o Senhor.
'Para Mim, chega de holocaustos de carneiros e da gordura de novilhos gordos.
Não tenho nenhum prazer no sangue de novilhos, de cordeiros e de bodes!'"

"'Lavem-se! Limpem-se!
Removam suas más obras para longe da Minha vista!'" (Is 1:11, 16).

Aquele mesmo que havia dado essas profecias agora repetia a advertência pela última vez. Em cumprimento da profecia, o povo proclamara Jesus rei de Israel. Ele tinha recebido a homenagem do povo e aceitado a posição de rei. Agora, devia agir como tal. Sabia que Seus esforços para reformar um sacerdócio corrupto seriam inúteis. Mesmo assim, devia dar ao povo descrente as evidências de Sua divina missão.

Novamente o olhar perspicaz de Jesus percorreu o pátio profanado do templo. Todos os olhos se voltaram para Ele. A divindade resplandecia através da humanidade enchendo Cristo de uma dignidade e glória que Ele nunca havia manifestado antes. Os que estavam mais perto dEle se afastaram tanto quanto a multidão permitia. Não fosse a presença de poucos dos Seus discípulos, o Salvador teria ficado só. O profundo silêncio parecia intolerável. Cristo falou com tal poder que as pessoas tremeram como se estivessem enfrentando uma tempestade: "Está escrito: 'A Minha casa será chamada casa de oração'; mas vocês estão fazendo dela um 'covil de ladrões'". Sua voz ressoou no templo como o som de uma trombeta: "Tirem estas coisas daqui!" (Mt 21:13; Jo 2:16).

Três anos antes, os líderes do templo tinham passado vergonha ao terem que fugir diante da ordem dada por Jesus. Eles achavam impossível que a mesma rendição indigna se repetisse. No entanto, agora eles estavam ainda mais apavorados do que antes e mais apressados para obedecer às Suas ordens. Sacerdotes e negociantes fugiram conduzindo os rebanhos diante deles.

Durante a fuga, eles se encontraram com uma multidão que vinha com seus doentes, indagando sobre o grande Médico. O relato dado pelo grupo em fuga fez com que alguns voltassem atrás. Mas a maioria foi em frente, ansiosa para chegar aonde estava o Salvador. Novamente, os doentes e moribundos enchiam os pátios do templo, e mais uma vez Jesus lhes deu auxílio.

Depois de algum tempo, os sacerdotes e líderes voltaram cautelosamente para o templo. Eles esperavam que Jesus tomasse o trono de Davi. Ao entrarem no templo, eles se detiveram de súbito e olharam espantados. Viram os doentes curados, os cegos com a visão recuperada, os surdos escutando e os aleijados pulando de alegria. As crianças eram as primeiras a mostrar sua alegria. Jesus havia curado suas enfermidades e as envolvia em Seus braços. Então, com voz alta, as crianças entoavam louvores a Cristo repetindo os cânticos da véspera e agitando, em triunfo, os ramos de palmeira diante do Salvador.

O som daquelas vozes livres e alegres era uma ofensa para os líderes do templo. Eles disseram para o povo que a casa de Deus estava sendo profanada pelos pés das crianças e pelos seus gritos de alegria. Os líderes apelaram para Cristo: "Não estás ouvindo o que estas crianças estão dizendo? Respondeu Jesus: Sim, vocês nunca leram: 'Dos lábios das crianças e dos recém-nascidos suscitaste louvor?'" (Mt 21:16). A profecia tinha predito que Cristo seria proclamado rei, e Deus inspirou as crianças a serem Suas testemunhas. Se as vozes das crianças fossem silenciadas, os próprios pilares do templo teriam se manifestado em alta voz, louvando o Salvador.

Os fariseus ficaram extremamente confusos. Nunca antes Jesus tinha assumido tamanha autoridade real. Ele realizara coisas maravilhosas, mas nunca antes com aquela maneira solene e impressionante. Embora irados e frustrados, os sacerdotes e líderes do templo não conseguiram realizar mais nada naquele dia. Na manhã seguinte, o Sinédrio outra vez ponderou sobre o que fazer com Jesus. Por três anos os líderes tiveram provas de que Ele era o Messias. Agora, decidiram não exigir mais que Ele desse sinais de Sua autoridade, mas sim levá-Lo a fazer alguma declaração ou admitir alguma coisa pela qual pudessem condená-Lo.

No templo, eles continuaram a questioná-Lo: "Com que autoridade estás fazendo estas coisas? Quem Te deu esta autoridade?" (Lc 20:2). Jesus os confrontou com uma pergunta aparentemente relacionada a outro assunto, fazendo com que Sua resposta dependesse da resposta que eles dessem à Sua pergunta: "De onde era o batismo de João? Do Céu ou dos homens?"

Os sacerdotes perceberam estar num dilema do qual nenhum argumento capcioso lhes daria escape. Se dissessem que o batismo de João era do Céu, Cristo diria: "Por que, então, vocês não creram nele?" João tinha dado testemunho de Cristo – "Vejam! É o Cordeiro de Deus, que tira o pecado do mundo!" (Jo 1:29). Se os sacerdotes cressem no testemunho de João, como podiam negar que Jesus era o Messias?

Se declarassem em que verdadeiramente acreditavam – que o ministério de João era meramente humano – trariam sobre si uma tempestade de ressentimento, pois o povo acreditava que João era profeta. Os espectadores sabiam que os sacerdotes tinham professado crer em João, e esperavam que eles reconhecessem que o Batista havia sido enviado por Deus. Depois de confabularem em segredo, os sacerdotes decidiram não se comprometer. Fingindo ignorância, disseram: "Não sabemos". E Ele lhes disse: "Tampouco lhes direi com que autoridade estou fazendo estas coisas" (Lc 20:8).

Os Sacerdotes e Líderes do Templo se Calam

Desconcertados e desapontados, os escribas, sacerdotes e líderes do templo ficaram cabisbaixos, sem ousar fazer mais perguntas para Cristo. O povo estava ao redor, e se divertia ao ver aqueles homens orgulhosos e autossuficientes sendo derrotados.

Todas essas palavras e atos de Cristo eram importantes. Depois de Sua crucifixão e ascensão eles teriam uma influência cada vez maior. Muitos dos que, finalmente, viriam a se tornar Seus discípulos tinham sido pela primeira vez atraídos por Suas palavras naquele dia cheio de acontecimentos. O contraste entre Jesus e o sumo sacerdote quando ambos falavam era óbvio. O orgulhoso dignitário do templo estava trajado de ricas e caras vestimentas. Tinha na cabeça um cintilante diadema. Seu porte era majestoso e seus cabelos estavam prateados pela idade. Perante essa imponente personagem estava a Majestade do Céu, sem qualquer adorno ou ostentação. Em Suas roupas havia manchas da viagem; Seu rosto estava pálido e expressava uma paciente tristeza. Mas ali se notavam dignidade e benevolência. Muitos dos que testemunharam as palavras e atos de Jesus no templo dali em diante O entronizaram no coração como o profeta de Deus. No entanto, à medida que o sentimento popular ia ficando a favor dEle, o ódio dos sacerdotes por Jesus aumentava.

Não era intenção de Cristo humilhar Seus adversários. Ele tinha uma lição importante para ensinar. A reconhecida ignorância dos Seus inimigos quanto ao batismo de João Lhe deu a oportunidade de falar, apresentando a verdadeira posição deles e acrescentando outra advertência às várias que já havia dado.

"O que acham? Havia um homem que tinha dois filhos. Chegando ao primeiro, disse: 'Filho, vá trabalhar hoje na vinha'. E este respondeu: 'Não quero!' Mas depois mudou de ideia e foi. O pai chegou ao outro filho e disse a mesma coisa. Ele respondeu: 'Sim, senhor!' Mas não foi. Qual dos dois fez a vontade do pai?" (Mt 21:28-30).

Essa pergunta repentina tirou Seus ouvintes da costumeira posição defensiva. Eles imediatamente responderam: "O primeiro". Olhando fixamente para eles, Jesus replicou em tom severo e solene: "Digo-lhes a verdade: Os publicanos e as prostitutas estão entrando antes de vocês no Reino de Deus. Porque João veio para lhes mostrar o caminho da justiça, e vocês não creram nele, mas os publicanos e as prostitutas creram. E, mesmo depois de verem isso, vocês não se arrependeram nem creram nele" (v. 31, 32).

Os sacerdotes e líderes religiosos não tiveram alternativa senão a de dar a resposta correta à pergunta de Cristo, que, dessa forma, obteve a opinião deles favorável ao primeiro filho, que representava os cobradores de impostos. Quando João veio, pregando arrependimento e batismo, os cobradores de impostos receberam sua mensagem e foram batizados.

O segundo filho representava os líderes da nação judaica que não reconheciam João como enviado de Deus. Eles "rejeitaram o propósito de Deus para eles, não sendo batizados por João" (Lc 7:30). Como o segundo filho, os sacerdotes e líderes religiosos professavam obediência, mas agiam em sentido contrário.

Os sacerdotes e líderes religiosos ficaram em silêncio. Cristo continuou: "Ouçam outra parábola: Havia um proprietário de terras que plantou uma vinha. Colocou uma cerca ao redor dela, cavou um tanque para prensar as uvas e construiu uma torre. Depois arrendou a vinha a alguns lavradores e foi fazer uma viagem. Aproximando-se a época da colheita, enviou seus servos aos lavradores, para receber os frutos que lhe pertenciam. Os lavradores agarraram seus servos; a um espancaram, a outro mataram e apedrejaram o terceiro. Então enviou-lhes outros servos em maior número, e os lavradores os trataram da mesma forma. Por último, enviou-lhes seu filho, dizendo: 'A meu filho respeitarão'. Mas quando os lavradores viram o filho, disseram uns aos outros: 'Este é o herdeiro. Venham, vamos matá-lo e tomar a sua herança'. Assim eles o agarraram, lançaram-no para fora da vinha e o mataram. Portanto, quando vier o dono da vinha, o que fará àqueles lavradores?" (Mt 21:33-40).

Os sacerdotes e líderes religiosos disseram: "Matará de modo horrível esses perversos e arrendará a vinha a outros lavradores, que lhe deem a sua parte no tempo da colheita" (v. 41). Os que falaram se deram conta de que haviam pronunciado sua própria condenação. Assim como os lavradores deviam devolver ao dono das terras a devida proporção de frutos da vinha, também o povo de Deus devia honrá-Lo mediante uma vida que refletisse os sagrados privilégios deles. Mas assim como os lavradores tinham matado os servos enviados pelo proprietário em busca dos frutos, também os judeus tinham matado os profetas enviados por Deus para chamá-los ao arrependimento.

Até aquele ponto, ninguém podia questionar a aplicação da parábola, que ficou muito evidente no que ocorreu depois. No filho amado finalmente enviado pelo proprietário aos seus servos desobedientes, a quem estes agarraram e mataram, os sacerdotes viram uma figura diferente de Jesus e da Sua morte iminente. O castigo aplicado sobre os lavradores ingratos retratava o destino dos que matariam a Cristo.

A Estranha Pedra que Prefigurava Cristo

Olhando para eles com piedade, o Salvador continuou:

"Vocês nunca leram isto nas Escrituras? 'A pedra que os construtores rejeitaram tornou-se a pedra angular; isso vem do Senhor, e é algo maravilhoso para nós'"?

"Portanto Eu lhes digo que o Reino de Deus será tirado de vocês e será dado a um povo que dê os frutos do Reino. Aquele que cair sobre esta pedra será despedaçado, e aquele sobre quem ela cair será reduzido a pó" (v. 42-44).

Os judeus tinham repetido com frequência essa profecia nas sinagogas, aplicando-a à vinda do Messias. Cristo era a pedra angular do sistema judaico e de todo o plano de salvação. Os construtores judeus agora estavam rejeitando essa pedra fundamental. Por todos os meios que estavam ao Seu alcance, o Salvador tentou deixar clara a natureza do ato que estavam para praticar. Suas advertências selariam a sorte deles se não os levassem ao arrependimento. Ele tencionava mostrar-lhes a justiça de Deus ao privá-los de seus privilégios nacionais, os quais terminariam não somente com a destruição do templo e da cidade, mas na dispersão da nação entre os gentios.

Os ouvintes reconheceram a admoestação. Apesar da sentença que eles mesmos tinham pronunciado, os sacerdotes e líderes estavam prontos para completar o quadro dizendo: "Este é o herdeiro. Venham, vamos matá-lo". "E procuravam um meio de prendê-Lo; mas tinham medo das multidões" (v. 46), pois o sentimento do público era favorável a Cristo.

Ao citar a profecia da pedra rejeitada, Cristo Se referia a um incidente real ligado à construção do primeiro templo. Esse incidente continha uma lição especial no primeiro advento de Cristo, mas também tem uma lição para nós. Quando o templo de Salomão foi construído, as enormes pedras eram totalmente preparadas ainda na pedreira. Depois de transportadas para o local da construção, os trabalhadores somente tinham que colocá-las em sua posição. Uma pedra de tamanho incomum e formato peculiar tinha sido trazida para compor o alicerce, mas os trabalhadores não conseguiram encontrar um lugar para ela, e isso os deixou aborrecidos, pois a pedra agora estava no caminho deles. Por longo tempo, ela ficou ali como a pedra rejeitada.

Quando os construtores chegaram para instalar a pedra angular, por bastante tempo eles procuraram uma que tivesse tamanho e resistência suficientes, e também a forma adequada para suportar o grande peso que estaria sobre ela. Se fizessem uma má escolha, colocariam a segurança do edifício inteiro em perigo. Eles tentaram várias pedras, mas sob a pressão de pesos extraordinários, elas foram despedaçadas.

Finalmente alguém chamou a atenção para a pedra que por muito tempo fora rejeitada. Ela ficara exposta ao sol e às intempéries sem que mostrasse uma simples rachadura. Havia passado por todas as provas, menos uma – a prova da pressão mais intensa. Eles a puseram à prova. A pedra, aprovada no teste, foi aceita. Quando a levaram para o lugar designado a ela, foi verificado que ela se encaixava perfeitamente. Essa pedra era símbolo de Cristo. Isaías diz:

> "Para os dois reinos de Israel Ele será um santuário, mas também uma pedra de tropeço, uma rocha que faz cair. [...] Muitos deles tropeçarão, cairão e serão despedaçados, presos no laço e capturados" (Is 8:14, 15).

A principal pedra angular do templo de Salomão simbolizava as aflições e provas que Jesus teria que suportar.

> "Eis que ponho em Sião uma pedra, uma pedra já experimentada, uma preciosa pedra angular para alicerce seguro; aquele que confia, jamais será abalado" (Is 28:16).

Deus escolheu a Pedra Fundamental e a chamou de "alicerce seguro". O mundo inteiro pode depositar seus fardos e aflições sobre ela. Podem construir sobre ela em perfeita segurança. Ele nunca desaponta os que nEle confiam. Passou por todas as provas e levou os fardos que cada pecador arrependido colocou sobre Ele. Todos os que depositam a confiança nEle descansam em perfeita segurança.

Cristo é tanto o "alicerce seguro" como "uma pedra de tropeço". "Portanto, para vocês, os que creem, esta pedra é preciosa; mas para os que não creem, 'a pedra que os construtores rejeitaram tornou-se a pedra angular', e, 'pedra de tropeço e rocha que faz cair'. Os que não creem tropeçam, porque desobedecem à mensagem" (1Pe 2:7, 8).

Como Ser Edificado Sendo Despedaçado

Aos que creem, Cristo é o alicerce seguro. Eles caem sobre a Rocha e são "despedaçados". Cair sobre a Rocha e ser despedaçado é renunciar à nossa justiça própria, ir a Cristo com a humildade de uma criança, nos arrepender dos nossos pecados e crer em Seu amor perdoador. Portanto, também é pela fé e obediência que edificamos sobre Cristo, o nosso alicerce.

Tanto judeus como gentios podem construir sobre essa pedra viva. Ela é suficientemente ampla para todos e bastante forte para aguentar o peso e o fardo do mundo inteiro. Estando ligados com Cristo, todos os que edificam sobre esse alicerce se tornam pedras vivas (ver 1Pe 2:5).

Aos que "tropeçam, porque desobedecem à mensagem", Cristo é uma rocha que ofende. Como a pedra rejeitada, Cristo passou por negligência e abuso. Ele "foi desprezado e rejeitado pelos homens, um homem de dores e experimentado no sofrimento. [...] Foi desprezado, e nós não O tínhamos em estima" (Is 53:3).

No entanto, mediante a ressurreição dos mortos, Ele seria declarado "Filho de Deus com poder" (Rm 1:4). Em Sua segunda vinda, seria revelado como Senhor do Céu e da Terra. Aos olhos de todo o Universo, a pedra rejeitada se tornaria a principal pedra de esquina.

E "aquele sobre quem ela cair será reduzido a pó". O povo que rejeitou a Cristo logo veria sua cidade e nação destruídas, e sua glória espalhada como o pó ao vento. E o que destruiu os judeus? Foi a Rocha que seria a sua segurança, caso tivessem construído sobre ela. A bondade de Deus foi desprezada e Sua misericórdia, desconsiderada. O povo se colocou em oposição a Deus, e tudo o que teria servido para sua salvação se voltou para sua destruição.

Na crucifixão de Cristo pelos judeus estava envolvida a destruição de Jerusalém. O sangue derramado no Calvário foi o peso que os fez afundar na ruína.

Assim será no grande dia final, quando o juízo cair sobre todos os que rejeitarem a graça de Deus. Cristo, sua Rocha da ofensa, aparecerá, então, como uma montanha vingadora. A glória do Seu rosto, que é vida para o justo, será fogo consumidor para o ímpio. Por ter rejeitado o amor e desprezado a graça, o pecador será destruído. O templo profanado e os construtores desdenhosos encontram seu paralelo na experiência de todo pecador. A menos que este se arrependa, sofrerá a condenação prefigurada por aqueles.

66

Cristo Confunde Seus Inimigos*

Os sacerdotes e líderes religiosos não conseguiram rebater as acusações de Cristo. Isso fez com que eles ficassem apenas mais determinados a fazê-Lo cair em suas armadilhas. Eles enviaram espiões que "deviam fingir que eram sinceros e procurar conseguir alguma prova contra Jesus. Assim os mestres da Lei e os chefes dos sacerdotes teriam uma desculpa para O prender e entregar nas mãos do Governador romano" (Lc 20:20, NTLH). Esses dispostos e zelosos jovens estavam acompanhados de herodianos, cuja tarefa era ouvir as palavras de Cristo para que pudessem testemunhar contra Ele em Seu julgamento.

Os impostos cobrados pelos romanos eram motivo de grande irritação para os fariseus, que afirmavam que pagá-los era contrário à lei de Deus. Os espiões se aproximaram de Jesus como se quisessem saber qual era o dever deles: "Mestre, sabemos que falas e ensinas o que é correto, e que não mostras parcialidade, mas ensinas o caminho de Deus conforme a verdade. É certo pagar imposto a César ou não?" (v. 21, 22).

Os que fizeram a pergunta para Jesus achavam que tinham disfarçado suas intenções, mas Jesus leu o coração deles como se fosse um livro aberto. "Por que vocês estão Me pondo à prova?", Ele disse, mostrando já ter lido o propósito oculto dos espiões. E eles ficaram ainda mais confusos quando Jesus acrescentou: "Mostrem-me um denário". Eles lhe apresentaram a moeda e Cristo perguntou: "'De quem é a imagem e a inscrição que há nele?' 'De César', eles responderam. Ele lhes disse: 'Portanto, deem a César o que é de César, e a Deus o que é de Deus'" (v. 23-25).

* Este capítulo é baseado em Mateus 22:15-46; Marcos 12:13-40; Lucas 20:20-47.

Os espiões se sentiram confusos e derrotados. A maneira rápida e decisiva com que Jesus resolveu a questão os deixou sem nada para dizer. A réplica de Cristo não foi uma evasiva, mas uma resposta sincera para a pergunta. Colocando em Sua mão a moeda romana, Ele declarou que, por estarem vivendo sob a proteção do poder romano, eles deviam dar àquele poder o apoio que deles era exigido. Mas, embora se sujeitassem pacificamente às leis do país, o tempo todo eles deviam em primeiro lugar tributar sua fidelidade a Deus.

Tivessem os judeus cumprido fielmente suas obrigações para com Deus, eles não teriam ficado sob o controle de um poder estrangeiro. Nenhuma bandeira romana teria tremulado sobre Jerusalém e nenhum governador romano teria reinado dentro de seus muros.

Os fariseus ficaram impressionados com a resposta de Jesus. Ele não somente tinha repreendido a hipocrisia deles como também havia afirmado o grande princípio que define claramente os limites do dever para com o governo civil e o dever para com Deus. E embora muitos tivessem saído dali insatisfeitos, viram que o princípio fundamental da questão tinha sido estabelecido de maneira clara, e se maravilharam do vasto alcance do discernimento de Jesus.

Jesus mal tinha silenciado os fariseus, e os saduceus já se aproximaram dEle com mais perguntas capciosas. Como grupo, eles eram fanáticos, embora existissem entre eles indivíduos de genuína piedade que aceitaram os ensinamentos de Cristo. Os saduceus alegavam crer em boa parte das Escrituras, mas, em termos práticos, eram céticos e materialistas.

Ressurreição: um Assunto Controvertido

A ressurreição, em especial, era um assunto controvertido entre os fariseus e os saduceus. A princípio, os fariseus tinham acreditado firmemente na ressurreição, mas, depois, suas ideias sobre o estado futuro se tornaram confusas. A morte se tornou um mistério além da explicação. As discussões entre os dois grupos resultavam em acaloradas discussões.

Os saduceus não tinham muito domínio sobre o povo comum, mas muitos deles exerciam a influência conferida pelas riquezas. Normalmente, o sumo sacerdote era escolhido dentre eles. O fato de que eles eram elegíveis para tão alto cargo dava influência aos seus erros.

Os saduceus rejeitavam os ensinamentos de Jesus. Por exemplo, o ensinamento de Cristo sobre a vida futura contradizia as teorias deles. Eles acreditavam que, depois de criar os seres humanos, Deus os havia abandonado à própria sorte, independentes de uma influência superior. Afirmavam que as pessoas eram livres para controlar sua própria vida e para moldar os eventos do mundo. Seu destino estava nas próprias mãos.

As Ideias Sobre Deus Moldam o Caráter

As ideias deles sobre Deus moldavam seu próprio caráter. Como Deus, segundo a visão dos saduceus, não tinha interesse na espécie humana, então eles tampouco tinham muita consideração uns para com os outros. Ao recusarem admitir a influência do Espírito Santo, Seu poder lhes faltava na vida. Vangloriavam-se de seus direitos como filhos de Abraão, mas não tinham a fé e a bondade de Abraão. O coração deles não era tocado pelas necessidades e sofrimento dos outros. Viviam para si mesmos.

Por Suas palavras e atos, Cristo dava testemunho de um poder divino que produz resultados sobrenaturais, de uma vida futura e de Deus como Pai da família humana, sempre ciente do que realmente é importante para ela. Ele ensinava que Deus Se move sobre a Terra mediante o Espírito Santo. Mostrava quão errado era confiar no poder humano para transformar o caráter, quando somente o Espírito de Deus pode fazer isso.

Ao buscarem entrar em controvérsia com Jesus, os saduceus estavam confiantes de que poderiam causar dano à Sua reputação, ou até condená-Lo. A ressurreição foi o assunto escolhido para questioná-Lo. Se Jesus concordasse com eles, estaria ofendendo os fariseus. Se discordasse, eles tencionavam expor Seus ensinamentos ao ridículo. Os saduceus raciocinavam que se o corpo imortal é composto das mesmas partículas de matéria que o corpo em seu estado mortal, então, ao ressuscitar, devia ter carne e sangue e recomeçar no mundo eterno a vida interrompida na Terra. Marido e mulher seriam reunidos, casamentos seriam realizados, e tudo continuaria como era antes da morte.

Em resposta a suas perguntas, Jesus levantou o véu da vida futura: "Na ressurreição", Ele disse, "as pessoas não se casam nem são dadas em casamento; mas são como os anjos no Céu" (Mt 22:30). Os saduceus estavam errados. "Vocês estão enganados", Ele acrescentou, "porque não conhecem as Escrituras nem o poder de Deus!" (v. 29). Jesus não os acusou de hipocrisia, mas sim de estarem errados em suas crenças.

Ele declarou que a causa da confusão e das trevas existentes na mente deles era a ignorância das Escrituras e do poder de Deus. Cristo os convidou a abrir a mente para as verdades sagradas, as quais ampliariam seus conhecimentos. Milhares se tornam descrentes por não conseguirem entender os mistérios de Deus. A única chave para os mistérios que nos cercam é reconhecer neles a presença e o poder de Deus. As pessoas precisam reconhecer Deus como o Criador do Universo, Aquele que comanda e realiza todas as coisas.

Cristo disse aos Seus ouvintes que se não tivesse ressurreição dos mortos, as Escrituras que eles alegavam crer não teria nenhum valor. Ele disse: "Quanto à ressurreição dos mortos, vocês não leram no livro de Moisés, no relato da sarça, como Deus lhe disse: 'Eu sou o Deus de Abraão, o Deus de Isaque e o Deus de Jacó'? Ele não é Deus de mortos, mas de vivos" (Mc 12:31, 32). Deus vê o resultado da Sua obra como se ela já estivesse acabada. Os preciosos mortos ouvirão a voz do Filho de Deus e sairão da sepultura para a vida imortal. Haverá uma relação íntima e terna entre Deus e os remidos ressuscitados. Ele vê essa condição como se já existisse. Os mortos vivem para Ele.

Os saduceus tiveram que se calar. Jesus não dissera uma palavra que eles pudessem usar para condená-Lo.

Os fariseus, porém, ainda não tinham desistido. Eles convenceram certo escriba, bastante culto, a questionar Jesus sobre qual dos dez mandamentos era o mais importante. Eles haviam exaltado os quatro primeiros, que indicam o nosso dever para com o nosso Criador, como sendo maiores em importância do que os outros seis, que definem nosso dever para com os outros. Jesus tinha sido acusado de ter colocado os últimos seis mandamentos acima dos quatro primeiros.

O doutor da lei abordou Jesus com uma pergunta direta: "Qual é o maior mandamento da Lei?" A resposta de Cristo também foi direta: "'Ame o Senhor, o seu Deus de todo o seu coração, de toda a sua alma e de todo o seu entendimento'. Este é o primeiro e maior mandamento". E acrescentou: "E o segundo é semelhante a ele: 'Ame o seu próximo como a si mesmo'" (Mt 22:36-39). "Não existe mandamento maior do que estes" (Mc 12:31). "Destes dois mandamentos dependem toda a Lei e os Profetas" (Mt 22:40).

Esses dois mandamentos são uma expressão do princípio do amor. Não podemos guardar o primeiro e quebrar o segundo, nem podemos guardar o segundo enquanto quebramos o primeiro. Somente quando amamos a Deus acima de tudo é que podemos amar o próximo imparcialmente.

Cristo ensinou aos Seus ouvintes que a lei de Deus é uma unidade divina, e não muitas leis separadas, algumas delas mais importantes, e outras apenas ligeiramente importantes. Demonstramos nosso amor a Deus ao obedecermos aos Seus mandamentos.

O escriba que havia questionado Jesus ficou perplexo. Na presença dos sacerdotes e líderes religiosos ali reunidos, ele reconheceu que Cristo dera a interpretação correta da lei.

O escriba demonstrou ter alguma ideia da inutilidade de ofertas meramente cerimoniais e do derramamento de sangue para a purificação do pecado, quando destituído da fé. O amor e a obediência a Deus e a consideração desinteressada pelos outros pareciam, para ele, mais valiosos do que todos aqueles rituais. Sua resposta firme e imediata diante do povo mostrou um espírito totalmente diferente daquele dos sacerdotes e líderes. O coração de Jesus teve grande simpatia por aquele sincero escriba que ousou manifestar suas verdadeiras convicções. "Vendo que ele tinha respondido sabiamente, Jesus lhe disse: 'Você não está longe do Reino de Deus'" (Mc 12:34).

Os fariseus tinham rodeado Jesus enquanto Ele respondia ao escriba. E Ele lhes perguntou: "O que vocês pensam a respeito do Cristo? De quem Ele é Filho?" (Mt 22:42). Sua intenção com essa pergunta era fazer com que eles mostrassem se O consideravam simplesmente como homem ou como o Filho de Deus. Um coro de vozes respondeu: "É Filho de Davi". Quando Jesus revelou Sua divindade por meio de poderosos milagres, quando Ele curou o doente e ressuscitou os mortos, as pessoas perguntavam entre si: "Poderia ser este o Filho de Davi?" Mas muitos que chamavam Jesus de Filho de Davi não reconheciam Sua divindade. O Filho de Davi também era o Filho de Deus.

Em resposta, Jesus disse: "Então, como é que Davi, falando pelo Espírito, o chama 'Senhor'? Pois ele afirma:

'O Senhor disse ao meu Senhor:
"Senta-te à minha direita, até que eu
ponha os Teus inimigos debaixo
de Teus pés".

"Se, pois, Davi O chama 'Senhor', como pode ser Ele Seu Filho? Ninguém conseguia responder-Lhe uma palavra; e daquele dia em diante, ninguém jamais se atreveu a Lhe fazer perguntas" (v. 42-46).

67

A Última Visita de Jesus ao Templo*

Era o último dia em que Cristo ensinava no templo. Ali estava o jovem Galileu, sem nenhuma honraria terrestre ou insígnia real. Em torno dEle estavam sacerdotes em suas ricas vestes e líderes religiosos com os rolos nas mãos aos quais com frequência se referiam. Sereno e com autoridade celestial, Jesus Se colocou diante deles. Olhava, imperturbável, para Seus adversários os quais estavam sedentos por Sua vida. As tramas que fizeram para apanhá-Lo fracassaram. Ele tinha enfrentado desafio após desafio e apresentado a verdade pura e brilhante em contraste com a escuridão e os erros dos sacerdotes e fariseus. Dera fielmente a advertência. Mas ainda havia outra obra que Cristo devia fazer.

As pessoas ficaram admiradas e, ao mesmo tempo, perplexas com os Seus ensinamentos. Sempre haviam respeitado os sacerdotes e rabinos e, no entanto, agora viam esses homens tentando desacreditar Jesus, cuja virtude e conhecimento pareciam brilhar mais a cada ataque sofrido. Era estranho para elas verem que os líderes não acreditavam em Jesus, apesar de Seus ensinamentos serem tão claros e simples. Elas mesmas não sabiam que caminho seguir.

O propósito de Cristo com as parábolas era advertir os líderes religiosos e instruir o povo. Mas era preciso que Ele falasse de maneira ainda mais clara. O povo estava escravizado por causa de sua fé cega em um sacerdócio corrupto. Essas cadeias tinham de ser quebradas. "Os mestres da lei e os fariseus se assentam na cadeira de Moisés", Ele disse. "Obedeçam-lhes e façam tudo o que eles lhes dizem. Mas não façam o que eles fazem, pois não praticam o que pregam" (Mt 23:2, 3).

* Este capítulo é baseado em Mateus 23; Marcos 12:41-44; Lucas 20:45-47; 21:1-4.

Os escribas e fariseus alegavam ter tomado o lugar de Moisés como expositores da lei, mas não praticavam o que eles mesmos ensinavam. E boa parte do que ensinavam contrariava as Escrituras: "Eles atam fardos pesados e os colocam sobre os ombros dos homens, mas eles mesmos não estão dispostos a levantar um só dedo para movê-los" (v. 4). Certas partes da lei eram explicadas de maneira a impor regulamentos sobre o povo, regulamentos estes que eram por eles secretamente ignorados e dos quais alegavam ser isentos.

"Tudo o que fazem é para serem vistos pelos homens. Eles fazem seus filactérios bem largos e as franjas de suas vestes bem longas; gostam do lugar de honra nos banquetes e dos assentos mais importantes nas sinagogas, de serem saudados nas praças e de serem chamados 'rabis'. Mas vocês não devem ser chamados 'rabis'; um só é o Mestre de vocês, e todos vocês são irmãos. A ninguém na terra chamem 'pai', porque vocês só têm um Pai, Aquele que está nos Céus. Tampouco vocês devem ser chamados 'chefes', porquanto vocês têm um só Chefe, o Cristo" (v. 5-10).

Com essas claras palavras, o Salvador revelou a ambição egoísta sempre em busca de posição e poder, tudo na melhor aparência de humildade enquanto o coração estava cheio de cobiça e inveja. Os fariseus estavam constantemente tramando para garantir posições de honra e favores especiais. Jesus repreendeu essa prática.

Ele também reprovou a vaidade dos líderes ao cobiçarem o título de rabino, ou professor. Sacerdotes, escribas e líderes religiosos eram todos irmãos, filhos de um Pai. As pessoas não dariam a nenhum homem um título de honra que indicasse controle de sua consciência ou fé.

Estivesse Cristo na Terra hoje, cercado pelos que ostentam o título de "Reverendo", ou "Reverendíssimo", Ele não repetiria o que disse – "Tampouco vocês devem ser chamados 'chefes', porquanto vocês têm um só Chefe, o Cristo"? Sobre Deus as Escrituras declaram: "Santo e temível ["reverendo", na Versão King James em inglês] é o Seu nome!" (Sl 111:9). Quantos dos que assumem esse título representam mal o nome e o caráter de Deus! Quantas vezes a ambição mundana e os pecados mais baixos têm sido escondidos debaixo dos ornamentados vestuários de um cargo santo e elevado!

O Salvador continuou: "O maior entre vocês deverá ser servo. Pois todo aquele que a si mesmo se exaltar será humilhado, e todo aquele que a si mesmo se humilhar será exaltado" (Mt 23:11, 12). Repetidas vezes

Cristo tinha ensinado que a verdadeira grandeza é medida pelo valor moral. Aos olhos do Céu, a grandeza de caráter consiste em viver para o benefício de outros. Cristo, o Rei da glória, foi um servo para a humanidade caída.

"Vocês fecham a porta do Reino do Céu para os outros, mas vocês mesmos não entram, nem deixam que entrem os que estão querendo entrar" (v. 13, NTLH). Ao perverterem as Escrituras, os sacerdotes e doutores da lei fechavam a mente dos que, de outra maneira, teriam recebido conhecimento do reino de Cristo.

"Vocês devoram as casas das viúvas e, para disfarçar, fazem longas orações. Por isso serão castigados mais severamente" (v. 14). Os fariseus conquistavam a confiança de piedosas viúvas, só para, depois, dizer-lhes que era um dever doar seus bens para propósitos religiosos. Uma vez obtido o controle do dinheiro delas, os astutos conspiradores o usavam em benefício próprio. Para disfarçar sua desonestidade, faziam longas orações em público, transformando sua religião em um grande espetáculo. A mesma repreensão cai sobre muita gente em nossos dias. A vida deles está manchada pelo egoísmo e pela cobiça, mas, por cima de tudo isso, o que se vê é um manto de fingida santidade.

A Dádiva sem Preço da Viúva Pobre

Cristo condenou severamente os abusos, mas teve o cuidado de não minimizar as obrigações. Se alguém abusasse da dádiva, isso não tiraria do doador a bênção de Deus.

Jesus estava no pátio e observava os que vinham depositar suas ofertas. Muitos dos ricos traziam grandes somas de dinheiro e faziam disso um grande espetáculo. Jesus olhou com tristeza para esses, mas não fez nenhum comentário sobre suas ofertas tão liberais. Não demorou muito, e o Seu rosto se iluminou ao ver uma pobre viúva se aproximando, hesitante, como se temesse estar sendo observada. Ela olhava para a oferta que tinha em uma das mãos. Sua oferta era muito pequena em comparação às doações dos que estavam ao seu redor, mas era tudo que ela tinha. Rapidamente, ela jogou suas duas moedinhas de pouco valor na caixa de ofertas, e se apressou para sair dali. Mas, ao fazer isso, encontrou os olhos de Jesus cravados nela.

O Salvador chamou a atenção dos discípulos para a pobreza da viúva. Então, Suas palavras de aprovação chegaram aos ouvidos dela: "Afirmo-lhes que esta viúva pobre colocou mais do que todos os outros" (Lc 21:3). Lágrimas de alegria encheram os seus olhos quando sentiu que seu gesto tinha sido apreciado. Muitos a teriam aconselhado a guardar sua pequena oferta para o seu próprio uso, até porque ela desapareceria no meio das muitas ricas doações trazidas para a tesouraria do templo. Porém, ela acreditava que o serviço do templo tinha sido estabelecido por Deus, e estava ansiosa para fazer tudo o que pudesse para sustentá-lo. Ela fez o que pôde, e o seu ato foi um monumento para sua memória através dos séculos e para a sua alegria na eternidade.

Ela havia "colocado mais do que todos os outros". As grandes doações dos ricos não exigiam sacrifício. Não podiam ser comparadas em valor com as moedinhas da viúva.

O motivo é que imprime características aos nossos atos, selando-os com desgraça ou com elevado valor moral. Pequenas tarefas devidamente efetuadas e pequenas dádivas oferecidas sem alarde muitas vezes têm muito maior valor aos olhos de Deus. A viúva pobre se privou de comida a fim de dar aquelas duas moedas de cobre para a causa que ela amava. E o fez por fé, crendo que o seu Pai eterno não passaria por alto sua necessidade. Seu espírito abnegado e a fé como de uma criança conquistaram a aprovação do Salvador.

Muitos entre os pobres desejam mostrar sua gratidão a Deus por Sua graça e verdade. Que esses depositem suas moedinhas no banco do Céu. Vindos de um coração cheio do amor a Deus, essas dádivas aparentemente insignificantes se tornam ofertas sem preço sobre as quais Deus sorri e abençoa.

Ao Jesus dizer que a viúva havia "colocado mais do que todos os outros", Suas palavras eram verdadeiras não somente quanto ao motivo, mas também quanto aos resultados de sua dádiva. As "duas pequeninas moedas de cobre" tinham trazido ao tesouro de Deus uma quantidade de dinheiro muito maior do que as contribuições daqueles judeus ricos. A pequenina dádiva tinha sido como um rio que vai se alargando e ficando mais profundo através dos séculos. De mil maneiras ela tem contribuído para auxiliar os pobres e espalhar o evangelho. Seu exemplo de sacrifício tem agido e tornado a agir sobre milhares de corações em todas as terras e em todos os séculos. A bênção de Deus sobre as moedinhas da viúva fez delas a fonte de grandiosos resultados. Assim é com cada oferta dada com sincero desejo pela glória de Deus. Ninguém pode medir seus resultados.

Santidade Só de Aparência

"Ai de vocês, mestres da lei e fariseus, hipócritas! Vocês dão o dízimo da hortelã, do endro e do cominho, mas têm negligenciado os preceitos mais importantes da lei: a justiça, a misericórdia e a fidelidade. Vocês devem praticar estas coisas, sem omitir aquelas" (Mt 23:23). Cristo não descartou a própria obrigação. O sistema de dízimo, por Deus estabelecido, era observado desde os tempos mais antigos. Abraão devolvia o dízimo de tudo o que possuía. Da forma dada por Deus, o sistema era justo e razoável, mas os sacerdotes e rabinos tinham feito dele um fardo tedioso.

Os fariseus eram muito meticulosos em dizimar as ervas da horta tais como a hortelã, o anis e a arruda. Isso custava pouco e lhes dava a fama de serem exatos e santos. Ao mesmo tempo, negligenciavam as questões de maior peso sobre a lei, justiça, misericórdia e verdade. Jesus disse a eles: "Vocês devem praticar estas coisas, sem omitir aquelas".

Os rabinos tinham pervertido outras leis de maneira semelhante. Nas instruções que Deus deu por meio de Moisés, o uso da carne de porco e de alguns outros animais era proibido, pois estavam propensos a encher o sangue de impurezas, encurtando a vida. Mas os fariseus iam a extremos injustificáveis. Eles exigiam que o povo coasse toda água antes de usá-la, para o caso de conter algum inseto, por menor que fosse, que pudesse ser classificado como animal impuro. Contrastando essas exigências triviais com a magnitude dos pecados reais, Jesus disse aos fariseus: "Guias cegos! Vocês coam um mosquito e engolem um camelo" (v. 24).

"Vocês são como sepulcros caiados: bonitos por fora, mas por dentro estão cheios de ossos e de todo tipo de imundície" (v. 27). Os sepulcros brancos e bem enfeitados escondiam restos mortais apodrecidos dentro deles. Da mesma maneira, a santidade exterior dos sacerdotes e líderes religiosos escondia a iniquidade.

Jesus continuou: "Vocês edificam os túmulos dos profetas e adornam os monumentos dos justos. E dizem: 'Se tivéssemos vivido no tempo dos nossos antepassados, não teríamos tomado parte com eles no derramamento do sangue dos profetas'. Assim, vocês testemunham contra si mesmos que são descendentes dos que assassinaram os profetas" (v. 29-31).

As pessoas desse tempo nutriam uma consideração supersticiosa pelas tumbas dos mortos e esbanjavam muito dinheiro para enfeitá-las. Aos olhos de Deus isso era idolatria. Mostrava que eles não amavam a Deus sobre todas as coisas nem ao próximo como a si mesmos. Hoje, muitos negligenciam as viúvas e os órfãos, os doentes e os pobres a fim de construir dispendiosos monumentos para os mortos. Os deveres para com os vivos

– deveres claramente ordenados por Cristo – são deixados por cumprir.

Os fariseus comentavam entre si: "Se tivéssemos vivido no tempo dos nossos antepassados, não teríamos tomado parte com eles no derramamento do sangue dos profetas". Ao mesmo tempo, estavam planejando matar o Filho de Deus. Isso deve abrir nossos olhos para o poder que Satanás tem de enganar qualquer mente que se afaste da luz da verdade. Muitos ficam admirados pela cegueira dos judeus ao rejeitarem a Cristo. Se nós vivêssemos no tempo dEle, declaram eles, nunca teríamos sido culpados de rejeitar o Salvador. Mas quando a obediência a Deus requer abnegação e humilhação, essas mesmas pessoas se recusam a obedecer, revelando o mesmo espírito dos fariseus.

Responsabilidade ao Rejeitar a Luz

Os judeus mal chegavam a compreender a terrível responsabilidade que envolvia rejeitar a Cristo. Em cada era, profetas ergueram a voz contra os pecados de reis, governadores e povos, em obediência à vontade de Deus, mesmo que isso implicasse no risco de perder a vida. Uma terrível punição estivera se acumulando para os que rejeitaram a luz e a verdade. Rejeitando o Salvador, os sacerdotes e líderes religiosos estavam assumindo a responsabilidade pelo sangue de todos os justos que foram mortos, desde Abel até Cristo. Estavam para encher a taça de iniquidade até que transbordasse. E logo ela seria derramada sobre suas cabeças como justo castigo. Jesus os advertiu sobre isso:

"Sobre vocês recairá todo o sangue justo derramado na terra, desde o sangue do justo Abel, até o sangue de Zacarias, filho de Baraquias, a quem vocês assassinaram entre o santuário e o altar. Eu lhes asseguro que tudo isso sobrevirá a esta geração" (v. 35, 36).

Os escribas e fariseus sabiam como o profeta Zacarias havia sido morto. Enquanto as palavras de advertência de Deus ainda estavam em seus lábios, uma fúria satânica se abateu sobre o rei rebelde e, ao seu comando, o profeta foi morto (ver 2Cr 24:18-22). Seu sangue tinha manchado as pedras do pátio do templo, permanecendo ali em testemunho contra o rebelde Israel. Enquanto o templo estivesse de pé, ali estaria a mancha daquele sangue justo clamando vingança a Deus. Ao Jesus mencionar esses pecados assustadores, um calafrio de horror percorreu a multidão.

Antevendo o que aconteceria, Jesus declarou que os judeus seriam tão impenitentes no futuro quanto o foram no passado:

"Eu lhes estou enviando profetas, sábios e mestres. A uns vocês matarão e crucificarão; a outros açoitarão nas sinagogas de vocês e perseguirão de cidade em cidade" (Mt 23:34). Com a mão erguida para o céu e uma luz divina a rodeá-Lo, Cristo falou como juiz em censura e condenação. Os ouvintes estremeceram. A impressão causada por Suas palavras e pelo Seu olhar nunca se apagaria.

Cristo direcionou Sua indignação contra os pecados grosseiros pelos quais os líderes estavam destruindo a própria alma, enganando o povo e desonrando a Deus. Mas Ele não falou palavras de vingança. Tampouco mostrou irritação. O rosto do Filho de Deus revelava divina piedade ao lançar um demorado olhar para o templo e, em seguida, para os Seus ouvintes. Com voz embargada pela angústia e pelas lágrimas, exclamou: "Jerusalém, Jerusalém, você, que mata os profetas e apedreja os que lhe são enviados! Quantas vezes Eu quis reunir os seus filhos, como a galinha reúne os seus pintinhos debaixo das suas asas, mas vocês não quiseram" (v. 37). No lamento de Cristo o próprio coração de Deus era extravasado. Era a misteriosa despedida do longânimo amor da Divindade.

Tanto os fariseus como os saduceus foram silenciados. Jesus chamou Seus discípulos e Se preparou para deixar o templo, não como derrotado, mas como alguém cuja obra estava concluída. Retirou-se do conflito como vencedor.

Naquele dia cheio de acontecimentos, novos pensamentos ganharam vida em muitos corações e uma nova história começou. Depois da crucifixão e ressurreição, essas pessoas seguiram em frente com sabedoria e zelo, levando consigo uma mensagem que falava ao coração deles. À luz do seu testemunho, teorias e filosofias humanas viraram fábulas supérfluas.

Israel, como nação, tinha se divorciado de Deus. Olhando pela última vez para o interior do templo, Jesus disse em tom pesaroso: "Eis que a casa de vocês ficará deserta. Pois Eu lhes digo que vocês não Me verão mais, até que digam: 'Bendito é o que vem em nome do Senhor'" (v. 38, 39). Quando o Filho de Deus saiu de entre aquelas paredes, a presença de Deus se retirava para sempre do templo construído para Sua glória. Suas cerimônias já não teriam nenhum sentido e o seu serviço religioso seria um escárnio.

68

Quando os Gregos Quiseram "Ver Jesus"*

"Entre os que tinham ido adorar a Deus na festa da Páscoa, estavam alguns gregos. Eles se aproximaram de Filipe [...] com um pedido: 'Senhor, queremos ver Jesus'. Filipe foi dizê-lo a André, e os dois juntos o disseram a Jesus" (Jo 12:20-22).

Nesse tempo, a obra de Cristo parecia ter sofrido uma cruel derrota. Ele havia sido vitorioso na controvérsia com os sacerdotes e fariseus, mas estava claro que eles nunca O aceitariam como o Messias. A separação final tinha chegado. O caso parecia sem esperança. Mas o grande evento que dizia respeito a todo o mundo estava para ocorrer. Quando Cristo ouviu o veemente pedido – "Queremos ver Jesus" – que ecoava o clamor do mundo faminto, Seu rosto se iluminou e Ele disse: "Chegou a hora de ser glorificado o Filho do homem" (v. 23).

Aqueles homens vieram do Ocidente para encontrar o Salvador já no fim da Sua vida. No começo, os magos tinham vindo do Oriente. Esses gregos representavam as nações, tribos e povos do mundo. Gente de todas as terras e todas as idades seria atraída pela cruz do Salvador.

Os gregos desejavam conhecer a verdade sobre a missão de Cristo. Quando disseram: "Queremos ver Jesus", Ele Se encontrava em uma parte do templo onde só os judeus podiam entrar, mas Ele saiu dali para encontrar-Se com os gregos no pátio externo onde teve uma conversa pessoal com eles.

A indagação dos gregos mostrou a Cristo que o sacrifício que Ele estava para fazer traria muitos filhos e filhas para Deus. Sabia que os gregos em breve O veriam numa situação que sequer podiam sonhar. Eles

* Este capítulo é baseado em João 12:20-43.

O veriam ao lado de Barrabás, um ladrão e assassino. À pergunta: "Que farei [...] com Jesus, chamado Cristo?" o povo responderia: "Crucifica-O!" (Mt 27:22). Fazendo esse sacrifício pelo pecado, Cristo sabia que o Seu reino seria perfeito e se estenderia por todo o mundo. Ele atuaria como o Restaurador e Seu Espírito prevaleceria.

Por um momento, Ele ouviu vozes a proclamar por todas as partes do mundo: "Vejam! É o Cordeiro de Deus, que tira o pecado do mundo!" (Jo 1:29). Naqueles estrangeiros Ele viu a garantia de uma grande colheita e expressou a antecipação desse fato – o cumprimento de Suas esperanças – nestas palavras: "Chegou a hora de ser glorificado o Filho do homem". Mas Ele nunca Se esqueceu da maneira pela qual essa glorificação ocorreria. O mundo só poderia ser salvo por Sua morte. Como um grão de trigo, o Filho do homem devia ser lançado no solo, para morrer e ser sepultado. Mas Ele voltaria a viver.

"Digo-lhes verdadeiramente que, se o grão de trigo não cair na terra e não morrer, continuará ele só. Mas se morrer, dará muito fruto" (Jo 12:24). Quando o grão de trigo cai no solo e morre, ele brota e produz frutos. Da mesma maneira, a morte de Cristo resultaria em frutos para o reino de Deus. Em harmonia com a lei do reino vegetal, a vida haveria de ser o resultado da Sua morte.

Ano após ano, o fazendeiro conserva sua provisão de grãos jogando fora aparentemente a melhor parte. Por um tempo, deve ficar escondida no sulco, cuidada pelo Senhor. Então, aparece a haste, depois a espiga e logo o grão na espiga.

A semente enterrada no solo produz fruto, o qual, por sua vez, é plantado. Dessa maneira, a colheita é multiplicada. Da mesma maneira, a morte de Cristo na cruz produzirá fruto para a vida eterna. Contemplar esse sacrifício será a glória dos que viverão através dos séculos eternos como frutos desse sacrifício.

Cristo poderia ter Se salvado da morte se assim quisesse. Mas se fizesse isso, Ele deveria "continuar só". Somente caindo ao solo para morrer é que Ele poderia Se tornar a semente para essa imensa colheita – a grande multidão remida de Deus.

Todos devem aprender essa lição de sacrifício: "Aquele que ama a sua vida, a perderá; ao passo que aquele que odeia a sua vida neste mundo, a conservará para a vida eterna" (v. 25). A vida deve ser lançada no sulco da necessidade do mundo. O amor e o interesse próprios devem morrer. E a lei do sacrifício é a lei da autopreservação. Dar é viver. A vida que será preservada é a vida que é oferecida gratuitamente ao serviço a Deus e aos outros.

A vida dedicada ao eu é como o grão que se come. Ele desaparece e não há crescimento. Podemos juntar tudo o que pudermos, podemos viver, pensar e planejar para o próprio benefício; mas a vida passa e não fica nada. A lei do serviço ao próprio eu é a lei da autodestruição.

"Quem Me serve", disse Jesus, "precisa seguir-Me; e, onde estou, o Meu servo também estará. Aquele que Me serve, Meu Pai o honrará" (v. 26). Todos os que têm carregado a cruz de sacrifício com Jesus terão parte com Ele em Sua glória. Esses são cooperadores de Cristo, e o Pai os honrará assim como Ele honra o Seu Filho.

A mensagem dos gregos trouxe à mente de Jesus a obra da redenção, desde quando o plano tomou forma no Céu, até a Sua morte, agora tão próxima. Uma nuvem misteriosa parecia envolver o Filho de Deus. Ali estava Ele, absorto em Seus pensamentos. Finalmente, Sua pesarosa voz quebrou o silêncio: "Agora Meu coração está perturbado, e o que direi? Pai, salva-Me desta hora?" (v. 27). A humanidade de Cristo recuava diante da hora do abandono, quando todos O veriam castigado, ferido por Deus e afligido. Ele recuava de ser tratado como o pior dos criminosos e da morte vergonhosa, sem nenhuma honra. Um sentimento do horrível fardo do pecado humano e da ira do Pai por causa da iniquidade fez o espírito de Jesus desfalecer. A palidez da morte cobriu Seu rosto.

Ouve-se a Voz de Deus

Veio então a divina submissão à vontade do Pai. Cristo disse: "Eu vim exatamente para isto, para esta hora. Pai, glorifica o Teu nome!" (v. 27, 28). Somente mediante a morte é que Cristo podia vencer o reino de Satanás, redimir a humanidade e glorificar a Deus. Jesus aceitou o sacrifício; concordou em sofrer como Aquele que levou sobre Si o pecado. Uma resposta veio da nuvem que pairava sobre a Sua cabeça: "Eu já O glorifiquei e O glorificarei novamente" (v. 28). Na provação que se aproximava, os sofrimentos divino-humanos de Cristo glorificariam, de fato, o nome de Seu Pai.

Ao ser ouvida a voz, uma luz envolveu a Cristo, como se os braços do Poder Infinito se lançassem em torno dEle como uma muralha de fogo. Ninguém ousou falar. Todos olhavam fixamente para Jesus. Quando o Pai terminou de dar o Seu testemunho, a nuvem subiu e se dispersou no céu.

Os indagadores gregos viram a nuvem, ouviram a voz, entenderam o seu significado e reconheceram a verdade acerca de Cristo, Aquele que tinha sido revelado para eles como o Enviado de Deus. A voz de Deus tinha se manifestado no batismo de Jesus e, de novo, em Sua transfiguração. Agora, um número maior de pessoas a ouviu, nessa terceira ocasião. Jesus havia acabado de fazer Seu último apelo e pronunciado a condenação dos judeus. Agora Deus outra vez reconheceu Aquele a quem Israel tinha rejeitado. "Esta voz veio por causa de vocês", disse Jesus, "e não por Minha causa" (v. 30). Era o sinal dado pelo Pai de que Jesus tinha falado a verdade e era o Filho de Deus.

"'Chegou a hora de ser julgado este mundo'", Cristo continuou, "'agora será expulso o príncipe deste mundo. Mas Eu, quando for levantado da terra, atrairei todos a Mim'. Ele disse isso para indicar o tipo de morte que haveria de sofrer" (v. 31-33). Se Eu me tornar o sacrifício expiatório pelo pecado humano, o mundo será iluminado. O domínio de Satanás sobre homens e mulheres será quebrado. A desfigurada imagem de Deus será restaurada na humanidade, e a família dos crentes santos finalmente herdará o lar celestial. A cruz, a cruel e vergonhosa cruz, com todos os horrores que a cercam, Ele a viu em resplandecente glória.

A redenção humana não resume tudo o que é realizado pela cruz. O amor de Deus é demonstrado para o Universo. As acusações de Satanás contra o Céu estão para sempre respondidas. Os anjos, como também os seres humanos caídos, são atraídos para o Redentor. "Quando for levantado da terra, atrairei todos a Mim".

Muitas pessoas estavam ao redor de Cristo quando Ele disse essas palavras. Todavia, "mesmo depois que Jesus fez todos aqueles sinais miraculosos, não creram nEle" (v. 37). Ele dera incontáveis sinais, mas eles fecharam os olhos e endureceram o coração. Agora que o próprio Pai havia falado e eles não podiam pedir mais sinais, ainda se recusaram a crer.

"Ainda assim, muitos líderes dos judeus creram nEle. Mas, por causa dos fariseus, não confessavam a sua fé, com medo de serem expulsos da sinagoga" (v. 42). Para se salvarem da condenação e da vergonha, eles negaram a Cristo e rejeitaram a oferta de vida eterna.

Que terrível para os que não reconheceram o momento de sua oportunidade! Lenta e dolorosamente Cristo deixou para sempre os pátios do templo.

69

Sinais da Segunda Vinda de Cristo*

As palavras de Cristo para os sacerdotes e líderes religiosos – "Eis que a casa de vocês ficará deserta" – tinham infundido o terror no coração deles. Eles não conseguiam parar de pensar no que poderiam significar essas palavras. Seria possível que o magnificente templo, a glória da nação, em breve se transformasse em um montão de ruínas?

Os discípulos também partilhavam desse mau pressentimento que se aproximava. Ao saírem do templo com Jesus, eles chamaram a atenção para a solidez e beleza do mesmo. As pedras do templo eram do mais puro mármore, algumas de incrível tamanho. Uma parte da muralha tinha resistido ao cerco do exército de Nabucodonosor. Em seu perfeito acabamento em alvenaria, parecia uma só pedra extraída inteira da pedreira.

O que Cristo viu era verdadeiramente bonito. No entanto, Ele disse com tristeza: "Estou vendo tudo isso. Vocês estão mostrando que essas muralhas são, aparentemente, indestrutíveis, mas ouçam: Virá o dia em que não ficará aqui pedra sobre pedra; serão todas derrubadas".

Quando Jesus ficou só, Pedro, João, Tiago e André se aproximaram dEle. "Dize-nos, quando acontecerão essas coisas? E qual será o sinal de que tudo isso está prestes a cumprir-se?" (Mc 13:4). Cristo não respondeu falando separadamente da destruição de Jerusalém e do grande dia da Sua volta. Ele misturou a descrição dos dois eventos. Se tivesse revelado a Seus discípulos os eventos futuros do jeito que Ele os via, eles seriam incapazes de suportar aquela visão. Foi por misericórdia que Jesus misturou a descrição das duas crises,

* Este capítulo é baseado em Mateus 24; Marcos 13; Lucas 21:5-38.

deixando que os discípulos analisassem o resultado por si mesmos. Ao Se referir à destruição de Jerusalém, Suas palavras proféticas se estendiam para além daquele evento, alcançando o dia quando o Senhor virá para castigar o mundo por sua iniquidade. Jesus fez todo esse discurso não apenas para os discípulos, mas para todos os que presenciarem as cenas finais da história da Terra.

Cristo disse: "Cuidado, que ninguém os engane. Muitos virão em Meu nome, dizendo: 'Sou eu!' e enganarão a muitos" (v. 5, 6). Muitos falsos messias aparecerão, declarando que o tempo de livramento da nação judaica chegou, e enganarão a muitos. As palavras de Cristo foram cumpridas. Entre a Sua morte e a tomada de Jerusalém, apareceram muitos falsos messias. Os mesmos enganos surgirão outra vez.

"Quando ouvirem falar de guerras e rumores de guerras, não tenham medo. É necessário que tais coisas aconteçam, mas ainda não é o fim. Nação se levantará contra nação, e reino contra reino. Haverá terremotos em vários lugares e também fomes. Essas coisas são o início das dores" (v. 7, 8). Os rabinos declararão que esses sinais estão anunciando o advento do Messias. Não se deixe enganar. Os sinais que eles dizem ser indicadores do livramento da opressão são sinais da sua destruição.

"Então eles os entregarão para serem perseguidos e condenados à morte, e vocês serão odiados por todas as nações por Minha causa. Naquele tempo muitos ficarão escandalizados, trairão e odiarão uns aos outros" (Mt 24:9, 10). Os cristãos passaram por tudo isso. Pais e mães traíram seus filhos, e filhos, os seus pais. Amigos traíram seus amigos diante do Sinédrio. Os perseguidores mataram Estêvão, Tiago e outros cristãos.

Por meio de Seus servos, Deus deu ao povo judeu uma última oportunidade de se arrepender. O Senhor Se manifestou quando eles foram presos e julgados. Mesmo assim, seus juízes os condenaram à morte. Ao matarem os servos de Deus, os judeus estavam crucificando novamente o Filho de Deus. Assim será outra vez. As autoridades farão leis para restringir a liberdade religiosa achando que podem forçar a consciência, a qual somente Deus deve controlar. Elas continuarão essa obra até chegarem a um limite que não poderão ultrapassar. Deus intervirá em favor do Seu povo leal, os que guardam Seus mandamentos.

Quando há perseguição, muitos tropeçam e caem, renunciando a fé que uma vez defenderam. Os que abandonarem a fé em tempos difíceis darão falso testemunho e trairão seus irmãos a fim de garantir a própria segurança. Cristo nos advertiu sobre isso, de maneira que não nos surpreendamos com o comportamento cruel dos que rejeitam a luz.

Cristo disse a Seus discípulos como poderiam escapar da ruína que estava para se abater sobre Jerusalém: "Quando virem Jerusalém rodeada de exércitos, vocês saberão que a sua devastação está próxima. Então os que estiverem na Judeia fujam para os montes, os que estiverem na cidade saiam, e os que estiverem no campo não entrem na cidade" (Lc 21:20, 21). O aviso dado por Jesus era para ser seguido quarenta anos depois, por ocasião da destruição de Jerusalém. Os cristãos obedeceram e ninguém morreu quando a cidade foi tomada.

"Orem para que a fuga de vocês não aconteça no inverno nem no sábado" (Mt 24:20), disse Cristo. Aquele que fez o sábado não o aboliu. Sua morte não cancelou o sábado. Quarenta anos depois da Sua crucifixão, Seus seguidores ainda deviam considerá-lo sagrado.

Os Escuros Séculos de Perseguição

Da destruição de Jerusalém, Cristo passou rapidamente para o último elo da corrente da história da Terra – a vinda do Filho de Deus em glória e majestade. Entre esses dois eventos, longos séculos de escuridão para a Sua igreja se descortinaram aos olhos de Cristo, séculos marcados por sangue, lágrimas e agonia. Jesus repassou essas cenas com uma breve menção. Ele disse: "Haverá então grande tribulação, como nunca houve desde o princípio do mundo até agora, nem jamais haverá. Se aqueles dias não fossem abreviados, ninguém sobreviveria; mas, por causa dos eleitos, aqueles dias serão abreviados".

Por mais de mil anos, perseguições jamais vistas no mundo se abateriam sobre os seguidores de Cristo. Milhões de Suas fiéis testemunhas seriam mortas. Se a mão de Deus não fosse estendida para preservar Seu povo, todos eles teriam perdido a vida.

Depois, em linguagem inequívoca, nosso Senhor fala sobre a Sua segunda vinda: "Se, então, alguém lhes disser: 'Vejam, aqui está o Cristo!' ou: 'Ali está Ele!', não acreditem. Pois aparecerão falsos cristos e falsos profetas que realizarão grandes sinais e maravilhas para, se possível, enganar até os eleitos. [...] Assim, se alguém lhes disser: 'Ele está lá, no deserto!', não saiam; ou: 'Ali está Ele, dentro da casa!', não acreditem. Porque assim como o relâmpago sai do Oriente e se mostra no Ocidente, assim será a vinda do Filho do homem" (v. 23-26). De milhares de reuniões onde as pessoas alegam manter comunicação com o espírito dos que já morreram não se pode ouvir o clamor "Ali está

Ele, dentro da casa"? É exatamente o que pretende o espiritismo. Mas o que diz Cristo? "Não acreditem".

Sinais nos Céus

O Salvador dá sinais da Sua vinda e fixa o tempo quando o primeiro desses sinais vai aparecer: "Imediatamente após a tribulação daqueles dias 'o sol escurecerá, e a lua não dará a sua luz; as estrelas cairão do céu, e os poderes celestes serão abalados'. Então aparecerá no céu o sinal do Filho do homem, e todas as nações da Terra se lamentarão e verão o Filho do homem vindo nas nuvens do céu com poder e grande glória. E Ele enviará os Seus anjos com grande som de trombeta, e estes reunirão os Seus eleitos dos quatro ventos, de uma a outra extremidade dos céus" (v. 29-31).

Cristo declarou que, quando terminasse a grande perseguição papal, o Sol escureceria e a Lua não daria sua luz. Depois, as estrelas cairiam do céu. Ele diz: "Quando virem todas estas coisas, saibam que Ele está próximo, às portas" (v. 33). Cristo diz sobre os que veem esses sinais: "Não passará esta geração até que todas essas coisas aconteçam" (v. 34). Esses sinais já apareceram. Agora sabemos, com certeza, que a vinda do Senhor está próxima.

Cristo virá com grande glória. Uma multidão de anjos resplandecentes virá com Ele. Jesus virá para ressuscitar os mortos e transformar os remidos que estiverem vivos, para honrar os que O amaram e guardaram Seus mandamentos, e para levá-los para Si mesmo. Ao contemplarmos nossos mortos, podemos pensar na manhã em que "[eles] ressuscitarão incorruptíveis e nós seremos transformados" (1Co 15:52). O Rei enxugará toda lágrima de nossos olhos e nos apresentará "diante da Sua glória sem mácula e com grande alegria" (Jd 24). "Quando começarem a acontecer estas coisas, levantem-se e ergam a cabeça, porque estará próxima a redenção de vocês" (Lc 21:28).

No entanto, Cristo disse claramente que Ele mesmo não podia revelar o dia e a hora da Sua segunda vinda. O tempo exato da segunda vinda é mistério de Deus.

A Tremenda Impiedade dos Últimos Dias

Cristo continua: "Como foi nos dias de Noé, assim também será na vinda do Filho do homem. Pois nos dias anteriores ao dilúvio, o povo vivia comendo e bebendo, casando-se e dando-se em casamento, até o dia em que Noé entrou na arca; e eles nada perceberam, até que veio o dilúvio e os levou a todos. Assim acontecerá na vinda do Filho do homem" (Mt 24:37-39).

Como era nos dias de Noé? "O Senhor viu que a perversidade do homem tinha aumentado na Terra e que toda a inclinação dos pensamentos do seu coração era sempre e somente para o mal" (Gn 6:5). Os habitantes do mundo antediluviano seguiam suas imaginações profanas e ideias depravadas. Por causa da sua maldade é que foram destruídos. Hoje, o mundo segue pelo mesmo caminho. Os que transgridem a lei de Deus estão enchendo a Terra com perversidades. Seus jogos de azar, bebedeiras, práticas sensuais e paixões descontroladas estão enchendo rapidamente o mundo de violência.

Cristo disse: "Devido ao aumento da maldade, o amor de muitos esfriará, mas aquele que perseverar até o fim será salvo. E este evangelho do Reino será pregado em todo o mundo como testemunho a todas as nações, e então virá o fim" (Mt 24:12-14). Antes da queda de Jerusalém, Paulo declarou que o evangelho tinha sido pregado "a todos os que estão debaixo do céu" (Cl 1:23). Também hoje, o evangelho eterno deve ser pregado "a toda nação, tribo, língua e povo" (Ap 14:6). Cristo não diz que todo o mundo será convertido, mas que "este evangelho do Reino será pregado em todo o mundo como testemunho a todas as nações, e então virá o fim". Dando o evangelho ao mundo, está em nosso poder apressar o retorno do Senhor. Não nos cabe apenas aguardar, mas apressar a chegada do dia de Deus (ver 2Pe 3:12). Se a igreja tivesse feito seu trabalho designado como o Senhor planejava, o mundo inteiro teria sido advertido e Jesus teria voltado.

Algo Pelo que Viver

Como não sabemos o tempo exato da Sua vinda, Jesus ordenou que estivéssemos vigilantes (ver Lc 12:37). Os que estão alertas para a vinda do Senhor não estão esperando em ociosa expectativa. Estão purificando o coração mediante a obediência à verdade. Combinam vigilância com vigoroso trabalho. Seu zelo é despertado para cooperar com as forças divinas no trabalho de salvar outros. Eles estão declarando a verdade que tem aplicação especial para este tempo. Como Enoque, Noé, Abraão e Moisés proclamaram a verdade para o seu tempo, também os servos de Cristo de hoje darão a especial advertência para a sua geração.

Entretanto, Cristo mencionou outro grupo: "Suponham que esse servo seja mau e diga a si mesmo: 'Meu senhor está demorando', e então comece a bater em seus conservos e a comer e a beber com os beberrões. O senhor daquele servo virá num dia em que ele não o espera e numa hora que não sabe" (Mt 24:48-50).

O servo mau não diz que Cristo não virá. No entanto, com suas ações e palavras ele declara que a vinda do Senhor ainda demora. Ele afasta da mente dos outros a convicção de que o Senhor logo vem. Sua influência os mantém no mundanismo e na indolência. As paixões terrenas e os pensamentos corrompidos tomam posse da mente. O servo mau bate em seus colegas, acusa e condena os que são fiéis ao seu Mestre. Ele se mistura com o mundo, e com o mundo é apanhado na armadilha. "O senhor daquele servo virá num dia em que ele não o espera e numa hora que não sabe. Ele o punirá severamente e lhe dará lugar com os hipócritas" (v. 50, 51).

A vinda de Cristo surpreenderá os falsos mestres. Para todos os que fazem do mundo a sua casa, o dia de Deus virá como uma cilada, como um ladrão à espreita. Cheio de tumultos e de prazeres iníquos, o mundo está adormecido em uma segurança pecaminosa. As pessoas riem das advertências. "Amanhã será como hoje, e até muito melhor!" (Is 56:12). Vamos até o fundo no amor aos prazeres. Mas Cristo diz: "Venho como ladrão!" (Ap 16:15). Quando o zombador perder todo o pudor, quando as pessoas seguirem a rotina de ganhar dinheiro sem considerar os princípios, quando o estudante estiver em sua busca de toda espécie de conhecimento, exceto o da Bíblia, Cristo virá como um ladrão.

Os sinais dos tempos são ameaçadores. Os acontecimentos que estão para ocorrer lançam suas sombras diante de si. O Espírito de Deus está Se retirando da Terra, e uma calamidade segue a outra. Onde está a segurança? Não há segurança em nada que seja humano ou terrenal.

Existem os que estão esperando, vigiando e trabalhando pela vinda do nosso Senhor. Outra classe de gente está aderindo às fileiras que estão sob a liderança do primeiro grande apóstata. A crise se aprofunda gradualmente diante de nós. O Sol brilha no céu, seguindo sua trajetória habitual. As pessoas ainda comem e bebem, plantam e constroem. Os comerciantes ainda compram e vendem. As pessoas competem pelas posições mais altas. Os amantes de prazeres lotam os teatros, as corridas de cavalos e os cassinos. As mais fortes excitações é que prevalecem. No entanto, o tempo de graça rapidamente se aproxima do fim, e cada caso está para ser decidido para a eternidade. Satanás ativou todas as suas forças para enganar as pessoas e para mantê-las ocupadas e fascinadas, até que a porta da graça se feche para sempre.

"Estejam sempre atentos e orem para que vocês possam escapar de tudo o que está para acontecer, e estar de pé diante do Filho do homem" (Lc 21:36).

Cristo Se Identifica com os Pobres e Sofredores*

"Quando o Filho do homem vier em Sua glória, [...] assentar-Se-á em Seu trono na glória celestial. Todas as nações serão reunidas diante dEle, e Ele separará umas das outras" (Mt 25:31, 32). Assim Cristo descreveu a cena do grande dia do juízo. Quando as nações estiverem reunidas perante Ele, haverá apenas duas categorias, e o destino eterno delas dependerá daquilo que fizeram ou deixaram de fazer por Ele, na pessoa dos pobres e sofredores.

Naquele dia, Cristo não apresenta diante de homens e mulheres a grande obra que Ele realizou por eles ao dar Sua vida; Ele apresenta a fiel obra que fizeram por Ele. "'Venham, benditos de Meu Pai! Recebam como herança o Reino que lhes foi preparado desde a criação do mundo. Pois Eu tive fome, e vocês Me deram de comer; tive sede, e vocês Me deram de beber; fui estrangeiro, e vocês Me acolheram; necessitei de roupas, e vocês Me vestiram; estive enfermo, e vocês cuidaram de Mim; estive preso, e vocês Me visitaram'" (v. 34-36). Mas esses a quem Cristo elogia não sabem que era a Ele que serviam. Às suas confusas indagações Ele responde: "O que vocês fizeram a algum dos Meus menores irmãos, a Mim o fizeram" (v. 40).

"Vocês vão Me reconhecer naqueles que sofrem pelo Meu nome", disse Jesus. "Da maneira como vocês Me serviriam deverão também servi-los". Todos os que nasceram na família celestial são, num sentido especial, os irmãos e irmãs do nosso Senhor. O amor de Cristo une os membros da Sua família. "Aquele que ama é nascido de Deus e conhece a Deus" (1Jo 4:7).

Aqueles a quem Cristo elogia no juízo talvez não saibam muito sobre

* Este capítulo é baseado em Mateus 25:31-46.

teologia, mas nutriram Seus princípios. Mesmo entre os pagãos existem aqueles que têm desenvolvido o espírito de bondade. Antes que as palavras da vida tivessem caído em seus ouvidos, tornaram-se amigos de missionários, mesmo arriscando a vida. Os que adoram a Deus ignorantemente, a quem nenhum ser humano jamais trouxe luz, não perecerão. Embora ignorantes quanto à lei escrita de Deus, eles fizeram as coisas requeridas pela lei. Suas obras são a evidência de que o Espírito Santo os reconhece como Seus filhos.

Como ficarão surpresas as pessoas mais humildes entre as nações ao ouvir dos lábios do Salvador: "O que vocês fizeram a algum dos Meus menores irmãos, a Mim o fizeram".

O amor de Cristo não se restringe a uma classe de pessoas. Ele é o Filho do homem. Sendo assim, é irmão de cada filho e filha de Adão. Os seguidores de Cristo não devem se sentir separados do mundo que perece ao seu redor. Eles fazem parte da grande teia da humanidade, familiares tanto de pecadores como de santos. O amor de Cristo abraça os caídos e pecadores. Cada ato de bondade que fazemos para erguer um ser humano caído é aceito como se fosse feito para Ele.

Deus envia os anjos do Céu para auxiliar os que vão herdar a salvação. Ainda não foi revelado quem terá parte na herança dos santos na luz, mas anjos estão percorrendo toda a Terra procurando consolar os que estão tristes, proteger os que estão em perigo e conquistar o coração de homens e mulheres para Cristo. Ninguém será deixado de lado, pois Deus não age com parcialidade.

Ao abrir sua porta para os necessitados e sofredores de Cristo, você está dando boas-vindas a anjos invisíveis. Eles trazem uma atmosfera sagrada de alegria e paz. Todo ato de misericórdia produz música no Céu. De Seu trono, o Pai identifica entre os Seus tesouros mais preciosos aqueles que trabalham com abnegação.

Os que estão à esquerda de Cristo – os que O negligenciaram na pessoa do pobre e sofredor – não estavam cientes da própria culpa. Eles estiveram tão absortos em si mesmos que não se preocuparam com as necessidades dos outros.

Aos abastados, Deus deu riqueza para que pudessem aliviar o sofrimento dos Seus filhos; mas, com frequência, eles são indiferentes às necessidades dos outros. Não entendem as tentações e lutas do pobre, e a misericórdia morre em seu coração. Os recursos que Deus tem dado para abençoar o necessitado são gastos em deleitar seu orgulho e egoísmo. Os pobres são roubados da educação que deveriam obter a respeito do terno cuidado de Deus, pois Ele tomou todas as providências possíveis para que fossem confortados com as coisas necessárias para a vida. Eles sentem os apertos impostos pela pobreza e são, muitas vezes, tentados a se tornarem invejosos e desconfiados.

Como Ignorar a Cristo

Cristo vê tudo isso e diz: Fui Eu que tive fome e sede. Fui Eu que andei como estrangeiro. Enquanto você estava se regalando em sua mesa farta, Eu passava fome em uma choupana. Enquanto você desfrutava todo o conforto de sua luxuosa casa, Eu não tinha onde encostar a cabeça. Enquanto você se divertia, Eu definhava na prisão. Quando repartia apenas as migalhas do seu pão entre os pobres famintos, ou quando doava aquelas roupas gastas que mal dava para abrigá-los do frio e da geada, você se lembrou de que estava dando essas coisas para o Senhor da glória? Em todos os dias de sua vida, Eu estava bem perto de você na pessoa desses necessitados, mas você não Me procurou. Você não quis a Minha companhia. Não conheço você.

Muitos visitam os cenários da vida de Cristo na Terra para ver o lago em cujas praias Ele gostava de ensinar e os vales em que os Seus olhos pousaram. Entretanto, não precisamos ir a Nazaré ou Betânia a fim de andar por onde Jesus andou. Encontraremos Suas pegadas ao lado do leito do enfermo, nas favelas e em todo lugar onde existam corações humanos precisando de consolo.

Todos podem encontrar algo para fazer. Milhões de pessoas mantidas na ignorância e pecado nunca ouviram falar do amor de Cristo por elas. A norma de vida de Cristo, pela qual cada um de nós permanecerá de pé ou cairá no juízo, é: "Assim, em tudo, façam aos outros o que vocês querem que eles lhes façam" (Mt 7:12).

O Salvador deu Sua vida para estabelecer uma igreja capaz de cuidar de homens e mulheres que sofrem tentação. Os crentes podem ser pobres, sem instrução e desconhecidos; mas, em Cristo, eles podem fazer um trabalho na vizinhança e até em regiões mais distantes, um trabalho cujos resultados serão de alcance eterno. Por essa obra ser negligenciada, muitos jovens discípulos nunca vão além do mero bê-á-bá da experiência cristã. A incansável energia, tantas vezes uma fonte de perigos para os jovens, poderia ser canalizada para se tornar correntes de bênçãos. O próprio eu seria esquecido com o trabalho em favor do bem-estar dos outros. Os que ajudam os outros não precisarão de diversões excitantes nem de grandes mudanças em sua vida. O grande ponto de interesse será como salvar aqueles que estão prestes a perecer.

Para fazer de nós filhos de uma família, o Rei da glória Se tornou um conosco. "Amem-se uns aos outros como Eu os amei" (Jo 15:12). Quando amarmos o mundo assim como Ele o amou, então Sua missão para conosco estará cumprida. Estaremos aptos para o Céu, pois teremos o Céu no coração. No grande dia do juízo, os que não trabalharam para Cristo e estiveram à deriva só pensando em si mesmos serão postos pelo Juiz de toda a Terra com os que fizeram o mal.

Deus confiou um depósito para cada indivíduo, e cada um tem contas a prestar com o grande Pastor: "Onde está o rebanho que lhe foi confiado, as ovelhas das quais você se orgulhava?" (Jr 13:20).

71

Servo dos Servos*

Cristo e Seus discípulos tinham se reunido para comemorar a Páscoa. O Salvador sabia que havia chegado Sua hora. Ele próprio era o verdadeiro Cordeiro pascoal, e no dia em que se comia a Páscoa, Ele devia ser sacrificado. Só Lhe restavam poucas horas de tranquilidade, e Ele queria usá-las em benefício de Seus discípulos.

A vida de Cristo tinha sido de abnegado serviço. "Não veio para ser servido, mas para servir" (Mt 20:28) tinha sido a lição dada em cada um dos Seus atos. Mas os discípulos ainda não haviam aprendido a lição. Nessa última Páscoa, Jesus estava perturbado. Seu rosto se mostrava sombrio. Os discípulos sentiram que alguma coisa pesava sobre Sua mente.

Ao se reunirem em volta da mesa, Ele disse: "'Desejei ansiosamente comer esta Páscoa com vocês antes de sofrer. Pois Eu lhes digo: Não comerei dela novamente até que se cumpra no Reino de Deus'. Recebendo um cálice, Ele deu graças e disse: 'Tomem isto e partilhem uns com os outros. Pois Eu lhes digo que não beberei outra vez do fruto da videira até que venha o Reino de Deus'" (Lc 21:15-18).

Cristo estava agora à sombra da cruz, e a dor torturava Seu coração. Ele sabia que os discípulos O abandonariam. Sabia que seria posto para morrer pelo mais humilhante processo infligido aos criminosos. Sabia quão ingrato e cruel podia ser o povo que Ele veio salvar. Sabia que, para muitos, o sacrifício que devia fazer seria em vão. Ciente de tudo o que estava diante dEle, era natural que estivesse sobrecarregado com o pensamento de Sua humilhação e sofrimento. Contudo, Ele não pensou em Si mesmo. Seu cuidado pelos discípulos era o que predominava em Sua mente.

Nessa última noite, Jesus tinha muito para dizer a eles, mas viu que não podiam suportar tudo aquilo.

* Este capítulo é baseado em Lucas 22:7-18, 24; João 13:1-17.

Ao ver seus rostos, as palavras se detiveram em Seus lábios. Houve alguns momentos de silêncio. Os discípulos estavam inquietos. Os olhares que deram uns aos outros revelavam ciúme e conflito.

Houve "uma discussão entre eles, acerca de qual deles era considerado o maior". Essa contenda causou tristeza e mágoa a Jesus. Cada um deles ainda aspirava à posição mais alta no reino. A ousadia de Tiago e João de terem pedido a mais elevada posição irritou os outros dez e ameaçava dividir o grupo. Judas foi o que se expressou mais duramente diante de Tiago e João.

Quando os discípulos entraram no aposento superior, Judas se apressou a tomar lugar à esquerda de Cristo; João estava à direita. Se houvesse mesmo uma posição mais alta, Judas estava decidido a ficar com ela.

Outra causa de conflito havia surgido. Era costume que um servo lavasse os pés dos convidados. Naquela ocasião, o jarro, a bacia e a toalha estavam prontos em seu devido lugar, porém, como não havia nenhum servo, era dever dos discípulos realizar a tarefa. No entanto, todos eles já tinham decidido que não fariam o papel de servo. Fingiam não se incomodar com a situação. Seu silêncio indicava que não estavam dispostos a se humilhar.

Como devia Cristo levar esses pobres seguidores aonde Satanás não pudesse obter uma clara vitória sobre eles? Como poderia mostrar-lhes que meramente professar serem Seus discípulos não fazia deles discípulos? Como poderia acender o amor no coração deles e fazer com que compreendessem o que Ele desejava falar?

Jesus esperou por um tempo para ver o que eles fariam. Então, Ele, o divino Mestre, Se levantou da mesa. Deixando de lado a capa que poderia restringir Seus movimentos, pegou uma toalha. Em silêncio, os discípulos esperaram para ver o que aconteceria. "Depois disso, derramou água numa bacia e começou a lavar os pés dos Seus discípulos, enxugando-os com a toalha que estava em Sua cintura" (Jo 13:5). Esse ato abriu os olhos dos discípulos. Uma amarga vergonha encheu o coração deles, e passaram a ver-se com nova luz.

Cristo deu a eles um exemplo do qual nunca se esqueceriam. Seu amor por eles não era facilmente perturbado. Ele tinha plena consciência de Sua divindade, mas havia deixado de lado Sua coroa real e tomado a forma de servo. Um dos últimos atos de Sua vida na Terra foi Se vestir como servo e fazer o papel de servo.

Antes da Páscoa, Judas tinha tomado as providências para entregar Jesus nas mãos dos sacerdotes e escribas. Os discípulos nada sabiam sobre as intenções de Judas. Somente Jesus pôde ler seu segredo, mas não quis expô-lo. Sentia por ele a mesma preocupação demonstrada por Jerusalém ao chorar sobre a cidade condenada.

Judas sentiu o poder de atração do amor de Jesus. Quando as mãos do Salvador estavam lavando aqueles pés empoeirados e enxugando-os com a toalha, o coração de Judas palpitava com o impulso de confessar seus pecados. Entretanto, não estava disposto a se humilhar. Endureceu o coração contra o arrependimento, e os antigos impulsos o controlaram outra vez. Judas ficou ofendido com o ato de Cristo lavar os pés de Seus discípulos. Se Jesus foi capaz de Se humilhar daquela maneira, pensou ele, então não podia ser rei de Israel. Depois de vê-Lo Se rebaixando – em sua maneira de pensar – Judas confirmou sua decisão de negar a Jesus e admitiu ter sido enganado. Possuído por um demônio, resolveu completar o trabalho que havia concordado fazer – trair seu Senhor.

O Grande Milagre: Corações Transformados

Ao escolher seu lugar à mesa, Judas tratou de ficar na posição principal, e Cristo, como servo, o serviu primeiro. João ficou por último, mas não considerou isso como repreensão ou motivo para ficar ofendido. Quando chegou a vez de Pedro, ele exclamou, atônito: "Senhor, vais lavar os meus pés?" (Jo 13:6). A condescendência de Cristo lhe partiu o coração. Ele se encheu de vergonha ao pensar que nenhum dos discípulos estava fazendo aquele serviço. "Você não compreende agora o que estou lhe fazendo", Cristo disse, "mais tarde, porém, entenderá" (v. 7). Pedro não pôde suportar ver o seu Senhor, o Filho de Deus, desempenhando o papel de servo. Todo o seu ser se rebelou contra aquela humilhação. Com grande ênfase ele exclamou: "Não; nunca lavarás os meus pés".

Cristo disse: "Se Eu não os lavar, você não terá parte comigo" (v. 8). Cristo tinha vindo para lavar o coração da mancha do pecado. Pedro estava recusando a purificação superior incluída na inferior. Em realidade, estava rejeitando seu Senhor. Não é humilhante para o Mestre que Lhe permitamos atuar para nos purificar.

Pedro renunciou ao seu orgulho. Separar-se de Cristo teria sido como a morte para ele. "'Não apenas os meus pés, mas também as minhas mãos e a minha cabeça!' Respondeu Jesus: 'Quem já se banhou precisa apenas lavar os pés; todo o seu corpo está limpo. Vocês estão limpos, mas nem todos'" (v. 9, 10).

O significado dessas palavras vai além da purificação do corpo. Cristo está falando da purificação superior ilustrada pela inferior. Alguém que sai do banho está limpo, mas os pés calçados de sandálias precisam ser lavados outra vez. Assim Pedro e seus irmãos tinham sido lavados na grande fonte aberta para o pecado e a impureza. A tentação os tinha conduzido para o mal, e eles ainda precisavam da graça purificadora de Cristo.

Jesus queria lavar a divisão, o ciúme e o orgulho do coração deles. Isso era muito mais importante do que lavar-lhes os pés empoeirados. Com o espírito que demonstravam ter, nenhum deles estava preparado para ter comunhão com Cristo. Até que fossem trazidos para um estado de humildade e amor, eles não estavam preparados para tomar parte no serviço memorial que Cristo estava para estabelecer. O orgulho e o egoísmo buscam criar contendas, mas Jesus limpou tudo isso ao lavar os pés dos discípulos. Ocorreu uma mudança em seus sentimentos. Jesus pôde dizer: "Vocês estão limpos". Agora havia união dos corações e amor de uns para com os outros. Com exceção de Judas, todos estavam prontos a conceder ao outro a posição mais alta. Agora, eles podiam receber as palavras de Cristo.

Nós também fomos lavados no sangue de Cristo. No entanto, muitas vezes a pureza do coração é contaminada. Devemos ir a Cristo em busca da graça purificadora. Quantas vezes colocamos nosso coração pecador e poluído em contato com o coração de Cristo! Como são dolorosos para Ele o nosso temperamento ruim, nossa vaidade, nosso orgulho! No entanto, devemos levar todas as nossas enfermidades e impurezas a Jesus. Ele é o único que pode nos lavar e deixar limpos.

Por que Cristo Instituiu esse Serviço Religioso

Depois de Cristo lavar os pés dos discípulos Ele disse: "Vocês entendem o que lhes fiz? Vocês Me chamam 'Mestre' e 'Senhor', e com razão, pois Eu o sou. Pois bem, se Eu, sendo Senhor e Mestre de vocês, lavei-lhes os pés, vocês também devem lavar os pés uns dos outros. Eu lhes dei o exemplo, para que vocês façam como lhes fiz. Digo-lhes verdadeiramente que nenhum escravo é maior do que o seu senhor, como também nenhum mensageiro é maior do que aquele que o enviou" (Jo 13:12-16).

Para que o Seu povo não fosse extraviado pelo egoísmo que vive no coração natural, o próprio Cristo deixou um exemplo de humildade. Sendo igual a Deus, Ele fez o papel de servo para com Seus discípulos. Aquele diante de quem todo joelho se dobrará Se dobrou para lavar os pés dos que O chamavam de Senhor. Ele lavou os pés do Seu traidor.

Deus não vive para Si. Ele está constantemente suprindo as necessidades dos outros. A Jesus foi dado ficar como cabeça da humanidade para que, por Seu exemplo, pudesse ensinar o que significa servir. Ele serviu e ajudou a todos. Dessa maneira, viveu a lei de Deus e, com Seu exemplo, mostrou como devemos lhe obedecer.

Depois de lavar os pés dos discípulos, Jesus disse: "Eu lhes dei o exemplo, para que vocês façam como lhes fiz". Com essas palavras, Cristo estava estabelecendo um serviço religioso. O ato do nosso Senhor fez dessa humilhante cerimônia uma santa ordenança. Os discípulos deviam observá-la para que sempre tivessem em mente as lições de humildade e serviço ensinadas pelo Salvador.

Essa ordenança é o preparo designado por Cristo para o serviço da Santa Ceia. Enquanto nutrirmos o orgulho, a divergência e a luta pela supremacia, não estaremos preparados para receber a comunhão do Seu corpo e Seu sangue. Portanto, Jesus indicou que se observasse primeiramente o memorial da Sua humilhação por nós.

No coração humano, existe a disposição de se achar superior ao irmão, de trabalhar para si e de buscar o posto mais elevado. Muitas vezes, isso resulta em desconfianças e amarguras. O serviço que vem antes da Ceia do Senhor deve nos tirar do egoísmo, da exaltação própria, nos trazendo à humildade de coração que vai levar-nos a servir nossos irmãos e irmãs. O santo Vigia do Céu está presente para fazer dessa ocasião um momento para um exame de consciência, convicção do pecado e certeza do perdão dos pecados. Cristo está ali para mudar a corrente de pensamentos que tem fluído por canais do egoísmo.

Ao nos lembrarmos da humilhação do Salvador por nós, uma cadeia de lembranças vem à nossa mente, lembranças da bondade de Deus e da atenção e carinho dos amigos terrestres. Lembramo-nos das bênçãos esquecidas e dos atos de bondade ignorados. Defeitos de caráter, deveres negligenciados, ingratidão, frieza, tudo isso vem à memória. A mente fica fortalecida para derrubar toda barreira que tem causado divisão. Os pecados são confessados e perdoados. A graça subjugadora de Cristo une os corações. Começamos a desejar uma vida espiritual mais elevada. A alma será erguida. Podemos tomar parte na Santa Ceia com os raios fulgurantes da justiça de Cristo enchendo o templo do coração.

Para os que recebem o espírito desse serviço religioso, ele nunca poderá se tornar um mero ritual.

Sempre que essa ordenança é devidamente celebrada, os filhos de Deus se comprometem a dar sua vida ao serviço desinteressado um pelo outro. O mundo está cheio de pessoas que precisam do nosso auxílio. Aqueles que comungaram com Cristo no aposento superior sairão para servir assim como Ele serviu.

"Agora que vocês sabem estas coisas, felizes serão se as praticarem" (Jo 13:17).

72

A Ceia do Senhor*

"O Senhor Jesus, na noite em que foi traído, tomou o pão e, tendo dado graças, partiu-o e disse: 'Isto é o Meu corpo, que é dado em favor de vocês; façam isto em memória de Mim'. Da mesma forma, depois da ceia Ele tomou o cálice e disse: 'Este cálice é a nova aliança no Meu sangue; façam isto, sempre que o beberem, em memória de Mim'. Porque, sempre que comerem deste pão e beberem deste cálice, vocês anunciam a morte do Senhor até que Ele venha" (1Co 11:23-26).

Cristo, o Cordeiro de Deus, estava prestes a dar fim ao sistema de tipos e cerimônias que, por quatro mil anos, tinha apontado para Sua morte. A Páscoa, o festival nacional dos judeus, devia se acabar para sempre. O serviço que Cristo estabeleceu em seu lugar devia ser observado por Seus seguidores em todas as terras ao longo dos séculos.

Deus deu a Páscoa para comemorar o livramento de Israel da escravidão egípcia. A Ceia do Senhor foi dada para comemorar a grande libertação que a morte de Cristo trouxe. Essa ordenança é a maneira com que Deus mantém Sua grande obra por nós viva em nossa memória.

No tempo de Cristo, o povo comia a refeição pascoal em uma posição reclinada. Os convidados se recostavam em divãs colocados em volta da mesa. Apoiados sobre o braço esquerdo, mantinham a mão direita livre para se servirem. Nessa posição, era possível ao convidado reclinar a cabeça no peito do que estivesse sentado a seu lado. Os pés, na outra extremidade do divã, podiam ser lavados por alguém que se movimentasse pelo lado externo do círculo.

Cristo ainda estava sentado à mesa na qual a refeição pascoal tinha sido distribuída. Os pães sem fermento estavam diante dEle. O vinho pascoal, não fermentado, estava sobre a mesa. Cristo usou esses emblemas

* Este capítulo é baseado em Mateus 26:20-29; Marcos 14:17-25; Lucas 22:14-23; João 13:18-30.

para representar o próprio sacrifício, sem qualquer mancha (ver 1Pe 1:19).

"Enquanto comiam, Jesus tomou o pão, deu graças, partiu-o, e o deu aos Seus discípulos, dizendo: 'Tomem e comam; isto é o Meu corpo'. Em seguida tomou o cálice, deu graças e o ofereceu aos discípulos, dizendo: 'Bebam dele todos vocês. Isto é o Meu sangue da aliança, que é derramado em favor de muitos, para perdão de pecados. Eu lhes digo que, de agora em diante, não beberei deste fruto da videira até aquele dia em que beberei o vinho novo com vocês no Reino de Meu Pai'" (Mt 26:26-29).

Judas, o traidor, recebeu de Jesus os símbolos do Seu corpo quebrantado e do Seu sangue derramado. Sentado na presença do próprio Cordeiro de Deus, o traidor tramava seus planos obscuros e se agarrava cada vez mais aos seus pensamentos vingativos.

No lava-pés, Cristo tinha dado provas convincentes de que entendia o caráter de Judas. "Nem todos estais limpos", disse Ele (Jo 13:11). Agora, Jesus Se expressou mais claramente: "Não estou Me referindo a todos vocês; conheço os que escolhi. Mas isto acontece para que se cumpra a Escritura: 'Aquele que partilhava do Meu pão voltou-se contra Mim'" (v. 18).

Até ali, os discípulos não desconfiavam de Judas. Contudo, uma nuvem se formou sobre eles, prenúncio de alguma terrível calamidade. Enquanto comiam em silêncio, Jesus disse: "Digo-lhes que certamente um de vocês Me trairá" (v. 21). Isso os deixou alarmados e confusos. Como poderia um deles trair seu divino Mestre? Por quê? Perante quem? Com certeza não seria um dos doze favorecidos!

Ao se lembrarem do quanto eram verdadeiras Suas palavras, o medo e a autodesconfiança tomaram conta deles. Com dolorosa emoção, um após o outro diziam para Ele: "Com certeza não sou eu!" Mas Judas ficou em silêncio. Finalmente, João perguntou: "Senhor, quem é?" E Jesus respondeu: "Aquele que comeu comigo do mesmo prato há de Me trair" (Mt 26:23). O silêncio de Judas atraiu o olhar de todos. No meio da confusão de perguntas e expressões de assombro, Judas não tinha ouvido as palavras de Jesus em resposta à pergunta de João. Mas agora, para desviar a atenção dos outros de si, ele disse como os outros: "Com certeza não sou eu, Mestre". Jesus respondeu solenemente: "Sim, é você" (v. 25).

Surpreso e confuso ao ver seus planos expostos, Judas se levantou depressa e saiu da sala. Então Jesus disse: "'O que você está para fazer, faça depressa'. [...] Assim que comeu o pão, Judas saiu. E era noite" (Jo 13:27, 30). Verdadeiramente era noite para o traidor quando, se apartando de Cristo, saiu para as trevas exteriores.

Até dar esse passo, Judas não tinha ido além da possiblidade de arrependimento. Entretanto, quando deixou o seu Senhor e os companheiros discípulos, ele ultrapassou a linha limite. Jesus não deixou de fazer nada que pudesse ter sido feito para salvá-lo. Judas já tinha concordado duas vezes em trair o Senhor, mas Jesus ainda deu a ele uma oportunidade para se arrepender. Ao desvendar o plano secreto que havia no coração do traidor, Cristo deu a Judas a evidência final e convincente da Sua divindade. Esse era o último chamado ao arrependimento. Judas saiu do recinto da ceia sagrada e foi completar sua obra de traição.

Ao pronunciar o ai sobre Judas, Cristo também teve um propósito misericordioso para com os Seus discípulos: "Estou lhes dizendo antes que aconteça, a fim de que, quando acontecer, vocês creiam que Eu Sou" (v. 19). Se Jesus tivesse ficado em silêncio, os discípulos poderiam ter pensado que o Mestre não tinha o poder divino de antever e que havia sido surpreendido. Um ano antes, Jesus tinha dito aos discípulos que Ele havia escolhido doze e que um deles era diabo. Agora, Suas palavras para Judas fortaleceriam a fé dos verdadeiros seguidores de Cristo durante a Sua humilhação. Quando Judas chegasse ao seu terrível fim, eles se lembrariam do ai que Jesus havia pronunciado sobre o traidor.

O Salvador tinha ainda outro propósito. Ele deu aos discípulos algo para pensar a respeito da paciência e misericórdia de Deus para com os que têm cometido alguns dos piores erros. O traidor teve o privilégio de se unir a Cristo ao tomar parte da Ceia do Senhor. Esse exemplo é para nós. Quando supomos que alguém está no erro e no pecado, não devemos nos separar dessa pessoa, deixá-la sofrendo a tentação ou conduzi-la ao campo de batalha de Satanás. Foi por que os discípulos cometeram erros e estavam em falta que Cristo lavou seus pés. Foi dessa maneira que Ele conduziu a todos, menos um, ao arrependimento.

O Exemplo de Cristo Proíbe Exclusividade

É verdade que o pecado aberto exclui da Ceia do Senhor aquele que tem culpa (ver 1Co 5:11). Mas, fora isso, ninguém pode julgar. Quem pode ler o coração ou distinguir o joio do trigo? "Examine-se o homem a si mesmo, e então coma do pão e beba do cálice". "Todo aquele que comer o pão ou beber o cálice do Senhor indignamente será culpado de pecar contra o corpo e o sangue do Senhor". "Quem come e bebe sem discernir o corpo do Senhor, come e bebe para sua própria condenação" (1Co 11:28, 27, 29).

Quando os crentes se reúnem para celebrar as ordenanças da Ceia do Senhor, pode ser que haja um Judas no grupo. Se houver, mensageiros do príncipe das trevas estarão ali, pois eles acompanham todos os que recusam ser controlados pelo Espírito Santo. Anjos celestiais também estão presentes. Indivíduos que não são servos da verdade e da santidade podem vir à reunião e querer participar do serviço. Não devemos impedi-los. Havia testemunhas presentes quando Jesus lavou os pés dos discípulos.

Por meio do Espírito Santo, Cristo está ali para convencer e enternecer o coração. Nenhum pensamento de tristeza pelo pecado escapa da Sua atenção. Ele está esperando pelo arrependido e quebrantado de coração. Aquele que lavou os pés de Judas deseja lavar cada coração da mancha do pecado.

Ninguém deve se excluir da comunhão porque alguém que é indigno esteja, talvez, presente. É nessas ocasiões, indicadas pelo próprio Cristo, que Ele está com o Seu povo e o fortalece com a Sua presença. Corações e mãos que são indignos podem até ministrar o serviço, mas todos os que vêm com sua fé firmada em Cristo serão grandemente abençoados. Todos os que negligenciarem esses momentos especiais sofrerão prejuízos. A ministração da Ceia do Senhor devia fazer com que os discípulos, muitas vezes, se lembrassem do infinito sacrifício que Jesus fez por eles, individualmente, como parte do grande todo da humanidade caída.

Razões para Celebrar a Ceia do Senhor

O serviço da comunhão não devia ser um momento de tristeza. Enquanto os discípulos do Senhor se reúnem em torno de Sua mesa, não devem recordar e lamentar suas faltas. Muito menos trazer à tona as diferenças entre eles e seus irmãos. O serviço do lava-pés já incluiu tudo isso. Agora eles vêm para se encontrar com Cristo. Já não estão à sombra da cruz, mas em sua luz salvadora. Devem abrir o coração para os brilhantes raios do Sol da Justiça. Devem ouvir Suas palavras: "Deixo-lhes a paz; a Minha paz lhes dou. Não a dou como o mundo a dá. Não se perturbem os seus corações, nem tenham medo" (Jo 14:27).

Nosso Senhor diz: "Quando oprimidos e afligidos por Minha causa e do evangelho, lembrem-se do Meu amor. Esse amor é tão grande que dei a Minha vida por vocês. Quando os seus deveres parecerem difíceis e os seus fardos, pesados demais para carregar, lembrem-se de que foi por vocês que Eu menosprezei a vergonha para sofrer a cruz. O seu Redentor vive para interceder por vocês".

O serviço da comunhão aponta para a segunda vinda de Cristo. Ele foi designado para manter essa esperança viva na mente. "Porque, sempre que comerem deste pão e beberem deste cálice, vocês anunciam a morte do Senhor até que Ele venha" (1Co 11:26).

Cristo instituiu esse serviço para que pudesse falar aos nossos sentidos sobre o amor de Deus. Não pode haver união entre nós e Deus a não ser por meio de Cristo. E nada menos do que a Sua morte poderia fazer esse amor por nós ser eficaz. Somente por causa da morte de Cristo é que podemos olhar com alegria para a Sua segunda vinda. Nossos sentidos precisam ser vivificados para compreender o mistério da piedade, para compreender mais do que ora compreendemos sobre os sofrimentos expiatórios de Cristo.

O nosso Senhor disse: "Se vocês não comerem a carne do Filho do homem e não beberem o Seu sangue, não terão vida em si mesmos. [...] Pois a Minha carne é verdadeira comida e o Meu sangue é verdadeira bebida" (Jo 6:53, 55). Até mesmo esta vida terrestre nós devemos à morte de Cristo. O pão que comemos vem à custa do Seu corpo quebrantado, e a água que bebemos, do Seu sangue derramado. Ninguém, santo ou pecador, come o seu alimento diário sem ser nutrido pelo corpo e sangue de Cristo. A cruz do Calvário está estampada em cada pedaço de pão e refletida em cada fonte de água. A luz que brilha daquele serviço de comunhão torna sagradas as provisões para a nossa vida diária. O alimento da família se torna igual à mesa do Senhor, e cada refeição, um serviço sagrado.

A respeito da nossa natureza espiritual Jesus declara: "Todo o que come a Minha carne e bebe o Meu sangue tem a vida eterna". Ao recebermos Sua palavra, fazendo as coisas que Ele ordenou, nos tornamos um com Ele. Diz-nos Jesus: "Todo o que come a Minha carne e bebe o Meu sangue permanece em Mim e Eu nele. Da mesma forma como o Pai que vive Me enviou e Eu vivo por causa do Pai, assim aquele que se alimenta de Mim viverá por Minha causa" (Jo 6:54, 56, 57). Quando a fé contempla o grande sacrifício do Senhor, nós recebemos a vida espiritual de Cristo. Cada serviço de comunhão forma uma conexão viva para ligar o crente a Cristo e, por meio dEle, ao Pai.

Quando recebemos o pão e o suco de uva simbolizando o corpo quebrantado de Cristo e o Seu sangue derramado, em nossa imaginação presenciamos a luta que nos permitiu ser reconciliados com Deus. O Cristo crucificado é levantado entre nós. O pensamento do Calvário desperta emoções vivas e sagradas em nosso coração. O orgulho e a adoração própria não podem florescer no coração daquele que mantém frescas na memória as cenas do Calvário. Todo o que olhar atentamente para o incomparável amor do Salvador terá seu caráter transformado. Sairá para ser luz para o mundo e para refletir, em certo grau, esse misterioso amor.

73

"Não se Perturbe o Coração de Vocês"*

Judas tinha se retirado do aposento superior e Cristo ficou só com os onze. Ele estava por falar de Sua iminente separação deles; mas, antes disso, assinalou o grande propósito da Sua missão. Ele sempre manteve viva em Sua mente a satisfação de saber que toda Sua humilhação e sofrimento glorificariam o nome do Pai. Foi para isso que Ele direcionou os pensamentos de Seus discípulos.

Seu Mestre e Senhor, seu amado Orientador e Amigo era mais querido para eles do que a vida. Agora, Ele ia deixá-los. Um mau presságio encheu o coração deles.

Entretanto, as palavras do Salvador estavam cheias de esperança. Ele sabia que as artimanhas de Satanás têm mais êxito com os que estão oprimidos por dificuldades. Por isso, Ele volve o pensamento dos discípulos para o lar celestial: "Não se perturbe o coração de vocês. [...] Na casa de Meu Pai há muitos aposentos; se não fosse assim, Eu lhes teria dito. Vou preparar-lhes lugar. E se Eu for e lhes preparar lugar, voltarei e os levarei para Mim, para que vocês estejam onde Eu estiver" (Jo 14:1-3). Quando Eu for embora, continuarei a trabalhar fervorosamente por vocês. Vou para o Pai a fim de cooperar com Ele em favor de vocês.

A partida de Cristo era o oposto do que temiam os discípulos – ela não significava uma separação final. Ele estava indo preparar um lugar para eles para que pudesse recebê-los para Si. Enquanto Jesus estivesse construindo as mansões, eles deviam construir o caráter à semelhança de Deus.

Tomé ficou perturbado por dúvidas. "'Senhor, não sabemos para onde vais; como então podemos saber o caminho?' Respondeu Jesus: 'Eu sou o

* Este capítulo é baseado em João 13:31-38; 14-17.

caminho, a verdade e a vida. Ninguém vem ao Pai, a não ser por Mim. Se vocês realmente Me conhecessem, conheceriam também o Meu Pai. Já agora vocês O conhecem e O têm visto'" (v. 5-7).

Não existem muitos caminhos para o Céu. Não dá para cada um escolher o seu. Cristo era o caminho pelo qual patriarcas e profetas foram salvos. Ele é o único caminho pelo qual podemos ter acesso a Deus.

Os discípulos não entenderam: "Senhor, mostra-nos o Pai, e isso nos basta", exclamou Filipe. Cristo perguntou com dolorosa surpresa: "Você não Me conhece, Filipe, mesmo depois de Eu ter estado com vocês durante tanto tempo?" Será possível que você não vê o Pai nas obras que Ele faz por Meu intermédio? "Como você pode dizer: 'Mostra-nos o Pai'?" "Quem Me vê, vê o Pai" (v. 8, 9). Cristo não deixou de ser Deus quando Se tornou humano; a divindade ainda pertencia a Ele. Por meio dEle o Pai tinha sido revelado.

Se os discípulos cressem nessa vital conexão entre o Pai e o Filho, sua fé não os abandonaria quando vissem o sofrimento e a morte de Cristo. Como nosso Salvador trabalhou persistentemente para preparar Seus discípulos para a tormenta de tentação que estava prestes a se abater sobre eles. Todos ali sentiram um temor sagrado enquanto, absortos, escutavam atentamente Suas palavras. Ao serem atraídos para Cristo com maior amor, também eram atraídos uns aos outros. Sentiram que o Céu estava bem perto.

O Salvador estava ansioso para que Seus discípulos entendessem por que Sua divindade estava unida à humanidade. Ele veio ao mundo para mostrar a glória de Deus a fim de poder nos erguer com o Seu poder restaurador. Jesus não revelou nenhuma qualidade nem exerceu nenhum poder que não possamos ter por meio da fé nEle. Sua perfeita humanidade é a que todos podem possuir, se forem sujeitos a Deus como Ele o foi.

"Aquele que crê em Mim [...] fará coisas ainda maiores do que estas, porque Eu estou indo para o Pai" (v.12). Com isso, Cristo quis dizer que, sob a influência do Espírito Santo, a obra dos discípulos teria maior extensão. Depois que o Senhor subiu ao Céu, os discípulos experimentaram o cumprimento da Sua promessa. Eles sabiam que o divino Mestre era tudo o que afirmara ser. Ao exaltarem o amor de Deus, corações foram tocados e multidões creram em Deus.

O Maravilhoso Privilégio da Oração

O Salvador explicou que o segredo para o sucesso deles seria pedir forças e graça em Seu nome. Ele apresenta ao Pai a oração do humilde suplicante como se ela fosse a expressão do Seu desejo em favor daquele indivíduo. Mesmo não sendo expressa de maneira fluente, a oração sincera subirá ao santuário onde Jesus ministra. Ele a apresentará ao Pai livre de qualquer palavra mal pronunciada ou vacilante, e fragrante com o perfume da Sua perfeição.

O caminho da sinceridade e integridade não está livre de obstáculos; mas, em cada dificuldade, devemos ver um chamado para orar. "Eu farei o que vocês pedirem em Meu nome", disse Jesus, "para que o Pai seja glorificado no Filho. O que vocês pedirem em Meu nome, Eu farei" (v. 13, 14).

É em nome de Cristo que os Seus seguidores devem ficar diante de Deus. Por causa da justiça de Cristo a eles creditada, eles são considerados preciosos. O Senhor não vê neles a vileza do pecador, mas reconhece neles a semelhança de Seu Filho, em quem creem.

O Senhor fica decepcionado quando Seu povo se considera de pouco valor. Deus queria esse povo para Si, do contrário, não teria enviado Seu Filho em tão dispendiosa missão a fim de resgatá-lo. Ele fica muito satisfeito quando Lhe fazem os maiores pedidos, a fim de que Seu nome seja glorificado. Os Seus filhos podem esperar grandes coisas se tiverem fé em Suas promessas.

Orar em nome de Cristo significa que devemos aceitar Seu caráter, revelar Seu espírito e fazer Suas obras. O Salvador nos salva, não no pecado, mas do pecado. Os que O amam demonstram seu amor por meio da obediência.

Toda verdadeira obediência vem do coração. A de Cristo vinha do coração. Se consentirmos, Ele Se identificará de tal maneira com nossos pensamentos e ideais, moldará de tal maneira nosso coração e mente em conformidade com Sua vontade, que, quando Lhe obedecermos estaremos apenas executando nossos impulsos. O querer encontra seu maior deleite em fazer Seu serviço. Nossa vida será uma vida de contínua obediência. O pecado vai se tornar odioso para nós.

Assim como Cristo viveu a lei na humanidade, também nós podemos fazê-lo se nos apegarmos ao Forte em busca da força. Contudo, não podemos depender da humanidade para obter conselhos. O Senhor nos ensinará nosso dever com a mesma boa vontade com que ensinaria a qualquer outro. Se nos aproximarmos dEle com fé, nos contará de Seus mistérios pessoalmente. Nosso coração arderá com frequência dentro de nós quando Alguém Se aproximar para falar conosco, como fazia com Enoque. Os que decidirem não fazer algo que, sob qualquer circunstância, desagrade a Deus saberão que conduta seguir depois de apresentar seu caso perante Ele. Deus dará a eles poder para obedecer e servir, assim como Cristo prometeu.

O Espírito Santo Torna Eficaz a Obra de Cristo por Nós

Antes de Se oferecer como a vítima sacrifical, Cristo pensou em qual seria a dádiva mais importante para conceder aos Seus seguidores. "Eu pedirei ao Pai, e Ele lhes dará outro Conselheiro para estar com vocês para sempre, o Espírito da verdade. O mundo não pode recebê-Lo, porque não O vê nem O conhece. Mas vocês O conhecem, pois Ele vive com vocês e estará em vocês. Não os deixarei órfãos; voltarei para vocês" (Jo 14:16-18). Enquanto Cristo estava na Terra, os discípulos não desejaram outro ajudador. Somente quando se viram privados de Sua presença é que sentiram a necessidade do Espírito, e era nessa ocasião que Ele viria.

O Espírito Santo é o representante de Cristo, embora não tenha a personalidade da humanidade, nem seja dela dependente. Restringido por Sua humanidade, Cristo não podia estar em todos os lugares pessoalmente. Era, portanto, interesse deles que Ele fosse e enviasse o Espírito para ser o Seu sucessor na Terra. Assim, ninguém poderia ter nenhuma vantagem por causa de sua localização. Por meio do Espírito, o Salvador poderia alcançar a todos.

Jesus leu o futuro de Seus discípulos. Viu um deles sendo levado ao cadafalso, outro à cruz, outro ao exílio entre rochas solitárias do mar, outros sendo perseguidos e mortos. Em cada provação, o Salvador estaria com eles. Quando, por amor à verdade, crentes comparecem à barra de injustos tribunais, Cristo está ao lado deles. As censuras que caem sobre eles caem sobre Cristo. Quando um deles é trancado atrás dos muros de prisões, Cristo enche o coração dele com Seu amor.

Em todos os tempos e em todos os lugares, quando nos sentirmos desamparados e sós, Jesus enviará o Consolador em resposta à oração de fé. Circunstâncias podem nos separar de cada amigo terrestre, mas nenhuma circunstância pode nos separar do Consolador celestial. Ele está sempre ao nosso lado para nos amparar e animar.

Os discípulos ainda não tinham conseguido entender as palavras de Cristo. Por isso, Ele novamente explicou que, por meio do Espírito, Se revelaria para Eles. "O Conselheiro, o Espírito Santo, que o Pai enviará em Meu nome, lhes ensinará todas as coisas" (v. 26). Vocês não poderão mais dizer: "Eu não entendo".

Por meio de Seus discípulos, Cristo devia falar para todas as pessoas na face da Terra. Porém, os discípulos sofreriam uma grande decepção na morte de Cristo. Assim, para que após essa experiência Sua palavra fosse exata, Jesus prometeu que o Consolador "lhes [faria] lembrar tudo o que Eu lhes disse". "Mas quando o Espírito da verdade vier, Ele os guiará a toda a verdade. Não falará de Si mesmo; falará apenas o que ouvir, e lhes anunciará o que está por vir. Ele Me glorificará, porque receberá do que é Meu e o tornará conhecido a vocês" (Jo 16:13-15).

Os discípulos de Jesus tinham sido ensinados a aceitar os ensinamentos dos rabinos como a voz de Deus, e ainda mantinham em mente esse poder. Ideias terrenas ainda ocupavam um grande espaço em seus pensamentos. Eles não entendiam a natureza espiritual do reino de Cristo. Muitas das Suas lições pareciam quase esquecidas. Jesus prometeu que o Espírito Santo traria aquelas palavras de volta à mente deles.

O Consolador é chamado de "Espírito da verdade". Seu trabalho é definir e sustentar a verdade. Ele primeiro mora no coração como o Espírito da verdade e, dessa maneira, torna-Se o Consolador. Há conforto na verdade, mas nenhum real conforto na falsidade. É por meio de tradições falsas que Satanás ganha poder sobre a mente. Padrões falsos deformam o caráter. O Espírito Santo expõe esses erros e os expulsa do coração. Mediante o Espírito da verdade, atuando por meio da Palavra de Deus, Cristo submete a Si o Seu povo escolhido.

O Principal Propósito do Espírito Santo

Jesus tratou de inspirar Seus discípulos com a alegria e esperança que inspiravam Seu coração. Ele Se alegrava porque o Espírito Santo era o mais elevado dos dons que Ele poderia pedir ao Pai para o Seu povo. Deus daria o Espírito para nos regenerar. Sem isso, o sacrifício de Cristo não poderia ter cumprido seu propósito. O poder do mal tinha se fortalecido por séculos, e a submissão de homens e mulheres ao cativeiro satânico era algo que impressionava. O pecado podia ser resistido e vencido unicamente por meio do poderoso instrumento da Terceira Pessoa da Divindade, que viria com todo o poder divino. O Espírito torna eficaz o que foi realizado pelo Redentor do mundo. O Espírito purifica o coração. Cristo deu Seu Espírito para que pudéssemos vencer todas as tendências para o mal, herdadas ou cultivadas, e para imprimir Seu próprio caráter em Sua igreja. A própria imagem de Deus deve ser reproduzida na humanidade.

A honra de Deus e a honra de Cristo estão envolvidas na perfeição do caráter de Seu povo.

"Quando Ele [o Espírito da verdade] vier, convencerá o mundo do pecado, da justiça e do juízo" (Jo 16:8). A pregação da Palavra será inútil sem a presença do Espírito Santo. Somente quando a verdade chegar ao coração acompanhada do Espírito é que a consciência será despertada ou a vida será transformada. A menos que o Espírito Santo imprima a verdade no coração, nenhum pecador cairá sobre a Rocha e será quebrantado. Nenhuma vantagem, por maior que seja, pode fazer de alguém um condutor de luz.

Cristo prometeu o dom do Espírito Santo para Sua igreja, e a promessa pertence a nós tanto quanto aos primeiros discípulos. Assim como todas as demais promessas, essa também foi dada com condições. Muitos que afirmam se apegar à promessa do Senhor falam sobre Cristo e sobre o Espírito Santo, porém não recebem nenhum benefício. Eles não entregam sua vida para que seja guiada pelas forças divinas. Não podemos usar o Espírito Santo. É o Espírito que deve nos usar. Muitos querem dirigir a si mesmos. Deus dá o Espírito somente aos que, com humildade, depositam nEle a esperança. Essa bênção prometida, reclamada por fé, traz com ela todas as demais bênçãos. Cristo está pronto para suprir cada pessoa, de acordo com a capacidade de receber.

Antes de deixar o aposento superior, o Salvador dirigiu os discípulos em um hino de louvor. Ergueu Sua voz, não em tons de chorosa lamentação, mas nas alegres notas do cântico pascoal:

"Louvem o Senhor, todas as nações;
exaltem-nO, todos os povos!
Porque imenso é o Seu amor leal por
nós, e a fidelidade do Senhor dura
para sempre. Aleluia!" (Sl 117).

Depois de cantarem, saíram da cidade rumo ao Monte das Oliveiras. Caminhavam devagar, cada um ocupado com os próprios pensamentos. Ao começarem a descer na direção do monte, Jesus disse: "Ainda esta noite todos vocês Me abandonarão. Pois está escrito: 'Ferirei o pastor, e as ovelhas do rebanho serão dispersas'" (Mt 26:31). No aposento superior, Jesus tinha dito que um dos doze ia traí-Lo e que Pedro ia negá-Lo. No entanto, agora Suas palavras incluíam todos eles.

O Pecado Encoberto de Pedro

Pedro logo protestou: "Ainda que todos Te abandonem, eu não Te abandonarei!" Jesus o havia advertido de que ele negaria o Salvador naquela mesma noite, e repetiu a advertência:

"'Asseguro-lhe que ainda hoje, esta noite, antes que duas vezes cante o galo, três vezes você Me negará'. Mas Pedro insistia ainda mais: 'Mesmo que seja preciso que eu morra contigo, nunca Te negarei'. E todos os outros disseram o mesmo" (Mc 14:29-31).

Quando Pedro disse que seguiria o Senhor à prisão e à morte, havia sinceridade em suas palavras, mas ele não conhecia a si mesmo. Em seu coração, estavam escondidos elementos do mal que as circunstâncias da vida fariam emergir. A menos que se conscientizasse do perigo que corria, essas coisas resultariam em sua ruína eterna. O Salvador viu nele um amor-próprio mais forte até mesmo que seu amor a Cristo. Pedro precisava abandonar a confiança em si mesmo e passar a ter uma fé mais profunda em Cristo. No Mar da Galileia, quando ele estava para afundar, clamou: "Senhor, salva-me!" Se agora ele tivesse clamado: "Salva-me de mim mesmo", Jesus o teria mantido em segurança. Mas Pedro achou uma crueldade Jesus não ter, aparentemente, confiado nele, e persistiu ainda mais em sua confiança própria.

Jesus não podia salvar Seus discípulos da prova, porém não os deixaria sem consolo. Antes que O negassem, tiveram a certeza do perdão. Depois da Sua morte e ressurreição, eles sabiam que tinham sido perdoados e que eram amados de coração por Cristo.

Jesus e os discípulos estavam a caminho do Getsêmani, aos pés do Monte das Oliveiras. A lua brilhava revelando uma vinha em flor. Chamando a atenção dos discípulos para ela, Jesus disse: "Eu sou a videira verdadeira". A videira, com suas gavinhas agarradas, O representa. A palmeira, o cedro e o carvalho se mantêm de pé por si sós, sem necessidade de apoio. A videira se entrelaça na grade e, dessa maneira, sobe rumo ao céu. Assim Cristo, em Sua humanidade, teve que depender do poder divino. "Por Mim mesmo, nada posso fazer" (Jo 5:30).

"Eu sou a videira verdadeira, e Meu Pai é o agricultor" (Jo 15:1). Nas colinas da Palestina, nosso Pai celestial havia plantado essa boa Videira. Muitos foram atraídos pela beleza dessa Videira, declarando Sua origem celestial. Entretanto, os líderes de Israel pisotearam a planta com seus pés profanos. Depois de pensarem que a haviam matado, o Lavrador celestial a levantou e replantou no outro lado do muro. O tronco não devia ser mais visível, e ficou escondido dos assaltos violentos dos homens. Porém, os ramos da Videira pendiam por cima do muro, e ainda era possível unir enxertos à Videira.

"A ligação do ramo com a Videira", Jesus disse, "representa a ligação que os Seus seguidores devem manter com Ele". O ramo é enxertado na Videira viva e, fibra por fibra, veia por veia, ele vai crescendo no tronco. Assim, o cristão recebe vida por meio de sua ligação com Cristo. O pecador une Sua fraqueza à força de Cristo, seu vazio à plenitude de Cristo. Então, ele passa a ter a mente de Cristo. A humanidade de Cristo tocou nossa humanidade, e nossa humanidade tocou a divindade.

Devemos manter essa união de maneira a nunca quebrá-la. Cristo disse: "Permaneçam em Mim, e Eu permanecerei em vocês. Nenhum ramo pode dar fruto por si mesmo, se não permanecer na videira. Vocês também não podem dar fruto, se não permanecerem em Mim". Essa não é uma ligação casual, ora sim, ora não. O ramo se torna parte da Videira viva. "A vida que vocês receberam de Mim", disse Jesus, "só pode ser preservada pela contínua comunhão. Sem Mim, vocês não podem vencer o pecado ou resistir à tentação". Devemos nos apegar a Jesus e, pela fé, receber dEle a perfeição de Seu caráter.

A raiz envia seus nutrientes através do ramo até o galho mais distante. "Se alguém permanecer em Mim e Eu nele", disse Jesus, "esse dá muito fruto; pois sem Mim vocês não podem fazer coisa alguma" (Jo 15:5). Quando vivermos pela fé no Filho de Deus, os frutos do Espírito vão aparecer em nossa vida; não faltará um sequer.

"Meu Pai é o agricultor. Todo ramo que, estando em Mim, não dá fruto, Ele corta". Pode haver aparente ligação com Cristo sem que haja união verdadeira com Ele pela fé. Apenas declarar ser religioso nos coloca dentro da igreja, mas o caráter vai mostrar se estamos ligados a Cristo. Se não dermos frutos, somos ramos falsos. "Se alguém não permanecer em Mim", Cristo disse, "será como o ramo que é jogado fora e seca. Tais ramos são apanhados, lançados ao fogo e queimados" (v. 6).

"Todo que dá fruto Ele poda, para que dê mais fruto ainda" (v. 2). Dos doze que tinham seguido a Jesus, um deles – um ramo seco – estava para ser tirado. O restante deles passaria pelo podador da amarga provação. A poda causará dor, mas é o Pai que aplica o podador. Ele não atua com mão descuidada. A folhagem excessiva tem de ser podada para que a corrente vital possa chegar ao fruto. O excesso de crescimento deve ser cortado para dar passagem aos raios do Sol da Justiça. O Lavrador poda o crescimento danoso para que o fruto possa ser mais abundante.

"Meu Pai é glorificado", disse Jesus, "pelo fato de vocês darem muito fruto" (v. 8). Por meio de você, Deus deseja revelar a santidade, bondade e compaixão do Seu caráter. O Salvador não pede que os discípulos trabalhem para dar frutos. Ele diz para permanecerem nEle. Por meio da Palavra, Cristo habita em Seus seguidores. A vida de Cristo em você produz os mesmos frutos que Ele. Vivendo em Cristo, apegando-se a Cristo, apoiado por Cristo, extraindo nutrientes de Cristo, você produz frutos segundo a semelhança de Cristo.

A primeira instrução quando Ele estava só com Seus discípulos no aposento superior foi: "Um novo mandamento lhes dou: Amem-se uns aos outros. Como Eu os amei, vocês devem amar-se uns aos outros" (Jo 13:34). Esse mandamento era novo para os discípulos, pois eles não haviam amado uns aos outros como Cristo os tinha amado. Por meio da Sua vida e morte, eles receberiam uma nova compreensão do amor. O mandamento de amar um ao outro tinha um novo significado, à luz do Seu sacrifício.

Quando as pessoas se unem, não pela força ou pelo interesse próprio, mas por amor, elas mostram a atuação de uma influência mais que humana. É a prova de que Deus está restaurando Sua imagem na humanidade. Esse amor, visível na igreja, certamente provocará a ira de Satanás. "Se o mundo os odeia", disse Jesus, "tenham em mente que antes odiou a Mim. Se vocês pertencessem ao mundo, ele os amaria como se fossem dele. Todavia, vocês não são do mundo, mas Eu os escolhi, tirando-os do mundo; por isso o mundo os odeia. Lembrem-se das palavras que Eu lhes disse: nenhum escravo é maior do que o seu senhor. Se Me perseguiram, também perseguirão vocês. Se obedeceram à Minha palavra, também obedecerão à de vocês. Tratarão assim vocês por causa do Meu nome, pois não conhecem Aquele que Me enviou" (Jo 15:18-21). Vocês devem levar o evangelho avante em meio à oposição, ao perigo, à perda e ao sofrimento.

Como Redentor do mundo, Cristo foi constantemente confrontado por aparentes fracassos. Ele parecia fazer só uma pequena parte do trabalho que desejava fazer. Influências satânicas estavam trabalhando constantemente para opor-se ao Seu caminho. Mesmo assim, Ele não desanimava. Por meio de Isaías, Ele declara:

> "Tenho Me afadigado sem qualquer propósito; tenho gasto Minha força em vão e para nada. Contudo, o que Me é devido está na mão do Senhor, e a Minha recompensa está com o Meu Deus" (Is 49:4).

Jesus descansava em Sua palavra, e não deu lugar a Satanás. Quando a mais profunda tristeza apertou Seu coração, Ele disse a Seus discípulos: "O príncipe deste mundo está vindo. Ele não tem nenhum direito sobre Mim". "O príncipe deste mundo já está condenado". Agora ele será expulso (Jo 12:31).

Cristo sabia que, quando Ele exclamasse "Está consumado!", todo o Céu triunfaria. Seus ouvidos já podiam ouvir a música distante e os gritos de vitória nos lugares celestiais. Ele sabia que o nome de Cristo seria louvado em todos os mundos do Universo. Sabia que a verdade, de posse da arma do Espírito Santo, seria a vencedora na contenda com o mal. Sabia que a vida dos discípulos que confiassem nEle seria como a Sua – uma série de vitórias ininterruptas que, embora assim não parecesse ao olho humano, será reconhecida como tal no grande porvir.

Cristo não fracassou nem desanimou, e Seus seguidores devem exibir uma fé da mesma estirpe – resistente. Eles devem viver como Ele viveu e trabalhar como Ele trabalhou. Em vez de se queixarem de dificuldades, devem superá-las sem ceder ao desespero.

Cristo deseja que a ordem e a divina harmonia do Céu sejam representadas em Sua igreja e na Terra. Dessa maneira, por meio de Seu povo, Ele receberá abundantes retribuições de glória. Cheia da justiça de Cristo, a igreja é o Seu depósito no qual as riquezas da Sua graça e amor devem aparecer em toda a sua plenitude. Cristo vê Seu povo em sua pureza e perfeição como a recompensa da Sua humilhação e o suplemento da Sua glória.

Com palavras fortes e esperançosas, o Salvador concluiu Suas instruções. Ele havia terminado a obra que Deus Lhe tinha dado para fazer. Havia revelado o caráter do Pai e reunido os que deviam continuar Sua obra na Terra.

Como um consagrado Sumo Sacerdote, Cristo intercedeu por Seu povo: "Pai santo, protege-os em Teu nome, o nome que Me deste, para que sejam um, assim como somos um. [...] Minha oração não é apenas por eles. Rogo também por aqueles que crerão em Mim, por meio da mensagem deles, para que todos sejam um. [...] Que o mundo saiba que Tu Me enviaste, e os amaste como igualmente Me amaste" (Jo 17:11, 20, 23).

Cristo entregou Sua amada igreja nos braços do Pai. Quanto a Ele, a última batalha com Satanás estava à espera, e Ele saiu para enfrentá-la.

74

A Incrível Luta no Getsêmani*

O Salvador Se encaminhou para o jardim do Getsêmani com Seus discípulos. A luz pascoal brilhava no céu despido de nuvens. Ao Se aproximar do Getsêmani, Ele ficou estranhamente calado. Por toda a Sua vida, andara na luz da presença de Deus. Agora, no entanto, era contado entre os transgressores. Devia carregar a culpa da humanidade caída. O peso desse fardo era tão grande que Ele temeu ficar para sempre afastado do amor de Seu Pai. Ele exclamou: "A Minha alma está profundamente triste, numa tristeza mortal" (Mt 26:38).

Nunca antes os discípulos tinham visto seu Mestre tão triste e calado. Seu corpo oscilava como se estivesse para cair. Ao chegarem ao jardim, os discípulos procuraram ansiosamente pelo Seu habitual lugar de reclusão, para que ali Ele pudesse descansar. Por duas vezes Seus companheiros tiveram que sustentá-Lo, ou Ele teria caído.

Perto da entrada, Jesus deixou todos os discípulos, com exceção de três, pedindo que eles orassem por si mesmos e por Ele. Com Pedro, Tiago e João, entrou no jardim. Em Sua grande luta, Cristo os queria por perto. Várias vezes os três haviam passado a noite com Ele naquele retiro. Depois de um período de oração, eles dormiam imperturbáveis até que, de manhã, Jesus os acordava para saírem outra vez a trabalhar. Agora, o Salvador queria que passassem a noite com Ele em oração. No entanto, não podia suportar a ideia de que mesmo eles testemunhassem a agonia que estava por experimentar.

"Fiquem aqui", Jesus disse, "e vigiem comigo". Ele Se afastou um pouco – não tão longe que não pudessem vê-Lo e ouvi-Lo – e caiu prostrado

* Este capítulo é baseado em Mateus 26:36-56; Marcos 14:32-50; Lucas 22:39-53; João 18:1-12.

no chão. Sentiu que estava sendo separado do Pai pelo pecado. O abismo era tão largo, tão escuro e tão profundo que Seu espírito estremeceu diante dele. Ele não podia exercer Seu poder divino para escapar dessa agonia. Como homem, devia sofrer as consequências do pecado humano. Como homem, tinha que sofrer a ira de Deus contra a transgressão.

A Terrível Tentação

A relação que Cristo agora tinha com Deus era diferente daquela que sempre tivera antes. Como nosso substituto, Cristo estava sofrendo sob a justiça divina. Antes disso, Ele tinha sido um intercessor por outros; agora, desejava ter alguém que intercedesse por Ele.

Ao Cristo sentir que Sua unidade com o Pai estava sendo interrompida, Ele temeu que, em Sua natureza humana, não fosse capaz de suportar o conflito. O tentador havia chegado para a última e temível luta; se fracassasse ali, o reino do mundo finalmente se tornaria de Cristo, e ele seria derrotado. Se pudesse vencer a Cristo, a Terra se tornaria reino de Satanás, e a raça humana estaria para sempre em seu poder.

Satanás disse a Cristo que, se Ele viesse a Se tornar o Substituto para um mundo pecaminoso, ficaria identificado com o reino de Satanás e nunca mais seria um com Deus. Então o que teria a ganhar com esse sacrifício? Satanás fez pressão sobre o Redentor apresentando a situação em seu pior aspecto: As pessoas que alegam estar acima de todos os outros em vantagens espirituais estão procurando Te destruir. Um dos Teus próprios discípulos vai Te trair. Um dos Teus mais zelosos seguidores vai Te negar. Todos Te abandonarão. O coração de Cristo foi transpassado pelo pensamento de que aqueles a quem Ele tanto amava se uniriam a Satanás em suas tramas. O conflito era terrível. Os pecados da humanidade pesavam sobre Cristo, e a sensação da ira de Deus contra o pecado estava esmagando Sua vida.

Em Sua agonia, Ele Se agarra ao solo frio como se assim pudesse evitar que Se separasse ainda mais de Deus. De Seus lábios empalidecidos vem o amargurado clamor: "Meu Pai, se for possível, afasta de Mim este cálice". Mesmo naquelas circunstâncias, acrescentou: "Contudo, não seja como Eu quero, mas sim como Tu queres" (Mt 26:39).

Jesus Almejou a Simpatia Humana

O coração humano almeja a simpatia no sofrimento. Cristo sentiu esse anseio no profundo do Seu ser. Ansioso por ouvir palavras de conforto, Ele foi para perto de Seus discípulos. Desejava muito ver que estavam orando por Ele e por si mesmos. Como parecia sombria a malignidade do pecado! Era terrível a tentação de deixar que a raça humana levasse sua culpa, enquanto Ele comparecia, inocente, diante de Deus. Se apenas visse que os Seus discípulos compreendiam e apreciavam isso, Ele Se sentiria fortalecido.

Entretanto, Ele "os encontrou dormindo". Se os tivesse encontrado buscando refúgio em Deus para que as forças satânicas não fossem vitoriosas sobre eles, Cristo teria sido consolado. Eles não atentaram para a Sua advertência: "Vigiem e orem". Não era intenção deles abandonar seu Senhor, mas pareciam paralisados por um estupor que poderia ter sido afastado caso tivessem continuado suas súplicas a Deus. Quando o Salvador mais precisava de suas orações, eles estavam dormindo.

Os discípulos acordaram ao Jesus falar com eles, mas quase não O reconheceram, pois Seu rosto estava transformado pela angústia. Dirigindo-Se a Pedro, Jesus disse: "Vocês não puderam vigiar comigo nem por uma hora? [...] Vigiem e orem para que não caiam em tentação. O espírito está pronto, mas a carne é fraca" (v. 40, 41). Jesus temia que eles não fossem capazes de resistir à prova da Sua traição e morte.

O Filho de Deus enfrentou outra vez uma agonia sobre-humana. Exausto, cambaleou de volta ao lugar da Sua luta anterior. Seu sofrimento era ainda maior que antes. "O Seu suor era como gotas de sangue que caíam no chão" (Lc 22:44). O cipreste e as palmeiras eram testemunhas silentes da Sua angústia. De seus frondosos galhos, gotas pesadas de orvalho caíam sobre o corpo prostrado de Jesus, como se a natureza chorasse sobre o seu Criador que, sozinho, lutava contra os poderes das trevas.

Pouco tempo antes, Jesus tinha estado de pé como um inabalável cedro, resistindo à tormenta adversária que desencadeava sua fúria sobre Ele. Agora, Ele Se assemelhava a uma vara castigada e dobrada pela furiosa tempestade. Como Alguém já glorificado, havia afirmado ser um com Deus. Agora, Sua voz se fez ouvir no silêncio da noite – uma voz cheia de angústia humana: "Meu Pai, se não for possível afastar de Mim este cálice sem que Eu o beba, faça-se a Tua vontade" (Mt 26:42).

Jesus sentiu novamente o desejo de ouvir de Seus discípulos algumas palavras que pudessem afastar a escuridão que quase O vencia. Os olhos deles estavam pesados, e "não sabiam o que Lhe dizer" (Mc 14:40). Eles viram Seu rosto manchado com o sangrento suor da agonia, mas não puderam entender a angústia da Sua alma. "Sua aparência estava tão desfigurada, que Ele Se tornou irreconhecível como homem" (Is 52:14).

Quando o Destino do Mundo Oscilou na Balança

Jesus Se afastou e voltou para o Seu lugar de retiro, onde caiu prostrado. A humanidade do Filho de Deus tremeu naquela hora de prova. O terrível momento de decidir o destino da humanidade havia chegado. O destino da humanidade oscilava na balança. Cristo poderia ter Se recusado a beber da taça destinada à humanidade culpada. Poderia ter enxugado o sangrento suor de Sua testa e nos deixado a perecer em nossa iniquidade. Poderia ter dito: "Que o transgressor receba a pena pelo seu pecado; Eu volto para o Meu Pai. Terá o inocente que sofrer as consequências da maldição do pecado, a fim de salvar o culpado?" Mas as palavras que saem dos lábios de Jesus são: "Meu Pai, se não for possível afastar de Mim este cálice sem que Eu o beba, faça-se a Tua vontade" (Mt 26:42).

Por três vezes, Ele recuou do derradeiro e supremo sacrifício. Agora vê que a raça humana está desamparada. Vê o poder do pecado. Levantam-se diante dEle os ais de um mundo condenado. Ele vê seu iminente destino e toma a decisão: Salvará a humanidade, custe o que custar de Sua parte. Jesus tinha deixado as cortes celestiais para salvar um mundo que havia caído pela transgressão, e não Se desviaria de Sua missão.

Havendo tomado Sua decisão, caiu agonizante no chão. Onde estavam nessa hora os Seus discípulos para que amparassem com as mãos a cabeça do desfalecido Mestre? O Salvador pisou, sozinho, o lagar. Não havia ninguém do povo com Ele (ver Is 63:3).

Deus sofreu com Seu Filho. Anjos testemunharam a agonia do Salvador. Houve silêncio no Céu. Nenhuma harpa foi tocada. Em silente dor, a hoste angelical observava o Pai afastando Seus raios de luz, amor e glória de Seu amado Filho.

Satanás e seus aliados na obra do mal olhavam com atenção. Qual seria a resposta à oração de Cristo, repetida três vezes? Nessa tremenda crise, quando a misteriosa taça tremia na mão do Sofredor, o poderoso anjo que fica na presença de Deus, ocupando a posição da qual Satanás caíra, veio estar ao lado de Cristo. O anjo não veio para tirar a taça da mão de Cristo, mas para fortalecê-Lo com a certeza do amor do Pai. Ele Lhe garantiu que Sua morte resultaria na completa derrota de Satanás e que o reino deste mundo seria dado aos santos do Altíssimo. Disse-Lhe que Ele veria uma multidão de salvos, pessoas eternamente salvas.

Como a Oração de Cristo Foi Respondida

A agonia de Cristo não cessou, mas a depressão e o desânimo O deixaram.

A tormenta não tinha diminuído, mas Ele foi fortalecido para enfrentar sua fúria. Uma paz celestial se delineava em Seu rosto manchado de sangue. Havia suportado o que nenhum ser humano jamais poderia suportar, pois tinha provado os sofrimentos de morte por todos os seres humanos.

Os adormecidos discípulos de repente acordaram e viram o anjo. Eles ouviram sua voz falando palavras de conforto e esperança ao Salvador. Agora, já não temiam pelo Salvador; Ele estava sob os cuidados de Deus. Novamente, os discípulos cederam ao estranho estupor que os dominava. Outra vez, Jesus os encontrou dormindo.

Olhando com tristeza para eles, Jesus disse: "Vocês ainda dormem e descansam? Chegou a hora! Eis que o Filho do homem está sendo entregue nas mãos de pecadores". Enquanto falava, ouviu os passos da turba à Sua procura e disse: "Levantem-se e vamos! Aí vem aquele que Me trai!" (Mt 26:45, 46).

Nenhum traço de Sua recente agonia era visível quando Jesus Se adiantou para encontrar Seu traidor. "A quem vocês estão procurando?"

Eles responderam: "A Jesus de Nazaré".

Jesus respondeu: "Sou Eu" (Jo 18:4, 5). Ao pronunciar essas palavras, o anjo que viera ajudar Jesus se colocou entre Ele e a turba. Uma luz divina iluminou o rosto do Salvador. Na presença dessa glória divina, a multidão assassina recuou, cambaleante. Até Judas caiu no chão.

O anjo se retirou e a luz se dissipou. Jesus teve a oportunidade de escapar, mas permaneceu no meio do bando endurecido, agora prostrado e impotente a Seus pés.

Rapidamente, a cena mudou. Os soldados romanos, os sacerdotes e Judas se reuniram em torno de Cristo, temendo que Ele escapasse. Eles já tinham evidências de que Aquele que estava diante deles era o Filho de Deus, porém não se convenciam disso. À pergunta: "A quem vocês procuram?", eles responderam novamente: "A Jesus de Nazaré". Então o Salvador disse: "Já lhes disse que sou Eu. Se vocês estão Me procurando, deixem ir embora estes homens" (v. 7, 8), e apontou para os discípulos. Ele estava pronto para Se sacrificar por eles.

Judas, o traidor, não se esqueceu do papel que devia desempenhar. Ele dera um sinal aos perseguidores de Jesus, dizendo: "Aquele a quem eu saudar com um beijo, é Ele; prendam-nO" (Mt 2:48). Então, ao chegar perto de Jesus, tomou Sua mão como se fosse um amigo familiar. Com as palavras: "Salve, Mestre!", ele O beijou várias vezes, parecendo chorar como se simpatizasse com Jesus naquela situação de perigo.

Jesus disse: "Amigo, o que o traz?" E com a voz trêmula de dor, acrescentou: "Judas, com um beijo você está traindo o Filho do homem?" (Lc 22:48). Esse apelo deveria ter despertado a consciência do traidor, mas a honra e a ternura humana já o haviam abandonado. Ele havia se entregado a Satanás e já não tinha poder para resistir a ele. Jesus não recusou o beijo do traidor.

A multidão se apoderou de Jesus e passaram a amarrar aquelas mãos que sempre tinham sido empregadas para fazer o bem.

Os discípulos ficaram decepcionados e indignados ao verem as cordas trazidas para amarrar as mãos dAquele a quem amavam. Enfurecido, Pedro puxou a espada e cortou uma das orelhas do servo do sumo sacerdote. Ao ver o que acontecera, Jesus soltou Suas mãos – embora estivessem firmemente presas pelos soldados romanos – e dizendo: "Basta!", tocou a orelha ferida, que foi instantaneamente curada.

Jesus disse a Pedro: "Guarde a espada! Pois todos os que empunham a espada, pela espada morrerão. Você acha que Eu não posso pedir a Meu Pai, e Ele não colocaria imediatamente à Minha disposição mais de doze legiões de anjos?" (Mt 26:52, 53) – uma legião no lugar de cada discípulo. Os discípulos pensaram: "Oh, por que não salva a Si mesmo e também a nós?" Respondendo a esse pensamento não expresso, Jesus acrescentou: "Como então se cumpririam as Escrituras que dizem que as coisas deveriam acontecer desta forma?" (v. 54). "Acaso não haverei de beber o cálice que o Pai Me deu?"

Os astutos sacerdotes e anciãos haviam se juntado à polícia do templo e à plebe, para seguirem Judas até o Getsêmani. Que companhia para aqueles dignitários se unirem – um bando armado com todo tipo de instrumentos, como se estivesse à caça de um animal selvagem!

Virando-Se para os sacerdotes e anciãos, Cristo pronunciou palavras que eles nunca esqueceriam: "Estou Eu chefiando alguma rebelião, para que vocês tenham vindo com espadas e varas? Todos os dias Eu estava com vocês no templo e vocês não levantaram a mão contra Mim. Mas esta é a hora de vocês – quando as trevas reinam" (Lc 22:52, 53).

Os discípulos ficaram aterrorizados ao ver Jesus Se deixar prender e amarrar. Ficaram ofendidos por Ele ter permitido essa humilhação para Si e para eles. Não podiam entender Sua conduta, e O culparam por ter Se submetido a tudo aquilo. Em sua indignação e temor, Pedro propôs que salvassem a si mesmos. Seguindo sua sugestão, "todos os discípulos O abandonaram e fugiram".

75

O Julgamento Ilegal de Jesus*

Apressadamente, eles levaram Jesus pelas silenciosas ruas da cidade adormecida. Já passava da meia-noite. Amarrado e vigiado de perto, o Salvador caminhou dolorosamente até o palácio de Anás, o ex-sumo sacerdote. Anás era o líder da família de sacerdotes em exercício e, numa deferência à sua idade, o povo o reconhecia como sumo sacerdote. Os líderes consideravam seu conselho como a voz de Deus. Era preciso que ele estivesse presente ao interrogatório do prisioneiro, por medo de que Caifás, menos experiente, não conseguisse obter o resultado pelo qual estiveram trabalhando. Eles precisavam da astúcia e sutileza de Anás para conseguir a condenação de Cristo.

Jesus devia ser julgado formalmente diante do Sinédrio; antes, porém, devia passar por um julgamento preliminar diante de Anás. Pelo regulamento romano, o Sinédrio podia apenas interrogar um prisioneiro e proferir a sentença, a qual devia ser confirmada pelas autoridades romanas. Era, portanto, necessário apresentar acusações contra Cristo que tanto os romanos quanto os judeus considerassem criminosas. Não eram poucos os sacerdotes e líderes religiosos que se convenceram dos ensinamentos de Cristo. José de Arimateia e Nicodemos não foram convocados para esse julgamento, mas havia outros que talvez ousassem falar em favor da justiça. O julgamento devia unir o Sinédrio contra Cristo. Os sacerdotes queriam estabelecer duas acusações. Se pudessem provar que Jesus era um blasfemador, os judeus O condenariam. Se pudessem culpá-Lo de haver enfraquecido os regulamentos de Roma, Sua condenação estaria garantida pelos romanos.

Foi a segunda acusação que Anás tentou estabelecer primeiro. Ele

* Este capítulo é baseado em Mateus 26:57-75; 27:1; Marcos 14:53-72; 15:1; Lucas 22:54-71; João 18:13-27.

interrogou Jesus esperando que o prisioneiro dissesse algo que fosse prova de que Ele estava procurando criar uma sociedade secreta com o propósito de estabelecer um novo reino. Com isso, os sacerdotes poderiam entregá-Lo aos romanos como um causador de revolta.

Como se lesse o profundo da alma do Seu interrogador, Cristo negou que reunisse Seus seguidores secretamente na calada da noite a fim de ocultar Seus planos. "Eu falei abertamente ao mundo", Ele respondeu. "Sempre ensinei nas sinagogas e no templo, onde todos os judeus se reúnem. Nada disse em segredo" (Jo 18:20).

O Salvador contrastava Sua maneira de agir com os métodos de Seus acusadores. Eles O haviam perseguido com a finalidade de levá-Lo diante de um tribunal secreto, onde o perjúrio poderia ser utilizado para obter o que era impossível conseguir por meios justos. A prisão à meia-noite por uma turba, a zombaria e o abuso antes que fosse sequer acusado – essa era a maneira de agir deles, não a Sua. Seus próprios líderes religiosos declaravam que todos deviam ser tratados como inocentes até prova em contrário.

Voltando-Se para o Seu interrogador, Jesus disse: "Por que Me interrogas?" Acaso espiões não haviam estado presentes em cada reunião com as pessoas e levado informação para os sacerdotes acerca de tudo o que Ele falava e fazia? "Pergunta aos que Me ouviram. Certamente eles sabem o que Eu disse?" (v. 21).

Anás ficou sem resposta. Um dos seus oficiais, cheio de rancor, bateu no rosto de Jesus dizendo: "Isso é jeito de responder ao sumo sacerdote?" (v. 22). Calmamente, Cristo respondeu: "Se Eu disse algo de mal, denuncie o mal. Mas se falei a verdade, por que Me bateu?" (v. 23). Sua tranquila resposta veio de um coração sem pecado, paciente e gentil, que não seria provocado.

Era das mãos dos seres em favor dos quais estava fazendo um infinito sacrifício que Jesus recebia cada indignidade. Ele sofreu na proporção de Sua santidade e ódio pelo pecado. Ser julgado por homens que agiam como demônios sob o controle de Satanás era revoltante. Ele sabia que, se exibisse Seu poder divino, poderia lançar ao chão Seus cruéis atormentadores. Isso fazia com o que o julgamento fosse ainda mais difícil de suportar.

Os judeus esperavam por um Messias a fim de mudar a corrente de pensamento do povo por meio de uma exibição de vontade dominadora e de força, obrigando que todos reconhecessem Sua supremacia. Por isso, ao ser tratado com desprezo, Cristo sentiu forte tentação de mostrar Seu caráter divino, fazendo com que Seus perseguidores confessassem que Ele era o Senhor acima de reis e governadores, de sacerdotes e do templo. Foi difícil manter a posição que Ele escolhera de um com a humanidade.

Anjos Teriam Alegremente Livrado Cristo

Os anjos do Céu desejaram muito livrar a Cristo. Assistindo à vergonhosa cena, viram que seria muito fácil para eles consumir os adversários de Deus. Entretanto, o Senhor ordenou que não o fizessem. Fazia parte da missão de Jesus suportar, em Sua humanidade, todo o abuso que os seres humanos pudessem acumular sobre Ele.

Cristo não dissera nada que pudesse dar vantagem a Seus acusadores, mas estava amarrado, em uma demonstração de que estava condenado. Era necessário, no entanto, que houvesse um julgamento legal, e isso as autoridades estavam dispostas a cumprir rapidamente. Elas conheciam a grande consideração que o povo tinha por Jesus e temiam por uma tentativa de resgate. Se a execução não ocorresse imediatamente, haveria uma demora de uma semana por causa da Páscoa. Isso poderia arruinar seus planos. Durante essa semana de atraso era provável que se produzisse uma reação. A maior parte do povo daria um testemunho que O justificaria, trazendo à luz as poderosas obras que Ele havia feito. Os procedimentos do Sinédrio seriam condenados e Jesus seria libertado. Por isso, os sacerdotes e líderes religiosos decidiram que, antes que suas intenções pudessem ser conhecidas, Jesus devia ser entregue nas mãos dos romanos.

Antes de mais nada, porém, eles precisavam encontrar uma acusação. Até então, não haviam obtido nada. Anás ordenou que Jesus fosse levado a Caifás. Embora carecesse de força de caráter, Caifás era tão impiedoso e inescrupuloso quanto Anás. Era madrugada e estava escuro. Com tochas e lanternas, o bando armado se dirigiu ao palácio do sumo sacerdote levando seu prisioneiro. Enquanto o Sinédrio se reunia, Anás e Caifás mais uma vez interrogaram a Jesus, mas sem êxito.

No tribunal, Caifás tomou seu lugar como presidente. De ambos os lados, estavam os juízes e os que tinham interesse especial no julgamento. Soldados romanos ocupavam a plataforma abaixo do trono. Aos pés do trono estava Jesus. Era intensa a agitação. De toda a multidão, somente Ele estava calmo e sereno.

Caifás considerava Jesus um rival. O povo estava sempre ansioso para ouvir o Salvador, e isso provocava forte ciúme no sumo sacerdote. Agora, ao Caifás olhar para o prisioneiro, ficou tomado de admiração por Seu porte nobre e digno. Sentiu a convicção de que aquele homem era igual a Deus. Logo afastou o pensamento e, com um tom arrogante na voz, ordenou que Jesus realizasse um de Seus milagres. O Salvador, porém, agiu como se não tivesse escutado aquelas palavras. Surgiu a pergunta no meio da multidão endurecida: Será que esse homem de aspecto divino deve ser condenado como criminoso?

Os inimigos de Jesus ficaram perplexos. Eles não sabiam como conseguir Sua condenação. Caifás queria evitar o surgimento de um conflito. Havia muitas testemunhas para provar que Cristo tinha chamado os sacerdotes e escribas de hipócritas e assassinos, mas não seria conveniente trazer isso à tona. Tal testemunho não teria nenhum peso para os romanos. Havia provas abundantes de que Jesus tinha falado de maneira irreverente acerca de muitos dos regulamentos dos judeus. Essa evidência tampouco teria importância para os romanos. Os inimigos de Cristo não ousavam acusá-Lo de transgredir o sábado, uma vez que um exame traria à luz Seus milagres de cura.

Os líderes tinham subornado testemunhas falsas para acusar Jesus de tentar estabelecer um governo separado. Contudo, o testemunho delas acabou sendo vago e contraditório. Ao serem interrogados, falsificaram as próprias declarações.

No começo de Seu ministério, Cristo disse: "Destruam este templo, e Eu o levantarei em três dias". Com isso Ele estava prevendo Sua própria morte e ressurreição. "O templo do qual ele falava era o Seu corpo" (Jo. 2:19, 21). De tudo o que Jesus tinha dito, os sacerdotes não puderam achar nada para usar contra Ele, exceto isso. Os romanos tinham se envolvido na reconstrução e embelezamento do templo e tinham muito orgulho dele. Se alguém desdenhasse do templo, eles se sentiam ofendidos. Ali, romanos e judeus tinham algo em comum, pois todos consideravam o templo com grande respeito.

Uma testemunha que tinha sido subornada para acusar Jesus declarou: "Este homem disse: 'Sou capaz de destruir o santuário de Deus e reconstruí-lo em três dias'". Se a testemunha tivesse relatado as palavras de Cristo exatamente como Ele as pronunciou, elas não teriam servido para condená-Lo nem sequer pelo Sinédrio. Sua declaração teria indicado um espírito não razoável e esnobe, mas não blasfêmia. Mesmo quando a falsa testemunha falsificou as palavras de Cristo, elas não continham nada que os romanos considerassem como crime passível de morte.

Ao final, os acusadores de Jesus estavam emaranhados, confusos e zangados. Parecia que suas tramas iam fracassar. Caifás estava desesperado. Ele tinha somente um último recurso – forçar Cristo a condenar a Si mesmo. O sumo sacerdote se levantou do seu lugar no tribunal, com o rosto contorcido pela paixão. "Você não vai responder à acusação que estes Lhe fazem?" Jesus continuou em silêncio.

"Ele foi oprimido e afligido, contudo não abriu a Sua boca; como um cordeiro foi levado para o matadouro, e como uma ovelha que diante de seus tosquiadores fica calada, Ele não abriu a Sua boca" (Is 53:7).

Finalmente, Caifás se dirigiu a Jesus na forma de um juramento solene: "Exijo que Você jure pelo Deus vivo: se Você é o Cristo, o Filho de Deus, diga-nos" (Mt 26:63).

Cristo não podia ficar em silêncio diante desse apelo. Ele sabia que responder agora era tornar certa a Sua morte. No entanto, o apelo veio da mais alta autoridade reconhecida da nação e em nome do Altíssimo. Ele devia apresentar claramente o Seu caráter e a Sua missão. Jesus tinha dito aos Seus discípulos: "Quem, pois, Me confessar diante dos homens, Eu também o confessarei diante do Meu Pai que está nos Céus" (Mt 10:32). Agora, Ele repetia a lição com Seu exemplo.

Cada olhar estava focalizado no rosto de Jesus ao Ele responder: "Tu mesmo o disseste". Uma luz celestial parecia iluminar Seu semblante pálido ao Ele acrescentar: "Mas Eu digo a todos vós: chegará o dia em que vereis o Filho do homem assentado à direita do Poderoso e vindo sobre as nuvens do céu" (Mt 26:64). Por um instante o sumo sacerdote estremeceu diante do olhar penetrante do Salvador. Dali em diante, ele nunca mais poderia esquecer aquele olhar perscrutador do perseguido Filho de Deus.

Caifás Quase Convencido

O pensamento de que todos teriam que comparecer diante do tribunal de Deus aterrava Caifás. As cenas do juízo final percorriam sua mente. Por um momento, ele viu as sepulturas devolvendo seus mortos com os segredos que esperava estivessem ocultos para sempre. Sentiu como se o Juiz eterno estivesse lendo seu coração, trazendo à vista mistérios que supunha ocultos com os mortos.

Caifás havia negado a doutrina da ressurreição, do juízo e de uma vida futura. Então uma fúria satânica o enlouqueceu. Rasgando suas vestes, exigiu que o conselho condenasse o prisioneiro por blasfêmia. "Por que precisamos de mais testemunhas?" Ele disse. "Vocês acabaram de ouvir a blasfêmia. Que acham?" (v. 65, 66). E todos eles O condenaram.

Caifás ficou furioso consigo mesmo por crer nas palavras de Cristo e, em vez de quebrantar seu coração e confessar que Jesus era o Messias, rasgou suas vestes sacerdotais em decidida resistência. Esse ato tinha profundo significado. Ele fez aquilo para garantir a condenação de Cristo; mas, ao fazê-lo, o sumo sacerdote condenou a si mesmo. Pela lei de Deus, ele estava desqualificado para o sacerdócio. Caifás havia pronunciado sobre si mesmo a sentença de morte.

O sumo sacerdote não podia rasgar suas vestes. Pela lei levítica, sob nenhuma circunstância o sacerdote poderia rasgar sua roupa. Cristo havia dado ordens expressas a Moisés a esse respeito (ver Lv 10:6). O homem finito poderia rasgar o próprio coração mostrando um espírito contrito e humilde. Entretanto, ninguém podia rasgar as vestes sacerdotais, pois isso mancharia a representação das coisas celestiais. O sumo sacerdote que ousasse se apresentar no serviço sagrado do santuário com a veste rasgada era considerado como se estivesse separado de Deus. A ação de Caifás mostrou paixão humana e humana imperfeição.

Rasgando suas vestes, Caifás anulava a lei de Deus para seguir as tradições humanas. Uma lei feita por homens determinava que, em caso de blasfêmia, um sacerdote podia rasgar suas vestes por horror ao pecado e ficar sem culpa. Nesse ato, porém, o próprio Caifás estava cometendo blasfêmia.

Ao Caifás rasgar suas vestes, seu ato significou o lugar que, a partir de então, a nação judaica ocuparia para com Deus. O povo judeu havia rejeitado Aquele que era o cumprimento de todos os símbolos, a substância de todas as suas sombras. Israel tinha se divorciado de Deus. Bem que o sumo sacerdote poderia ter rasgado suas vestes em horror por si mesmo e pela nação.

A Injustiça do Julgamento de Cristo

O Sinédrio tinha pronunciado que Jesus merecia a morte, mas era contrário à lei judaica julgar um prisioneiro à noite. Em uma condenação legal, nada podia ser feito a não ser à luz do dia e em sessão plena do conselho. Apesar disso, o Salvador foi tratado como um criminoso condenado e entregue para ser ultrajado pelo que havia de mais abjeto na espécie humana. Cercado por pessoas que zombavam de Sua afirmação de ser o Filho de Deus, Jesus foi levado por todo o pátio palaciano, até a sala da guarda. Suas palavras "Vindo sobre as nuvens do céu" eram repetidas com escárnio pelos que O rodeavam. Enquanto estava na sala da guarda à espera do julgamento legal, Jesus não tinha nenhuma proteção, e a ralé ignorante aproveitou a oportunidade para revelar todos os elementos satânicos da sua natureza. O porte divino de Cristo os enchia de uma raiva insana. A misericórdia e a justiça foram pisoteadas. Nunca um criminoso tinha sido tratado de forma tão desumana como o foi o Filho de Deus.

Entretanto, nenhuma mão inimiga podia ter desferido o golpe que a Jesus causou a dor mais profunda: enquanto era examinado diante de Caifás, Ele tinha sido negado por um de Seus discípulos.

Pedro e João tinham se atrevido a seguir – de longe – a turba que havia levado Jesus preso. Os sacerdotes reconheceram João e deixaram que ele entrasse na corte, esperando que, testemunhando a humilhação de seu Líder, ele rejeitasse a ideia de que alguém assim pudesse ser o Filho de Deus. João falou em favor de Pedro, conseguindo que ele também entrasse.

Uma fogueira havia sido acesa no pátio, pois já era madrugada e fazia frio. As pessoas se juntaram em volta do fogo, e Pedro presunçosamente se uniu a elas. Ao se misturar à multidão, ele esperava ser considerado um dos que haviam levado Jesus para o salão de julgamento.

Pedro Fracassa

A mulher que cuidava da porta olhou atentamente para Pedro. Notando sua feição abatida, achou que podia ser um dos discípulos de Jesus. Curiosa, perguntou: "Você não é um dos discípulos desse homem?" Pedro ficou assustado e confuso e fingiu não entender. Mas ela insistiu. Pedro sentiu-se forçado a responder e, com raiva, disse: "Mulher, não O conheço" (Lc 22:57). Essa foi a primeira negação; e, imediatamente, o galo cantou. Ao fingir não ter qualquer envolvimento com Jesus, Pedro se tornou uma presa fácil para a tentação.

Alguém mais chamou a atenção para ele, afirmando que era seguidor de Jesus. Com juramento, Pedro declarou: "Não conheço esse homem!" Outra hora se passou, e um parente próximo do homem cuja orelha Pedro tinha decepado lhe perguntou: "Eu não o vi com Ele no olival?" "Certamente você é um deles. Você é galileu!" Diante disso, Pedro perdeu a compostura. A fim de enganar de uma vez por todas os que o interrogavam e justificar sua pretensa identidade, Pedro outra vez negou seu Mestre, agora com maldições e juramentos. Outra vez o galo cantou. Pedro o ouviu e se lembrou das palavras de Jesus: "Antes que duas vezes cante o galo, três vezes você Me negará" (Mc 14:30).

Enquanto os degradantes juramentos ainda estavam frescos nos lábios de Pedro e o estridente canto do galo ainda soava em seus ouvidos, o Salvador voltou-Se e olhou diretamente para Seu pobre discípulo. Ao mesmo tempo, os olhos de Pedro foram atraídos para o Mestre. Naquela expressão tão gentil, ele viu profunda piedade e tristeza, mas não viu rancor.

A visão daquele rosto em sofrimento, daqueles lábios trêmulos, atravessou seu coração como uma flecha. Pedro se lembrou da promessa que fizera poucas horas antes, quando o Salvador disse que ele O negaria três vezes naquela mesma noite. Pedro compreendeu então o quanto tinha sido precisa a leitura que seu Senhor fizera da falsidade de seu coração, coisa que nem ele mesmo sabia.

Uma onda de lembranças veio sobre ele. A longanimidade do Salvador, Sua paciência, de tudo isso ele se lembrou. Horrorizado, refletiu sobre a própria falsidade, seu juramento falso. Outra vez, ele presenciou a mão perversa atingir seu Mestre no rosto. Incapaz de suportar a cena por mais tempo, saiu do salão às pressas, de coração quebrantado.

Sozinho, caminhou rapidamente no meio da escuridão sem saber – e sem se importar – para onde ia. Encontrou-se, enfim, no Getsêmani. Com amargo remorso, lembrou-se de que Jesus havia agonizado sozinho em oração. Lembrou-se da Sua solene instrução: "Vigiem e orem para que não caiam em tentação" (Mt 26:41). Para o seu coração a sangrar, foi uma tortura saber que ele havia acrescentado o mais pesado dos fardos à humilhação e dor do Salvador. Pedro prostrou-se e desejou morrer.

Se tivesse passado aquelas horas no jardim em vigília e oração, Pedro não teria ficado à mercê de sua debilitada força. Não haveria negado o seu Senhor. Se os discípulos tivessem vigiado com Cristo em Sua agonia, estariam preparados para testemunhar Seu sofrimento na cruz. Em meio às sombras da hora de maior provação, a esperança teria iluminado a escuridão e sustentado sua fé.

Esforços Decididos para Condenar Jesus

Logo que amanheceu, o Sinédrio se reuniu outra vez, e Jesus novamente foi levado para a sala do conselho. Ele havia declarado ser o Filho de Deus, mas o conselho não podia condená-Lo por isso, pois muitos não haviam estado na sessão da noite e, portanto, não ouviram Suas palavras. Eles sabiam que o oficial romano não encontraria nada que fosse digno de morte nessas palavras. Se todos pudessem ouvir dos Seus lábios Sua afirmação de que era o Messias, ela podia ser torcida, transformando-se em uma afirmação política traiçoeira.

"Se Você é o Cristo o Filho de Deus, diga-nos", eles disseram. No entanto, Cristo ficou em silêncio. Eles continuaram a pressioná-Lo com perguntas. Finalmente, Ele respondeu: "Se Eu vos disser, não crereis em Mim e, se Eu vos perguntar, não Me respondereis". Porém, acrescentou a solene advertência: "Mas de agora em diante o Filho do homem estará assentado à direita do Deus Todo-poderoso".

"Então, Você é o Filho de Deus?", eles perguntaram. Jesus disse a eles: "Vós estais dizendo que Eu sou". Aos gritos, eles disseram: "Por que precisamos de mais testemunhas? Acabamos de ouvir dos próprios lábios dEle" (Lc 22:67-71).

Jesus devia morrer. Tudo o que era necessário agora era que os romanos confirmassem a condenação.

Veio, então, a terceira cena de abuso, ainda pior do que aquelas já infligidas pela plebe ignorante. Ocorreu na presença dos sacerdotes e líderes religiosos, com a aprovação deles. Quando os juízes proferiram a condenação de Jesus, uma fúria satânica tomou posse do povo. A multidão correu para Jesus. Não fosse pelos soldados romanos, Ele não teria vivido para ser pregado na cruz do Calvário. Teria sido despedaçado. As autoridades romanas intervieram e impediram a violência da multidão pela força das armas.

Homens pagãos ficaram irados pelo tratamento brutal aplicado Àquele contra quem nada tinha sido provado. Os oficiais romanos declararam que era contra a lei judaica condenar um homem à morte com base no testemunho dele mesmo. Isso trouxe uma trégua temporária nos procedimentos; mas os líderes judeus estavam mortos tanto para a piedade como para a vergonha.

Os sacerdotes e líderes religiosos esqueceram a dignidade do seu cargo e ultrajaram o Filho de Deus com obscenidades. Escarneceram dEle por causa da Sua filiação. Declararam que, por ter-Se proclamado o Messias, merecia a morte mais vergonhosa. Alguém jogou um velho manto sobre a cabeça dEle, e Seus perseguidores bateram em Seu rosto dizendo: "Profetize-nos, Cristo. Quem foi que Lhe bateu?" Um pobre desgraçado cuspiu no rosto de Jesus.

Anjos registravam fielmente cada olhar, palavra e ato que insultavam Seu amado Comandante. Um dia, os malvados homens que escarneceram do rosto sereno e empalidecido de Cristo verão esse mesmo rosto em glória mais resplandecente que o Sol.

76

Judas, o Traidor

A história de Judas apresenta o triste fim de uma vida que poderia ter honrado a Deus. Se Judas houvesse morrido antes de sua última viagem a Jerusalém, teria sido considerado digno de um lugar entre os doze, alguém de quem se sentiria muita falta. A aversão que o tem acompanhado ao longo dos séculos não existiria. Seu caráter foi revelado ao mundo como advertência a todos que viessem a trair os encargos sagrados.

Desde a festa na casa de Simão, Judas tivera a oportunidade de refletir sobre o ato que havia concordado em desempenhar, mas não mudou sua decisão. Vendeu o Senhor da glória pelo preço de um escravo.

Por natureza, Judas tinha grande amor ao dinheiro, embora não tivesse sempre sido tão corrupto a ponto de fazer algo assim. Ele tinha alimentado o espírito de avareza até este se tornar mais forte do que seu amor por Cristo. Por causa de um vício, ele se entregou a Satanás, e isso o levou às últimas consequências do pecado.

Judas havia se unido aos discípulos quando as multidões estavam seguindo a Cristo. Ele testemunhou as obras poderosas do Salvador ao curar os doentes, expulsar demônios e ressuscitar os mortos. Reconheceu o ensinamento de Jesus como superior a tudo que já ouvira. Sentiu o desejo de transformar seu caráter e esperava ter essa experiência ao ligar-se a Jesus.

O Salvador não rejeitou Judas; deu um lugar para ele entre os doze e lhe concedeu poder para curar o doente e expulsar demônios. Mesmo assim, Judas não se entregou de maneira plena a Cristo. Não abandonou suas ambições mundanas nem seu amor pelo dinheiro. Não permitiu que Deus moldasse sua vida, mas cultivou uma disposição para criticar e acusar.

Judas tinha grande influência sobre os discípulos. Sua opinião sobre as próprias qualificações era a mais elevada, e considerava os colegas discípulos muito inferiores a ele. Com satisfação, repetia para si mesmo que a igreja teria passado por frequentes vexames se não fosse por suas habilidades de gestor. Em sua avaliação, ele era uma honra para a causa, e era assim que sempre se apresentava.

Cristo o colocou onde pudesse ter a oportunidade de ver sua fraqueza de caráter e corrigi-la, mas Judas preferiu satisfazer seu desejo de ganhar dinheiro. As pequenas somas que chegavam a suas mãos eram uma tentação contínua. Quando fazia serviços simples para Cristo, remunerava-se à custa desses escassos fundos. Aos seus olhos, essas falsas razões justificavam seu ato; porém, aos olhos de Deus, ele era um ladrão.

Judas havia definido um curso de ação e esperava que ele fosse seguido por Cristo. Tinha planejado que Jesus libertaria João Batista da prisão, mas João ficou por lá e foi decapitado. Jesus, em vez de vingar a morte de João, retirou-Se para um lugar no campo. Judas queria uma luta mais agressiva. Achava que, se Jesus não impedisse os discípulos de executarem seus planos, o trabalho teria maior êxito. Ele tinha visto a maneira como Jesus deixara os líderes judeus sem resposta quando exigiram que Ele lhes mostrasse um sinal vindo do Céu. O coração de Judas se abria para a descrença, e o inimigo proporcionava os pensamentos de rebelião. Por que Jesus prenunciava provações e perseguições para Si e para os Seus discípulos? Seriam frustradas as esperanças que Judas tinha de obter uma alta posição no reino?

Trabalhando Contra Cristo

Judas estava sempre promovendo a ideia de que Cristo governaria como rei em Jerusalém. No milagre da multiplicação dos pães, foi Judas quem arquitetou o plano de pegar Cristo à força para fazê-Lo rei. Suas esperanças eram altas. Amarga foi sua decepção.

A mensagem de Cristo sobre o Pão da Vida foi o ponto decisivo na vida de Judas. Ele viu Cristo oferecendo bens espirituais em vez de mundanos. Achou que podia ver que Jesus não teria nenhuma posição de honra nem poderia garantir nenhuma posição elevada aos Seus seguidores. Decidiu que era melhor não ficar tão perto de Cristo, a ponto de não poder se afastar. Ficaria vigilante. E foi o que ele fez.

Desde então, passou a expressar dúvidas que acabavam confundindo os discípulos. Ele apresentava controvérsias e textos das Escrituras sem conexão com as verdades que Cristo estava apresentando. Esses textos, fora do contexto, deixavam os discípulos confusos e aumentava o desânimo que já sentiam. Judas, no entanto, parecia honrado e correto. Assim, de uma maneira muito religiosa e aparentemente sábia, ele tratava de atribuir um significado às palavras de Jesus que não era o pretendido. As sugestões de Judas estavam constantemente atiçando desejos ambiciosos por posições elevadas e honrarias. As discussões sobre quem seria o maior eram, geralmente, iniciadas por ele.

Quando Jesus apresentou ao jovem rico a condição para o discipulado, Judas achou que Ele cometera um equívoco. Um homem como aquele líder religioso poderia ajudar a financiar a causa de Cristo. Judas achava que podia sugerir muitos planos para beneficiar a pequena igreja. Nessas coisas, ele se achava mais sábio do que Cristo.

A Última Oportunidade de Judas se Arrepender

Em tudo o que Cristo dizia aos discípulos, havia algo com que Judas, em seu coração, discordava. Sob sua influência, o fermento da discórdia estava fazendo seu trabalho. Jesus viu que Satanás estava abrindo um canal pelo qual poderia influenciar os demais discípulos. Até a festa na casa de Simão, Judas não tinha feito nenhuma queixa explícita. Quando Maria ungiu os pés do Salvador, Judas mostrou sua atitude avarenta. Quando Jesus o reprovou, o orgulho ferido e o desejo de vingança derrubaram as barreiras. Essa será a experiência de todo aquele que persiste em brincar com o pecado.

Entretanto, Judas ainda não estava totalmente endurecido. Mesmo depois de ter se comprometido duas vezes a trair o Salvador, ele teve a oportunidade de se arrepender. Na ceia pascoal, Jesus ternamente incluiu Judas ao servir os discípulos. Mas Judas não respondeu ao último apelo de amor. Os pés que Jesus havia lavado saíram para fazer a obra do traidor.

Judas raciocinou que se Jesus devia mesmo ser sacrificado, o evento tinha que acontecer. Seu ato não mudaria o resultado. Se Jesus não tivesse que morrer, a traição de Judas somente O forçaria a Se libertar. Ele se convenceu de que tinha feito um grande negócio ao trair seu Senhor.

Judas não acreditava que Cristo deixaria que O levassem preso. Ao traí-Lo, Judas pretendia dar-Lhe uma lição. Ele queria que o Salvador Se preocupasse em tratá-lo com o devido respeito dali em diante. Muitas vezes, quando os escribas e fariseus tinham pegado pedras para atirar em Jesus, Ele havia escapado. Uma vez que Ele já tinha escapado de muitas armadilhas, certamente não Se deixaria apanhar.

Judas decidiu fazer um teste. Se Jesus fosse realmente o Messias, o povo O proclamaria rei. Judas, então, ganharia o crédito de ter colocado o rei no trono de Davi, e isso lhe garantiria o primeiro posto, ao lado de Cristo, no novo reino.

No jardim, Judas disse aos líderes da turba: "Prendam-nO" (Mt 26:48). Ele acreditava plenamente que Jesus escaparia. Se jogassem a culpa nele, poderia dizer: "Eu não disse que era para prendê-Lo?"

Atônito, Judas viu o Salvador permitir que O levassem. A cada movimento, ele olhava para Jesus, esperando que Ele surpreendesse Seus inimigos aparecendo diante deles como o Filho de Deus. Com o passar das horas, um medo terrível se apossou do traidor – o medo de ter vendido seu Mestre para a morte.

O julgamento ia chegando ao fim, e Judas já não podia suportar sua consciência culpada. De repente, uma voz rouca ecoou pelo salão: "Ele é inocente! Ó Caifás, poupe a vida dEle!" Judas, um homem alto, abriu caminho entre a multidão assombrada. Seu rosto estava pálido e grossas gotas de suor brotavam de sua testa. Chegando ao trono do julgamento, ele jogou na frente do sumo sacerdote as moedas de prata que foram o preço da traição de seu Senhor. Agarrando-se às vestes de Caifás, implorou que ele soltasse Jesus. Caifás o repeliu, zangado, mas não sabia o que dizer. A farsa dos sacerdotes ficou clara para todos. Eles haviam subornado o discípulo para que traísse seu Mestre.

"Pequei, pois traí sangue inocente". No entanto, o sumo sacerdote, recobrando a compostura, respondeu: "Que nos importa? A responsabilidade é sua" (Mt 27:4). Os sacerdotes se dispuseram a fazer de Judas um instrumento em suas mãos, mas agora desprezavam a baixeza do seu caráter.

A Agonia do Remorso de Judas

Judas, então, se lançou aos pés de Jesus, reconhecendo que Ele era o Filho de Deus e implorando que Ele Se libertasse. O Salvador sabia que Judas não estava sentindo nenhum pesar profundo e quebrantador por ter traído o imaculado Filho de Deus. Apesar disso, não pronunciou nenhuma palavra de condenação. Sentindo muita pena, olhou para Judas e disse: "Foi para passar por esta hora que Eu vim".

Com espanto, a assembleia viu a paciência de Cristo para com o Seu traidor. Esse Homem era mais que um simples mortal! Mas por que Ele não Se libertou e derrotou Seus acusadores?

Vendo que suas súplicas eram inúteis, Judas saiu correndo do salão exclamando: "Tarde demais! Tarde demais!" Sentia que não ia viver para ver Jesus crucificado. Desesperado, saiu e se enforcou.

Naquele mesmo dia, mais tarde, a multidão que levava Jesus para o local da crucifixão viu o corpo de Judas aos pés de uma árvore seca. Seu peso havia quebrado a corda com a qual havia se enforcado. Os cães agora devoravam seu corpo dilacerado. O castigo divino parecia já estar chegando sobre os que eram culpados do sangue de Jesus.

77

Diante do Governador Romano*

Cristo estava atado como prisioneiro na sala de julgamento de Pilatos, o governador romano. Em torno dEle estava a guarda de soldados. A sala rapidamente se enchia de espectadores. Do lado de fora, estavam os juízes do Sinédrio, sacerdotes, líderes religiosos e a multidão.

Depois de condenar Jesus, o Sinédrio tinha ido a Pilatos para que ele confirmasse e executasse a sentença. Esses oficiais judeus não podiam entrar em um tribunal romano. De acordo com sua lei cerimonial, ficariam contaminados e, portanto, impedidos de tomar parte na festa da Páscoa. Eles não enxergavam o ódio assassino que havia manchado o coração deles. Não viam que, desde que rejeitaram a Cristo, o verdadeiro Cordeiro pascoal, a grande festa já não tinha sentido para eles.

Pilatos olhou para o Salvador com olhos nada amistosos. Chamado às pressas do seu quarto de dormir, ele estava determinado a fazer seu trabalho o mais rápido possível. Assumindo sua expressão mais severa, voltou-se para ver que tipo de homem tinha que interrogar.

Ele olhou atentamente para Jesus. Pilatos já havia lidado com toda espécie de criminosos, mas nunca um homem com essa bondade e nobreza tinha sido levado perante ele. Em Seu rosto, não viu nenhum sinal de culpa, medo, atrevimento ou arrogância. Viu um homem cuja expressão trazia a assinatura do Céu.

O melhor lado da natureza de Pilatos foi despertado. Sua esposa tinha dito a ele algo sobre os maravilhosos atos que o Profeta galileu havia realizado, curando os doentes e ressuscitando os mortos. Ele se lembrou de

* Este capítulo é baseado em Mateus 27:2, 11-31; Marcos 15:1-20; Lucas 23:1-25; João 18:28-40; 19:1-16.

rumores que tinha ouvido de várias fontes. Exigiu, então, que os judeus declarassem suas acusações contra o prisioneiro. "Quem é esse homem, e para que vocês O trouxeram?" Eles responderam que Ele era um enganador chamado Jesus de Nazaré.

Outra vez Pilatos perguntou: "Que acusação vocês têm contra este homem?" Os sacerdotes não responderam a essa pergunta. Irritados, disseram: "Se Ele não fosse criminoso, não O teríamos entregado a ti" (Jo 18:29, 30). Quando o Sinédrio traz um homem considerado digno de morte para você, há necessidade de pedir uma acusação contra ele? Eles esperavam que Pilatos cedesse ao pedido deles sem passar por muitas preliminares.

Antes disso, Pilatos já tinha apressadamente condenado à morte homens que não mereciam morrer. Em sua opinião, pouco importava se um prisioneiro era inocente ou culpado. Os sacerdotes esperavam que, dessa vez, Pilatos infligisse a pena de morte a Jesus sem que O ouvisse.

Entretanto, algo naquele prisioneiro conteve Pilatos, e ele não se atreveu a proceder daquela maneira. Lembrou-se de como Jesus tinha ressuscitado Lázaro, um homem que estivera morto por quatro dias, e decidiu que devia conhecer as acusações contra Ele e saber se elas podiam ser comprovadas.

"Se o julgamento de vocês é suficiente", ele disse, "por que trazem o prisioneiro para mim?" "Levem-nO e julguem-nO conforme a lei de vocês" (v. 31). Os sacerdotes disseram que já tinham dado sua sentença sobre Ele, mas que precisavam da sentença de Pilatos para validar a deles. "Qual é a sentença de vocês?", perguntou Pilatos. "Morte", responderam eles, e pediram que Pilatos fizesse cumprir a sentença; eles assumiriam a responsabilidade do resultado. Embora fosse fraco em força moral, Pilatos se recusou a condenar Jesus até que eles trouxessem uma acusação contra Ele.

Os sacerdotes estavam em um dilema. Não deviam permitir a impressão de que Jesus tinha sido preso por motivos religiosos, pois isso não teria peso com Pilatos. Deviam dar a impressão de que Jesus era um ofensor político. Os romanos estavam em constante alerta para reprimir qualquer coisa que pudesse originar um levante.

Em desespero, os sacerdotes chamaram uma testemunha falsa. "E começaram a acusá-Lo, dizendo: 'Encontramos este homem subvertendo a nossa nação. Ele proíbe o pagamento de imposto a César e Se declara Ele próprio o Cristo, um Rei'" (Lc 23:2). Três acusações, cada uma sem nenhum fundamento. Os sacerdotes sabiam disso, mas estavam dispostos a cometer perjúrio.

Pilatos Convencido da Trama

Pilatos não acreditou que o prisioneiro havia tramado contra o governo. Estava convencido de que havia uma conspiração para destruir um homem inocente. "Você é o rei dos judeus?" O Salvador respondeu: "Tu o dizes" (v. 3, 4). Ao falar, Seu rosto se iluminou como se um raio de sol brilhasse sobre ele.

Ao ouvirem Sua resposta, Caifás chamou Pilatos para que testemunhasse que Jesus tinha admitido o crime do qual era acusado. Pilatos disse: "'Você não vai responder? Veja de quantas coisas O estão acusando'. Mas Jesus não respondeu nada" (Mc 15:4, 5).

De pé, atrás de Pilatos e à vista de todos na corte, Cristo ouviu os insultos, mas não respondeu a nenhuma das falsas acusações. Permaneceu inabalável diante da fúria das ondas que quebravam em torno dEle. Era como se fortes surtos de ira a se levantar como ondas do oceano se quebrassem ao Seu redor, mas sem O tocar. Seu silêncio era como se brilhasse uma luz do homem interior para o exterior.

Pilatos ficou atônito. Será que esse homem não Se importava com a própria vida? Ao olhar para Jesus, sentiu que não podia ser tão injusto quanto os sacerdotes, que gritavam raivosamente. Para escapar do tumulto da multidão, Pilatos levou Jesus para um lado e, outra vez, perguntou: "Você é o rei dos judeus?"

Jesus não respondeu diretamente. O Espírito Santo estava trabalhando no coração de Pilatos, dando a ele oportunidade para que reconhecesse sua convicção. "Essa pergunta é tua, ou outros te falaram a Meu respeito?" (Jo 18:34), ele perguntou. Pilatos entendeu o que Jesus quis dizer, mas não queria reconhecer a convicção que pesava sobre ele. "Acaso sou judeu?", ele disse. "Foram o Seu povo e os chefes dos sacerdotes que entregaram Você a mim. Que é que Você fez?" (v. 35).

Jesus Tenta Salvar Pilatos

Jesus não deixou Pilatos sem maior luz. De maneira clara, deu-lhe a entender que não estava em busca de um trono terrestre.

"O Meu Reino não é deste mundo", Ele disse. "'Se fosse, os Meus servos lutariam para impedir que os judeus Me prendessem. Mas agora o Meu Reino não é daqui'. 'Então, você é rei!', disse Pilatos. Jesus respondeu: 'Tu dizes que sou rei. De fato, por esta razão nasci e para isto vim ao mundo: para testemunhar da verdade. Todos os que são da verdade Me ouvem'" (v. 36, 37). Cristo queria que Pilatos entendesse que somente recebendo e assimilando a verdade, a sua natureza em ruínas poderia ser reconstruída.

A mente de Pilatos estava confusa. Seu coração se comoveu com um grande desejo de saber o que era realmente a verdade e como poderia obtê-la. "O que é a verdade?", perguntou ele. Mas não esperou pela resposta. Os sacerdotes estavam clamando por ação imediata. Saindo para onde estavam os judeus, ele declarou enfaticamente: "Não acho nEle motivo algum de acusação" (v. 38).

Quando os sacerdotes e anciãos ouviram isso de Pilatos, seu desapontamento e raiva passaram do limite. Ao verem que Pilatos poderia soltar Jesus, pareciam dispostos a despedaçá-Lo. Em altos brados, denunciaram Pilatos e o ameaçaram com a censura do governo romano. Acusaram-no de se recusar a condenar Jesus, que, afirmavam eles, tinha Se posicionado contra César. Vozes zangadas declararam que a influência de Jesus no sentido de incitar uma revolta era bem conhecida por todo o país. "Ele está subvertendo o povo em toda a Judeia com os Seus ensinamentos. Começou na Galileia e chegou até aqui" (Lc 23:5).

Até ali, Pilatos não pensava em condenar a Jesus. Ele sabia que os judeus O haviam acusado por causa do ódio e do preconceito. A justiça exigia que Cristo fosse solto. Se ele se recusasse a entregar Jesus nas mãos do povo, o resultado poderia ser uma revolta, e isso ele tinha medo de enfrentar. Ao ouvir que Cristo era da Galileia, decidiu mandá-Lo para Herodes, o governador dessa província, que estava em Jerusalém. Dessa maneira, Pilatos pensou em passar a responsabilidade para Herodes. Pensou, também, que essa seria uma boa oportunidade para resolver uma antiga disputa entre ele e Herodes. E assim foi. O julgamento do Salvador serviu de pretexto para a reaproximação dos dois magistrados.

Em meio aos insultos da turba, Jesus foi apressadamente levado para Herodes. "Quando Herodes viu Jesus, ficou muito alegre". Ele tinha ouvido "falar dEle [e] esperava vê-Lo realizar algum milagre" (v. 8). Esse Herodes era aquele cujas mãos estavam manchadas com o sangue de João Batista. Da primeira vez que ouviu falar de Jesus, ele ficou aterrorizado e disse: "João [...] ressuscitou dos mortos!" (Mc 6:16). Mesmo assim, queria ver Jesus. Agora que tinha a oportunidade de salvar a vida desse Profeta, o rei esperava afastar para sempre a lembrança daquela cabeça ensanguentada trazida para ele em uma bandeja. Ele também queria satisfazer sua curiosidade e achou que se oferecesse a Cristo uma perspectiva de soltura, Ele faria qualquer coisa que Lhe pedissem.

Quando o Salvador foi levado para dentro, os sacerdotes e anciãos insistiram veementemente em suas acusações contra Ele. Herodes exigiu silêncio e ordenou que as correntes que prendiam Jesus fossem removidas. Ao mesmo tempo, acusou os inimigos de Cristo de O tratarem com aspereza. Como Pilatos, ele também estava convencido de que Cristo tinha sido acusado por causa do ódio e da inveja.

Herodes interrogou a Cristo com muitas palavras, mas o Salvador manteve profundo silêncio. Ao comando do rei, os aleijados e mutilados foram trazidos, e Herodes ordenou que Cristo comprovasse Sua afirmação fazendo um milagre. Jesus não respondeu, e Herodes insistiu: "Mostre-nos um sinal de que Você tem mesmo o poder que andam dizendo que tem". Mas o Filho de Deus havia tomado sobre Si a natureza humana, e devia fazer o que nós devemos fazer em circunstâncias semelhantes. Portanto, não realizaria um milagre para Se salvar da dor e da humilhação que nós devemos suportar em situações similares.

Herodes prometeu que, se Cristo realizasse algum milagre, seria solto. Os acusadores de Cristo temeram que Ele fizesse um milagre. Essa manifestação seria um golpe mortal para os planos deles, podendo até custar-lhes a vida. Levantando a voz, os sacerdotes e líderes religiosos declararam: "Ele é um traidor, um blasfemo! Ele faz Seus milagres por meio dos poderes do príncipe dos demônios!"

A consciência de Herodes agora estava muito menos sensível do que daquela vez em que tremeu de horror ao ouvir Herodias pedir a cabeça de João Batista. Suas percepções morais tinham se tornado cada vez mais degradadas como resultado de sua vida licenciosa e imoral. Agora, ele poderia até se gabar do castigo que impusera a João por ousar repreendê-lo. Agora ameaçava Jesus, declarando ter o poder para condená-Lo. Mas Jesus não deu nenhuma indicação de ter escutado sequer uma palavra.

Herodes ficou irritado por esse silêncio, que parecia mostrar total indiferença à sua autoridade. Irado, novamente ameaçou Jesus, que continuava imóvel e em silêncio.

A missão de Cristo não era satisfazer curiosidades. Se pudesse ter pronunciado alguma palavra para curar indivíduos doentes pelo pecado, Ele não teria Se mantido calado. Mas não teve nenhuma palavra para os que, com pés profanos, pisoteavam a verdade. Herodes havia rejeitado a verdade a ele comunicada pelo maior de todos os profetas e não receberia nenhuma outra mensagem. A Majestade do Céu não dirigiria mais Sua voz a ele. Os lábios de Cristo foram fechados para o arrogante rei que não sentia necessidade de um Salvador.

O rosto de Herodes ficou contraído de raiva. Irado, denunciou Jesus como impostor. Depois, disse a Cristo: "Se Você não apresentar provas da Sua afirmação, vou entregar-Lhe aos soldados e ao povo. Se Você for um impostor, merece a morte. E se for o Filho de Deus, faça um milagre e Se salve".

Mal terminara de falar essas palavras e a multidão, como feras selvagens, avançou sobre a sua presa. Eles arrastaram Jesus de um lugar para o outro, e Herodes se juntou à multidão na tentativa de humilhar o Filho de Deus. Não fosse pela intervenção dos soldados romanos, o Salvador teria sido feito em pedaços.

"Herodes e os seus soldados ridicularizaram-nO e zombaram dEle [e O vestiram] com um manto esplêndido" (Lc 23:11). Os soldados romanos se uniram aos ultrajantes insultos. Tudo o que aqueles soldados corrompidos puderam instigar foi lançado sobre o Salvador. Sua paciência, no entanto, permaneceu inabalável.

Alguns Estremeceram Diante de Jesus

Houve alguns que estremeceram na presença de Cristo. Alguns dos que vieram adiante para zombar dEle deram meia-volta e, atemorizados, se calaram. Herodes estava convicto. Os últimos raios de luz misericordiosa incidiram sobre seu coração endurecido pelo pecado. A divindade tinha brilhado por meio da humanidade. Herodes sentiu que estava contemplando a Deus em Seu trono. Insensível como estava, não ousou confirmar a condenação de Cristo, e mandou Jesus de volta para o tribunal romano.

Pilatos ficou decepcionado quando os judeus voltaram com o prisioneiro. Ele os fez lembrar que já tinha interrogado Jesus e que não encontrara nEle nenhum crime. Eles não conseguiram elaborar uma única acusação. Herodes, compatriota deles, também não havia encontrado nEle nada que fosse digno de morte. "Portanto eu O castigarei e depois O soltarei" (v. 16).

Foi nesse instante que Pilatos mostrou sua fraqueza. Jesus era inocente, mas Pilatos estava disposto a sacrificar a justiça a fim de calar os acusadores de Cristo. Isso o colocou em desvantagem, e a multidão se aproveitou da sua indecisão. Se desde o começo Pilatos tivesse se mantido firme, recusando-se a condenar o Homem em quem não encontrara crime algum, teria quebrado a corrente fatal que o manteria preso ao remorso pelo resto da vida. Cristo teria sido levado à morte, mas a culpa não cairia sobre Pilatos. No entanto, Pilatos tinha gradualmente violado sua consciência, e agora se encontrava quase impotente nas mãos dos sacerdotes e líderes religiosos.

A Última Chance de Pilatos

Nem mesmo nessa ocasião Pilatos foi deixado a agir às cegas. Um anjo tinha visitado sua esposa em sonho no qual ela falava com o Salvador. A esposa de Pilatos não era judia, mas ao olhar para Jesus em seu sonho, soube que Ele era o Príncipe de Deus. Viu Pilatos entregar Jesus ao castigo depois de ter declarado: "Não acho nele motivo algum de acusação". Também o viu entregando Cristo para os Seus assassinos. Viu a cruz levantada, a terra envolta pelas trevas e ouviu o brado misterioso – "Está consumado!"

Outra cena ainda impressionou seu olhar. Ela viu Cristo sentado em uma grande nuvem branca e Seus assassinos fugindo da Sua gloriosa presença. Com um grito de pavor, ela acordou e escreveu algumas palavras de advertência para Pilatos.

Um mensageiro abriu caminho entre a multidão e entregou para Pilatos o bilhete de sua esposa, o qual dizia: "Não se envolva com este inocente, porque hoje, em sonho, sofri muito por causa dEle" (Mt 27:19).

Pilatos empalideceu. Suas contraditórias emoções o deixaram confuso. Enquanto se demorava para agir, os sacerdotes e líderes religiosos estavam inflamando os ânimos do povo. Lembrou-se, então, de um costume que poderia servir para obter a libertação de Cristo. Era comum por ocasião dessa festa que um prisioneiro da escolha do povo fosse solto. Não havia sombra de justiça naquele costume, mas os judeus o apreciavam muito. Nessa ocasião, as autoridades romanas mantinham em custódia um prisioneiro chamado Barrabás, que estava sob sentença de morte. Esse homem alegava ter autoridade para estabelecer uma nova ordem de coisas. Tudo o que pudesse obter por meio de roubos e assaltos ele o fazia. Havia conseguido seguidores entre o povo e atiçado uma revolta contra o governo romano. Sob uma capa de entusiasmo religioso estava um criminoso empedernido, dado à rebelião e à crueldade.

Ao oferecer ao povo uma escolha entre esse homem e o inocente Salvador, Pilatos achou que podia despertar um sentimento de justiça neles.

"Qual destes vocês querem que lhes solte: Barrabás ou Jesus, chamado Cristo?" A resposta veio como se fosse o rugido de animais selvagens: "Solta-nos Barrabás!" Achando que o povo não tinha entendido sua pergunta, Pilatos perguntou: "Vocês querem que eu lhes solte o rei dos judeus?" Mas eles gritaram outra vez: "Acaba com Ele! Solta-nos Barrabás!" "Que farei então com Jesus, chamado

Cristo?" Havia demônios em forma humana entre a multidão, e a resposta não podia ser outra senão: "Crucifica-O!"

Pilatos Não Antevê as Consequências

Pilatos não tinha pensado que a situação chegaria a esse ponto. Ele teve medo de entregar um homem inocente à morte mais cruel que poderia ser infligida. "Por quê? Que crime Ele cometeu?" No entanto, o caso já tinha ido muito longe para agora ser discutido.

Pilatos, no entanto, ainda tentou salvar Jesus. "'Pela terceira vez ele lhes falou: 'Por quê? Que crime este homem cometeu?'" (Mt 27:23). Mas a simples menção do Seu nome causou uma enorme agitação no povo, e todos gritavam bem alto: "Crucifica-O, crucifica-O!"

Desfalecido e coberto de feridas, Jesus foi açoitado. "Os soldados levaram Jesus para dentro do palácio, isto é, ao Pretório e reuniram toda a tropa. Vestiram-nO com um manto de púrpura, depois fizeram uma coroa de espinhos e a colocaram nEle. E começaram a saudá-Lo: "Salve, rei dos judeus! [...] e cuspiam nEle. Ajoelhavam-se e Lhe prestavam adoração, [zombando dEle]" (v. 27-29). De vez em quando, alguma mão perversa batia na coroa, fazendo com que os espinhos se enterrassem em Sua fronte e o sangue corresse pelo Seu rosto.

Enlouquecida, a multidão rodeou o Salvador do mundo. As zombarias e os escárnios se misturavam às maldições blasfemas. Satanás liderava a turba. Era seu plano, se possível fosse, provocar o Salvador ao revide ou à realização de um milagre para Se libertar. Bastava uma mancha em Sua vida humana para que o Cordeiro de Deus Se tornasse uma oferta imperfeita, e a redenção da humanidade, um fracasso. Entretanto, com perfeita serenidade, Ele Se submeteu aos ultrajes e insultos mais vis.

Os inimigos de Cristo tinham exigido um milagre como prova de Sua divindade. Agora, eles tinham uma evidência muito maior do que qualquer outra que já tivessem pedido. Sua mansidão e paciência eram provas de Sua relação com Deus. As gotas de sangue que brotavam de Sua testa ferida eram a garantia da Sua unção como nosso Sumo Sacerdote, realizada com o "óleo da alegria" (ver Hb 1:9). Foi grande a ira de Satanás ao ver que o Salvador não havia Se afastado em nenhum detalhe da vontade do Seu Pai.

Transigir Leva à Ruína

Ao entregar Jesus para ser açoitado, Pilatos esperava que a multidão decidisse que esse castigo bastasse. Com aguçada percepção, os judeus viram a fraqueza que significava castigar um homem que tinha sido declarado inocente. Eles estavam decididos a não deixar que soltassem a Jesus.

Pilatos mandou que trouxessem Barrabás ao tribunal e apresentou os dois prisioneiros, um ao lado do outro. Apontando para o Salvador, disse: "Eis o homem!" Ali estava o Filho de Deus, despido até a cintura, Suas costas exibindo marcas de chicotadas de onde o sangue corria abundantemente. Seu rosto estava manchado de sangue e mostrava os sinais da dor, mas nunca parecera tão belo. Cada traço expressava a mais terna piedade para com Seus cruéis inimigos. Em Sua atitude eram vistas a resistência e dignidade da longanimidade.

O contraste entre Ele e o prisioneiro ao lado era chocante. Cada traço do rosto de Barrabás declarava que ele era um empedernido criminoso. O contraste era evidente para cada espectador. Alguns dos presentes choravam. Ao verem Jesus, não puderam conter as lágrimas que resultavam da simpatia que sentiam por Ele. Os sacerdotes e líderes religiosos estavam convictos de que Ele era tudo aquilo que afirmava ser.

Nem todos os soldados romanos que rodeavam a Cristo estavam endurecidos. Eles contemplavam o divino Sofredor com sentimentos de piedade. A silenciosa submissão de Cristo ficou gravada na mente deles. Nunca esqueceriam aquela cena até que O reconhecessem como o Cristo, ou decidissem o próprio destino rejeitando-O.

Pilatos não tinha dúvida de que a vista desse homem, em contraste com a de Barrabás, causaria simpatia aos judeus. No entanto, ele não entendia nada do ódio fanático dos sacerdotes. Mais uma vez, sacerdotes, líderes religiosos e o povo ergueram o tremendo brado: "Crucifica-O, crucifica-O!" Finalmente, perdendo completamente a paciência com a crueldade sem sentido deles, Pilatos gritou em desespero: "Levem-nO vocês e crucifiquem-nO. Quanto a mim, não encontro base para acusá-Lo".

Embora estivesse acostumado com cenas cruéis, o governador romano se comoveu com o sofrimento do Prisioneiro. Os sacerdotes declararam: "Temos uma lei e, de acordo com essa lei, Ele deve morrer, porque se declarou Filho de Deus".

A Bondade de Jesus em Relação a Pilatos

Pilatos ficou surpreso – devia ser um Ser divino que estava diante dele! Novamente, ele disse a Jesus: "De onde Você vem?" Jesus, porém, não respondeu. O Salvador tinha falado abertamente com Pilatos, explicando Sua missão, mas Pilatos havia depreciado a luz. Abusara do alto cargo de juiz ao ceder às exigências da multidão. Irritado com o silêncio de Jesus, disse com voz altiva: "Você Se nega a falar comigo? [...] Não sabe que eu tenho autoridade para libertá-Lo e para crucificá-Lo?"

Jesus respondeu: "Não terias nenhuma autoridade sobre Mim, se esta não te fosse dada de cima. Por isso, aquele que me entregou a ti é culpado de um pecado maior" (Jo 19:10, 11). Cristo Se referia a Caifás, que representava a nação judaica. O povo judeu teve a luz vinda das profecias que testificavam de Cristo, como também a prova inequívoca da divindade dAquele a quem condenavam à morte. A responsabilidade mais grave pertencia àqueles que ocupavam os mais altos cargos da nação. Pilatos, Herodes e os soldados romanos eram completamente ignorantes quanto a Jesus. Eles não tiveram a luz que a nação judaica havia recebido tão abundantemente. Se aquela luz tivesse sido dada aos soldados, eles não teriam tratado Jesus como o fizeram.

Outra vez Pilatos propôs soltar o Salvador. "Mas os judeus gritavam: 'Se deixares esse homem livre, não és amigo de César'" (v. 12). De todos os adversários do governo romano, os judeus eram os mais terríveis. Para conseguir a destruição de Cristo, eles professaram lealdade ao poder estrangeiro que eles mesmos odiavam.

E continuaram: "Quem se diz rei opõe-se a César" (v. 12). Pilatos estava sob suspeita do governo romano. Ele sabia que um relatório desses seria a sua ruína. Sabia que os judeus fariam de tudo para conseguir vingança.

Pilatos apresentou Jesus ao povo dizendo: "Eis o Rei de vocês!" De novo se ouviram os gritos enlouquecidos: "Mata! Mata! Crucifica-O!" Com voz que foi ouvida perto e longe, Pilatos perguntou: "Devo crucificar o Rei de vocês?" Mas de lábios profanos e blasfemos vieram as palavras: "Não temos rei senão César!" (v. 14, 15).

Ao escolher um governador pagão, a nação judaica rejeitou a Deus como seu rei. Dali em diante, não tiveram outro rei senão César. Os sacerdotes e mestres tinham conduzido o povo a essa situação. Foram eles os responsáveis por tudo isso e por todos os temíveis resultados que vieram depois. O pecado de uma nação bem como a sua ruína se deveram aos líderes religiosos.

"Quando Pilatos percebeu que não estava obtendo nenhum resultado, mas, pelo contrário, estava se iniciando um tumulto, mandou trazer água, lavou as mãos diante da multidão e disse: 'Estou inocente do sangue deste homem; a responsabilidade é de vocês'" (Mt 27:24). Pilatos olhou para o Salvador e disse a si mesmo: "Ele é um Deus". Virando-se para a multidão, declarou: "Estou limpo desse sangue. Vocês podem crucificá-Lo, mas eu O declaro justo. Possa Aquele que Ele afirma ser Seu Pai julgar vocês, não a mim pelo que se fez hoje aqui". E disse a Jesus: "Perdoe-me por este ato. Eu não posso salvar Você". Depois de açoitarem Jesus mais uma vez, Pilatos O entregou para ser crucificado.

Pilatos desejou libertar Jesus, mas viu que não poderia fazer isso e ainda assim manter seu cargo. Preferiu sacrificar uma vida inocente a perder seu poder terrestre. Quantos, de maneira semelhante, sacrificam seus princípios! A consciência e o dever apontam para um caminho, e o interesse próprio, para outro. A corrente vai na direção errada, e todos os que condescendem com o mal são arrastados para as densas trevas da culpa.

Apesar de suas precauções, exatamente aquilo que Pilatos temia aconteceu: ele foi deposto de sua alta posição e, afligido pelo remorso e pelo orgulho ferido, pouco tempo depois da crucifixão, deu fim à própria vida.

Quando Pilatos se declarou inocente do sangue de Cristo, Caifás respondeu desafiadoramente: "Que o sangue dEle caia sobre nós e sobre nossos filhos!" A turba fez eco a essas terríveis palavras com um rugido quase selvagem de vozes: "Que o sangue dEle caia sobre nós e sobre nossos filhos!"

O povo de Israel tinha feito sua escolha – Barrabás, o ladrão e assassino, o representante de Satanás. Cristo, o representante de Deus, foi por eles rejeitado. Fazendo essa escolha, eles aceitavam aquele que desde o princípio foi mentiroso e assassino. Satanás era o seu líder, e eles teriam de suportar o seu domínio.

Os judeus tinham clamado: "Que o sangue dEle caia sobre nós e sobre nossos filhos!" Essa oração foi ouvida. O sangue do Filho de Deus caiu sobre seus filhos e os filhos de seus filhos. Isso se cumpriu de forma terrível na destruição de Jerusalém e na condição da nação judaica por quase dois mil anos – um ramo cortado da Vinha, morto. De país em país pelo mundo, de século em século, morto em transgressões e pecados!

Aquela petição será cumprida de maneira terrível no grande Dia do Juízo. Cristo virá em glória. Milhares e milhares de anjos, esses belos e triunfantes filhos de Deus, O escoltarão por Seu caminho. Todas as nações serão reunidas diante dEle. Em lugar de espinhos, Ele usará uma coroa de glória. Em Suas vestes e em Sua coxa estará escrito um nome: "REI DOS REIS E SENHOR DOS SENHORES" (Ap 19:16).

Os sacerdotes e líderes religiosos verão novamente a cena do tribunal. Cada incidente ali ocorrido aparecerá escrito como em letras de fogo. Então os que rogaram: "Que o sangue dEle caia sobre nós e sobre nossos filhos!" receberão a resposta para a sua petição. Em terrível agonia e horror, eles clamarão às rochas e montanhas: "Caiam sobre nós" (ver Ap 6:16, 17).

Jesus Morre no Calvário*

"Quando chegaram ao lugar chamado Caveira, ali O crucificaram" (Lc 23:33).

A notícia da condenação de Cristo havia se espalhado, e pessoas de todas as classes e hierarquias se dirigiram ao local da crucifixão. Os sacerdotes e líderes religiosos haviam se comprometido a não incomodar os seguidores de Cristo se Ele lhes fosse entregue e os discípulos e crentes se juntassem à multidão.

A cruz que tinha sido preparada para Barrabás foi posta nos ombros ensanguentados de Jesus. Dois companheiros de Barrabás estavam condenados a morrer na mesma ocasião. Para eles, também foram providenciadas cruzes. Desde a ceia da Páscoa, Jesus não havia comido ou bebido. Ele tinha suportado a angústia da traição e visto Seus discípulos O abandonarem. Havia sido levado para Anás, Caifás, Pilatos, Herodes e, novamente, para Pilatos. Durante toda a noite, tinham ocorrido cenas capazes de provar ao máximo a resistência de uma pessoa. Ele, porém, Se portou com dignidade. Quando, depois de mais chicotadas, a cruz foi posta sobre Ele, a natureza humana não pôde mais suportar, e Ele caiu, desmaiado, sob a pesada carga.

A multidão não mostrava compaixão. Todos escarneciam dEle por não poder carregar a pesada cruz. Novamente os soldados puseram a carga sobre Ele e, de novo, Ele caiu. Seus algozes viram que não seria mais possível Ele carregar a cruz. Quem carregaria aquele peso humilhante? Não seriam os judeus, pois uma impureza os impediria de observar a Páscoa.

Simão de Cirene, um estranho, recém-chegado do campo, encontrou a multidão. Pasmado, Simão se deteve diante da cena. Por ter expressado compaixão, eles o agarraram e puseram a cruz sobre os ombros dele.

* Este capítulo é baseado em Mateus 27:31-53; Marcos 15:20-38; Lucas 23:26-46; João 19:16-30.

Os filhos de Simão criam no Salvador, mas ele mesmo não acreditava. Para ele, carregar a cruz até o Calvário foi uma bênção. Posteriormente, por escolha própria, ele passou a levar a cruz de Cristo, suportando alegremente seu peso.

Muitas mulheres estavam na multidão que seguia o Inocente até o local de Sua morte cruel. Algumas delas já haviam levado para Ele seus doentes e sofredores. Outras haviam sido, elas mesmas, curadas. Elas estavam impressionadas com o ódio da multidão por Cristo. Apesar das raivosas palavras de sacerdotes e líderes religiosos, essas mulheres romperam em prantos quando viram Jesus cair com a cruz nas costas. Isso atraiu a atenção de Cristo. Ele sabia que elas não estavam chorando por Ele na condição de enviado de Deus, mas nem por isso foi indiferente à simpatia mostrada por elas. Em Seu coração, foi despertada a mais profunda simpatia por aquelas mulheres. "Filhas de Jerusalém", Ele disse, "não chorem por Mim; chorem por vocês mesmas e por seus filhos!" (v. 28). Cristo olhava para o futuro, para o tempo da destruição de Jerusalém, quando muitas das que agora choravam por Ele pereceriam com seus filhos.

Um Julgamento Mais Amplo

Da queda de Jerusalém, os pensamentos de Jesus passaram para um julgamento mais amplo. Na destruição da cidade impenitente Ele viu um símbolo da destruição final que viria ao mundo. "Então dirão às montanhas: 'Caiam sobre nós!' e às colinas: 'Cubram-nos!' Pois, se fazem isto com a árvore verde, o que acontecerá quando ela estiver seca?" (v, 30, 31). A árvore verde representava Ele próprio, o inocente Redentor. A ira de Deus contra a transgressão caiu sobre Seu Filho amado. Que sofrimento, então, ia suportar o pecador que continuasse em pecado? Aquele que não se arrependesse conheceria uma tristeza que nenhuma linguagem seria capaz de expressar.

Muitos na multidão que seguia o Salvador até o Calvário O haviam acompanhado com hosanas e ramos de palmeira ao Ele entrar triunfalmente em Jerusalém. Muitas pessoas que, naquela ocasião, tinham Lhe dado louvor por Ele ser popular, agora engrossavam o clamor: "Crucifica-O!" Quando Cristo entrou em Jerusalém, os discípulos se agruparam ao Seu redor, sentindo que era um alto privilégio estar ligados a Ele. Agora, em Sua humilhação, eles O seguiam de longe.

A Agonia da Mãe de Cristo

No local da execução, os dois ladrões se debatiam nas mãos dos que os puseram sobre a cruz. Jesus, porém, não ofereceu resistência. Sua mãe, apoiada por João, tinha acompanhado os passos do

Filho até o Calvário. Ela desejava muito amparar a cabeça ferida do Filho com as mãos. Não lhe permitiram esse penoso privilégio. Ela ainda alimentava a esperança de que Jesus Se livrasse de Seus inimigos. Mais uma vez o coração dela sucumbiu ao se lembrar de como Ele havia predito as mesmas cenas que agora estavam ocorrendo.

Enquanto os ladrões eram amarrados às suas respectivas cruzes, ela observava em angustiante suspense. Será que Aquele que dera vida ao morto deixaria que O crucificassem? Deveria ela renunciar à sua fé de que Ele era o Messias? Ela viu as mãos dEle serem estendidas sobre a cruz. Os soldados trouxeram o martelo e os pregos e, enquanto estes penetravam a carne tenra, os discípulos afastaram o corpo desfalecido da mãe de Jesus daquela cena cruel.

O Salvador não Se queixava, mas grossas gotas de suor brotaram de Sua fronte. Não houve nenhuma mão piedosa para enxugar o orvalho de morte de Seu rosto, nenhuma palavra de simpatia e lealdade para animar Seu humano coração. Enquanto os soldados faziam sua terrível obra, Jesus orava: "Pai, perdoa-lhes, pois não sabem o que estão fazendo" (v. 34). Sua mente se afastou de Seu sofrimento para pensar na terrível retribuição que viria sobre eles. Ele não amaldiçoou nenhum dos soldados que O tratavam com tanta aspereza. Não invocou nenhuma vingança sobre os sacerdotes e líderes religiosos. Somente murmurou uma súplica pelo perdão deles – "[Eles] não sabem o que estão fazendo".

A ignorância deles não removeu sua culpa, pois tiveram o privilégio de conhecer e aceitar Jesus como seu Salvador. Alguns ainda reconheceriam seu pecado, se arrependeriam e se converteriam. Outros, por se recusarem a se arrepender, tornariam impossível que a oração de Cristo fosse respondida em seu favor. Mesmo assim se cumpria o propósito de Deus. Jesus estava adquirindo o direito de se tornar nosso Advogado na presença do Pai.

A oração de Cristo por Seus inimigos abrangia cada pecador desde o começo do mundo até o fim dos tempos. A culpa de crucificar o Filho de Deus recai sobre todos nós. A todos Jesus oferece livremente o perdão.

Logo depois de Jesus ser pregado na cruz, fortes homens a levantaram e a depositaram com violência no lugar preparado para ela. Isso causou intensa agonia. Pilatos, então, preparou uma inscrição em hebraico, grego e latim e a colocou acima da cabeça de Jesus. Ela dizia: "Jesus Nazareno, Rei dos Judeus". Isso deixou os judeus irritados. Eles haviam gritado: "Não temos rei, senão César". Tinham declarado que qualquer que reconhecesse outro rei era um traidor. Pilatos escreveu o que eles haviam expressado. Nenhum delito era mencionado, exceto que Jesus era o rei dos judeus, um reconhecimento virtual da fidelidade dos judeus ao poder romano. A inscrição era uma declaração de que qualquer um que se declarasse rei de Israel seria por eles julgados como digno de morte. A fim de destruir a Cristo, os sacerdotes estavam prontos a sacrificar até a própria existência nacional.

Os sacerdotes pediram a Pilatos que mudasse a inscrição: "Não escrevas 'O Rei dos Judeus', mas que esse homem se dizia rei dos judeus". Pilatos, porém, respondeu friamente: "O que escrevi, escrevi" (Jo 19:21, 22).

Na providência divina, aquela inscrição despertaria o interesse pelo estudo das Escrituras. Pessoas de todas as nações estavam em Jerusalém naquela ocasião, e a inscrição declarando Jesus como o Messias chamaria a atenção delas. Deus havia guiado as mãos que a escreveram.

Os sofrimentos de Cristo na cruz cumpriam a profecia.

> "Um bando de homens maus Me cercou! Perfuraram Minhas mãos e Meus pés. [...] Dividiram as Minhas roupas entre si, e tiraram sortes pelas Minhas vestes" (Sl 22:16-18).

Suas vestes foram dadas para os soldados. Como a túnica era tecida sem nenhuma costura, eles disseram: "Não a rasguemos. [...] Vamos decidir por sorteio quem ficará com ela" (Jo 19:24).

Em outra profecia o Salvador declarou:

> "A zombaria partiu-Me o coração; estou em desespero! Supliquei por socorro, nada recebi, por consoladores, e a ninguém encontrei. Puseram fel na Minha comida e para matar-Me a sede deram-Me vinagre" (Sl 69:20, 21).

Aos que sofriam a morte de cruz era permitido que lhes dessem uma droga entorpecente a fim de amortecer a dor. Quando Jesus a provou, Ele Se recusou a tomá-la. Sua fé devia estar firmada em Deus, Sua única força. Embotar Seus sentidos seria dar vantagem a Satanás.

Sacerdotes, líderes religiosos e escribas se uniram à turba na zombaria ao agonizante Salvador. Em outras ocasiões, a voz do Pai celestial fora ouvida proclamando a divindade de Cristo. Agora, ela estava silente. Nenhum testemunho foi ouvido em Seu favor. Ele sofreu sozinho.

"Desça da cruz, se é Filho de Deus!", disseram eles. "Salve-Se a Si mesmo, se é o Cristo de Deus, o escolhido". Em forma humana, Satanás e seus anjos estavam presentes ao pé da cruz cooperando com os sacerdotes e líderes religiosos, todos coligados em um frenesi satânico.

Jesus ouviu os sacerdotes declararem: "Salvou os outros, mas não é capaz de salvar a Si mesmo! E é o rei de Israel! Desça agora da cruz, e creremos nEle" (Mt 27:42). Cristo poderia ter descido da cruz. O pecador tem esperança do perdão e favor divinos justamente porque Ele não salvou a Si mesmo.

Um Ladrão Crucificado Crê

Um resplendor brilhou sobre Jesus na cruz para confortá-Lo – a oração do ladrão arrependido. A princípio, os dois homens crucificados com Jesus O insultaram, sendo que um deles, em seu sofrimento, estava mais desesperado e provocador. Mas o seu companheiro não era um criminoso empedernido; era menos culpado do que muitos que estavam ao lado da cruz insultando o Salvador. Ele tinha visto e ouvido Jesus, mas havia sido afastado dEle pelos sacerdotes e líderes religiosos. Procurando abafar suas convicções, ele foi afundando no pecado até ser preso e condenado.

Da cruz, ele viu os grandes líderes religiosos ridicularizando Jesus. Ouviu seu companheiro na culpa repetir as ultrajantes palavras: "Você não é o Cristo? Salve-Se a Si mesmo e a nós!" (Lc 23:39). No entanto, ele ouviu entre os ali presentes muitos que repetiam palavras ditas por Jesus e falavam de Suas obras. A convicção de que aquele era o Cristo voltou. Virando-se para o seu companheiro no crime, disse: "Você não teme a Deus, nem estando sob a mesma sentença?" (v. 40). Os dois ladrões moribundos já não tinham por que temer os homens. Um deles sentiu a convicção de que havia um Deus a quem temer e um futuro pelo qual tremer. Agora, a história da sua vida estava prestes a se encerrar. "Nós estamos sendo punidos com justiça, porque estamos recebendo o que os nossos atos merecem. Mas este homem não cometeu nenhum mal" (v. 41).

Quando foi condenado por seu crime, o ladrão ficou em desespero, mas pensamentos estranhos, ternos, surgiram agora. O Espírito Santo iluminou sua mente e, pouco a pouco, a cadeia de evidência se juntou. Em Jesus, escarnecido e pendendo na cruz, ele viu o Cordeiro de Deus. A esperança se misturava com angústia quando, moribundo, o homem se lançou sobre o agonizante Salvador: "Senhor, lembra-Te de mim quando entrares no Teu Reino" (v. 42)

Rapidamente veio a resposta, nos tons suaves e melodiosos de palavras cheias de amor: "Eu lhe garanto hoje: Você estará comigo no paraíso"[2] (v. 43). Jesus desejou muito ouvir alguma

---

[2] Em algumas versões, a vírgula foi mal posicionada Não existia vírgula no texto grego.

expressão de fé dos Seus discípulos. Ele só tinha ouvido as palavras de lamento: "Nós esperávamos que era Ele que ia trazer a redenção a Israel" (Lc 24:21). Como foi bem recebida aquela declaração de fé e amor vinda do ladrão moribundo! Enquanto até os discípulos duvidavam, o pobre ladrão chamava Jesus de "Senhor". Ninguém O reconheceu assim na cruz, exceto o ladrão arrependido, salvo no último instante.

O tom do homem arrependido chamou a atenção dos que estavam ali. Os soldados que estiveram brigando pelas vestes de Cristo pararam para ouvir e esperaram a resposta dos lábios quase sem vida de Cristo.

Quando Ele pronunciou as palavras daquela promessa, uma luz viva penetrou a nuvem negra que parecia envolver a cruz. Em Sua humilhação, Cristo foi glorificado. Aquele que perante outros olhos parecia vencido era Vencedor. Ele tinha sido reconhecido como o que leva os pecados. Homens podiam arrancar Suas vestes, porém não podiam roubar-Lhe o poder de perdoar pecados. É Seu direito real salvar todos os que vêm a Deus por meio dEle!

"Eu lhe garanto hoje: Você estará comigo no paraíso". Cristo não prometeu que o ladrão estaria com Ele no paraíso naquele dia. Ele próprio não foi para o Paraíso naquele dia. Ele dormiu na tumba e, na manhã da ressureição, disse: "Ainda não voltei para o Pai" (Jo 20:17). Mas Jesus deu a promessa no dia da aparente derrota: "Hoje", enquanto morria na cruz como um criminoso, Cristo dava a certeza ao pecador, "você estará comigo no Paraíso".

O posicionamento de Cristo "no meio", entre os dois ladrões, foi feito por orientação dos sacerdotes e líderes religiosos a fim de indicar que Ele era o maior dos três criminosos. Ao Jesus ser colocado "no meio", também a Sua cruz ficou no centro de um mundo a perecer em pecado. As palavras de perdão que Ele pronunciou para o ladrão arrependido acendeu uma luz que brilhará até os confins da Terra. Em Sua humilhação, Jesus, como Profeta, havia se dirigido às filhas de Jerusalém; como Sacerdote e Advogado, havia rogado ao Pai que perdoasse os Seus assassinos; como Salvador, havia perdoado os pecados do ladrão arrependido.

Aos pés da cruz, estava Sua mãe, amparada por João. Ela não pôde suportar ficar longe de seu Filho, e João, sabendo que o fim estava próximo, a trouxera de novo para perto da cruz. Olhando para aquele rosto contorcido de dor, Jesus disse: "Aí está o seu filho". Depois, disse para João: "Aí está a sua mãe" (Jo 19:26, 27). João entendeu e aceitou a responsabilidade. Daquela hora em diante, ele cuidou de Maria com todo carinho. O Salvador não tinha dinheiro para sustentar Sua mãe, mas provia o que ela mais precisava – a terna simpatia de alguém que a amava porque ela amava a Jesus. João recebeu uma grande bênção – ela foi, para ele, uma constante lembrança do Mestre que ele tanto amava.

Por quase trinta anos, Jesus havia ajudado nas responsabilidades domésticas. Agora, até em Sua última agonia, Ele Se lembrou de tomar providências em favor de Sua mãe viúva e aflita. Os que seguem a Cristo respeitarão seus pais e providenciarão o que for necessário a eles. O pai e a mãe nunca deixarão de receber intencional cuidado e carinho do coração que abriga o amor de Cristo.

O Senhor da glória estava morrendo. Tudo o que Ele podia ver era uma sombra opressora. Não foi o medo da morte nem as dores da cruz que causaram a agonia de Cristo. Seu sofrimento veio do senso da malignidade do pecado. Cristo viu quão poucos estariam dispostos a se livrar daquele poder. Sem a ajuda de Deus, a humanidade devia perecer, e Ele via multidões a perecer, mesmo estando dentro do alcance da Sua ajuda.

O Terrível Peso que Cristo Suportou

A iniquidade de nós todos foi posta sobre Cristo, nosso substituto e nossa segurança. A culpa de cada descendente de Abraão oprimia Seu coração. Por toda Sua vida Cristo proclamou as boas notícias do amor perdoador do Pai, mas agora, com o terrível peso da culpa sobre Ele, não pôde ver o rosto perdoador do Pai. Isso feriu Seu coração com uma tristeza que nenhum ser humano jamais poderá entender plenamente. Tão grande foi essa agonia que Ele mal sentia a dor física.

Satanás torturou o coração de Jesus com as mais ferozes tentações. A esperança não Lhe dava sinais de que sairia da sepultura como vencedor. Muito menos Lhe disse que o Pai aceitava Seu sacrifício. Cristo sentiu a angústia que o pecador sentirá quando a misericórdia não intercederá mais em favor da raça culpada. Foi o senso do pecado que atraiu a ira do Pai sobre Ele, nosso substituto, que quebrantou o coração do Filho de Deus.

Os anjos esconderam o rosto daquela vista terrível. O sol se recusou a olhar para a pavorosa cena. Seus raios brilhantes estavam iluminando a Terra ao meio-dia, quando, de repente, parecia ter sido apagado. Completa escuridão rodeou a cruz. "Houve trevas sobre toda a Terra, do meio-dia às três horas da tarde" (Mc 15:33). Não houve nenhuma causa natural para essa escuridão, a qual foi tão profunda como a meia-noite sem lua ou estrelas. Foi um testemunho milagroso dado por Deus, o qual confirmaria a fé das gerações posteriores.

Naquela densa escuridão, Deus ocultou Sua presença. Deus e os santos anjos estavam ao lado da cruz. O Pai estava com Seu Filho, embora não revelasse Sua presença. Naquela temível hora, Cristo não devia ser confortado com a presença do Pai.

Na densa escuridão, Deus recobriu a última agonia humana de Seu Filho. Todos os que tinham visto a Cristo em Seu sofrimento ficaram convencidos de que Ele era divino. Durante as longas horas de agonia, Ele estivera exposto aos olhares da multidão escarnecedora. Agora, foi misericordiosamente escondido pelo manto de Deus.

Um terror indescritível se apoderou da multidão reunida em torno da cruz. As maldições e insultos cessaram. Relâmpagos vindos das nuvens de vez em quando revelavam, com seu brilho, o Redentor crucificado. Sacerdotes, líderes religiosos, executores, a turba, todos acharam que o momento do seu castigo havia chegado. Alguns cochichavam dizendo que Jesus agora desceria da cruz.

À nona hora, as trevas se afastaram daquelas pessoas, mas ainda encobriam o Salvador. Nenhum olhar podia penetrar as profundas sombras que envolviam o sofrimento de Cristo. Então, "Jesus bradou em alta voz: 'Eloí, Eloí, lamá sabactâni?' que significa: 'Meu Deus! Meu Deus! Por que Me abandonaste?'" (v. 34). Muitas vozes exclamaram: "A vingança do Céu está sobre Ele porque afirmou ser o Filho de Deus!" Muitos que creram nEle ouviram Seu grito de desespero. A esperança os abandonou. Se Deus tinha abandonado Jesus, em que poderiam Seus seguidores confiar?

Última Oportunidade de Mostrar Piedade Humana

Quando as trevas se dissiparam, Cristo voltou a ter consciência de Seu sofrimento físico e disse: "Tenho sede!" Um dos soldados romanos teve pena e pegou uma esponja, mergulhou-a no vinagre e a ofereceu para Ele. No entanto, os sacerdotes zombavam da Sua agonia. Suas palavras "Eloí, Eloí, lamá sabactâni?" foram mal interpretadas por eles. E disseram: "Ele está chamando Elias!" Eles desprezaram a última oportunidade que tiveram de aliviar os sofrimentos de Jesus. "Deixem-nO", disseram. "Vejamos se Elias vem salvá-Lo" (v. 36).

O imaculado Filho de Deus pendia da cruz, com a carne lacerada pelas chicotadas, as mãos pregadas na madeira, os pés cravados no madeiro, a cabeça real ferida pelos espinhos. Tudo o que Ele sofreu – a agonia que torturou Seu corpo e a inexprimível angústia que encheu Sua alma ao ser ocultado dEle o rosto de Seu Pai – fala a cada filho da família humana, declarando: É por você que o Filho de Deus consente em carregar o peso da culpa; é por você que Ele neutraliza o domínio da morte; é por você que Ele abre os portais do Paraíso; é por você que Ele Se oferece como sacrifício. Tudo isso é por amor a você.

Cristo Morre Triunfante

De repente, a sombra que estava sobre a cruz desapareceu. Em sons como de trombetas que pareciam ecoar por toda a criação, Jesus clamou: "Está consumado!" "Pai, nas Tuas mãos entrego o Meu espírito" (Lc 23:46). Uma luz circundou a cruz e o rosto do Salvador brilhou com uma glória semelhante à do Sol. Então, Ele reclinou a cabeça e morreu.

Em meio à horrível escuridão, Cristo tinha sorvido as últimas gotas da taça da desgraça humana. Naquelas horas terríveis, Ele tinha Se apoiado nas provas de aceitação já dadas por Seu Pai. Ele conhecia o caráter de Seu Pai e, pela fé, descansava nAquele a quem sempre Se alegrara em obedecer. Ao Se entregar a Deus, o sentimento de ter perdido o favor de Seu Pai foi removido. Pela fé, Cristo foi vencedor.

Novamente a escuridão cobriu a Terra, e houve um violento terremoto seguido de grande confusão. Nas montanhas ao redor, rochas se partiam ao meio, rolando violentamente até a planície. Sepulcros se abriram devolvendo seus mortos. Sacerdotes, soldados, executores e outras pessoas jaziam prostradas no chão.

Quando o brado "Está consumado!" saiu dos lábios de Cristo, era a hora do sacrifício da tarde. O cordeiro que representava Cristo tinha sido trazido para ser morto. O sacerdote estava com o cutelo erguido, e o povo observava. A terra tremeu, pois era o próprio Senhor que Se aproximava. Ruidosamente, o véu do interior do templo foi rasgado de cima a baixo por uma mão invisível, expondo ao olhar da multidão um lugar antes cheio da presença de Deus. O santíssimo do santuário terrestre deixou de ser um lugar sagrado.

Houve terror e confusão por toda parte. O sacerdote estava para terminar o sacrifício da vítima, mas a sua mão, paralisada, deixou cair o cutelo e o cordeiro escapou. O símbolo havia encontrado o seu cumprimento. O grande sacrifício tinha sido feito. Um caminho novo e vivo foi preparado para todos. Dali em diante, o Salvador deveria atuar como Sacerdote e Advogado no Céu dos Céus. "Pelo Seu próprio sangue, Ele entrou no Santo dos Santos, uma vez por todas, e obteve eterna redenção" (Hb 9:12).

79

A Morte de Cristo Derrotou Satanás

Cristo tinha realizado a obra que viera fazer. Agora, em Seu último suspiro, exclamou: "Está consumado!" (Jo 19:30). A batalha está vencida. Todo o Céu triunfou na vitória do Salvador. Satanás sabia que o seu reino estava perdido. Foi pelos anjos e pelos mundos não caídos, como também por nós, que Jesus havia realizado a grande obra da redenção. Até a morte de Cristo, Satanás estava tão revestido do engano que nem os seres santos haviam entendido seus princípios ou visto de maneira clara a natureza da sua rebelião.

Lúcifer havia sido o querubim cobridor, o mais elevado dos seres criados e o primeiro a revelar os planos de Deus para o Universo. Depois que ele pecou, seu poder sedutor ficou ainda mais enganoso e, por causa da exaltada posição que mantinha junto ao Pai, ficou mais difícil desmascarar seu caráter.

Deus podia ter destruído Satanás e seus simpatizantes, mas não o fez. Força e poder compulsório somente são encontrados sob o governo de Satanás. A autoridade do Senhor está em Sua bondade, misericórdia e amor, e Sua forma de agir apresenta esses princípios. O governo de Deus é moral, e a verdade e o amor devem ser o poder nele utilizado.

Nos conselhos celestiais, Deus decidiu que Satanás deveria ganhar tempo para desenvolver os princípios de seu governo. Ele havia afirmado que seus princípios eram superiores aos de Deus. Por isso, Deus deu tempo para o desenvolvimento dos princípios de Satanás a fim de que o universo celestial os observasse. Por quatro mil anos, Cristo trabalhou para erguer a raça humana, e Satanás, para arruiná-la. O universo celestial assistiu a tudo isso.

Desde o tempo em que Jesus apareceu como um bebê em Belém,

Satanás trabalhou para destruí-Lo, tentando evitar que Ele desenvolvesse uma infância perfeita, uma fase adulta sem mancha, um ministério santo e um sacrifício sem mácula. Foi derrotado, pois não conseguiu induzir Jesus ao pecado. Todos os esforços de Satanás para vencê-Lo só fizeram enfatizar o caráter sem mancha do Salvador com luz mais pura.

Com intenso interesse, o Céu e os mundos não caídos acompanharam as derradeiras cenas do conflito. Eles ouviram Seu amargo clamor: "Meu Pai, se for possível, afasta de Mim este cálice" (Mt 26:39). Viram que Sua tristeza era muito profunda, a ponto de exceder o que as pessoas experimentam na última grande luta com a morte. O suor de sangue brotou de Seus poros e, por três vezes, a oração pelo livramento foi arrancada dos Seus lábios. O Céu não pôde mais suportar essa cena, e um mensageiro de conforto foi enviado ao Filho de Deus.

A Terra, o Palco; o Céu, o Auditório

O Céu testemunhou a Vítima ser traída e levada com violência de um tribunal para outro. Ouviu o escárnio de Seus perseguidores e a negação, acompanhada de maldições, de um dos Seus discípulos. Viu o Salvador ser várias vezes arrastado do palácio para o tribunal, duas vezes ser acusado diante dos sacerdotes, duas vezes perante o Sinédrio, duas vezes diante de Pilatos e uma vez perante Herodes, zombado, açoitado, condenado e levado para ser crucificado.

Com espanto, o Céu viu Cristo pendurado na cruz, com o sangue a correr de Sua fronte, mãos e pés feridos. As feridas das mãos se escancaravam com o peso de Seu corpo. Ele ofegava sob o peso dos pecados do mundo. Todo o Céu se encheu de assombro quando, em meio ao Seu terrível sofrimento, Cristo orou: "Pai, perdoa-lhes, pois não sabem o que estão fazendo" (Lc 23:34).

Os poderes das trevas em torno da cruz projetavam a sombra infernal da descrença no coração das pessoas ali reunidas. Instrumentos satânicos induziram as pessoas a acreditar que Cristo era o chefe dos pecadores, fazendo com que elas O detestassem. Os que zombavam de Cristo estavam cheios do espírito do primeiro grande rebelde, que inspirava os insultos. Entretanto, Satanás não ganhou nada com isso.

Se Cristo tivesse cedido a Satanás em um detalhe que fosse, o inimigo teria triunfado. Cristo inclinou a cabeça e morreu, mas Ele estava firmemente seguro à Sua fé. "Então ouvi uma forte voz do céu que dizia: 'Agora veio a salvação, o poder e o Reino do nosso Deus, e a autoridade do Seu

Cristo, pois foi lançado fora o acusador dos nossos irmãos, que os acusa diante do nosso Deus, dia e noite'" (Ap 12:10).

Satanás viu que estava desmascarado e se revelou como assassino. Ao derramar o sangue do Filho de Deus, ele perdeu a simpatia dos seres celestiais. Dali em diante, não podia mais esperar os anjos ao virem das cortes celestiais, nem perante eles acusar os seguidores de Cristo de estarem vestidos com a contaminação do pecado. O último elo de simpatia entre Satanás e o mundo celestial foi rompido.

Nem mesmo nessa ocasião os anjos entenderam tudo o que estava envolvido no grande conflito. Os princípios que estavam em risco deviam ser revelados de maneira mais plena. Tanto os seres humanos como os anjos deviam ver o contraste entre o Príncipe da Luz e o príncipe das trevas. Cada um devia escolher a quem servir.

No início da grande controvérsia, Satanás tinha declarado que ninguém podia obedecer à lei de Deus, que a justiça era incompatível com a misericórdia e que, se a lei fosse quebrada, seria impossível que o pecador fosse perdoado. Se Deus cancelasse o castigo pelo pecado, afirmou Satanás, Ele não seria um Deus de justiça. Quando os nossos primeiros pais transgrediram a lei de Deus, Satanás declarou que isso era uma prova de que a lei não podia ser obedecida; a raça humana não poderia ser perdoada. Por ter sido banido do Céu depois da sua rebelião, Satanás afirmava que a raça humana devia ser excluída para sempre do favor divino. Ele argumentava que Deus não podia ser justo e, ao mesmo tempo, mostrar misericórdia ao pecador.

No entanto, a humanidade estava em uma situação diferente da de Satanás. Lúcifer tinha pecado na luz plena da glória de Deus. Mesmo compreendendo o caráter de Deus, Satanás preferiu seguir sua vontade egoísta. Não havia nada que Deus pudesse fazer para salvá-lo. Os seres humanos, porém, foram enganados e tiveram a mente escurecida pelo sutil argumento de Satanás. Eles não conheciam a largura e a profundidade do amor de Deus. Pela contemplação de Seu caráter, eles podiam ser atraídos de volta para Deus.

Como a Justiça está Combinada com a Misericórdia

Por meio de Jesus, a misericórdia de Deus foi exibida para a humanidade, mas a misericórdia não põe a justiça de lado. A lei não pôde ser mudada; mas, em Cristo, Deus Se sacrificou para a nossa redenção. "Deus em Cristo estava reconciliando consigo o mundo" (2Co 5:19).

A lei requer uma vida justa, um caráter perfeito, e isso nós não temos.

No entanto, como ser humano, Cristo viveu uma vida santa e desenvolveu um caráter perfeito. Essas coisas Ele oferece como dom gratuito para todos os que O receberem. Sua vida substitui a deles. É dessa maneira que eles obtêm perdão para os pecados passados. Mais que isso, Cristo os enche dos atributos divinos. Ele edifica o caráter humano à semelhança do caráter divino. Assim, as "justas exigências da lei" são cumpridas no crente em Cristo (Rm 8:4). Deus pode "ser justo e justificador daquele que tem fé em Jesus" (Rm 3:26).

O objetivo de Satanás tem sido divorciar a misericórdia da verdade e justiça. Cristo mostrou que, no plano de Deus, elas estão juntas. Uma não pode existir sem a outra. "A justiça e a paz se beijarão" (Sl 85:10).

Por Sua vida e morte, Cristo provou que a justiça de Deus não destruiu Sua misericórdia. Ele provou que o pecado pode ser perdoado e que a lei é justa e pode ser perfeitamente obedecida. Cristo refutou as acusações de Satanás.

Outro engano seria agora apresentado por Satanás. Ele declarou que a morte de Cristo abolia a lei do Pai. Se fosse possível mudar ou abolir a lei, não seria preciso que Cristo morresse. Abolir a lei seria imortalizar o pecado e colocar o mundo sob o controle de Satanás. Porque a lei era imutável, Jesus morreu na cruz. No entanto, Satanás apresentou como destruidor da lei o próprio meio pelo qual Cristo a estabeleceu. Isso será o foco do último conflito na grande controvérsia.

A Nova Mentira de Satanás

Satanás agora apresenta a afirmação de que algumas partes da lei pronunciadas pela voz do próprio Deus foram postas de lado. Ele não precisa atacar a lei inteira. Se puder levar as pessoas a desprezarem um só mandamento, ele atinge seu propósito, "pois quem obedece a toda a Lei, mas tropeça em apenas um ponto, torna-se culpado de quebrá-la inteiramente"(Tg 2:10). Ao consentirem na quebra de um só mandamento, as pessoas se colocam sob o poder de Satanás. A respeito do grande poder apóstata, o representante de Satanás, a profecia declara:

> "'Ele falará contra o Altíssimo, oprimirá os Seus santos e tentará mudar os tempos e as leis. Os santos serão entregues nas mãos dele por um tempo, tempos e meio tempo'" (Dn 7:25).

Os seres humanos estabelecerão leis contrárias às leis de Deus e, em seu zelo para aplicar essas leis, oprimirão seus semelhantes.

A guerra contra a lei de Deus continuará até o fim do tempo. Todos terão que escolher entre a lei de Deus e as leis humanas. Haverá apenas duas classes de pessoas. Cada caráter será plenamente desenvolvido. Todos mostrarão se escolheram o lado da lealdade ou o da rebelião.

Então virá o fim. Deus provará a justiça da Sua lei e libertará Seu povo. Satanás e todos os que se uniram a ele serão eliminados. O pecado e os pecadores perecerão com suas raízes e ramos (ver Ml 4:1).

Esse não é um ato arbitrário da parte de Deus. Os que rejeitam Sua misericórdia colhem o que plantaram. Deus é a Fonte, e quando as pessoas escolhem o pecado, se separam dEle. Cristo diz: "Todos os que Me odeiam amam a morte" (Pv 8:36). Deus lhes dá existência por um tempo para que possam desenvolver o caráter e revelar seus princípios. Quando isso é feito, eles recebem os resultados da própria escolha. Satanás e todos os que a ele se unem se colocam tão fora de harmonia com Deus que a própria presença dAquele que é amor os destruirá.

No começo da grande controvérsia, os anjos não entendiam isso. Se Satanás e seus seguidores tivessem morrido nessa ocasião, a dúvida sobre a bondade de Deus teria permanecido na mente dos anjos como uma semente do mal, pronta para produzir seu fruto mortal do pecado.

Não será assim quando o grande conflito terminar. Então, com o plano de redenção completo, o caráter de Deus ficará claramente revelado a todos os seres criados. Os princípios da Sua lei serão vistos como perfeitos e imutáveis. O pecado revelou sua natureza, e Satanás, o seu caráter. O extermínio do pecado provará o amor de Deus e estabelecerá Sua honra diante do Universo.

À luz de tudo isso, os anjos puderam se alegrar ao contemplar a cruz do Salvador. Embora naquela ocasião não entendessem todas as coisas, eles sabiam que a destruição de Satanás era certa, a redenção humana estava garantida e o Universo ficaria eternamente em segurança.

O próprio Cristo compreendia plenamente quais seriam os resultados de Seu sacrifício quando exclamou na cruz: "Está consumado!"

Jesus Descansa na Sepultura de José

Finalmente o longo dia de vergonha e tortura terminou. Enquanto o sol se escondia no horizonte e o sábado começava, o Filho de Deus descansava na sepultura de José. Sua obra estava completa.

No princípio, o Pai e o Filho haviam descansado no sábado, depois da obra da criação (ver Gn 2:1). Todos os seres celestiais se alegraram ao contemplar a gloriosa cena. Agora, Jesus descansava da obra da redenção e, embora houvesse tristeza entre os que O amavam na Terra, havia alegria no Céu. Deus e os anjos viram uma raça redimida que, havendo vencido o pecado, jamais poderia cair – esse foi o resultado da obra consumada por Cristo.

Quando houver a restauração de todas as coisas (ver At 3:21), o sábado da criação, o dia em que Jesus descansou na sepultura de José, ainda será um dia de descanso e regozijo. "De um sábado a outro" (Is 66:23) as nações dos salvos se prostrarão em jubiloso culto a Deus e ao Cordeiro.

Os eventos do dia da crucifixão viram uma nova testemunha da divindade de Cristo. Quando o Salvador pronunciou Seu brado agonizante, outra voz se manifestou dizendo: "Verdadeiramente este era o Filho de Deus!" (Mt 27:54).

Essas palavras não foram apenas sussurradas. Quem as teria pronunciado? Foi o centurião, o soldado romano. A paciência divina do Salvador, Sua morte súbita e o grito de vitória em Seus lábios haviam impressionado aquele pagão. No corpo alquebrado pendurado na cruz, o centurião reconheceu o Filho de Deus. No mesmo dia da morte do Redentor, três homens declararam sua fé – o comandante da guarda romana, o que carregou a cruz de Jesus e o que morreu a Seu lado.

Ao se aproximar a noite, um estranho silêncio pairou sobre o Calvário. Muitos haviam comparecido à crucifixão por curiosidade e não por ódio a Cristo. Mesmo assim, eles olhavam para Cristo como se Ele fosse um criminoso. Com toda aquela comoção, eles tinham se unido à multidão na zombaria e insultos contra Ele. Quando a Terra ficou envolta em trevas, eles se sentiram culpados de um grande erro. Quando a escuridão se dissipou, foram para casa em solene silêncio, convencidos de que as acusações dos sacerdotes eram falsas e que Jesus não era um impostor. Poucas semanas mais tarde, quando Pedro pregou no dia de Pentecostes, essas pessoas estavam entre os milhares que se tornaram crentes em Cristo.

Os líderes judeus não mudaram, nem seu ódio diminuiu. A escuridão da crucifixão não foi mais densa do que a escuridão que ainda envolvia a mente deles. A natureza inanimada conhecia a Cristo e deu testemunho de Sua divindade. Os sacerdotes e líderes religiosos, porém, não reconheceram o Filho de Deus. Eles mataram a Cristo, mas até na hora do aparente triunfo deles, as dúvidas os deixaram perturbados. O que aconteceria agora? Eles tinham ouvido o brado: "Está consumado!" (Jo 19:30). Haviam sentido o terremoto e estavam apreensivos. Agora, temiam o Cristo morto mais do que haviam temido o Cristo vivo. Também temiam qualquer atenção adicional aos eventos ligados à Sua crucifixão. Por isso, de nenhuma maneira permitiriam que o corpo de Cristo permanecesse na cruz durante o sábado. Assim, usando o sábado como pretexto, líderes judeus solicitaram que Pilatos apressasse a morte das vítimas e que removessem seus corpos antes do pôr do sol.

Pilatos concordou, e os soldados quebraram as pernas dos dois ladrões para apressar a morte deles. Mas Jesus já estava morto. Os rudes soldados, enternecidos pelo que haviam ouvido e visto de Cristo, se abstiveram de quebrar Suas pernas. Isso cumpria a lei da Páscoa – "'Não deixarão sobrar nada até o amanhecer e não quebrarão nenhum osso do cordeiro'" (Nm 9:12).

Os sacerdotes e líderes religiosos ficaram admirados ao verem que Cristo estava morto. Era algo inusitado alguém morrer em seis horas de crucifixão. Os sacerdotes quiseram se certificar de que Jesus estava morto e sugeriram que um soldado ferisse o lado do Salvador com uma lança. Do corte saíram dois líquidos diferentes: um era sangue e o outro, água.

João declara: "Em vez disso, um dos soldados perfurou o lado de Jesus com uma lança, e logo saiu sangue e água. Aquele que o viu, disso deu testemunho, e o seu testemunho é verdadeiro. Ele sabe que está dizendo a verdade, e dela testemunha para que vocês também creiam. Estas coisas aconteceram para que se cumprisse a Escritura: 'Nenhum dos seus ossos será quebrado', e, como diz a Escritura noutro lugar: 'Olharão para Aquele que traspassaram'" (Jo 19:34-37).

Depois da ressurreição, os sacerdotes fizeram circular o relato de que Cristo não havia morrido na cruz, mas que meramente desmaiara, recobrando, mais tarde, os sentidos. A ação dos soldados romanos prova que Ele já estava morto. Se a vida dEle já não tivesse se extinguido, aquele ferimento teria provocado morte instantânea.

Não foi a perfuração da lança nem a dor da cruz que causaram a morte de Jesus. Aquele clamor pronunciado "em alta voz" (Mt 27:50; Lc 23:46) no momento da morte e a corrente de sangue e água demonstram que Ele morreu pela ruptura do coração. Seu coração foi partido pela angústia mental. Foi o pecado do mundo que O matou.

Os Discípulos Desanimam

Com a morte de Cristo, também morreram as esperanças dos Seus discípulos. Eles mal podiam acreditar que Jesus estava morto; pois, até o fim, não acreditavam que Ele morreria. Estavam esmagados pela dor, e nada do que Ele dissera lhes servia de consolo. Embora nunca tivessem amado seu Senhor como agora, sua fé em Jesus havia morrido. Nunca Sua presença tinha sido tão necessária para eles.

Os discípulos de Cristo queriam muito dar-Lhe um sepultamento honroso, mas não sabiam como consegui-lo. As pessoas que eram mortas por traição contra o governo romano deviam ser sepultadas em um terreno separado para criminosos. João e as mulheres da Galileia não podiam deixar o corpo de seu Senhor nas mãos de soldados insensíveis para ser sepultado em uma tumba desonrada. No entanto, eles não podiam esperar favores das autoridades judaicas, nem mesmo tinham alguma influência sobre Pilatos.

Nessa emergência, José de Arimateia e Nicodemos socorreram os discípulos. Ambos eram membros do Sinédrio e conheciam Pilatos. Os dois eram ricos e influentes e estavam decididos a tomar as providências necessárias para que o corpo de Jesus recebesse um sepultamento digno.

Ajuda de Onde Menos se Esperava

José foi ousadamente a Pilatos e pediu-lhe o corpo de Jesus. Só então Pilatos ficou sabendo que Jesus estava morto. O conhecimento da morte de Cristo havia sido propositadamente ocultado dele. Ao ouvir o pedido de José, ele mandou buscar o centurião encarregado da crucifixão, de quem ouviu um relatório sobre os eventos do Calvário, o qual confirmava o testemunho de José.

José retornou com a ordem de Pilatos de que lhe entregassem o corpo de Jesus. Nicodemos chegou trazendo consigo cerca de cinquenta quilos de uma cara mistura de mirra e aloés para embalsamá-Lo. Nem o mais honrado homem de toda Jerusalém poderia ser objeto de tamanha demonstração de respeito na morte. Os discípulos ficaram pasmados.

Nem José nem Nicodemos tinham aceitado abertamente ao Salvador enquanto Ele estava vivo. Essa decisão os teria excluído do Sinédrio, e eles esperavam poder protegê-Lo por meio da influência que exerciam sobre o conselho. Entretanto, os astutos sacerdotes neutralizaram seus planos. Jesus tinha sido condenado enquanto José e Nicodemos estavam ausentes. A partir de então, esses dois homens não esconderam mais sua ligação com o Salvador e vieram corajosamente em auxílio dos pobres discípulos.

Com delicadeza e reverência, eles baixaram o corpo de Jesus da cruz. Lágrimas de compaixão caíam ao olharem o corpo lacerado e ferido. José tinha um sepulcro novo, escavado na rocha, que estava reservado para si mesmo. Como estava localizado perto do Calvário, ele o preparou para Jesus. Ali, com a ajuda de João, eles acomodaram os braços e pernas feridos e cruzaram as mãos machucadas sobre o peito sem pulso. Então rolaram a pesada pedra até a entrada da tumba, e ali o Salvador foi deixado a descansar.

Quando as sombras da noite iam caindo, Maria Madalena e as outras Marias estavam por ali, perto do lugar de descanso do seu Senhor. "Então, foram para casa. [...] E descansaram no sábado, em obediência ao mandamento" (Lc 23:56).

Os discípulos, os sacerdotes, líderes religiosos, escribas e o povo nunca esqueceriam aquele sábado. Os judeus observaram a Páscoa como haviam feito por séculos, enquanto Aquele para quem ela apontava jazia na tumba de José. Adoradores enchiam os pátios do templo. O sumo sacerdote estava ali, esplendidamente vestido. Os sacerdotes, cheios de atividade, realizavam suas tarefas.

Alguns dos presentes ficaram inquietos quando o sangue de novilhos e bodes foi oferecido pelo pecado. Eles não estavam cientes de que o símbolo tinha encontrado seu cumprimento, que um sacrifício infinito tinha sido feito pelos pecados do mundo. Nunca antes haviam testemunhado esse serviço religioso com sentimentos tão conflitantes. Em tudo havia um sentimento de estranheza. O lugar santíssimo sempre tinha sido sagradamente guardado de qualquer intruso, mas agora estava exposto aos olhos de todos – um lugar não mais reconhecido pelo Senhor. A exposição do lugar santíssimo encheu os sacerdotes de medo de uma calamidade iminente.

Muitos se Voltam para o Estudo da Bíblia

Entre a crucifixão e a ressurreição, muitos olhos insones estiveram estudando as profecias, alguns tentando encontrar provas de que Jesus não era o que afirmava ser, e outros procurando provas de que Ele era o verdadeiro Messias. Embora investigassem com diferentes objetivos, todos se convenceram da mesma verdade – a profecia havia se cumprido; o Crucificado era o Redentor do mundo. Mesmo entre os sacerdotes, muitos estudaram as profecias e, depois da ressurreição, reconheceram Jesus como o Filho de Deus.

Nicodemos se lembrou das palavras que Jesus pronunciou naquela noite no Monte das Oliveiras: "Da mesma forma como Moisés levantou a serpente no deserto, assim também é necessário que o Filho do homem seja levantado, para que todo o que nEle crer tenha a vida eterna" (Jo 3:14, 15). As palavras que Jesus havia lhe dirigido não eram mais misteriosas. Ele sentia que havia perdido muito por não ter estabelecido uma ligação com o Salvador durante Sua vida. A oração de Cristo por Seus assassinos e Sua resposta ao ladrão moribundo falaram ao coração do erudito membro do conselho. Outra vez, ele ouviu o último brado, "Está consumado!", exclamado como palavras de um Vencedor. Sua fé ficou para sempre estabelecida. O evento que destruiu as esperanças dos discípulos convenceu José e Nicodemos da divindade de Jesus.

Jesus nunca havia atraído tanta atenção das multidões como agora que estava na tumba. As pessoas levaram seus doentes para os pátios do templo. Em todos os lugares, eles clamavam: "Queremos Cristo, o Médico!" As mãos amistosas de Jesus, que nunca haviam recusado tocar o repugnante leproso para curá-lo, estavam cruzadas sobre o peito. Os lábios que haviam respondido ao pedido do leproso com as palavras "Quero. Seja purificado!" (Mt 8:3), agora estavam silentes. Muitos estavam determinados a ter o Cristo vivo entre eles outra vez. Com persistente ansiedade perguntavam por Ele. No entanto, os líderes os expulsaram dos pátios do templo. Soldados foram colocados de sentinela para afastar as multidões com seus doentes e moribundos.

A tristeza esmagava os sofredores em sua decepção. Os doentes estavam morrendo pela falta do toque curador de Jesus. Nenhum médico podia ajudar. Não havia ninguém com habilidade semelhante à dAquele que jazia na tumba de José.

Para milhares de mentes, veio a convicção de que se havia apagado a grande Luz do mundo. Sem Cristo, a Terra era trevas. Muitos, cujas vozes tinham se unido ao clamor "Crucifica-O, crucifica-O!", perceberam a tragédia que tinha se abatido sobre eles.

Quando o povo soube que Jesus havia sido executado pelos sacerdotes, começou a haver indagações. Os detalhes de Seu julgamento eram mantidos tão reservados quanto possível, mas relatos sobre a desumanidade dos sacerdotes e líderes religiosos começaram a circular por todas as partes. Pessoas de intelecto convocaram esses sacerdotes e líderes para que explicassem as profecias sobre o Messias. Enquanto tentavam forjar alguma mentira para responder, passaram a agir como loucos. Não podiam explicar as profecias que apontavam para os sofrimentos e morte de Cristo.

Os sacerdotes sabiam que estavam enfrentando fortes críticas do povo. Os que tinham sido influenciados por eles contra Jesus estavam horrorizados com sua vergonhosa obra. Esses sacerdotes estremeciam por temer que o próprio Cristo ressuscitasse dos mortos e aparecesse perante eles outra vez. Lembraram-se do que Ele tinha dito: "Destruam este templo, e Eu o levantarei em três dias" (Jo 2:19). Judas tinha relatado a eles as palavras ditas por Jesus na última viagem a Jerusalém: "Estamos subindo para Jerusalém, e o Filho do homem será entregue aos chefes dos sacerdotes e aos mestres da lei. Eles O condenarão à morte e O entregarão aos gentios para que [...] O crucifiquem. No terceiro dia Ele ressuscitará!" (Mt 20:18, 19). Lembraram-se de que, até ali, as predições de Cristo tinham se cumprido. Quem poderia dizer que essa também não aconteceria como predita?

Eles queriam afastar esses pensamentos, mas não conseguiam. A imagem de Cristo invadia a mente deles: sereno e sem queixas diante dos Seus inimigos, enfrentando, sem reclamar, seus insultos e abusos. Uma avassaladora convicção veio sobre eles de que Aquele era o Filho de Deus. A qualquer momento, Ele poderia estar diante deles, o acusado passando a acusador, o que fora morto exigindo justiça na morte dos que O assassinaram.

Embora não quisessem passar pela soleira da porta de um gentio por temor de contaminação, naquele sábado, eles tiveram com o conselho uma reunião a respeito do corpo de Cristo. "Os chefes dos sacerdotes e os fariseus dirigiram-se a Pilatos e disseram: 'Senhor, lembramos que, enquanto ainda estava vivo, aquele impostor disse: "Depois de três dias ressuscitarei". Ordena, pois, que o sepulcro dEle seja guardado até o terceiro dia, para que não venham Seus discípulos e, roubando o corpo, digam ao povo que Ele ressuscitou dentre os mortos. Este último engano será pior do que o primeiro'. 'Levem um destacamento', respondeu Pilatos. 'Podem ir, e mantenham o sepulcro em segurança como acharem melhor'" (Mt 27:62-65).

Os sacerdotes deram instruções quanto à segurança do sepulcro. Uma grande pedra tinha sido colocada sobre a entrada. Por toda a pedra, foram colocadas cordas, sobre as quais foi aplicado o selo romano. Uma guarda de cem soldados foi então colocada ao redor da tumba para evitar que alguém a tocasse. Era tanta a segurança com que Jesus foi selado em Sua sepultura que parecia que Ele ficaria ali para sempre.

Os esforços que eles fizeram para evitar a ressurreição de Cristo são os argumentos mais convincentes para comprová-la. Quanto maior o número de soldados colocados em volta da tumba, mais forte era o testemunho de que Ele tinha ressuscitado. Todo o poder romano foi incapaz de manter o Senhor da vida confinado à sepultura. A hora da Sua libertação estava próxima.

"O Senhor Ressuscitou"*

A noite do primeiro dia da semana tinha passado lentamente. Cristo ainda era prisioneiro da Sua tumba. O selo romano estava intacto; os guardas romanos se mantinham em alerta. Se tivesse sido possível, o príncipe das trevas teria mantido a tumba que guardava o Filho de Deus selada para sempre. Mas poderosos anjos celestiais estavam à espera para saudar o Príncipe da vida.

"E eis que sobreveio um grande terremoto, pois um anjo do Senhor desceu dos Céus" (Mt 28:2). Os brilhantes raios da glória de Deus iluminaram seu caminho. "Sua aparência era como um relâmpago, e suas vestes eram brancas como a neve. Os guardas tremeram de medo e ficaram como mortos" (v. 3, 4).

Esse mensageiro era o anjo que ocupou a posição que Satanás perdeu. Quando ele afastou a pedra, parecia que o Céu descia à Terra. Os soldados o viram remover a pedra como se ela fosse um seixo e o ouviram exclamar: "Filho de Deus, sai para fora; o Seu Pai está chamando". Eles viram Jesus sair do sepulcro e O ouviram proclamar sobre a tumba aberta: "Eu sou a ressurreição e a vida". Ao sair em glória e majestade, a multidão de anjos O saudou com cânticos de louvor.

Ao verem os anjos e o Salvador glorificado, os guardas romanos desmaiaram, ficando como mortos. Quando já não se podia ver o cortejo celestial, eles se levantaram e, cambaleantes como se estivessem bêbados, correram para a cidade e contaram a todos que encontraram a maravilhosa notícia. Eles estavam a caminho do palácio de Pilatos, mas os sacerdotes e líderes religiosos mandaram dizer-lhes que fossem se encontrar primeiro com eles. Pálidos e tremendo de medo, os soldados contaram tudo o que viram. Disseram: "O que foi crucificado era o Filho de Deus; ouvimos um anjo

* Este capítulo é baseado em Mateus 28:2-4; 11-15.

proclamá-Lo como a Majestade do Céu, o Rei da glória!"

Caifás Incita o Engano

Caifás tentou falar. Seus lábios se moviam, mas não conseguiam emitir nenhum som. Os soldados estavam para ir embora quando, finalmente, Caifás conseguiu falar. "Esperem", ele disse. "Não contem para ninguém as coisas que vocês viram."

"Vocês devem declarar o seguinte", disseram os sacerdotes. "Os discípulos dEle vieram durante a noite e furtaram o corpo, enquanto estávamos dormindo." Então os sacerdotes se excederam, pois se os soldados estavam dormindo, como puderam saber do ocorrido? Se os discípulos fossem comprovadamente os culpados de terem furtado o corpo de Jesus, não seriam os sacerdotes os primeiros a condená-los? Ou, ainda, se as sentinelas tivessem dormido, não seriam, da mesma forma, os sacerdotes os primeiros a acusá-los diante de Pilatos?

Os soldados estavam apavorados. Dormir em seu posto era um delito punido com a morte. Deveriam eles mentir, pondo em risco a própria vida? Mesmo recebendo dinheiro, como enfrentariam o julgamento, se cometiam perjúrio?

Os sacerdotes prometeram garantir a segurança da guarda dizendo que Pilatos não ia querer que um relatório como esse circulasse mais do que já havia circulado. Os soldados romanos venderam sua integridade por dinheiro. Foram aos sacerdotes carregando uma surpreendente mensagem de verdade; saíram dali carregando dinheiro e, na língua, um relatório mentiroso.

Enquanto isso, o relato da ressurreição de Cristo já tinha chegado a Pilatos. Embora tivesse condenado o Salvador contra a vontade, ele não tinha sentido, até então, nenhuma dor de consciência. Aterrorizado, trancou-se dentro de casa decidido a não se encontrar com ninguém. Os sacerdotes foram até ele e insistiram que relevasse a negligência dos guardas no cumprimento do dever. Privadamente, ele interrogou os guardas, que não se atreveram a ocultar nada. Isso permitiu que Pilatos extraísse deles uma descrição de tudo o que havia acontecido. Apesar disso, não tomou nenhuma atitude no aspecto legal. Entretanto, dali em diante não houve mais paz para ele.

Ao matarem Cristo, os sacerdotes haviam feito de si mesmos instrumentos de Satanás. Estavam agora inteiramente sob seu poder, emaranhados em uma armadilha da qual não viam nenhum escape a não ser continuar sua guerra contra Cristo. A única esperança para eles era provar que Cristo era um impostor, negando que Ele havia ressuscitado. Eles subornaram os soldados e fizeram acertos para obter o silêncio de Pilatos.

Entretanto, havia testemunhas a quem não podiam calar. Muitos tinham ouvido o testemunho dos soldados sobre a ressurreição de Cristo. Alguns dos mortos ressuscitados com Cristo apareceram para muitos e declararam que Ele havia ressuscitado. Os sacerdotes e líderes religiosos estavam em contínuo temor de que, ao andarem pelas ruas, ou na privacidade de suas casas, viessem a se encontrar face a face com Cristo. Ferrolhos e travas eram proteção muito frágil contra o Filho de Deus. Dia e noite, estava diante deles a terrível cena, quando clamaram: "Que o sangue dEle caia sobre nós e sobre nossos filhos!" (Mt 27:25).

A Garantia da Nossa Ressurreição

Quando o poderoso anjo falou diante da sepultura de Jesus, dizendo: "O Seu Pai está chamando", o Salvador saiu do sepulcro para a vida que estava nEle próprio. Cristo tinha proclamado em triunfo: "Eu sou a ressurreição e a vida". Somente a Divindade podia falar essas palavras. Todos os seres criados são dependentes de Deus, pois dEle recebem a vida. Somente Aquele que é um com Deus podia dizer: "Eu tenho autoridade para dar a Minha vida e para retomá-la" (ver Jo 10:18).

Cristo ressuscitou dos mortos como os primeiros frutos dos que dormiram, e Sua ressurreição teve lugar no mesmo dia em que o feixe movido devia ser apresentado diante do Senhor. Por mais de mil anos, quando o povo subia a Jerusalém para a Páscoa, o feixe dos primeiros frutos, as primeiras espigas de grãos maduros, era movido como uma oferta de agradecimento. A colheita do grão não podia continuar até que isso fosse apresentado. O feixe dedicado a Deus representava a colheita. Assim a ressurreição de Cristo é a representação e a garantia da ressurreição de todos os justos mortos. "Se cremos que Jesus morreu e ressurgiu, cremos também que Deus trará, mediante Jesus e juntamente com Ele, aqueles que nEle dormiram" (1Ts 4:14).

Muitos Ressuscitaram com Jesus

Ao ressuscitar, Cristo tirou do sepulcro uma multidão de cativos (ver Mt 27:52). Foram esses que deram testemunho da verdade, à custa da própria vida. Agora, eles deviam ser testemunhas dAquele que os havia ressuscitado.

Durante Seu ministério, Jesus tinha dado vida a alguns mortos. Esses que foram ressuscitados não foram revestidos de imortalidade.

Eles ainda estavam sujeitos à morte. No entanto, os que saíram da sepultura na ressurreição de Cristo foram ressuscitados para a vida eterna. Posteriormente, subiram com Ele como troféus da Sua vitória sobre a morte e a sepultura. Agora, os mesmos entraram na cidade e apareceram para muitos, declarando: "Cristo ressurgiu dos mortos, e nós ressurgimos com Ele". Os remidos ressuscitados deram testemunho sobre a verdade das palavras: "Mas os teus mortos viverão; seus corpos ressuscitarão" (Is 26:19).

Em nosso Salvador, a vida que foi perdida por causa do pecado é restaurada. A Ele é concedido o direito de dar a imortalidade. "Eu vim para que tenham vida, e a tenham plenamente" (Jo 10:10). "Todo o que come a Minha carne e bebe o Meu sangue tem a vida eterna, e Eu o ressuscitarei no último dia" (Jo 6:54). Para o cristão, a morte é apenas um sono, um momento de silêncio e escuridão. "Quando Cristo, que é a sua vida, for manifestado, então vocês também serão manifestados com Ele em glória" (Cl 3:4).

A Voz que exclamou da cruz: "Está consumado!", penetrará as sepulturas e abrirá as tumbas, e os mortos em Cristo ressuscitarão. Na ressurreição do Salvador, algumas poucas sepulturas foram abertas; mas, na Sua segunda vinda, todos os queridos mortos ouvirão a Sua voz e ressurgirão para uma gloriosa vida imortal. O mesmo poder que levantou a Cristo dentre os mortos levantará a Sua igreja acima de todos os poderes, não somente deste mundo, mas também do mundo por vir.

"Mulher, Por Que Você Está Chorando?"*

No primeiro dia da semana, muito cedo, as mulheres que tinham estado ao lado da cruz se dirigiram para a sepultura a fim de ungir o corpo do Senhor. Elas não pensavam em Sua ressurreição. O sol da esperança se havia posto, e elas sequer se lembravam das Suas palavras: "Eu os verei outra vez" (Jo 16:22).

Sem saber o que estava acontecendo naquele momento, elas se aproximaram do jardim dizendo: "Quem removerá para nós a pedra da entrada do sepulcro?" De repente, os céus se iluminaram de glória e a terra tremeu. A grande pedra tinha sido removida. A tumba estava vazia!

Maria Madalena foi a primeira a chegar ao local. Vendo que a pedra tinha sido removida, foi correndo contar para os discípulos. Enquanto isso, chegaram as outras mulheres. Uma luz brilhava em torno da sepultura, mas o corpo de Jesus não estava lá.

Enquanto estavam por ali, notaram que não estavam sós. Um jovem vestido de resplandecente branco estava sentado ao lado da tumba. Era o anjo que tinha afastado a pedra. Ele havia tomado a forma de ser humano para não assustar aquelas amigas de Jesus. No entanto, a luz da glória celestial ainda brilhava em torno dele e as mulheres tiveram medo. "Não tenham medo!", disse o anjo. "Sei que vocês estão procurando Jesus, que foi crucificado. Ele não está aqui; ressuscitou, como tinha dito. Venham ver o lugar onde Ele jazia. Vão depressa e digam aos discípulos dEle: Ele ressuscitou dentre os mortos" (Mt 28:5-7).

Elas olharam para a tumba, e outro anjo em forma humana disse: "Por que vocês estão procurando entre os mortos Aquele que vive?

* Este capítulo é baseado em Mateus 28:1, 5-8; Marcos 16:1-8; Lucas 24:1-12; João 20:1-18.

Ele não está aqui! Ressuscitou! Lembrem-se do que Ele lhes disse, quando ainda estava com vocês na Galileia: 'É necessário que o Filho do homem seja entregue nas mãos de homens pecadores, seja crucificado e ressuscite no terceiro dia'" (Lc 24:5-7).

Só então as mulheres se lembraram – Ele disse que ressuscitaria! Que dia é este para o mundo! Apressadamente elas saíram dali "amedrontadas e cheias de alegria, e foram correndo anunciá-lo aos discípulos de Jesus" (Mt 28:8).

Maria não tinha ouvido a boa notícia. Ela foi a Pedro e João com a triste mensagem: "Levaram embora o meu Senhor [...] e não sei onde O puseram" (Jo 20:13. Os discípulos saíram correndo para a sepultura e viram a mortalha e o lençol, mas não encontraram o seu Senhor. Havia, no entanto, ali mesmo, evidências de que Ele havia ressuscitado. As vestes mortuárias não estavam jogadas, desarrumadas, para os lados, mas cuidadosamente dobradas, cada uma em seu lugar. João "viu e creu". Ele então se lembrou das palavras do Salvador predizendo a Sua ressurreição.

O próprio Cristo arrumou as vestes mortuárias com todo o cuidado. Enquanto o poderoso anjo vindo do Céu afastava a pedra, outro anjo entrou na tumba e desatou os panos que envolviam o corpo de Jesus. No entanto, foram as mãos do Salvador que dobraram cada um deles, colocando-os em lugar adequado. Aos olhos dAquele que guia tanto a estrela como o átomo, nada é sem importância.

Jesus Se Revela

Maria havia acompanhado João e Pedro até a tumba. Quando eles voltaram para Jerusalém, ela ficou. A dor enchia seu coração. Olhando para a tumba vazia, ela viu os dois anjos, um na cabeceira e o outro aos pés de onde Jesus estivera. "Mulher, por que está chorando?", eles perguntaram. "Levaram embora o meu Senhor", ela respondeu, "e não sei onde O puseram".

Ela se virou, pensando achar alguém que pudesse lhe dizer o que tinham feito com o corpo. Outra voz se dirigiu a ela: "Mulher, por que está chorando? Quem você está procurando?" Através das lágrimas, Maria viu um homem. Achando que era o jardineiro, disse: "Se o senhor O levou embora, diga-me onde O colocou, e eu O levarei". Se aquele sepulcro do homem rico era considerado por demais honrado para Jesus, ela mesma conseguiria um lugar para Ele. Havia uma sepultura que a voz do próprio Cristo havia deixado vazia, aquela onde estivera Lázaro.

Entretanto, com Sua voz familiar, Jesus disse a ela: "Maria". Virando-se, viu em frente a ela o Cristo vivo! Dirigindo-se a Ele como se fosse abraçar Seus pés, ela disse: "Rabôni!" [Mestre]. Mas Cristo ergueu as mãos dizendo: "Não Me segure, pois ainda não voltei para o Pai. Vá, porém, a Meus irmãos e diga-lhes: Estou voltando para Meu Pai e Pai de vocês, para Meu Deus e Deus de vocês" (Jo 20:17). Maria se pôs a caminho com a feliz mensagem.

Jesus recusou a homenagem de Seu povo até ascender às cortes celestiais e ouvir do próprio Deus a garantia de que a Sua expiação por nossos pecados tinha sido ampla e que, por meio do Seu sangue, todos podiam ter a vida eterna. O Pai confirmou o pacto feito com Cristo, de que Ele receberia homens e mulheres arrependidos e os amaria da mesma maneira como ama Seu Filho. Todo o poder no Céu e na Terra foi dado ao Príncipe da vida, e Ele voltou para os Seus seguidores em um mundo de pecado, para que pudesse dar a eles Seu poder e glória.

Enquanto o Salvador estava na presença de Deus recebendo dons para a Sua igreja, os discípulos choravam e lamentavam. Aquele dia de júbilo para todo o Céu foi um dia de confusão e perplexidade para eles. A descrença no testemunho das mulheres demonstra o quanto a fé deles havia declinado. Eles não conseguiam acreditar na notícia. Já tinham ouvido tanto sobre as assim chamadas teorias dos saduceus que mal sabiam o que significava ressuscitar dos mortos.

"Vão", disse o anjo para as mulheres, "e digam aos discípulos dEle e a Pedro: 'Ele está indo adiante de vocês para a Galileia. Lá vocês O verão, como Ele lhes disse'" (Mc 16:7). A mensagem desses anjos aos discípulos deveria tê-los convencido da verdade sobre a ressurreição de Cristo. Aquelas palavras só poderiam ter vindo dos mensageiros do seu Senhor ressuscitado.

Desde a morte de Cristo, Pedro estava amargurado pelo remorso. Sua vergonhosa negação do Senhor estava sempre em sua mente. De todos os discípulos, o que tinha sofrido mais amargamente fora ele. A mensagem dos anjos lhe deu a certeza de que seu arrependimento tinha sido aceito, pois eles o mencionaram pelo nome.

Quando Maria Madalena disse aos discípulos que tinha visto o Senhor, ela repetiu o convite para encontrá-Lo na Galileia. Pela terceira vez, a mensagem lhes foi enviada. Depois de ter subido ao Pai, Jesus apareceu para as outras mulheres, dizendo: "Vão dizer a Meus irmãos que se dirijam para a Galileia; lá eles Me verão" (Mt 28:10).

A primeira obra de Cristo depois da Sua ressurreição foi convencer Seus discípulos do Seu inalterável amor e terna consideração para com eles. Ele queria estreitar ainda mais Seu vínculo de amor em torno deles. "Vão", disse Ele, "e digam a Meus irmãos para se encontrarem comigo na Galileia".

Entretanto, nem assim os discípulos puderam se livrar da dúvida e da perplexidade. Mesmo quando as mulheres declararam ter visto o Senhor, os discípulos acharam que aquilo era pura ilusão.

Parecia que os problemas estavam se acumulando: eles tinham presenciado a morte de seu Mestre, foram privados de Seu corpo e acusados de tê-lo roubado a fim de enganar o povo. Já não tinham esperança de corrigir as falsas impressões que vinham ganhando terreno. Temiam o ódio dos sacerdotes e a raiva do povo. Desejavam muito ter a presença de Jesus entre eles.

Muitas vezes, repetiram as palavras: "Nós esperávamos que era Ele que ia trazer a redenção a Israel" (Lc 24:21). Solitários e de coração abatido, eles se reuniram no salão do andar de cima, a portas fechadas e trancadas, pois sabiam que, a qualquer momento, a sorte do seu amado Mestre poderia ser a deles também.

E pensar que todo esse tempo eles podiam estar se alegrando com a ressurreição do Salvador! Muitos ainda estão fazendo como os discípulos. O Salvador está bem ao lado deles, mas seus olhos banhados de lágrimas não O reconhecem. Fala-lhes, mas eles não entendem.

"Vão depressa e digam aos discípulos dEle: 'Ele ressuscitou'". Não olhem para a tumba vazia. Que de corações agradecidos e de lábios tocados pelo fogo possa brotar o alegre cântico: Cristo ressuscitou! Ele vive para interceder por nós.

A Caminhada para Emaús*

No dia da ressurreição, no fim da tarde, dois discípulos estavam a caminho de Emaús, uma pequena cidade a doze quilômetros de Jerusalém. Esses discípulos tinham vindo para comemorar a Páscoa e ficaram perplexos demais com os eventos ocorridos. Eles tinham ouvido a notícia sobre a retirada do corpo de Cristo como também o relato das mulheres que tinham visto os anjos e encontrado a Jesus. Voltando para casa, conversavam sobre as cenas do julgamento e da crucifixão. Nunca antes estiveram tão completamente desanimados.

Durante a jornada, um estranho se uniu a eles; mas, de tão absortos que estavam em sua tristeza, não se preocuparam em observá-Lo mais detidamente. Eles continuaram a expressar seus pensamentos e a discutir as lições que Cristo havia ministrado, as quais pareciam incapazes de compreender. Jesus desejava confortá-los. Ele entendia as ideias contraditórias que os deixaram confusos e pensativos: Poderia aquele homem, que permitiu ser tão humilhado, ser o Cristo? Eles choravam. Jesus queria muito enxugar suas lágrimas e enchê-los de alegria e felicidade. No entanto, primeiro, era preciso ensinar-lhes algumas lições que nunca seriam esquecidas.

"Ele lhes perguntou: 'Sobre o que vocês estão discutindo enquanto caminham?' Eles pararam, com os rostos entristecidos. Um deles, chamado Cleopas, perguntou-Lhe: 'Você é o único visitante em Jerusalém que não sabe das coisas que ali aconteceram nestes dias?'" (Lc 24:17, 18). Então Lhe contaram da sua decepção a respeito de seu Mestre, "um profeta, poderoso em palavras e em obras diante de Deus e de todo o povo", mas "os chefes dos sacerdotes e as nossas autoridades O entregaram para ser condenado à morte, e

* Este capítulo é baseado em Lucas 24:13-33.

O crucificaram". Com lábios trêmulos, acrescentaram: "Nós esperávamos que era Ele que ia trazer a redenção a Israel. E hoje é o terceiro dia desde que tudo isso aconteceu" (v. 19-21).

O mais estranho é que eles não se lembravam das palavras de Cristo nem compreendiam que Ele havia predito que ressuscitaria no terceiro dia. Os sacerdotes e líderes religiosos não esqueceram!

Sem ser Reconhecido Jesus Explica as Escrituras

"Ele lhes disse: 'Como vocês custam a entender e como demoram a crer em tudo o que os profetas falaram! Não devia o Cristo sofrer estas coisas, para entrar na Sua glória?'" (v. 25, 26). Quem seria esse, para falar com tal sinceridade e simpatia? Pela primeira vez, começaram a ter esperança. Várias vezes olharam para o seu acompanhante, achando que as palavras dEle eram exatamente as que Cristo teria falado.

Começando por Moisés, o início da história bíblica, Cristo explicou as coisas concernentes a Ele próprio em todas as Escrituras. Se Ele tivesse Se revelado logo de início, eles não teriam desejado nada mais. Porém era preciso que eles entendessem os símbolos e profecias do Antigo Testamento. Sobre elas é que sua fé devia estar firmada. Cristo não realizou nenhum milagre a fim de convencê-los. Seu primeiro trabalho foi explicar as Escrituras. Ele demonstrou, a partir dos profetas, que Sua morte era a evidência mais forte para sua fé.

Jesus mostrou a importância do Antigo Testamento como testemunha da Sua missão. O Antigo Testamento revela o Salvador tão claramente quanto o Novo. É a luz do passado profético que apresenta os ensinamentos do Novo Testamento com clareza e beleza. Comparar as profecias do Antigo Testamento com a história do Novo nos fornece uma prova ainda mais forte do que os milagres de Cristo.

Os discípulos tinham esperado um Messias que assumisse Seu trono e poder reais da maneira que o povo queria, e era isso que os deixava desorientados. Os discípulos de Cristo tinham que entender a taça de sofrimento que Lhe havia sido entregue. Ele lhes mostrou que o tremendo conflito foi o cumprimento do pacto feito antes da fundação do mundo. Cristo devia morrer, assim como todo transgressor da lei deve morrer se continuar em pecado. Tudo isso devia acontecer, mas não terminaria em derrota, e sim em gloriosa vitória. Jesus disse que eles deviam se esforçar ao máximo para salvar o mundo do pecado. Seus seguidores devem viver como Ele viveu e trabalhar como Ele trabalhou – com persistente esforço.

Cristo falou a Seus discípulos dessa maneira a fim de ajudá-los a entender as Escrituras. Quando Ele lhes falou da destruição de Jerusalém, eles derramaram lágrimas ao contemplarem a condenada cidade. Ainda nem suspeitavam quem era o seu companheiro de viagem, pois Cristo referia a Si mesmo como se fosse outra pessoa. Como eles, Jesus caminhava com cuidado sobre as pedras ásperas, parando de vez em quando para descansar um pouco.

O Coração Deles foi Atraído para o Estranho

Durante a viagem, o sol tinha se posto e os lavradores dos campos já haviam deixado seu trabalho. Quando os discípulos estavam para entrar na casa deles, o estranho deu a entender que continuaria Sua viagem. Mas os discípulos tinham fome de ouvir mais dEle. "Fique conosco", disseram. Ele não aceitou o convite imediatamente, então eles insistiram: "A noite já vem; o dia já está quase findando". Cristo cedeu a esse pedido, e "entrou para ficar com eles" (v. 29, 30).

Se os discípulos não tivessem insistido no convite, não teriam sabido que o seu companheiro de viagem era o Senhor ressuscitado. Cristo nunca força Sua companhia junto a alguém. Com alegria, Ele entrará na mais modesta casa, mas se os residentes forem indiferentes e não Lhe pedirem para que fique, Ele seguirá adiante.

Logo os discípulos prepararam um jantar simples e o serviram diante do Convidado, que havia Se sentado à cabeceira da mesa. Foi então que Ele estendeu as mãos para abençoar o alimento, exatamente da mesma forma que o Mestre costumava fazer. Os discípulos ficaram atônitos. Olharam de novo e viram a marca dos pregos em Suas mãos. Os dois exclamaram: "É o Senhor Jesus!"

Eles se levantaram para se prostrar a Seus pés, mas Ele desapareceu. Olharam para o lugar que tinha sido ocupado por Aquele cujo corpo tinha estado recentemente na sepultura, e disseram um para o outro: "Não estavam ardendo os nossos corações dentro de nós, enquanto Ele nos falava no caminho e nos expunha as Escrituras?" (v. 32).

Com essa grande notícia para dar, seu cansaço e fome desapareceram. Eles deixaram o jantar sobre a mesa, intacto, e saíram correndo pelo mesmo caminho pelo qual vieram, para levar as novas aos discípulos na cidade. Subiram as encostas íngremes, escorregaram nas rochas lisas, pois queriam ir o mais rápido que podiam ousar. Perderam-se pelo caminho, mas se acharam novamente.

Algumas vezes correndo, outras, tropeçando, eles foram depressa – e seu Companheiro invisível ao lado deles por todo o caminho.

A noite estava escura, mas o Sol da Justiça brilhava sobre eles. Era como se estivessem em um mundo novo. Cristo ressuscitou, diziam eles repetidas vezes. Precisavam contar para os que estavam tristes a maravilhosa história da caminhada para Emaús. Tinham que falar dAquele que Se unira a eles ao longo do caminho. Eles levavam a maior mensagem que já foi dada – as boas-novas de que dependem as esperanças da família humana para este tempo e para a eternidade.

84

O Cristo Ressuscitado Aparece*

Chegando a Jerusalém, os dois discípulos entraram pela porta oriental, seguiram pelas ruas estreitas iluminadas pela lua crescente e chegaram ao salão do andar de cima, onde Jesus tinha passado a última noite antes de Sua morte. Eles sabiam que encontrariam os outros discípulos ali. Por segurança, a porta estava fechada e travada. Os dois bateram na porta para que os deixassem entrar, mas não houve resposta. Tudo estava quieto. Deram, então, os seus nomes. A porta foi cuidadosamente destravada. Eles entraram, e Outro, invisível, entrou com eles. Então, a porta foi outra vez travada para impedir a entrada de espiões.

Os viajantes encontraram seus colegas discípulos em um entusiasmo surpreendente. Vários deles estavam dizendo: "O Senhor ressuscitou e apareceu a Simão!" Ainda ofegantes por sua apressada viagem, os dois contaram como Jesus havia aparecido para eles. Alguns estavam falando que não podiam acreditar naquilo, pois era bom demais para ser verdade, quando outra Pessoa Se colocou diante deles. Nenhum estranho havia batido à porta pedindo para entrar e ninguém tinha ouvido ruído de passos. Os discípulos ficaram assustados. Então, ouviram a voz de seu Mestre, clara e distinta: "Paz seja com vocês!"

"Eles ficaram assustados e com medo, pensando que estavam vendo um espírito. Ele lhes disse: 'Por que vocês estão perturbados e por que se levantam dúvidas em seus corações? Vejam as Minhas mãos e os Meus pés. Sou Eu mesmo! Toquem-Me e vejam; um espírito não tem carne nem ossos, como vocês estão vendo que Eu tenho'. Tendo dito isso, mostrou-lhes as mãos e os pés.

* Este capítulo é baseado em Lucas 24:33-48; João 20:19-29.

"E por não crerem ainda, tão cheios estavam de alegria e de espanto, Ele lhes perguntou: 'Vocês têm aqui algo para comer?' Deram-lhe um pedaço de peixe assado, e Ele o comeu na presença deles" (Lc 24:36-44). "Os discípulos alegraram-se quando viram o Senhor". A fé substituiu a descrença, e eles reconheceram o seu Salvador ressuscitado.

Reconheceremos Nossos Entes Queridos

O rosto do Salvador ressuscitado, Seus gestos, Sua fala, tudo era familiar para Seus discípulos. Assim como Jesus ressuscitou dos mortos, também os que dormiram nEle ressuscitarão. Nós reconheceremos os nossos amigos assim como os discípulos reconheceram Jesus. No corpo glorificado, a identidade deles será perfeitamente conservada. Reconheceremos os traços daqueles que amamos.

Jesus fez lembrar aos discípulos as palavras que Ele tinha dito antes de Sua morte: "Então lhes abriu o entendimento, para que pudessem compreender as Escrituras. E lhes disse: 'Está escrito que o Cristo haveria de sofrer e ressuscitar dos mortos no terceiro dia, e que em Seu nome seria pregado o arrependimento para perdão de pecados a todas as nações, começando por Jerusalém. Vocês são testemunhas destas coisas'" (v. 45-48). A vida de Cristo, Sua morte e ressurreição, as profecias que apontavam para esse evento, a santidade da lei de Deus, os mistérios do plano da salvação, o poder de Jesus para dar perdão – todas essas coisas eles deviam tornar conhecidas ao mundo.

"E com isso, soprou sobre eles e disse: 'Recebam o Espírito Santo. Se perdoarem os pecados de alguém, estarão perdoados; se não os perdoarem, não estarão perdoados" (Jo 20:22, 23). Cristo daria Seu Santo Espírito a eles mais abundantemente depois da Sua ascensão. No entanto, Ele soprou Seu Espírito sobre eles para impressioná-los com o fato de que, sem o Espírito Santo, não poderiam cumprir seus deveres oficiais referentes à igreja.

O dom do Espírito Santo é o dom da vida de Cristo. Ele dota o receptor com os atributos de Cristo. Somente os que experimentam a operação interna do Espírito e em cuja vida se manifesta a vida de Cristo devem trabalhar em favor da igreja.

"Se perdoarem os pecados de alguém", disse Cristo, "estarão perdoados; se não os perdoarem, não estarão perdoados". Aqui, Cristo não está dando permissão para que alguém julgue os outros. Esse direito pertence a Deus. Entretanto, Ele coloca sobre a igreja organizada uma responsabilidade por seus membros individuais. A igreja tem o dever de advertir, instruir e restaurar os que caem em pecado. Lidem fielmente com os que praticam o mal. Chamem o pecado pelo nome. Declarem aquilo que Deus disse sobre a mentira, a quebra do sábado, o roubo e todos os demais males. Se eles persistem no pecado, o juízo declarado pela Palavra de Deus é pronunciado sobre eles no Céu. A igreja deve mostrar que não aprova os seus atos, ou ela mesma estará desonrando seu Senhor. Deve lidar com o pecado da maneira indicada por Deus. Só assim o Céu confirma sua ação.

Existe um lado bom. "Se perdoarem os pecados de alguém, estarão perdoados". Que esse pensamento seja o seu foco. Os pastores devem falar sobre a perdoadora misericórdia do Salvador para os que estão no erro. Que eles animem o pecador a se arrepender e a crer nAquele que pode perdoar. "Se confessarmos os nossos pecados, Ele é fiel e justo para perdoar os nossos pecados e nos purificar de toda injustiça" (1Jo 1:9). Coloque a trêmula mão do arrependido na amorosa mão de Jesus. Esse perdão é confirmado no Céu.

Somente Deus Pode Perdoar

Unicamente nesse sentido, a igreja tem o poder de livrar o pecador do pecado. Somente pelos méritos de Cristo é que podemos obter perdão dos nossos pecados. Deus não dá a nenhum ser humano ou organização humana o poder de livrar alguém da culpa. O nome de Jesus é o único "nome [...] pelo qual devamos ser salvos" (At 4:12).

Quando Jesus Se encontrou pela primeira vez com os discípulos no salão do andar superior, Tomé não estava com eles. Ele tinha ouvido os relatos dos outros de que Jesus havia ressuscitado, mas a melancolia e a descrença encheram o coração dele. Se Jesus tivesse realmente ressuscitado, não poderia haver a esperança de um reino terrestre literal. Feria o seu orgulho pensar que Seu mestre tinha Se revelado a todos, menos a ele. Estava determinado a não crer e passou a semana inteira refletindo sobre sua miséria.

Várias vezes, ele declarou: "Se eu não vir as marcas dos pregos nas Suas mãos, não colocar o meu dedo onde estavam os pregos e não puser a minha mão no Seu lado, não crerei" (Jo 20:25). Ele não queria exercer uma fé que dependesse do testemunho dos seus colegas discípulos. Embora amasse seu Senhor, havia deixado que o ciúme e a descrença tomassem posse de seu coração.

Uma noite, Tomé decidiu encontrar-se com os outros no agora familiar salão do andar superior. Ele tinha uma leve esperança de que as boas-novas fossem verdadeiras. Enquanto jantavam, os discípulos falavam das evidências que Cristo havia apontado nas profecias. "Jesus entrou, pôs-Se no meio deles e disse: 'Paz seja com vocês!'" (v. 26).

Virando-Se para Tomé, disse: "Coloque o seu dedo aqui; veja as Minhas mãos. Estenda a mão e coloque-a no Meu lado. Pare de duvidar e creia" (V. 27). O duvidoso discípulo sabia que nenhum dos seus companheiros poderia ter contado para o Mestre a respeito da sua descrença. Ele não quis saber de mais provas. Seu coração saltou de alegria e, prostrando-se aos pés de Jesus, exclamou: "Senhor meu e Deus meu!" (v. 28).

Jesus aceitou o seu reconhecimento; mas, gentilmente, reprovou sua descrença: "Porque Me viu, você creu? Felizes os que não viram e creram" (v. 29). Se o mundo hoje seguisse o exemplo de Tomé, ninguém creria, pois todos os que recebem a Cristo o fazem mediante o testemunho de outros. Muitos que, como Tomé, esperam que tudo aquilo que causa dúvida seja removido nunca terão esse desejo atendido. Esses gradualmente se confirmam na descrença. Estão semeando dúvida e não colherão outra coisa senão dúvida. Então, quando a fé e a confiança forem essenciais, muitos se encontrarão incapazes de ter esperança e de crer.

A maneira como Jesus tratou Tomé mostra como devemos tratar os que põem suas dúvidas em destaque. Tomé se mostrou pouco razoável ao ditar as condições para a sua fé, mas o trato generoso de Jesus para com ele derrubou todas as barreiras. Raramente nós vencemos a descrença pela controvérsia. Entretanto, se revelarmos a Jesus em Seu amor e misericórdia como o Salvador crucificado, muitos lábios antes indiferentes pronunciarão o mesmo reconhecimento de Tomé: "Senhor meu e Deus meu!"

Mais uma Vez à Beira-Mar*

Jesus tinha marcado um encontro com Seus discípulos na Galileia. A ausência deles de Jerusalém durante a semana da Páscoa teria sido interpretada como divergência e heresia. Mas, quando terminaram os festejos, eles alegremente voltaram para sua terra para se encontrar com o Salvador, conforme Ele havia instruído.

Sete dos discípulos estavam juntos. Eles eram pobres em bens materiais, porém ricos no conhecimento da verdade. Por três anos, o maior Educador que o mundo já conheceu tinha sido seu Professor. Eles se tornaram inteligentes e refinados, instrumentos capazes de levar outros ao conhecimento da verdade.

Os discípulos se reuniram em um lugar onde era improvável que fossem perturbados. Ao alcance da vista estava a praia onde dez mil pessoas tinham sido alimentadas a partir de alguns poucos pães e peixes. Não muito distante, estava Cafarnaum, palco de muitos milagres.

Pedro, que ainda conservava muito do seu antigo amor pelos barcos e pela pesca, sugeriu que saíssem ao mar e lançassem suas redes. Eles precisavam de alimento e roupa, e os ganhos de uma noite de pesca bem-sucedida seriam bem utilizados para essas coisas. Então, eles saíram, mas trabalharam a noite inteira sem êxito. Por longas horas, conversaram sobre seu ausente Senhor. Perguntaram-se sobre o futuro e se entristeceram diante das perspectivas à sua frente.

Por fim, raiou a manhã. O barco estava a pouca distância da praia, e os discípulos puderam ver um Estranho de pé na praia, que os saudou com uma pergunta: "Filhos, vocês têm algo para comer?" (Jo 21:5). Quando eles responderam que não tinham, "Ele disse: 'Lancem a rede do lado direito do barco e vocês encontrarão'. Eles a lançaram, e não conseguiam

* Este capítulo é baseado em João 21:1-22.

recolher a rede, tal era a quantidade de peixes" (v. 6).

João reconheceu o Estranho e exclamou para Pedro: "É o Senhor!" Pedro ficou tão feliz que pulou na água e logo se achava ao lado do seu Mestre. Os outros discípulos subiram no barco e puxaram a rede cheia de peixes. "Quando desembarcaram, viram ali uma fogueira, peixe sobre brasas, e um pouco de pão" (v. 9).

"Disse-lhes Jesus: 'Tragam alguns dos peixes que acabaram de pescar'" (v. 10). Pedro correu até a rede que tinha sido lançada e ajudou a arrastá-la até a praia. Feito o trabalho, Jesus repartiu a comida entre eles. Todos os sete O reconheceram e sabiam quem Ele era. Um misterioso temor tomou conta deles. Em silêncio, ficaram contemplando o Salvador ressuscitado.

Os discípulos se lembraram claramente da cena à beira mar quando Jesus os havia chamado para segui-Lo. Ele os tinha convidado a deixar seus barcos de pesca, prometendo que faria deles pescadores de homens. Para trazer essa cena à mente deles e causar uma impressão mais profunda, Jesus realizou o milagre outra vez como uma renovação da incumbência dada aos discípulos. A morte de seu Mestre não havia reduzido a obrigação de fazerem a obra que Ele lhes havia designado. Embora não tivessem mais o apoio financeiro de seus antigos empregadores, o Salvador ressuscitado providenciaria o que fosse necessário para eles. Se trabalhassem ligados a Ele, não deixariam de ter êxito.

A Confiança de Pedro é Restaurada

Cristo tinha outra lição para dar. Pedro havia negado seu Senhor, em um vergonhoso contraste com suas prévias declarações de lealdade. Ele desonrou a Cristo, e os outros discípulos achavam que ele não poderia retomar sua antiga posição entre eles. O próprio Pedro sentia que havia faltado ao seu chamado para ser um discípulo. Agora, devia apresentar evidências de seu arrependimento diante de todos eles. Sem isso, seu pecado poderia destruir sua influência como ministro de Cristo. O Salvador deu-lhe oportunidade para reaver a confiança dos demais e, tanto quanto possível, remover o descrédito que ele trouxera ao evangelho.

Aqui está uma lição para todos os seguidores de Cristo. Os pecados secretos devem ser confessados em segredo a Deus, mas os pecados cometidos em aberto requerem confissão aberta. O pecado do discípulo permitiu o triunfo de Satanás e o tropeço de seguidores de Jesus. O discípulo deve eliminar o descrédito dando provas de seu arrependimento.

Enquanto Cristo e os discípulos comiam, o Salvador disse para Pedro: "Simão, filho de João, você Me ama realmente mais do que estes?", referindo-Se aos demais discípulos. "Sim, Senhor", ele disse, "Tu sabes que Te amo". Jesus disse a ele: "Cuide dos Meus cordeiros". Pedro não fez nenhuma afirmação veemente de que o seu amor era maior do que o dos outros.

Novamente o Salvador provou a Pedro: "Simão, filho de João, você realmente Me ama?" A segunda resposta foi como a primeira, sem qualquer declaração exagerada: "Sim, Senhor, Tu sabes que Te amo". Jesus disse a ele: "Pastoreie as Minhas ovelhas".

Uma vez mais o Salvador fez a probante pergunta: "Simão, filho de João, você Me ama?" Pedro ficou magoado. Sabia que seu Senhor tinha razão de desconfiar dele. Com o coração dolorido, ele respondeu: "Senhor, Tu sabes todas as coisas e sabes que Te amo". Outra vez Jesus disse a ele: "Cuide das Minhas ovelhas".

Por três vezes, Pedro havia negado abertamente a seu Senhor, e, por três vezes, Jesus fez com que aquela aguda pergunta penetrasse como flecha em seu coração ferido. Diante dos discípulos ali reunidos, Jesus revelou a profundidade do arrependimento de Pedro e mostrou o quanto se achava completamente humilhado o discípulo outrora tão cheio de si.

Pouco antes da queda de Pedro, Jesus tinha dito a ele: "Eu orei por você, para que a sua fé não desfaleça. E quando você se converter, fortaleça os seus irmãos" (Lc 22:32). Podia-se ver claramente a transformação de Pedro. Por causa de sua humilhação e arrependimento, ele estava mais bem preparado do que antes para atuar como pastor do rebanho.

O primeiro trabalho que Cristo confiou a Pedro foi o de alimentar as "ovelhas" – auxiliar os que eram novos na fé, instruir os ignorantes, abrir as Escrituras para eles e educá-los para que fossem úteis no serviço para Cristo. Foi para esse trabalho que o seu sofrimento e arrependimento o haviam preparado.

Antes de sua queda, Pedro estava sempre pronto para corrigir os outros e para expressar sua opinião. Mas o Pedro convertido era muito diferente. Ele conservava a antiga energia; porém, agora a graça de Cristo regia seu zelo. Ele podia alimentar tanto as ovelhas como os cordeiros do rebanho de Cristo.

A maneira com que o Salvador lidou com Pedro ensinou os discípulos a tratar o pecador com paciência, simpatia e amor perdoador. Recordando a própria debilidade, Pedro devia lidar com seu rebanho da mesma maneira carinhosa com que Cristo lidou com ele.

Cristo Diz Como Será a Morte de Pedro

Antes de Sua morte, Jesus tinha dito a Pedro: "Para onde vou, vocês não podem Me seguir agora, mas Me seguirão mais tarde", ao que Pedro respondeu: "Senhor, por que não posso seguir-Te agora? Darei a minha vida por Ti!" (Jo 13:36, 37). Ele fracassou quando veio a prova, mas teve mais uma oportunidade de provar seu amor por Cristo. A fim de que estivesse fortalecido para o teste final da sua fé, o Salvador revelou o que lhe esperava. Depois de viver uma vida útil e depois que a idade avançada consumisse sua força, ele verdadeiramente seguiria seu Senhor. Jesus disse: "'Quando você era mais jovem, vestia-se e ia para onde queria; mas quando for velho, estenderá as mãos e outra pessoa o vestirá e o levará para onde você não deseja ir'. Jesus disse isso para indicar o tipo de morte com a qual Pedro iria glorificar a Deus" (Jo 21:18, 19).

Dessa maneira, Jesus estava predizendo que as mãos de Pedro seriam estendidas sobre a cruz. Novamente Ele convidou Seu discípulo: "Siga-Me". Pedro não desanimou com aquela revelação. Sentiu-se disposto a aceitar qualquer tipo de morte por seu Senhor.

Até então, Pedro havia amado a Cristo como um ser humano; agora ele O amava como Deus. Agora, ele estava preparado para participar da missão de sacrifício do Senhor. Quando, por fim, foi levado à cruz, Pedro, por solicitação sua, foi crucificado de cabeça para baixo. Ele achava que seria demasiada honra sofrer da mesma forma que seu Mestre.

Antes disso, Pedro havia procurado fazer planos para o trabalho de Deus, em vez de esperar para descobrir e seguir o plano divino. Então Jesus disse a ele: "Siga-Me". Não saia correndo na Minha frente. Deixe que Eu vá adiante, e assim você não será derrotado pelo inimigo.

Enquanto caminhava ao lado de Jesus, Pedro notou que João os seguia. Desejoso de saber qual seria o futuro do seu colega discípulo, ele perguntou: "'Senhor, e quanto a ele?' Respondeu Jesus: 'Se Eu quiser que ele permaneça vivo até que Eu volte, o que lhe importa? Siga-Me você'" (v. 21, 22). Pedro deveria ter levado em conta que o seu Senhor lhe revelaria tudo o que era importante que ele soubesse. Ao dizer acerca de João: "Se Eu quiser que ele permaneça vivo até que Eu volte", Jesus não garantia que esse discípulo viveria até a segunda vinda do Senhor. Mesmo se Ele decidisse que assim devia ser, isso não afetaria de nenhuma maneira o trabalho de Pedro. A obediência era o dever que Jesus requeria de todos.

Quantos hoje em dia estão interessados nos afazeres dos outros, ansiosos para saber das obrigações deles, enquanto correm o risco de negligenciar as próprias obrigações! Nosso dever é olhar para Cristo e segui-Lo. Ao contemplá-Lo seremos transformados.

João viveu a ponto de ver a destruição de Jerusalém e as ruínas do templo – um símbolo da derradeira ruína do mundo. Até os seus últimos dias, ele seguiu de perto o seu Senhor. Jesus havia restaurado a Pedro o seu apostolado, mas a honra que ele recebeu de Cristo não lhe conferia superioridade sobre os demais. Cristo deixou isso claro na resposta à pergunta de Pedro: "E quanto a ele?" Ele respondeu: "O que lhe importa? Siga-Me você". Pedro não foi honrado como cabeça da igreja. Foi grande a sua influência sobre ela, mas a lição que Cristo lhe ensinou à beira do Mar da Galileia, ele a levou consigo por toda a vida.

Escrevendo para as igrejas, Pedro disse: "Portanto, apelo para os presbíteros que há entre vocês, e o faço na qualidade de presbítero como eles e testemunha dos sofrimentos de Cristo. [...] Pastoreiem o rebanho de Deus que está aos seus cuidados. [...] [Não] como dominadores dos que lhes foram confiados, mas como exemplos para o rebanho. Quando se manifestar o Supremo Pastor, vocês receberão a imperecível coroa da glória" (1Pe 5:1-4).

"Vão e Façam Discípulos de Todas as Nações"*

Estando a apenas um passo do Seu trono celestial, Cristo deu a incumbência: "Foi-Me dada toda a autoridade no Céu e na Terra". "Vão pelo mundo todo e preguem o evangelho a todas as pessoas" (Mc 16:15). Jesus repetiu essas palavras várias vezes para que os discípulos compreendessem seu significado. A luz do Céu devia brilhar com raios claros e poderosos sobre todos os habitantes da Terra.

Jesus dera a incumbência para os doze no salão do andar superior, mas agora ela devia alcançar um número maior de pessoas. Foi realizada uma reunião em uma montanha da Galileia com a participação de todos os crentes que puderam ser convocados. O anjo que estivera na tumba relembrou os discípulos da promessa feita por Jesus de encontrá-los na Galileia. Eles repetiram a promessa para os crentes em Jerusalém durante a semana da Páscoa. Por meio destes, ela chegou a muitos dos que pranteavam a morte do seu Senhor. Com intenso interesse, todos aguardavam a reunião. De coração aberto, eles vinham de todas as direções.

No tempo indicado, cerca de quinhentos crentes se reuniram em pequenos grupos na encosta da montanha, ansiosos para aprender tudo o que pudessem daqueles que tinham visto a Cristo após Sua ressurreição. Os discípulos iam de grupo em grupo, contando tudo o que tinham visto e ouvido de Jesus e raciocinando sobre as Escrituras, como Ele fizera com eles.

De repente, Jesus Se apresentou no meio deles. Ninguém sabia dizer de onde nem como Ele havia vindo. Muitos nunca O tinham visto antes; mas, em Suas mãos e pés, eles viram as marcas da crucifixão. Ao vê-Lo, O adoraram.

* Este capítulo é baseado em Mateus 28:16-20.

Alguns duvidaram. Sempre tem sido assim. Existem os que acham difícil exercitar a fé, e se colocam do lado dos que duvidam. Estes têm muito a perder por causa da sua descrença.

Essa foi a única conversa que Jesus teve com muitos dos crentes depois de Sua ressurreição. Suas palavras, vindas de lábios que haviam sido fechados pela morte, os deixaram emocionados. Agora, Ele declarava que "todo o poder" Lhe foi dado. Isso elevou a mente de Seus ouvintes para o mais alto nível de compreensão de Sua dignidade e glória.

As palavras de Cristo foram o anúncio de que Seu sacrifício em favor da humanidade era pleno e completo. Ele tinha realizado a obra para a qual veio ao mundo. Estava a caminho do trono de Deus. Havia iniciado Seu trabalho como Mediador. Com ilimitada autoridade, deu a Sua incumbência: "Vão e façam discípulos de todas as nações, batizando-os em nome do Pai e do Filho e do Espírito Santo, ensinando-os a obedecer a tudo o que Eu lhes ordenei. E Eu estarei sempre com vocês, até o fim dos tempos" (Mt 28:19, 20). Ele incumbiu Seus discípulos de proclamar uma fé que nada teria de casta ou nação, uma fé adaptada a todos os povos, nações e classes sociais.

De forma clara, Cristo declarou a natureza de Seu reino. Seu propósito era estabelecer um reino espiritual, não reinar como rei terrenal no trono de Davi. Ele disse: "Vejam que tudo o que Eu revelei para vocês quanto a Minha rejeição como o Messias aconteceu. Tudo o que Eu disse sobre a humilhação pela qual Eu passaria e o tipo de morte que Eu iria sofrer foi comprovado. No terceiro dia, Eu ressuscitei. Todas essas coisas têm cumprido as especificações da profecia."

Cristo incumbiu os discípulos de fazer o trabalho que Ele deixara em suas mãos, começando em Jerusalém. Jerusalém tinha sido o palco de Sua maravilhosa condescendência para com a raça humana. Poucos tinham reconhecido o quanto o Céu esteve perto da Terra quando Jesus esteve entre eles. O trabalho dos discípulos tinha que começar em Jerusalém.

Os discípulos poderiam ter pedido um campo mais promissor, mas não o fizeram. Cristo havia espalhado a semente da verdade, e essa semente produziria abundante colheita. As primeiras ofertas de misericórdia deviam ser apresentadas aos assassinos do Salvador.

Havia muitos em Jerusalém que acreditavam em Jesus secretamente, e muitos que tinham sido enganados pelos sacerdotes e líderes religiosos. Os discípulos deviam chamá-los ao arrependimento. Enquanto toda Jerusalém ainda estava comovida pelos emocionantes eventos de poucas semanas atrás, a pregação do evangelho causaria a mais profunda impressão.

O trabalho não devia parar ali. Ele devia ser estendido até os confins da Terra. Cristo disse a Seus discípulos: "Embora Israel tenha Me rejeitado, conforme predisse as Escrituras, eles ainda terão outra oportunidade de aceitar o Filho de Deus. A vocês, Meus discípulos, Eu confio esta mensagem de misericórdia. Ela deve ir primeiro a Israel e, então, a todas as nações, línguas e povos. Vocês devem reunir todos os que creem em uma só igreja."

O Espírito Santo Torna Eficaz o Trabalho

Por intermédio do Espírito Santo, sinais e maravilhas confirmariam o testemunho dos discípulos. Não somente os apóstolos, mas os que receberam sua mensagem realizariam milagres. "Estes sinais acompanharão os que crerem: em Meu nome expulsarão demônios; falarão novas línguas; pegarão em serpentes; e, se beberem algum veneno mortal, não lhes fará mal nenhum; imporão as mãos sobre os doentes, e estes ficarão curados" (Mc 16:17, 18).

Naquele tempo, pessoas sem princípio não hesitavam em envenenar aqueles que se pusessem no caminho das suas ambições. Jesus sabia que muitos pensariam estar fazendo um serviço para Deus ao matar Suas testemunhas. Por essa razão, Ele prometeu protegê-las desse perigo.

Ele prometeu um novo dom. Os discípulos deviam pregar entre outras nações; para isso, receberiam poder para falar outras línguas. Os apóstolos e seus associados eram homens iletrados. No entanto, graças ao derramamento do Espírito no dia de Pentecostes, o discurso deles, em sua língua, ou em língua estrangeira, tornou-se puro e preciso, tanto nas palavras como na pronúncia.

Dessa maneira, Cristo deu a Seus discípulos provisões plenas para fazer o trabalho e assumiu a responsabilidade pelo seu sucesso. "Vão pelo mundo todo", Ele os instruiu. "Vão às mais distantes partes do globo habitado, mas saibam que a Minha presença estará ali. Trabalhem com fé e confiança".

A incumbência do Salvador inclui todos os crentes até o fim do tempo. É fatal supor que a obra de salvar depende somente do ministro ordenado. Foi para esse trabalho que a igreja foi estabelecida, e todos os que se comprometem com os seus votos também se comprometem em ser coobreiros com Cristo. Seja qual for o chamado na vida, nosso primeiro interesse devia ser ganhar outros para Cristo. Podemos não ser capazes de falar para congregações, mas podemos trabalhar por indivíduos. Perto e longe existem pessoas oprimidas pela culpa. Não são as dificuldades ou a pobreza que degradam a humanidade; e sim a culpa e os malfeitos. Cristo quer que Seus servos ministrem aos corações doentes pelo pecado.

Onde Podemos Começar

Cada um deve começar onde está. Em nossa família deve haver pessoas famintas pelo pão da vida. Existem pagãos à nossa porta. Se realizarmos o trabalho com fé, ele vai alcançar os mais remotos cantos da Terra. Movido pelo Espírito Santo, o mais humilde trabalhador tocará cordas invisíveis, e suas vibrações soarão nos confins da Terra, formando melodias através dos séculos eternos.

Deus promete os dons do Espírito para suprir cada necessidade do crente quanto à obra do Senhor. A promessa é tão confiável hoje como era nos dias dos apóstolos.

Cristo veio para curar os doentes, para proclamar livramento aos cativos de Satanás. Ele infundia Sua vida no enfermo e no possuído pelo demônio. Sabia que aqueles que Lhe pediam ajuda tinham atraído a enfermidade sobre si mesmos; mas não Se recusava a curá-los. Muitos foram curados de sua doença espiritual como também de suas doenças físicas. O evangelho ainda tem o mesmo poder. Cristo sente os problemas de cada sofredor. Quando a febre está a consumir as forças vitais, Ele sente a agonia. Cristo está tão disposto a ajudar agora como quando esteve pessoalmente na Terra. Ele quer exercer Seu poder por meio de Seus servos.

Vida Saudável Como Parte do Evangelho

No método de cura do Salvador, havia lições para os Seus discípulos. Somente o poder do grande Médico podia exercer a cura, mas Cristo fazia uso de remédios simples e naturais. Ele ensinava que a doença é resultado da violação das leis de Deus, tanto as naturais como as espirituais. Não existiria tanta miséria no mundo se as pessoas vivessem em harmonia com o plano do Criador. Ele ensinou que a saúde é a recompensa da obediência às leis de Deus. O grande Médico tem falado para o Seu povo desde a coluna de nuvem: "Se vocês derem atenção ao Senhor, ao seu Deus e fizerem o que Ele aprova, [...] não trarei sobre vocês nenhuma das doenças, [...] pois Eu sou o Senhor que os cura" (Êx 15:26).

Para os doentes, devemos usar os remédios que Deus tem providenciado na natureza, os quais apontam para o Único que pode restaurar.

Devemos ensiná-los a crer no grande Médico e a recorrer à Sua força.

Somente quando recebemos o amor de Cristo, por meio da fé, é que a energia vitalizadora flui de nós para as pessoas. Havia lugares onde o próprio Salvador não podia fazer muitas obras poderosas por causa da descrença. Também hoje a descrença separa a igreja do seu divino Ajudador. Sua falta de fé decepciona a Deus e rouba dEle a Sua glória. Onde não existe um trabalho ativo pelos outros, o amor morre e a fé empalidece.

Os anjos se admiram da superficialidade com que apreciamos o amor de Deus. Como se sentiriam um pai e uma mãe se soubessem que seu filho perdido no frio e na neve foi deixado a morrer por aqueles que poderiam tê-lo salvado? Os sofrimentos de cada indivíduo são os sofrimentos do Filho de Deus, e os que não estendem a mão ajudadora para o semelhante que perece provocam Sua justa ira.

Como se Manifesta o Poder do Evangelho

A mensagem dos discípulos foi dada por Cristo. Ensinem as pessoas, disse Ele, "a obedecer a tudo o que Eu lhes ordenei". As coisas que Ele falou, não só pessoalmente como também em todo o Antigo Testamento, estão incluídas aqui. Não há lugar para a tradição, teorias humanas ou leis estabelecidas pela autoridade da igreja. "A lei e os profetas", e mais o registro de Suas palavras e atos, são o tesouro que devemos dar ao mundo.

Devemos apresentar o evangelho não como uma teoria sem vida, mas como uma força viva capaz de mudar a vida. Aqueles cujas ações Lhe têm sido mais ofensivas são aceitos livremente por Ele. Ao se arrependerem, Ele lhes dá Seu divino Espírito e os envia para o acampamento dos desleais para proclamar Sua infinita misericórdia. Por meio de Sua graça, os seres humanos podem ter um caráter semelhante ao de Cristo e se alegrar em Seu grande amor.

Ele não Se contenta em simplesmente anunciar essas bênçãos. Ele as apresenta da maneira mais atraente, a fim de despertar o desejo de possuí-las. É assim que os Seus servos também devem apresentar as riquezas do indescritível Dom. O maravilhoso amor de Cristo abrandará e subjugará corações, enquanto que a simples exposição de doutrinas nada conseguiria. Por si só, as palavras não podem contá-lo; é preciso que a vida o demonstre. Cristo é retratado em cada discípulo. Cada um deles deve revelar Seu amor longânimo, Sua misericórdia e Sua verdade ao mundo.

Os primeiros discípulos se prepararam para o trabalho. Antes do dia de Pentecostes, eles se reuniram e afastaram todas as diferenças. Unidos, oraram com fé, sentindo profunda responsabilidade pelos outros à espera de ser salvos. Então o Espírito Santo foi derramado e milhares se converteram em um dia.

Assim pode ser agora. Preguem a Palavra de Deus. Que os cristãos acabem com as discórdias e se entreguem a Deus para a salvação dos perdidos. Se, com fé, pedirem bênçãos, elas virão. O derramamento do Espírito nos dias dos apóstolos foi a "chuva de outono", e o resultado foi glorioso. Mas a "chuva da primavera" será mais abundante (ver Jl 2:23).

Todos os que consagrarem a alma, o corpo e o espírito a Deus receberão constantemente novas reservas de poder mental e físico. Apesar da sua debilidade humana, ao cooperarem com Cristo, Ele os habilitará a fazer as obras do Todo-Poderoso.

O Salvador deseja revelar Sua graça e colocar o selo de Seu caráter sobre o mundo inteiro. Ele quer tornar as pessoas livres, puras e santas. Por meio do sangue que Ele derramou pelo mundo, elas podem conseguir vitórias que trarão glória a Deus e ao Cordeiro. Cristo "verá o fruto do penoso trabalho de sua alma e ficará satisfeito" (Is 53:11, ARA).

A Entrada Triunfal de Cristo no Céu*

Tinha chegado o momento em que Cristo devia subir ao trono do Pai como divino vencedor. Depois de Sua ressurreição, Ele ficou na Terra por algum tempo a fim de que os discípulos pudessem se familiarizar com Ele em Seu corpo glorificado. Agora, Ele estava pronto para deixá-los. Seus discípulos não tinham mais que associá-Lo com a sepultura. Podiam pensar nEle como um ser glorificado diante dos olhares do universo celestial.

Como lugar de Sua ascensão, Jesus escolheu o Monte das Oliveiras – o local tantas vezes santificado por Sua presença enquanto viveu na Terra. Suas orações e lágrimas haviam consagrado os isolados bosques e vales do lugar. Ao pé do monte, no jardim do Getsêmani, Ele havia orado e agonizado a sós. Será sobre o seu cume que Seus pés pousarão quando Ele vier outra vez como glorioso rei, enquanto as aleluias dos hebreus se misturarão às hosanas dos gentios, e uma poderosa multidão entoará o brado: "Coroai-O Senhor de todos!"

Com os onze discípulos, Jesus Se encaminhou para a montanha. Ao passarem pelas portas de Jerusalém, muitas pessoas se admiraram ao ver o pequeno grupo liderado por Aquele a quem os líderes religiosos haviam crucificado poucas semanas antes. Os discípulos não sabiam que essa seria sua última conversa com o Mestre. Jesus passou aqueles momentos falando com eles, repetindo Suas antigas instruções. As se aproximarem do Getsêmani, Ele parou. Olhou para a videira pela qual tinha representado a união da Sua igreja consigo mesmo e o Pai. Outra vez, Ele repetiu as verdades reveladas naquela ocasião.

Nos trinta e três anos em que permaneceu no mundo, Cristo enfrentou

* Este capítulo é baseado em Lucas 24:50-53; Atos 1:9-12.

zombarias, insultos e escárnio. Foi rejeitado e crucificado. Agora, ao recapitular a ingratidão do povo que veio salvar, será que Ele retiraria deles Sua simpatia e amor? Não. Sua promessa é: "Eu estarei sempre com vocês, até o fim dos tempos" (Mt 28:20).

Quando chegaram ao Monte das Oliveiras, Jesus conduziu os discípulos até os arredores de Betânia, passando antes pelo cume do monte. Ali, Ele parou e os discípulos se reuniram em torno dEle. Ele os contemplou amorosamente. Não os criticou por suas falhas e fracassos. Foram de profunda ternura as últimas palavras que os discípulos ouviram do seu Senhor. Com as mãos estendidas para abençoar, como para lhes garantir Seu cuidado protetor, Ele subiu lentamente, atraído ao Céu por uma força mais forte do que qualquer força de atração terrestre. Enquanto subia, os discípulos forçavam a vista para captar um último vislumbre do seu Salvador que ascendia. Uma nuvem de glória O ocultou. Enquanto uma carruagem de anjos O recebia, vieram as palavras: "Eu estarei sempre com vocês". Ao mesmo tempo, flutuou até eles a mais doce e jubilosa música do coro angelical.

Recebido por Carruagem de Anjos

Enquanto os discípulos ainda olhavam para cima, dois anjos em forma de homem falaram: "Galileus, por que vocês estão olhando para o céu? Este mesmo Jesus, que dentre vocês foi elevado ao céu, voltará da mesma forma como O viram subir" (At 1:11).

Esses anjos, os mais exaltados entre a multidão angélica, eram os dois que tinham vindo ao sepulcro por ocasião da ressurreição de Cristo. Eles queriam juntar-se à assembleia celestial que saudou Jesus, mas em consideração àqueles que Ele havia deixado, esperaram para lhes dar conforto.

Cristo ascendeu em forma humana – o mesmo Jesus que havia partido o pão com eles e que, naquele mesmo dia, havia subido com eles as ladeiras do Monte das Oliveiras. Os anjos lhes garantiram que o mesmo Jesus que eles tinham visto subir para o Céu voltaria outra vez assim como havia subido. Ele virá "com as nuvens, e todo olho O verá". "Com a voz do arcanjo e o ressoar da trombeta de Deus, o próprio Senhor descerá do céu, e os mortos em Cristo ressuscitarão". "Quando o Filho do homem vier em Sua glória, com todos os anjos, assentar-Se-á em Seu trono na glória celestial" (Ap 1:7; 1Ts 4:16; Mt 25:31).

Isso cumprirá a promessa do próprio Senhor aos Seus discípulos: "E se Eu for e lhes preparar lugar, voltarei e os levarei para Mim, para que vocês estejam onde Eu estiver" (Jo 14:3).

Depois do julgamento e da crucifixão, os inimigos dos discípulos esperavam ver uma expressão de tristeza e derrota em seus rostos. Em vez disso, havia alegria e triunfo. Seus rostos brilhavam com uma felicidade não originada na Terra. Com regozijo, eles contavam a maravilhosa história da ressurreição e ascensão de Cristo, e muitos creram neles.

Foi-se o Medo dos Discípulos

Os discípulos não tinham mais desconfiança sobre o futuro. Eles sabiam que Jesus estava no Céu e que Sua simpatia continuava os acompanhando. Sabiam que tinham um amigo no trono de Deus, e estavam ansiosos para apresentar suas petições em nome de Jesus. Com reverência se prostraram em oração, repetindo a garantia: "Meu Pai lhes dará tudo o que pedirem em Meu nome. [...] Peçam e receberão, para que a alegria de vocês seja completa" (Jo 16:23, 24). O dia de Pentecostes lhes trouxe completa alegria, quando o Consolador veio para estar com eles, como Cristo havia prometido.

Todo o Céu estava esperando para dar as boas-vindas ao Salvador. Enquanto subia, Ele ia adiante, e a multidão de cativos libertados na Sua ressurreição O acompanhava. Ao se aproximarem da cidade de Deus, os anjos que os escoltavam lançaram o desafio:

"Abram-se, ó portais; abram-se, ó portas antigas, para que o Rei da glória entre".

Alegremente os anjos que esperavam nos portais responderam:

"Quem é o Rei da glória?"

Eles disseram isso não porque não soubessem quem Ele era, mas porque queriam ouvir a resposta de sublime louvor:

"O Senhor forte e valente, o Senhor valente nas guerras.
Abram-se, ó portais; abram-se, ó portas antigas, para que o Rei da glória entre" (Sl 24:7-9).

Então, os portais da cidade de Deus se abriram de par em par, e a multidão de anjos passou por eles numa explosão de arrebatadora melodia. Os comandantes das hostes angelicais e os filhos de Deus representando mundos não caídos estavam reunidos para saudar o Redentor e celebrar o Seu triunfo.

Com um gesto Ele os detém. Ainda não. Ele entra na presença de Seu Pai. Mostra a fronte ferida, o lado perfurado, os pés lacerados. Ergue as mãos que apresentam as marcas dos pregos e apresenta os que ressuscitaram com Ele como representantes daquele grande número que sairá da sepultura em Sua segunda vinda. Antes que a Terra fosse criada, Pai e Filho Se deram as mãos em um solene pacto de que Cristo Se tornaria o Redentor da raça humana. Quando, sobre a cruz, Cristo bradou: "Está consumado!", Ele estava Se dirigindo ao Pai. O acordo tinha sido cumprido. Agora, Ele declara: "Pai, Eu completei a obra da redenção". "Quero que os que Me deste estejam comigo onde Eu estou" (Jo 17:24).

A voz de Deus proclama que a justiça está satisfeita, que Satanás está vencido. Aqueles que são de Cristo, que trabalham arduamente e lutam na Terra, estão entregues "gratuitamente no Amado" (Ef 1:6). O Pai envolve o Filho nos braços e diz: "Todos os anjos de Deus O adorem" (Hb 1:6).

O Céu parece transbordar de alegria e louvor. O amor venceu! O perdido foi achado! O Céu vibra com as vozes que proclamam em tons majestosos:

"Àquele que está assentado no trono e ao Cordeiro sejam o louvor, a honra, a glória e o poder, para todo o sempre!" (Ap 5:13).

Daquela cena de júbilo celestial chega até nós, na Terra, o eco das palavras de Cristo: "Estou voltando para Meu Pai e Pai de vocês, para Meu Deus e Deus de vocês" (Jo 20:17). A família do Céu e a família da Terra são uma. Por nós o nosso Senhor ascendeu; por nós Ele vive! "Portanto Ele é capaz de salvar definitivamente aqueles que, por meio dEle, aproximam-se de Deus, pois vive sempre para interceder por eles" (Hb 7:25).